명품외교의 길
좌파 외교관이 보는 한국 외교

이창천 지음

진인진

일러두기

장관 이상의 직책을 가진 전·현직 인사들이거나 공개된 공식 문서에서 거론된 인물을 제외한 한국인 공무원의 이름은 모두 가명이다. 외국인의 경우는 전부 실명이다. 이름을 제외한 기술내용은 모두 사실이다.

명품외교의 길 – 좌파 외교관이 보는 한국 외교

초판 1쇄 발행 | 2025년 3월 1일

지은이 | 이창천
발행인 | 김태진
발행처 | 진인진
등 록 | 제25100-2005-000003호
주 소 | 경기도 과천시 관문로 92, 101동 1818호
전 화 | 02-507-3077-8
팩 스 | 02-507-3079
홈페이지 | http://www.zininzin.co.kr
이 메 일 | pub@zininzin.co.kr

ⓒ 이창천 2025
ISBN 978-89-6347-624-7 03340

* 책값은 표지 뒤에 있습니다.

명품외교의 길 - 좌파 외교관이 보는 한국 외교

목차

프롤로그 ·· 8

1. 한미동맹의 굴레
 - 스스로 칼을 뒤집어 쓴 쪼다들 ························ 34

2. 한미굴레와 한일관계
 - 두 식민지의 도토리 키 재기 ························ 102

3. 중국이 보는 한국
 - 장사 말고는 할 게 없는 천덕꾸러기 똘마니 ············ 162

4. 러시아의 한국 인식
 - 있으나 마나한 외교관계 ···························· 226

5. 천박한 몸짓으로
 - 예술도 철학도 빈곤한 자의 허튼소리 ·················· 298

6. 시선의 역전, 그러나
 - 심지어 아프리카의 한국 멸시 ······················ 362

7. 한국에도 외교가 있나? 422
- 외교란 무엇인가?

8. 한국 외무부 인간들의 정체 486
- 그들은 무엇을 생각하나?

에필로그 540

주요 관련 연표 560
찾아보기 570
저자 소개 582
주 586

The Way of Quality Diplomacy

프롤로그

한국에 외교가 있나? 질문의 저의에 깔린 것으로 보이는 저돌성과 공격성을 감안할 때 묻는 자가 원하는 답은 부정일 것 같다. 그렇다. 나는 한국에 외교가 없다고 생각한다. 좌파 외교관이라면 이 정도는 말해야 하지 않을까? 제대로 된 외교가 없다는 말이 아니다. 외교 자체가 없다는 얘기다. 그러면 외무부[1]는 왜 있는 거냐고 당장 물을 것이다. 내 대답은 유사 외교행위를 하기 위해 있다는 것이다. 톡 까놓고 말하자면 외교하는 것처럼 보이려고 있는 것이고, 좀 더 과격하게 말한다면 헛짓을 하기 위해 있는 것이다. 외교는 주권행위다. 주권이 없는 나라라면 외교가 있을 수 없다. 외교 비슷한 거라면 모르겠다. 한국이 주권국가인가? 내 대답은 "아니다" 이다. 이제 독자들이 슬슬 부아가 나기 시작할 것이다. 특히 수구 꼴통이라면 더욱 그러할 것이다. 1905년 11월에 일본은 을사늑약을 강요해 조선의 아니 대한제국의 외교권을 박탈했다. 그 네 달 전 일본은 미국과 가쓰라태프트 밀약(Taft-Katsura agreement)을 맺어 일본이 한반도를 보호령으로 삼는다는 데에 미국의 동의를 받았다. 누구 마음대로? 강자 마음대로였다. 경술국치는 5년 후에 닥쳤다. 이젠 나라가 완전히 없어진 것이다. 내가 여기서 얘기하고자 하는 것은 나라가 완전히 없어지지 않아도 외교가 없을 수 있다는 것이다. 한국이 엄연히 존재하는데 외교가 없다는 것이 말이 되냐는 항변에 답하기 위해서다. 그런데 이 때 한국은 주권

국가가 아니어야 한다. 을사늑약 이후의 대한제국이 그랬던 것처럼 말이다. 그렇다. 한국은 주권국가가 아니다. 한국은 미국의 식민지에 불과하다는 것이 내 판단이다. 을사늑약 같은 조약이 한미 간에도 존재하나? 그런 것은 없다. 하지만 비슷한 것이 있다. 한미동맹 조약이다. 을사늑약 2조에는 "한국정부는 일본국정부의 중개를 거치지 않고 국제적 성질을 가진 조약을 절대로 맺을 수 없다"라고 못을 박고 있다. 한미동맹 조약, 정식 용어로 한미상호방위조약(Mutual Defense Treaty between the Republic of Korea and the United States of America)에는 그런 조항까지는 없다. 그렇지만 4조를 보면 이렇게 되어 있다. "The Republic of Korea grants, and the United States of America accepts, the right to dispose United States land, air and sea forces in and about the territory of the Republic of Korea as determined by mutual agreement."(상호적 합의에 의하여 미합중국의 육군, 해군과 공군을 대한민국의 영토 내와 그 부근에 배치하는 권리를 대한민국은 이를 허여(許與)하고 미합중국은 이를 수락한다.) 아하 이것이 당신이 말하는 주권 상실이란 것인가? 상호 합의한 것인데 무슨 주권 상실? 우리의 방위를 위해 자발적으로 미국에 군대 배치 권리를 준 것이 왜 주권 상실일까? 내 대답은 그것은 보기 나름이라는 것이다. 종속성은 그것이 강요된 것이냐 자발적인 것이냐를 문제 삼지 않는다. 자발적인 식민지가 존재한다. 푸에르토리코가 그 실례다. 명칭이 식민지이건 해외영토건 중요한 것은 아니다. 한미동맹은 이승만이 애걸복걸하여 얻어낸 보따리였다. 미국은 당초에 관심이 없었다. 그러다가 생각이 바뀌었다. 동북아시아에 일본 말고 똘마니 하나 더 둔다고 나쁠 것이 없겠다는 생각이 들었다. 더군다나 중국 대륙에서 장제스가 패퇴하고 마오쩌둥이 패권을 쥘 거라고는 예상을 못한 데다 한국전쟁에서 중국의 개입으로 한반도가 반으로 잘린 마당에 중국을 견제하기 위한 교두보로 한국을 이용할 필요가 있다는 계산이 머리에 떠올랐다. 게다가 이승만은 동맹조약에 합의의사록(Agreed Minute between the Government of the United States and the Republic of Korea)을 덧붙일 의지까지 밝히지 않는가! 합의의사록은 동맹조약 체결의 전제조건으로 미국이 제시한 별도의 각서와 같은 문서다. 거기에는 한국군의 작전지휘권은 유엔군사령부가 보유한다는 그 유명한 조항이 들어 있다. 주권국가의 군대 지휘권이 다른 나라의 손에 들어 있는 경우가 다 있나? 말이 유엔군사령부지 실제로는 미국을 말한다. 또 문서에는 한국이 통일을 달성하려는 노력에 있어서 미국과 협조(cooperate)한다고 되어 있다. 협조한다는 조항의 언어는 협조해야 한다는 의미이다. 그리고 여기서 협조란 허락을 받아야 한다는 뜻이다. 우리는 미국의 허락 없이는 주도적으로 통일을 위한 노력을 하지 못 하게 되어 있는 것이다. 물론 합의의사록의 조항들 역시 보는 관점에 따라 주권상실 여하가 달라질 것이다. 사실 나는 한미동맹 조약과 합의의사록의 문제적 조항으로 한국이 주권국가가 아님을 입증했다고 생각하지 않는다. 그리고 나는 주권포기 내지 상실에 관한 객관적으로 명확한 증거를 제시하기 위해 지금 논의를 전개하는 것도 아니다. 한미동맹 조약과 합의의사록의 해당 조항들이 주권 포기에 해당하는지 여부의 요체는 사람들의 인식 수준에 달려 있다. 논문을 표절해 써 놓고서도 하등의 양심의 가책을 느끼지 못하는 작자가 있는가 하면 잎새에 이는 바람에도 괴로워하는 작가도 있었다. 나는 우리나라 땅에 외국 군대가 들어와 있는 것이 부끄럽다. 부끄러운 것을 넘어 분노가 치민다고 해야 할 것 같다. 빈 라덴이 느꼈던 개굴욕감일 것이다. 그런데 대다수의 한국인들은 그렇게 느끼지도 않고 나처럼 생각하지도 않는다. 나는 내가 느끼는 것을 남에게 강요할 생각은 없다. 물론 솔직하게 말하면 나는 그렇게 느끼거나 생각하지 않는 사람들을 존경할 마음은 없다. 다만 대다수의 한국인들이 주한미군을 당연시하고 그것이 우리를 위해 있는 것처럼 떠받들고 있다는 것은 사실로서 인정하지 않을 수 없다. 그리고 그것이 내가 초점을 맞추고 있는 대상이다. 한국인의 인식론, 대다수 한국인의 인식 방식으로는 대한민국은 엄연한 주권국가이자 자랑스러운 조국이다. 그러니 내가 한국은 주권이 없는 나라라고 말하는 것은 대다수 국민에 대한 정면 도전인 셈이다. 도전을 했다면 나는 논지를 명확히 세워 나의 주장을 논증해 내든가 아니라면 찌그러들어야 할 것이다. 그러나 나는 나의 주장을 논증할 객관적인 증거는 가지고 있지 않다. 나는 가쓰라태프트 밀약과 같은 결정적 한방을 손에 들고 있지도 않다. 한미동맹 조약과 합의의사록의 해당 조항들이야 이승만을 국부로 우러르는 사람들한테는 아무런 문제가 되지 않는 언사로 되어 있다. 나같이 이승만과 미국이 강행한 남한만의 단독정부는 태어나지 말았어야 할 체제였다고 생각하는 사람들한테만 엄청난 문제로 다가오는 것이다. 이승만은 관심이 없다는 미국의 바짓가랑이를 잡고 늘어져 한미동맹 조약의 체결을 구걸했다. 그리고 결과적으로 "위대한" 업적을 일구어냈다. 한국은 대한민국 영토 안에 군대를 배치할 권리를 미국에 "허여"하고 미국은 "수락"했다. 그것도 "상호적 합의에 의하여" 말이다. 다른 말들은 재주를 부린 것들이고 여기서 핵심은 "수락"이다. 부탁을 받아들여 승낙했다는 말이다. 하도 애걸복걸하니까 마지못해 수락했다는 뜻이다.[2] "허여"는 주기 싫은 것을 허락하여 준다는 말이지만, 이승만이 제발 군대를 파견해 달라고 조른 마당에 "허여"라는 어휘는 생뚱맞기 짝이 없는 것이다. "상호적 합의에 의하여"라는 말도 나라 체면에 "한국의 애원에 의하여"를 넣을 수 없어 주권국가 간의 외교문서처럼 구색을 맞춘 것에 불과하다. 한국의 주권을 자랑스럽게 보는 대다수의 한국인들에게는 "상호적 합의에 의하여"와 "허여"가 훨씬 더 크게 보이는 것은 물론이다. 그들은 합의의사록에 나오는 한국군의 작전지휘권 문제 역시 큰 대의를 위해 방편적으로 편의를 봐준 것 정도로 밖에는 이해하지 않을 것이다. 노무현이 전현직 장성들을 모아놓고 "부끄러운 줄 알라"고 호통을 칠 때 그 말이 마음속에 들어온 사람이 과연 몇이나 있었을지 궁금하다. 이승만이 "상호적 합의에 의하여"라고 문자로 썼든 아니든 더 중요한 것은 그가 미국에 그런 권리를 주겠다고 마음을 먹었다는 점이다. 그는 자발적으로 미국에 그들 군대를 우리나라 영토에 마음대로 들일 권리를 준 것이다. 그것도 제발 그렇게 해 달라고 애원하면서 말이다. 그게 핵심이다. 갑과 을이 명확히 나뉜 순간이었다. 아무리 우리가 아니라고 해도 미국은 우리를 식민지로 보기 시작했다. 그리고 그것으로 인해 많은 것이 그 순간에 이미 결정되어버렸다. 미국이 한국을 식민지로 보는지 아닌지를 미국에 물어보면 절대 아니라고 펄쩍 뛸 것이다. 미국의 입장에서 중요한 것은 한국이 미국의 식민지인지 아닌지 여부가 아니다. 중요한 것은 미국이 한국을 자기 마음 내키는 대로 부려먹을 수 있는 것 아니겠는가. 굳이 듣기에 좋지 않은 단어로 한미관계를 규정할 필요는 없는 것이다. 오히려 미국은 한국을 독립 주권국가이며 훌륭한 나라라고 추어줌으로써 한국 사람들을 기분 좋게 해야 티 나지 않게 한국을 지배할 수 있다고 생각할 것이다. 나는 앞에서 한국이 주권국가가 아니라는 객관적으로 명확한 증거를 제시하기 위해 지금 논의를 전개하는 것이 아니라고 말했다. 그리고 나의 논의는 한미관계의 "특수성"[3]을 기본적으로 깔고 있기는 하지만 한국의 미국에 대한 종속성을 중점적으로 파헤치기 위한 글도 아니다. 내가 중점적으로 타깃으로 삼는 것은 어디까지나 한국의 "외교"라는 행위다. 물론 제대로 된 외교란 없다. 식민지는 외교를 할 자격이 안 되는 것이다. 외교를 다른 사회와의 교류라는 식으로 넓게 정의한다면 식민지의 대외 교류를 외교라고 부르는 것까지 굳이 막을 수는 없겠지만, 외교란 원래 엄격하게 주권국가 간의 교류라고 정의되어 왔다. 영국은 식민 인도와 외교 행위를 할 필요는 없었다. 통치 행위면 족했던 것이다. 또 영국은 푸에르토리코와 외교 교섭을 통해 비자 문제를 해결할 이유가 없다. 영국이 교섭해야 하는 대상은 푸에르토리코를 관할하는 미국인 것이다. 한국은 과거 식민지 인도와 현재 미국령 푸에르토리코와는 다르다. 한국이 미국에 의해 점령되어 행정권이 전부 미국에 넘어가 있는 것은 아니다. 한국 영토가 미국령으로 되어 있는 것은 더더욱 아니다. 그러니 한국을 완전한 식민지라고 부르는 것은 과한 것이기는 하다. 한국은 유엔의 회원국이고[4] 세계 거의 모든 나라들과 외교관계를 맺고 있다. 그러니 내가 한국을 주권국가가 아니라고 강변하는 것은 황당한 궤변이라고 받아들여질 것이다. 재차 말하지만 나는 한국의 식민지로서의 정체를 객관적으로 증명하려는 것이 아니다. 그리고 나는 그럴 수도 없다는 것을 인정해야만 한다. 그러니 내가 한국의 식민지 여하를 논하는 맥락은 순전히 주관적인 판단과 감성에 의존하는 것이다. 동맹조약 4조의 규정, 미국의 육해공 전력을 한국 영토 안에 배치할 권리를 미국이 갖는다는 조항은 분명히 나에게는 식민지 조항이다. 또 합의의사록에 규정된 조항, 한국군의 작전지휘권은 유엔군사령부가 보유한다는 그 유명한 조항 역시 나에게는 식민지 조항으로 손색이 없어 보인다. 내 느낌에 동조하지 않을 사람들이 절대다수라는 사실을 인정하면서 나는 내 주장을 끝끝내 설득시키려고 애쓰는 대신 다른 전략을 사용할 생각이다. 그게 뭐냐면 한국의 외교 아니 유사 외교의 현장을 가급적 생생하게 물론 정확하게 기술함으로써 한국이 주권국가였더라도 그런 상황이 펼쳐질 수 있었겠는지 독자들이 판단하도록 할 생각인 것이다. 이 글이 노리는 목적은 명백하다. 독자를 분노하게 하는 일이다. 나하고 같은 생각을 가진 사람이라면 나라를 제대로 다시 만들어야겠다는 생각으로 이어질 수 있을 것이다. 반대로 수구 꼴통들이라면 내 글을 읽으면서 여러 페이지를 쥐어 뜯어내겠지만 그러면서도 일말의 깨달음은 얻을 수 있을 것이다. 사실 그런 기대가 터무니없는 환상이라는 것을 모르지는 않는다. 한길사에서 펴낸 "해방 전후사의 인식"이라든가 리영희가 쓴 "전환 시대의 논리"와 같은 소위 좌파 시선으로 쓴 책들이 무수히 출판되어 나왔지만 수구 꼴통의 숫자는 늘어나면 늘었지 줄어들지 않은 것만을 봐도 나의 기대는 허황된 것일 가능성이 농후한 것이다. 그렇지만 나는 이 글이라면 조금은 다른 결과를 가져올지도 모른다는 생각을 하고 싶다. 왜냐면 이 글은 이념적 편향성이 있기는 하지만 나만 옳고 너희들은 다 나쁜 종자들이라는 식으로 수구 꼴통을 박살내려고 시도하지는 않을 것이기 때문이다. 그러니 아예 처음부터 문을 닫아 걸 필요는 없을 것이다. 이 글은 전문적이고 학술적인 딱딱한 논문이 아니다. 상식적인 이야기이고 들으면 많은 사람들이 공감할 수 있는 이야기이다. 여기 서론에서는 내가 의도적으로 어깨에 힘을 주고 시작하기는 했지만 시종일관 식민지니 주권포기니 하는 자극적인 언사를 계속할 생각은 없다. 그렇다고 이 글이 허튼소리나 하나마나한 소리로 가득한 넝마자루라고 생각해서는 안 될 것이다.

나는 1985년 5월에 외무부 옷을 입었다. 그리고 33년이 지난 2018년 6월에 옷을 벗었다. 대사 두 번에[5], 공사 한 번, 참사관 두 번을 했다. 나를 아는 후배들은 내가 적어도 차관 이상은 할 것이라고 예상했다. 그러나 나에게 그런 행운은 찾아오지 않았다. 이유가 있었을 것이다. 나는 그것이 무엇인지 짐작했으면서도 한 번도 그것을 입 밖에 낸 적은 없다.

그것을 입 밖에 내는 순간 나는 두 개의 함정에 빠진다고 생각했다. 첫 번째 함정은 그 말로 인해 내가 그렇게 규정되어 버리고 마는 것이었다. 두 번째는 내가 더 이상 소위 출세하지 못한 것이 그 이유 때문인지는 몰라도, 내가 출세하지 못했다는 것을 내가 인정해야만 하는 것이었다. 나는 출세라는 말을 싫어한다. 왜냐면 그것은 마치 출세하지 못하면 실패한 인생을 살았다는 어감을 주기 때문이다. 장차관이 되는 것이 출세하는 것이라 한다면, 장차관이 못 되었다고 내가 인생을 실패한 것은 아니지 않은가. 입 밖에 내지 않은 그 말이 뭐냐면 내가 소위 좌파로 은연중에 지탄을 받아왔다는 것이다. 사실 나는 좌파라고 불려서 꿀릴 것도 쪽팔릴 것도 없지만 그렇게 불리기에는 너무 우파적 성향이 강해 진정한 좌파한테 좀 미안한 생각이 들 정도의 인간이다. 그러니 나를 좌파라고 부르는 사람들의 지적을 내가 스스로 입 밖에서 되풀이하는 순간 나는 스스로 좌파임을 인정하는 것으로 비추어지는 첫째 함정에 빠질 것이었다. 그리고 나의 좌파성 때문에 더 이상 위로 올라가지 못했다고 내가 인정하는 순간 나는 더 이상 올라가지 못해 실패한 인생을 산 사람이 되는 둘째 함정에 빠지는 것이었다. 그러니 나는 그런 말을 발설한 적이 없다. 그러나 내가 그런 말을 발설했건 아니건 사람들의 그런 지적과 나의 인식이 있었다는 것은 사실이다. 그리고 그것으로 인해 나의 상층이동에 제동이 걸렸던 것도 사실이다. 비록 내가 대수롭지 않은 일로 치부하더라도 사실은 사실이다. 그렇다면 남들은 왜 나를 좌파라고 인식한 것일까? 나의 어떤 측면이 그들로 하여금 내가 좌파라고 생각하게끔 만든 것일까? 쉽게 말하면 내가 자기들과 같지 않다는 이유에서였다. 생각도 달랐고 행동도 달랐다. 그래서 다수의 사람들이 나를 좌파라고, 때에 따라서는 빨갱이라고 불렀다. 앞으로 써 나갈 이야기들을 내가 그런 식으로 쓴다는 것 역시 그들과는 다른 인식론을 갖고 있기 때문일 것이다. 이 글의 이야기들은 1985년부터 2018년까지 33년 동안 나의 외교관 경력 전체에 걸쳐 일어난 사건과 상황, 그리고 그 후 2025년 최근까지 벌어지고 있는 외교 사안들을 나의 방식으로 이해한 결과들이다. 다른 사람이라면 다른 식으로 받아들였을 일들이 나에게는 그런 식으로 받아들여진 것이다. 나의 시선이 있었고 나의 인식이 있었으며 나의 말이 있었다. 그런 일련의 작용과 반작용 과정을 지켜보면서 사람들은 나를 좌파라고 규정한 것이다. 한 마디로 적이라는 말이었다. 앞으로 나올 이야기들을 읽으면 내가 어떤 인물인지, 왜 다른 사람들이 나를 좌파라고 부르는지 이해할 수 있을 것이지만, 독자들의 궁금증을 먼저 조금이나마 미리 해소하기 위해 간략히 정리하자면 이렇다. 먼저 나는 입부한 지 얼마 지나지 않아 외무부가 하는 일 대부분이 하찮은 일에 불과하다는 것을 깨달았다. 내가 선배들한테 배운 일이든 나중에 내가 직원들에게 시키는 일조차도 모두가 허접한 것이었다. 문제는 그런 생각을 속으로만 품고 있었던 것이 아니라 점차 입 밖으로 내기 시작했고 나중에는 자기비하 내지는 자기경멸의 언사로 바꾸었다는 것이다. 외무부 직원들의 반 정도가 외무고시를 통과해 입부한 사람들이고 보면 그들은 아무리 동료가 내뱉는 말이라고는 해도 스스로를 비하하는 언사에 불쾌하게 생각할 수밖에 없었을 것이다. 자존심으로 똘똘 뭉쳐있는 외무부 사람들에게 내 얘기는 안 그래도 그들도 느끼고 속으로 삭이고 있던 마음속 자존심의 상처를 후벼 파는 것이었다. 외무부가 다루는 일들이 얼마나 허접한 것인가 하는 이야기는 앞으로 전개될 본론이다. 둘째, 나는 남들이 서로 차지하지 못해서 안달인 일들에 상당히 초연한 자세를 유지했다. 예컨대 나는 주미 대사관에 가겠다고 머리가 터지게 투쟁하는 외무부 인간들의 행태를 우습게 쳐다보았다. 또 출셋길이라고 알려진 소위 "청비총"의 보직을 맡는 것에도 별다른 관심이 없었다. 청비총이라 함은 청와대, 장관 비서실, 그리고 총무과의 인사계를 합쳐서 부르는 말인데, 이런 부서에서 근무하면 외무부에서의 경력은 그야말로 "진골"[6]로 탄탄대로를 걷게 된다는 것이 외무부 내부에 널리 퍼져 있는 얘기였다. 그리고 그것은 낭설이 아니라 상당부분은 사실과 부합하는 말이기도 했다. 나는 외교를 해보겠다고 들어온 사람들이 그런 "딱가리" 일을 서로 하겠다고 덤비는 데에 적지 않게 놀라곤 했다. 그리고 미국과의 교류 업무도 중요하겠지만 다른 의미 있는 일이 얼마든지 많다고 생각했다. 물론 내가 이러한 생각을 외무부에 처음 들어오면서부터 가지고 있었다는 말은 아니다. 외무부 생활을 하면서 점차 형성된 생각이었다. 어찌 보면 그것은 내가 미국 관련 부서나 "청비총" 부서에 배치를 받지 못해서 열등감의 발로로 튀어나온 생각일 수도 있다. 처음 입부했을 때 다들 그런 곳에 배치되기를 바라는 동료들을 보면서도, 또 그런 곳에서 근무하는 것이 진골 외교관으로 거듭나는 길이라는 것을 일러주는 선배들의 이야기를 들으면서도, 내가 처음부터 독야청청 다른 길을 원했다고 말한다면 거짓말일 것이다. 하지만 나는 점차 나의 경력 관리에 관한 한 남들처럼 신경을 곤두세우지 않게 되었다. 나는 내가 좋아하는 일을 할 수 있다는 것이 더욱 중요한 것이라고 생각하기 시작했다. 셋째, 이것도 서서히 형성된 생각이었지만, 나는 미국을 하느님처럼 숭상하는 외무부의 분위기를 너무도 싫어했다. 외무부는 모든 일이 미국에서 시작해 미국으로 끝나는 조직이라 해도 과언이 아니다. 내가 처음 업무를 시작할 때에는 주한 미국 대사관에서 말단 직원 명의로 오는 하찮은 편지 한 장도 장관한테 보고해야 하는 중요한 문건이었다. 그 편지에 답장을 보내는 것 역시 문안을 포함해서 장관의 결재를 받아야 할 사안이었다. 지금은 그런 관행이 많이 바뀌었다. 직원들이 해야 할 일의 양이 절대적으로 많이 늘어났기 때문이기도 하고, 장관이 챙겨야 하는 미국의 요구사항도 절대적으로 많이 증가했기 때문이다. 그렇지만 본질은 하나도 변하지 않았다. 미국에 대한 굽실거림은 오히려 더 심해졌다고 볼 수도 있다. 앞으로 그런 사례들이 기술될 것이다. 나는 미국에서 근무한 경험이 있다. 그래서 한국 외무부의 대미 외교 업무가 어떤 것인지도 물론 안다. 그리고 외무부 본부에서 미국 관련 부서에 있는 직원들이 다른 부서 사람들에게 자기들이 하는 업무는 기밀사항이라면서 정보를 공유하기를 지독하게 꺼리는 이유도 알고 있다. 간단하게 미리 소개하자면 그들은 자기가 하는 일 역시 별것이 아니라는 것을 들켜 버릴까봐 기밀이라는 되먹지도 않은 핑계 뒤에 숨어 짐짓 점잖을 빼면서 쉬쉬하고 있었던 것이다. 내가 미국을 숭배하는 태도를 취하지 않는 것이 그들에게는 아주 못마땅한 일이었다. 소위 "미국통"이라는 자들은 미국을 붙잡고 출세하기로 마음을 먹은 사람들이다. 그들에게는 나 같은 사람은 반미주의자로 몰아 그들 그룹에서 내쳐야 할 이유가 있었다. 미국통들의 세계는 아무나 넘볼 수 있는 영역이 아니어야 했고 나 같은 비천한 반미주의자가 손가락질을 할 상대는 더욱 아니어야 했던 것이다. 하지만 나는 반미주의자는 아니었다. 다만 나는 미국을 숭배하는 숭미주의자는 결코 아니었다. 그것이 그들과 달랐을 뿐이다. 넷째, 나는 외교관들의 절대다수가, 특히 선배 세대들의 경우에 더더욱, 수치화하자면 아마도 95퍼센트 이상이, 함량미달이거나 함량 제로라는 것을 발견했다. 그리고 그것을 가감 없이 입 밖에 내었다. 대상자 면전에서 그렇게 말한 경우도 있었다. 대부분 남들하고 얘기하면서 나온 말들이었지만 해당자가 전해 들었다면 그 모욕감에 얼마나 나에게 적개심을 품었을 것인지 짐작할 수 있는 일이다. 인간품질이 이토록 형편없이 낙후된 것은 외무부가 조직 관리를 잘못한 결과다. 조직 관리라는 것이 아예 있지도 않았다. 사명감을 가지고 조직을 발전시키겠다고 마음먹은 사람이 하나도 없는데 누가 조직을 관리한다는 말인가. 다들 하나같이 자기 경력을 관리하기에 바쁜 사람들의 군집상이 외무부인 것이다. 이상과 같은 네 가지 이유 말고도 더 있지만 여기서는 요정도로 그친다. 그런데 이렇게 말하고 보니 내가 무슨 정의의 사도라도 되는 것처럼 나 스스로를 과대 포장했다는 생각이 든다. 아니다. 나 역시 별 놈 아니었다. 내가 비판하는 이러저런 측면에서는 다른 사람들과 조금은 다르겠지만 그렇다고 내가 외무부를 구원하겠다고 나설 만큼 성숙하고 훌륭한 자격을 갖춘 인물이라고 말할 수 없다는 것을 스스로 잘 알고 있다. 그러니 독자들은 부디 내가 외무부와 그 안의 사람들을 비판하면서 마치 나 같은 인물을 중용하지 않은 것은 나라의 큰 손실이라는 식으로 내가 생각하고 있다고 판단하지 말기를 바란다. 그리고 혹시 내가 많은 사람들의 비판 때문에 외무부에 환멸을 느끼고 틈만 나면 엉뚱한 짓거리로 조직에 타격을 가하려 했다고 생각하는 것도 곤란하다. 나는 외무부를 좋아했고 외교업무를 좋아했다. 나는 외교관으로 머리가 굵어지면서 외교란 그리고 외무부란 이런 것이어야 하는구나 하는 개념과 이론을 내 나름대로 수립할 수 있었다. 그러니까 내가 좋아하고 신명을 바친 외교와 외무부는 현실의 그것들이 아니라 내가 품고 있는 이상 속의 그것들이었을 것이다. 한편 나는 좌파라고 속으로 비판하는 많은 사람들의 눈 흘김의 대상이었지만 동시에 나를 성원하고 따르는 꽤 많은 동료들의 팬클럽 주인공이기도 했다. 돌이켜보자면 나의 33년간의 외무부 생활은 결코 불행한 나날들은 아니었다. 오히려 그 정반대였다고 말할 정도로 보람찬 시간이었다. 그러니 나는 33년 동안 내가 보고 듣고 느낀 것을 기록으로 남겨도 좋을 것 같다는 생각을 하게 된 것이다. 무엇에 아니면 누구에게 좋다는 말인가? 첫째, 혹시 제대로 된 사명감을 가진 외무부 직원이 있다면, 이 글은 "해방 전후사의 인식"이 던지는 충격파처럼 그에게 가치 있는 통찰력을 줄 수 있을 것이다. 둘째, 외무부 조직을 좀 더 나은 방향으로 개선하겠다는 사람이 있다면, 그에게 착안해야 할 방향을 제시할 수 있을 것이다. 셋째, 이것이 가장 중요한 것이겠지만, 독자들이나 국민들이 나의 논지에 공감을 하는 사람들이 있다면, 차라리 외무부를 폭파하고 완전히 다시 처음부터 지어나가는 것이 가장 바람직하겠다는 생각을 탄생시켜 줄 것이다. 그렇게 기대한다. 이 글을 나의 외교 회고록이라 불러서 안 될 것은 없겠지만, 나는 그런 어휘보다는 관찰 보고서라는 말을 더 선호한다. 내가 33년 동안 관찰하고 생각하고 반성한 결과다. 나는 회고록을 쓸 만큼 고위직에 올라간 적이 없다. 그리고 내가 회고록이라는 말을 싫어하는 가장 큰 이유는 외무부 사람들이 쓴 회고록 중에 단 하나라도 제대로 된 책이 없다는 사실에서다. 전체 중에서 단 몇 개의 회고록만 너절하다면 나는 저자인 전직 장관들의 이름을 공개했을 것이다. 하지만 예외 없이 전부 쓰레기라면 굳이 이름을 거론할 필요는 없어지는 것이다. 그들의 책이 그 모양 그 꼴인 이유는 그들이 아무런 생각을 하지 않고 외교관 생활을 했기 때문이다. 생각이 없었는데 회고록을 쓴다고 갑자기 아이디어가 떠오르는 것은 아니다. 더군다나 대부분의 회고록은 회고록이라 할 것도 없는 신변잡기에 불과한 것들이다.[7] 조롱 섞어 얘기하자면, 나보다 더 맛있는 거 많이 먹어본 사람 나와 보라거나, 나보다 더 일류 골프장에서 공을 많이 날려본 사람 있으면 나와 보라는 식의 저급하고 한심한 넝마들이 회고록이라는 진지한 제목을 달고 나와 있는 것이다. 물론 전부 내가 말한 함량미달 내지 제로인 선배들이었다. 나는 그따위 글은 쓸 용기가 나지 않는다.

  이 글은 현 정권에 대한 비판서가 아니다. 2024년 12월 3

일 늦은 밤 대통령 윤석열이 비상계엄령을 선포하고 국회가 이에 즉각 대응해 12월 4일 이른 새벽 해제 결의안을 통과시키는 기가 막힌 사태가 벌어졌다. 윤석열은 비상계엄 조치로 일개 정치브로커가 몰고 온 정치적 난관을 뚫고자 했겠지만, 두 시간 반 만에 끝난 그의 어리석고 어설프고 무모한 친위쿠데타 시도는 본인은 물론 나라와 국민을 전 세계적인 웃음거리로 만들었다. 내란 혐의로 구속된 그는 지금 헌법재판소의 탄핵심판을 받고 있지만 그 인용 여부는 이 책의 관심사항이 아니다.[8] 물론 나는 윤 정권의 외교정책에 대해 신랄하게 비판하겠지만 그것은 우리 사회의 구조적인 문제를 드러내기 위한 방편에 불과하다. 초점은 어디까지나 대한민국이라는 국체의 성격이요 우리 역대 정부가 노정하고 있는 대외정책의 밑바탕이며 외교를 한답시고 설쳐대는 자들의 인식 수준이다. 이 글은 프롤로그와 에필로그를 앞뒤로 하여 그 사이에 여덟 개 장으로 구성되어 있다. 나는 한국의 구체적인 외교 영역에 관한 얘기부터 펼쳐 보일 생각이다. 한국에게 가장 중요한 세계의 외교 현장이 최근 상황부터 전개될 것이다. 전통적인 방식에 따라 나도 첫째 챕터에서 미국에 대한 얘기부터 풀어갈 것이다. 윤석열 정부의 숭미적인 행보는 갑자기 탄생한 것이 아니다. 그것은 이승만 정부의 출범과 함께 지난 수십 년 동안 켜켜이 쌓여온 굴종의 때 먼지가 우리를 병들게 한 결과다. 우리 의식 속에서 복제하고 분열하면서 진화해온 병적인 디엔에이가 작동한 결과다. 미국인들은 그들에게 헤프게 미소 짓는 한국인을 경멸의 시선으로 쳐다볼 뿐이다. 한미동맹은 우리 스스로가 뒤집어쓴 굴레요 중앙아시아의 승자가 만쿠르트의 머리에 씌우는 낙타 유방 가죽 모자[9]다. 둘째 챕터는 일본이다. 위안부 문제가 됐든 강제징용 문제가 됐든 한일 간의 과거사 문제의 해결은 한일 간의 문제가 아니었다. 그것은 1965년 한일 국교정상화가 그랬듯 항상 한미 간의 문제였다. 한국 정부는 미국의 지시에 따라 움직였고 보수 정권이 들어설 때마다 한일 문제는 하나씩 해법을 찾았다. 나는 한국인이 과거 지향적인 의식구조를 바꾸어야 한다고 생각하지만 정부가 과거사 문제에 관한 "최종적이고 불가역적인" 해결을 피해자들에게 강요할 수는 없다고 생각한다. 정부는 신이 아니고 신이라고 해도 제멋대로 해서는 안 된다. 셋째 장은 중국과 한국의 아름다운 인연에 관한 이야기부터 전개된다. 가장 오래된 이웃과의 자연스러운 우정은 종주국에 바쳐야 하는 충성 때문에 형편없이 왜곡되고 있다. 미국은 우리의 땅에 그들 마음대로 무기를 배치할 권리를 갖고 있다. 한미동맹의 골자다. 그들 중에는 중국이 극도로 혐오하는 무기도 있다. 사드(THAAD)라는 것이다. 미국이 한국에 사드 체계를 배치하면서 한중관계는 돌아오기 힘든 선을 넘었다. 그리고 지금은 그것에 더해 대만을 둘러싸고 벌이고 있는 미중 간의 소리 없는 전쟁에 너무 깊숙이 개입하기까지 하고 있다. 넷째 챕터는 러시아의 시선이다. 러시아는 19세기 말 열강들의 각축장이 된 한반도에서 가장 점잖게 조선을 대우한 나라였다. 1990년 9월에 수교한 한국과 소련은 한 때 가장 긴밀한 협력의 파트너였다. 불곰사업이라는 군수협력도 있었고 나로호 미사일 발사를 위한 기술협력도 있었으며 액화천연가스 운반 쇄빙선 건조 협력도 있었다. 그러나 미국의 사주를 받은 한국 정부가 우크라이나에 대한 한국산 무기 지원 가능성을 여는 발언을 하면서 러시아가 한국을 노려보기 시작했다. 착하고 수줍음이 많은 러시아 사람이지만 한번 칼을 뽑으면 무서운 나라가 러시아임을 잊으면 안 된다. 다섯 번째 장은 유럽 세 나라와 한국 간의 관계를 짚는다. 프랑스와 독일과 영국이다. 그들에게 한국은 미국의 속국일 뿐만 아니라 미개한 나라다. 국민을 탄압하고 죽이는 정권에다가 자기들끼리도 서로 아귀다툼을 하는 갱스터들의 세계다. 거기에 무슨 문화가 있고 인권이 있으며 철학이 있을쏘냐. 무시해도 좋은 나라, 멸시해도 괜찮은 나라 한국이다. 여섯 번째 챕터는 후진국들의 시선으로 한국을 바라볼 것이다. 앙골라, 키르기스스탄, 그리고 팔레스타인의 시각이다. 내가 직접 경험한 사실을 중심으로 이야기가 전개된다. 나로서는 지나가는 기차를 밖에서 바라보는 것이 아니라 직접 그 기차에 올라타고서 펼쳐지는 풍경을 바라보고 싶었다. 그 나라의 시선으로 말이다. 그러나 결과는 허탈한 것이기도 했다. 나처럼 바라보려 한 사람이 없었기 때문이었다. 일곱 번째와 여덟 번째 챕터는 사람들의 인식에 초점을 맞춘다. 먼저 일곱 번째 챕터에서는 외국인이 한국 외교관에 대해 던지는 멸시의 시선이 왜 발생하게 된 것인지 그 원천부터 들여다볼 것이다. 혹자는 그런 멸시의 시선을 느낀 적이 없다고 말할는지 모른다. 둘 중 하나일 것이다. 한국이 과연 어떤 나라인지 한 번도 진지하게 생각해 보지 않았거나, 생각은 해 봤는데 암만 봐도 자랑스럽다고 확신하는 경우 말이다. 그렇다면 조금은 걱정된 눈빛으로 조금은 미안한 웃음으로 자신을 뒤돌아볼 필요가 있을 것이다. 멋진 나라를 만들자면 말이다. 나는 이어 진정한 외교란 어떤 것인지에 대해 설명할 것이다. 고려 초 서희가 거란과 벌인 담판의 사례는 지금 한국의 외교관들로서는 감히 따라 할 수 없는 웅장함이다. 하지만 그것은 지극히 당연한 외교의 에이비씨였을 뿐이다. 다음으로 여덟 번째 장에서 나는 한국 외무부를 채우고 있는 사람들이 과연 무슨 생각을 하면서 살아가고 있는지 탐구할 것이다. 내가 경험한 바로는 대단히 불건강하다. 한 마디로 말하자면 자기 말고는 아무도 없다. 국민과 나라는 관심 영역 밖이다. 개인적으로 실력이 있는 것도 아니다. 왜 외무부 사람들이 그렇게 되어버렸을까? 이 질문 역시 여기서 다루어질 것이다. 마지막으로 나는 에필로그를 통해 이 글에서 내가 펼치려 한 주장의 핵심을 정리하고 한국이 진짜 외교를 펼치기 위해 해야 할 일을 요약할 것이다. 그 중의 하나는 외무부를 없애는 일이다.

내가 처음에 던진 질문으로 다시 돌아가자. 한국에 외교가 있나? 좀 더 정확한 답은 "아직은 없다"가 좋을 것 같다. 한국이 주권을 회복하기 전까지는 말이다. 그 전에는 외교 비슷한 행위 내지는 헛짓이라고 말해야 한다. 헛짓이란 보람이나 실속이 없는 행위이기도 하지만, 이렇게 하면 안 된다는 거 뻔히 알면서도 모르는 척 행하는 짓거리도 가리킨다. 그런데 이 글의 부제가 "좌파 외교관이 보는 한국외교"라고 되어 있는 것은 웬일일까. 외교라는 단어가 두 번이나 쓰여 있다. 사실 정확하게 말하자면 제목은 "좌파 사이비 외교관이 보는 한국의 유사외교 행위"가 되어야 한다. 외교라는 단어와 한국이 만나면 외교는 유사외교 행위가 될 수밖에 없다. 주권이 없는 나라가 무슨 외교를 한다는 말인가. 물론 좌파 전직 공무원인 나의 생각이다. 그러나 이런 식의 언사는 자기가 몸을 담았던 사회와 조직의 진정한 변신을 뼈저리게 염원하는 자가 시린 마음으로 내뱉는 자학적인 외침이다. 독자는 이 점을 염두에 두고 이 글을 읽을 일이다. 원고의 출판을 앞두고 나는 기록의 민감성 내지는 의도하지 않은 피해를 감안하지 않을 수 없었다. 실체와 실명을 숨긴 글이란 내가 말하는 관찰 보고서와는 거리가 있을 것임에도 말이다. 그래서 나는 내가 비판적인 시각으로 외무부 인사를 거론하는 대목에서는 그의 거취를 특정할 수 있는 정확한 날짜를 감추고 가명 처리를 한 출판용 판본을 따로 만들었다. 그렇다 해도 본인이거나 알 만한 사람조차 짐작할 수 없지는 않을 것이다. 나의 서술을 불쾌하게 느낄 사람도 있을 것이다. 그러나 나는 어느 개개인을 비난한다거나 욕하는 데에는 아무런 관심이 없다. 나의 비판은 외무부라는 조직과 한국 정부를 겨냥한 것이다. 누가 잘못되었다거나 모자란 인간이라는 것은 내 초점이 아니다. 외무부라는 조직이 그런 인물을 낳았다는 것이 나의 주안점이고, 잘못된 나라가 그런 외무부를 만들었다는 것이 나의 초점이다. 나는 이 기록이 백 퍼센트 정확한 것이라고 믿으며 글을 썼지만 내 기억이 완벽하다고는 생각하지 않는다. 그래서 혹시 사실 관계가 틀리다고 지적하고자 하는 독자가 있다면 부디 그렇게 해 주기 바란다. 내가 틀렸다면 흔쾌하게 시정할 것이다. 마지막으로 독자에게 부탁하고 싶은 것이 하나 있다. 나의 단정적인 화법과 과장 섞인 어법에 대해 지나치게 예민하게 반응하지 말아달라는 것이다. 나의 단정과 과장은 내가 초점을 맞춘 사태가 나의 의식 안으로 진입해오는 과정에서 나에게 요구하는 표현법이다. 그렇다고 내가 기술하는 사태가 사실과 다르다는 말은 아니다. 코끼리를 바라보는 각도에 따라 다르게 그리듯 나는 외무부와 정부를 비판적인 각도에서 그렸을 뿐이라는 말이다. 그리고 페이지 곳곳에 내가 알량한 문학적인 감수성을 발휘해 쓴 표현법 역시 사실 여부의 탐색대상으로 삼을 필요까지는 없을 것이다. 대한민국의 주권 회복과 진짜 외교가 펼쳐질 날을 고대한다. (2025년 2월 어느 날 이창천)

The Way of Quality Diplomacy

1. 한미동맹의 굴레
스스로 칼을 뒤집어 쓴 쪼다들

2025년 초 현재 한국은 작년 12월 3일 대통령 윤석열이 일으킨 친위 쿠데타라는 지진의 여파를 수습하느라 국내적으로 어수선하기가 짝이 없다. 새로운 정부가 들어서기까지는 다소간의 혼란은 지속될 것 같다. 한반도를 둘러싼 상황도 이 글의 초안이 쓰일 당시인 2023년 봄과 비교하면 사뭇 달라 보인다. 특히 미국의 트럼프 2기 정부가 출범하면서 세계에 일대 광풍이 불 조짐이다. 그렇지만 한국 대외 정책의 핵심은 주변 상황에 상관없이 일관된 지조를 지켜왔고 앞으로도 그러할 것이다. 그 핵심이라는 것은 종교적 광신에 가까운 미국 숭배다. 숭미다. 정권마다 정도의 차이는 있었어도 핵심은 변하지 않았다. 2024년 말까지 윤석열 정부는 숭미를 더욱 견고한 모습으로 굳혀 왔다. 대통령 윤석열은 2023년 4월 24일부터 5박7일간 미국을 방문했다. 그는 서울을 떠나기 전부터 요상하고 요란한 잡음을 냈다. 물론 전부 계산된 잡음이었고 모두 미국을 향한 아첨이었다. 미국의 귀에는 속국 한국의 대통령이 내는 잡음은 듣기에 아주 좋은 멜로디였다. 4월 19일 윤석열은 로이터통신과의 인터뷰에서 "민간인에 대한 대규모 공격, 국제사회가 묵과할 수 없는 대량학살, 전쟁법을 중대 위반한 사안이 발생한다면 인도 지원이나 재정 지원에 머물러 이것만을 고집하기 어려울 수 있다"고 말했다. 우크라이나에 대한 무기 지원 여부를 묻는 질문에 답한 것이었다. 다음날 러시아 외교부는 윤석열의 발언을 우크라이나에 대한 무기지원 가능성을 연 것이라고 판단하고 "우크라이나에 대한 어떤 무기 제공도 반러시아 적대 행위로 간주하겠다"고 즉각 반발했다. 이어 러시아는 "우크라이나에 무기 공급을 시작한다는 건 이 전쟁에 일정 부분 개입하는 것"이라고 규정했다. 국가안전보장회의 부의장 드미트리 메드베데프는 "한국은 대가를 치를 것"이라며 자국산 최신무기의 대북 지원 가능성까지 거론했다. 이에 외무부 대변인 이말석(가명)은 "정부의 우크라이나에 대한 입장은 변함이 없다. 대통령의 로이터통신 인터뷰에서 일부 국가에 대해 언급이 있었던 것으로 알고 있지만, 그것은 가정적 상황에 대해 말한 것으로 굳이 코멘트 하지 않고자 한다"고 응수했다. 원래 외교적 언사란 가정법을 사용해 앞으로의 정책변화를 예고하는 법이다. B와 C가 싸우는데 A가 누구편도 들지 않겠다고 했다가 B가 C를 너무 세게 때리면 C편을 들겠다고 말한다면, B 입장에서는 A가 C편을 들겠다는 말이 아닐 수 없다. 가정법 운운하는 발뺌은 말이 안 되는 것이다. 외무부 대변인만 그런 말을 한 것이 아니라 대통령실도 같은 얘기였다. 가정적인 상황에 대해 말했을 뿐 우리의 정책은 바뀐 것이 없다는 것이었다. 이런 엉뚱한 말만 늘어놓으니 세계에서 한국 알기를 멍청이 아니면 꼭두각시 이상이 아닌 것이다. 역시나 미국은 윤석열의 발언을 환영하고 나섰다. 같은 날 미국 국가안보회의(NSC) 전략소통조정관 존 커비는 정례브리핑에서 러시아가 "한국이 대가를 치를 것"이라고 언급한 것에 대해 "우리는 한국과 조약 동맹이며 그 약속을 매우 매우 진지하게 여긴다. 한국이 공개적으로 우크라이나를 지지하고 러시아를 규탄해온 점에서 한국은 훌륭한 동맹이자 친구다. 윤대통령의 내주 국빈 방미를 기대한다. 두 정상이 인도태평양뿐 아니라 유럽과 우크라이나와 관련된 다양한 도전에 대해 논의할 것이라 의심치 않는다"고 논평했다. 러시아 대통령 블라디미르 푸틴은 2022년 10월 27일 모스크바에서 열린 러시아 엘리트 모임인 발다이 클럽 연례행사에서 "우리는 한국이 우크라이나에 무기와 탄약을 공급하기로 결정했다는 사실을 알고 있다. 만일 한국이 우크라이나에 무기를 제공할 경우 우리의 관계는 파탄날 것"이라고 말했었다.[10] 로이터통신 인터뷰는 러시아만 건드린 것이 아니라 중국을 더 크게 자극했다. 윤석열은 "우리는 국제사회와 함께 힘에 의한 현상 변경에 대해 절대 반대한다는 입장이다. 대만 문제는 단순히 중국과 대만만의 문제가 아니라 북한 문제처럼 지역 차원을 넘어선 세계적인 문제"라고 말했다. 이는 미국 대통령 바이든의 입장과 정확히 일치하는 것이었다. 2022년 5월 21일 서울에서 열린 한미 정상회담에서 윤석열과 바이든이 대만해협에 대해 "평화와 안정 유지의 중요성"을 강조한 것에서 한 발 더 나간 것이다. 한국 외무장관 박진의 발언이 먼저 있었다. 2023년 2월 CNN과의 인터뷰에서 "한국은 무력에 의한 일방적인 현 상태 변경에 반대한다"고 말했었다. 당시 중국 외교부 대변인 마오닝은 부용치훼(不容置喙)라는 표현을 쓰며 "대만 문제에 다른 사람이 말참견하는 것을 허용하지 않는다"며 강력 반발했었다. "치훼"란 함부로 주둥이를 놀린다는 뜻이다. 중국은 다음날 외교부 정례 브리핑에서 대변인 왕원빈의 입을 빌어 "대만 문제를 해결하는 것은 중국인 자신의 일이며 타인의 말참견을 허용하지 않는다"고 거칠게 비판했다. 두 달 전 박진에 대한 비난과 궤를 같이 한 것이었다. 이에 한국 외무부는 출입기자단에 문자메시지를 보내 "중국 외교부 대변인이 입에 담을 수 없는 발언을 했다. 국격을 의심케 하는 것"이라며 "심각한 외교적 결례"라고 강조했다. 같은 날 저녁 한국 외무부 차관 정진헌(가명)은 주한 중국대사 싱하이밍을 초치해 항의했다. 그는 "우리 정상이 힘에 의한 일방적 현상 변경에 반대한다는 국제사회의 보편적 원칙을 언급한 데 대해 중국 외교부 대변인이 무례한 발언을 한 것은 외교적 결례"라면서 "중국 측이 이번 건으로 인해 양국관계 발전에 불필요한 지장을 주지 않도록 노력해나가야 할 것"이라고 강조했다. 한편 중국 외교부 부부장 쑨웨이둥은 정차관이 주한 중국대사를 만나는 시간에 주중 한국대사 장호성(가명)에게 전화를 걸어 강하게 항의했다. 쑨부부장은 "대만 문제는 단순히 중국과 대만 사이의 문제가 아니라 북한 문제처럼 지역 차원을 넘어선 세계적인 문제"라고 한 윤대통령의 발언은 "도저히 받아들일 수 없으며 중국 쪽은 엄중한 우려와 강한 불만을 표시한다"고 말했다. 이어 "세계에는 오직 하나의 중국만 있고, 대만은 중국 영토의 분할할 수 없는 일부분"이라며 "대만 문제는 순전히 중국의 내정이고 중국의 핵심이익 중 핵심이다. 대만 문제를 해결하는 것은 중국 자신의 일로 어떤 외부 세력의 개입이나 간섭을 절대 허용하지 않는다"고 말했다. 그는 이어 "한국 지도자는 하나의 중국 원칙에 대해 한마디도 언급하지 않으면서 대만 문제를 한반도 문제와 비교했다"며 "북한과 한국은 모두 유엔에 가입한 주권국가로, 한반도 문제와 대만 문제는 성격이나 경위가 전혀 달라 비교가 되지 않는다"고 지적했다. 다음날인 4월 21일 중국 외교장관 친강이 직접 나서 발언했다. "(대만 문제를 가지고) 불장난을 하는 사람은 불타 죽을 것(玩火者, 必自焚)"이다. 같은 날 한국 외무부 대변인은 "우리 정부의 하나의 중국 원칙 존중 입장에는 변함이 없다"고 밝혔다. 이틀 후 중국 공산당 기관지 런민르바오(人民日報) 자매지인 환추스바오(環球時報)는 "한국 외교의 국격이 산산조각 났다"는 제목의 사설을 통해 윤대통령의 발언을 "워싱턴에 대한 충성 표시"라고 규정하며 "미국이 유출한 기밀문서가 미국 정보기관의 한국 고위관계자 불법 사찰로 드러났을 때 정작 심각한 침해행위에 대해 강력히 항의하지 않고 왜 온순한 새끼 고양이처럼 행동했는가"라면서 비아냥거렸다.[11] 미국 국무부 대변인 베단트 파텔은 한중간의 설전에 관한 기자의 질문에 대해 "미국은 양안 문제의 평화적 해결을 계속 지지할 것이며 이를 위해 우리의 중요한 동맹국들과 조율할 것으로 여기에는 물론 한국이 포함된다"고 말했다. 러시아와 관련된 윤석열의 발언에 대한 존 커비의 논평과 비교하면 밋밋한 반응이었다. 사안의 민감성을 잘 아는 미국이 불난데 기름을 부을 수는 없는 일이었다. 중국의 "워싱턴에 대한 충성 표시" 발언 이전에 한국 국회에서 먼저 유사한 지적이 있었다. 더불어민주당 정책위 의장 김민석은 4월 20일 정책조정회의에서 윤대통령의 로이터통신 인터뷰 발언은 결국 미국을 향한 굴종 외교의 성격을 띤다면서, "미국과 얘기가 된 하청 발언이라면 미국도 윤대통령도 용납될 수 없다. 알아서 긴 선제적 굴종이라면 즉각 발언을 취소하고 러시아에 해명하고 국민에 사과하라"고 말했다. 우크라이나와 대만과 관련된 윤석열의 로이터통신 인터뷰 발언은 물론 하청 발언이면서 선제적인 굴종이었다. 러시아는 한국에 2008년 미국만 믿고 까불다가 큰 코를 다친 조지아[12]를 상기하라고 말하고 싶었을 것이다. 윤석열의 외신 인터뷰는 로이터통신이 다가 아니었다. 이번에는 워싱턴포스트였다. 그리고 주제는 일본이었다. 그는 4월 24일 방미 출발 직전 워싱턴포스트에 이렇게 말했다. "정말 100년 전의 일들을 가지고 지금 유럽에서는 전쟁을 몇 번씩 겪고 그 참혹한 전쟁을 겪어도 미래를 위해서 전쟁 당사국들이 협력하고 하는데 100년 전에 일을 가지고 무조건 안 된다 무조건 무릎 꿇어라 라고 하는 이거는 저는 받아들일 수 없다." 미국을 방문하기 전에 윤석열은 미국이 원하는 바로 그 3종의 발언을 모두 마쳤다. 우크라이나에 대한 무기지원 가능성, 힘에 의한 중국의 대만 현상 변경 반대, 그리고 일본과의 과거사 문제 해결이었다. 그는 이 정도는 돼야 미국의 문턱을 부끄럽지 않게 넘을 수 있다고 판단했을 것이다. 그가 바라는 것을 얻기 위한 사전 선제조치였던 셈이다. 그것은 마치 2006년 2월 한미 FTA 협상을 시작하기 전에 한국이 미국에 4대 선결요건을 해결해주고 들어간 것과도 같다. 4대 선결요건이란 미국산 쇠고기 수입 재개, 자동차 배출가스 강화 기준 철폐, 스크린 쿼터 축소, 약값 재평가 제도 철폐를 말한다. 한미 FTA에 관한 한국의 사이비 외교에 대해서는 뒤에 자세하게 거론된다. 윤석열이 방미 시에 얻고자 하는 것의 3대 선결요건은 바로 그 3종 발언이었다.

    그렇다면 윤석열 정부가 희구하는 것은 무엇이었던가? 확장억제(extended deterrence)라고 하는 것이 그것이다. 전쟁이 나기 전에 막는 것이 억제다. 북한이 한국에 핵공격을 하지 못하도록 막는 것은 핵억제다. 그러려면 나한테도 엄청난 핵능력이 있다는 것을 먼저 보여주어야 상대가 겁을 먹고 공격을 못 한다는 얘기다. 핵에는 핵으로 대응하는 것이 직접

억제다. 핵우산이 직접적인 핵억제다. 미국은 1978년 한국에 핵우산을 제공한다고 선언했다. 그 때 미국의 선언은 박정희가 핵무기를 개발하고 있다는 의심을 사고 있을 때 미국이 그것을 단념시키기 위한 조치였다. 확장억제란 내가 핵무기뿐만 아니라 다른 첨단 무기도 많다는 것을 보여줌으로써 상대를 단념시키는 것을 말한다. 한국의 경우라면 미국의 핵우산은 물론 5세대 전투기에 생화학무기까지 동원할 수 있고 한국이 그 운용에 깊숙이 개입할 수 있다는 것을 의미한다. 그러니 북한은 어디 감히 한국을 핵공격할 생각을 말라는 것이다. 확장억제는 최근의 논의가 아니다. 2016년 10월 19일 워싱턴에서 한국과 미국의 외무·국방 장관은 2+2 회담을 갖고 확장억제 전략협의체(EDSCG: Extended Deterrence Strategy and Consultation Group)를 신설하기로 결정했다. 미국의 대한국 확장억제 제공에 있어 한국의 목소리를 더 반영하는 방안이었다. 그러나 이 협의체는 2018년 1월 이후 중단되었다. 당시는 남북의 통일 무드가 무르익고 있을 때였지 않은가. 그러다가 정권이 바뀌고 2022년 9월 중순 워싱턴에서 전략협의체 회의가 4년 8개월 만에 다시 열렸다. 한국에서는 외무차관 주동현(가명)과 국방차관 송철범(가명)이 참석했다. 미국 대표는 국무부 군축 및 국제안보 차관보 보니 젠킨스와 국방부 정책차관보 콜린 칼이었다. 미국은 한국을 방어하기 위해서라면 기존의 핵무기와 전통 미사일 방어능력뿐만 아니라 우주, 사이버, 전자, 그리고 생화학 무기까지도 동원하겠다고 약속했다. 그러면서 미국은 그러한 전략자산을 적기에 동원할 것이며 한국과 긴밀한 통신과 협력을 추진하겠다고 첨언했다. 양측은 북한의 위협에 대처하기 위해 군사력뿐만 아니라 경제, 정보를 포함한 모든 요소를 활용한 방안을 논의해 나가기로 합의했다. 대통령 윤석열의 방미에서 얻어냈다고 홍보할 만한 결과물을 미리 만들기 시작한 것이다. 그리고 2023년 4월 26일 드디어 바라고 바라던 문건이 탄생했다. "워싱턴 선언"이었다. 요약하자면 이렇다. "양국 대통령은 한미동맹 70주년을 기념하기 위해 오늘 2023년 4월 26일에 회동하였다. ... 한미동맹은 민주주의 원칙을 옹호하고, 경제협력을 강화하며, 기술 발전을 주도하는 진정한 글로벌 동맹으로 성장하고 확장되었다. ... 한미 양국은 인도-태평양의 평화와 안정을 위해 노력하며, 우리가 함께 취하는 조치들은 이러한 근본적인 목표를 더욱 발전시킬 것이다. 한국은 미국의 확장억제 공약을 완전히 신뢰하며 한국의 미국 핵억제에 대한 지속적 의존의 중요성, 필요성 및 이점을 인식한다. 미국은 ... 한반도에 대한 모든 가능한 핵무기 사용의 경우 한국과 이를 협의하기 위한 모든 노력을 다할 것임을 약속하며, 한미동맹은 이러한 협의를 촉진하기 위한 견실한 통신 인프라를 유지해 나갈 것이다. ... 나아가 한미 양국은 한미동맹이 잠재적인 공격과 핵사용에 대한 방어를 보다 잘 준비할 수 있도록 확장억제 전략협의체(EDSCG)를 포함해 확장억제에 관한 정부 간 상설협의체를 강화하고, 공동 기획 노력에 정보를 제공하기 위한 시뮬레이션을 실시할 것이다. ... 윤 대통령과 바이든 대통령은 양국의 공동의 안보에 대한 모든 위협에 맞서 함께 할 것이라는 확고한 메시지를 국제사회에 전하며, ... 한반도의 완전한 비핵화 달성이라는 공동의 목표를 진전시키기 위한 수단으로 북한과의 전제조건 없는 대화와 외교를 확고히 추구하고 있다." 한국 대통령실 국가안보실 차장 김태효는 수행 기자들에게 이 선언과 관련해 "미국 핵무기 운용에 대한 정보 공유와 공동 계획 메커니즘을 마련한 만큼, 국민들이 사실상 미국과 핵을 공유하는 것처럼 느끼게 될 것"이라고 설명했다. "핵 공유"가 키워드다. 다음날 윤석열은 미 국방부 청사를 방문해 미 국방장관 로이드 오스틴을 만나고 펜타곤 지휘통제센터를 찾아 전략적 감시 체계와 위기대응 체계 관련 보고를 받은 후 이렇게 말했다. "북한은 국제사회의 강력한 경고에도 불구하고 핵과 미사일 능력을 고도화하면서 전례 없는 빈도와 강도로 도발을 감행하고 있다. 최근에는 소형 핵탄두를 공개하면서 전술핵 사용을 공언했고 고체추진 장거리 탄도미사일 발사도 감행했다. 앞으로 북한은 다양한 유형의 도발을 통해 한미를 압박하고 동맹의 균열을 꾀하려고 할 것이다. 우리 정부는 확고한 한미연합방위태세를 바탕으로 북한의 위협에 단호하게 대응해 나갈 것이며 한미 연합연습과 훈련을 더욱 강화하고 한미일 안보협력도 확대해 나갈 것이다. 저와 바이든 대통령은 북한의 핵미사일 위협에 보다 실효적이고, 강경하게 대응하기 위해 한미 간 확장억제를 더욱 강화하기로 합의했다. 미국의 확고한 확장억제 공약을 전적으로 신뢰한다. 만일 북한이 핵무기 사용을 기도한다면 미국의 핵 능력을 포함해 한미동맹과 대한민국 국군의 결연하고 압도적인 대응에 직면하게 될 것이다. 북한은 핵으로는 아무것도 얻을 수 없음을 깨닫고, 한반도의 진정한 평화와 공동 번영을 위해 비핵화 결단을 내릴 것을 촉구한다." 이에 오스틴은 "대한민국을 방어하기 위한 미국의 의지는 철통과도 같다. 우리의 확장억제 공약 역시 그렇다. 여기에는 재래식 핵 및 미사일 방어 능력이 모두 포함된다"고 말했다. 그러나 이날 백악관 국가안보회의 동아시아·오세아니아 담당 선임국장 에드 케이건은 국무부에서 한국 언론과 가진 간담회에서 전날 김태효가 언급한 "핵 공유"에 대해서 분명하게 부정했다. 그는 이렇게 말했다. "직설적으로 말해 우리는 이 선언을 사실상 핵 공유라고 보지 않는다. 우리가 핵 공유라고 말할 때는 중대한 의미를 내포한다. 한반도에 핵무기를 다시 들여오는 게 아니라는 점을 매우 분명히 하고 싶다. 또 우리 입장에서 핵 공유에 대한 정의는 핵무기의 통제와 관련되는데 워싱턴 선언에는 그렇게 되어 있지 않다." 핵 공유란 한국이 핵

무기 운용에 직접 참여하는 것을 말하는 것인데 그것은 결코 아니라는 얘기다. 미국이 그렇게 나오자 이제 대통령실은 핵 공유라는 용어에 너무 집착할 필요가 없다고 물러서고 말았다. 결국 윤석열 정부가 그토록 원하던 것은 "핵 공유"라는 말이었다. 미국의 핵무기는 곧 나의 핵무기나 마찬가지라는 그림을 그리고 싶었던 것이다.

  김태효가 대통령과 협의도 없이 그런 발언을 했을 리가 없다. 국민의 힘 의원들은 미국이 나토에 이어 두 번째로 한국과 핵 공유를 결정했다고 환호성을 올렸다. 그러면서 나토는 집단적인 결정 과정으로 핵무기를 사용해야 하지만 한미 간의 핵 공유는 양자적으로 협의만 하면 되는 것이니까 훨씬 효율적인 핵 공유라고 떠벌였다. 턱도 없고 웃기지도 않는 소리들이다. 미국이 싫은 얘기를 할 때 앞에 세우는 사람이 하나 있다. 바로 앞에서 언급한 국가안보회의 동아시아 담당 국장이자 대통령의 특별 보좌관 자리에 앉아 있는 자다. 이번에는 에드 케이건이라는 사람이었다. 케이건의 발언은 겉으로 보면 아무런 문제가 없어 보이겠지만, 내가 볼 때 그 안에는 한국을 내리깔아보는 경멸의 시선이 숨어 있다. 어디라고 감히 함부로 핵 공유라는 말을 갖다 붙이냐는 핀잔도 들어 있다. 그리고 너희 같은 나라하고 공유하라고 있는 게 핵무기가 아니라는 말을 군더더기 없이 하고 있는 것이다. 윤석열 정권이니 망정이지 좌파성을 띤 정부였으면 죽일 듯 달려들어 물어뜯으려 했을 것이다. 15년 전에 그 자리에 앉아 있던 자가 그 악명 높은 데니스 와일더라는 자였다. 그의 험한 험한 발언의 구제적인 내용은 뒤에 나온다. 그 때는 한국이 미국하고 한미 FTA라는 것을 협상할 때였다. 그거 하려고 사전에 4대 선결요건을 다 들어주고도 한국은 하나도 얻은 것이 없다. 얻은 것은 미국하고 경제동맹을 맺었다는 이름뿐이었다. 한국 입장에서는 하등의 가치도 없는 것을 애걸복걸하며 매달려 얻어낸 것이 그것이었다.[13] 텅 빈 것을 얻어내려고 왜 그런 고생을 하고 집안 살림을 거덜 내는지 알다가도 모를 일이다. 그것이 한미관계의 특수성이다. 평생 빚진 느낌으로 평생 미안한 웃음으로 미국이 흔드는 헛 풍선을 좇아 죽어라 발가벗고 뛰어다니는 것이다. 핵 공유? 미국은 한국에 원자력 발전소에 사용할 우라늄을 농축도 못하게 하며 사용후 핵연료를 재처리할 권리를 허용하지도 않는다. 그런 한국에 무슨 핵 공유! 턱도 없는 소리다. 미국이 하는 소리는 한국이 원하면 미국의 일부 핵정보를 알려주겠고, 공무원들이 모여 확장억제 토론하는데 동의하며, 북한이 한국에 핵무기를 발사하지 못하도록 겁을 주는데 노력하겠고, 만약 북한이 핵무기를 쏘면 그 때는 내가 어떻게 할지 그 때 가봐서 내가 결정할 것이라는 말이다. 나중에 다시 나오지만, 한미 원자력 협정 개정 협상의 결과 문서에 미국이 나중에 동의한다면 한국이 농축을 해도 좋다는 표현이 들어 있다고 해서 한국이 농축 권한을 얻은 것처럼 얘기한다면 그 사람 미친 사람이다. 그것은 농축 권한을 미국이 인정하지 않는다는 말이다. 워싱턴 선언이 미국과 한국 간의 핵 공유를 의미하는 것이라고 해석하는 자들은 더 미친 사람들이다. 이런 자들 때문에 한국이 미국의 식민지 상태에서 벗어나지 못하고 있는 것이다. 그런데 내가 지금 비판하는 것이 윤석열 정부가 미국으로부터 핵 공유를 제대로 얻어내지 못했다는 점일까? 아니다. 내 비판의 초점은 정반대에 놓여 있다. 두 가지다. 첫째, 윤정부는 작금 북한과의 관계를 최악의 수준으로 몰아가고 있다는 것이다. 사실 북한은 문재인 정권 후반기에 이미 남북한 협력의 중단을 결정했다. 2020년 6월 9일 북한은 남북 핫라인을 단절하고 대남 적대시 정책으로의 복귀를 선언했다. 그 열흘 후 북한은 개성에 있던 남북공동연락사무소를 폭파해 버렸다. 북미 정상회담의 결렬 이후 남북 간의 독자적인 협력 가능성마저 없다는 것을 확인한 좌절의 앙갚음이었다. 하지만 윤석열 정부 출범 후 상황은 급격히 악화되고 있다. 2022년 현충일 기념식에서 윤석열은 "어제도 북한이 여러 종류의 탄도미사일을 발사했으며 이는 동북아와 세계 평화를 위협하는 수준에 이르고 있다. 우리는 북한의 어떠한 도발에도 단호하고 엄정하게 대처할 것이며 북한의 핵과 미사일 위협을 억제하면서 보다 근본적이고 실질적인 안보 능력을 갖추어 나갈 것"이라고 말했다. 2022년 초부터 남북 간에는 수도 없는 북한의 미사일 발사와 이에 대한 한국의 규탄과 미국의 응원으로 들끓어 왔다. 과거 김대중 햇볕정책의 대척점에 있는 맞불정책으로 한반도가 뜨겁게 달구어지고 있다. 한국 정부가 추구한 핵 공유가 북한을 항복시킬 수 있다고 믿는가? 그것이 만약 진짜 핵 공유였다면 말이다. 진짜 핵 공유라 할지라도 미국이 먼저 핵공격을 한다는 말이 아닌데 왜 북한이 항복해야 하나? 우선 핵 공유는 북한이 핵공격을 못하도록 억제하는 방안이다. 그리고 만약 북한이 진짜로 핵공격을 한다면 북한을 핵무기로 응징한다는 약속이다. 따라서 북한이 선제공격을 하지 않는다면 핵 공유가 아니라 그 할아비가 와도 북한은 항복할 이유가 없다. 더군다나 한국이 얻은 핵 공유가 속이 텅 빈 것이라면 말할 나위도 없지 않은가. 문제는 만에 하나 진짜로 북한이 한국을 핵공격 한다면 어떻게 되냐는 것이다. 나는 여기서 그런 논의는 한국인에게는 거의 무의미하다는 말을 하고 싶다. 북한이 쥐도 새도 모르게 핵무기 수십 발을 발사해 한국을 초토화한다면 한국은 없어지고 만다. 그 다음에는 미국이 북한에 보복을 가하든지 말든지 상관할 사람이 없다. 북한 공격이 몇 발에 그쳐 살아남은 한국인들이 죽은 자들보다 훨씬 많다면 한국은 항복하든가 미국의 응징을 기대해야 한다. 미국이 확장억제의 약속을 지켜 북한에 핵무기를 수십 발 투하해서 북한을 쓸어버린다면 살아남은 한국인들이 한반도를 통일하려 할 것이다. 이 때 미국과 중국이 제대로 맞붙게 된다. 미국의 북한 핵공격에도 북한 국민들 대부분이 살아남는다면 이제부터 다시 남북전쟁의 제2막이 열린다. 핵전쟁의 시나리오는 결국 공멸이다. 미국이 핵무기가 없는 일본에 일방적으로 핵무기를 두 방 터뜨려 항복을 받아낸 유일한 역사적 실례가 있었을 뿐이다. 핵을 가진 쌍방이 서로 붙으면 둘 중 하나가 먼저 죽지 않으면 결국 나중에는 둘 다 죽는다. 그런데 미국이 북한을 확실히 절멸시킬 핵공격을 감행할 것인가? 중국이 버젓이 눈을 크게 뜨고 있는 마당에 말이다. 나는 지금 의도적으로 횡설수설하고 있다. 이러한 가정법 논의는 맞고 틀리고의 문제가 아니다. 처음부터 질문이 잘못 되었기 때문에 속출하는 오답들인 것이다. "북한이 핵을 쏜다면"이라는 질문을 던지면 그에 따라 수도 없는 부수적인 질문이 따라붙기 마련이다. 그리고 답은 우리가 원하는 것과는 전혀 다른 방향에서 찾아지게 되어 있다. 북한이 쏜다면 나도 쏘아야 하고 그 기회에 북한을 멸망시켜야 한다는 논리가 확장억제다. 그 질문에 그 해답이다. "올드보이"에서 오대수는 이우진에게 묻는다. "왜 나를 가둔 거냐?" 이우진이 대답한다. "질문이 잘못 되었어. 왜 가두었냐가 아니라 왜 풀어 주었냐가 올바른 질문이지." 질문을 잘못 던진 오대수는 결국 상상할 수 없는 일을 자기도 모르게 저지르고 모든 사실을 확인한 후에는 회한에 휩싸여 스스로 혀를 가위로 썰어내 버린다. 질문이 잘못 된 귀결이었던 것이다. 한국의 질문은 "북한이 핵무기를 쏜다면"이 아니라 "북한이 안 쏜다면"이 되어야 한다. 전자의 질문은 아예 우리의 머리에서 지워야 하는 것이다. 그러면 핵우산이니 확장억제니 전부 쓸데없는 얘기가 된다. 그래야 진정한 남북평화가 찾아온다. 그래야 한반도와 한민족의 통일이 가능해지게 된다. 윤석열은 4월 27일 오전 미 의회 상하원 합동연설에서 유창한 영어를 구사하며 북한의 도발과 인권문제를 강도 높게 비난했다. 내 비판의 두 번째 초점은 그 헛 풍선 핵 공유를 위해서 윤석열 정부가 한반도 주변 세 나라를 향해 던진 말풍선이라는 게 독립국가의 대통령이라는 사람이 행할 언사가 아니었다는 것이다. 가정법이라고 해서 진심을 속일 수는 없는 법이다. 원래 초심과 같았다면 굳이 가정법을 써서 입을 놀릴 이유는 없는 것이다. 결국 그렇게 한 이유는 다름이 아니라 종주국인 미국에 아양을 떨기 위한 것이었다. 한국이 먼저 스스로 기었고 미국은 이것은 이런 식으로 발언해 달라고 요구했을 것이다. 일본에 관한 발언도 마찬가지였다. 100년 된 일을 가지고 일본에 무릎을 꿇리려 해서는 안 된다는 얘기는 국민들의 생각이 전혀 다른 상황에서 대통령이 할 말이 아니다. 나는 우리 한국인들의 배포가 커져서 한일 과거사 문제에 대해 초연해져야 한다고 생각하는 사람이다. 하지만 한국인들 대다수가 아직 일본에 적개심을 가지고 있는 상황에서 윤석열의 발언

은 국민을 우롱하면서 미국의 비위를 맞추는 것밖에는 아무 것도 아니었던 것이다.[14]

중국 외교부 아시아 담당 국장 류진쑹은 4월 27일 밤 주중 한국대사관 정무 공사 지욱명(가명)을 불러 한미공동성명의 중국과 관련된 잘못된 표현에 대해 엄중하게 항의했다. 윤석열과 바이든은 전날 정상회담을 마치고 워싱턴 선언과는 별도로 공동성명을 발표했었다. 이 공동성명에는 "역내 안보와 번영의 필수 요소로서 대만해협의 평화와 안정 유지의 중요성을 재확인했다. 양 정상은 불법적인 해상 영유권 주장, 매립지역의 군사화 및 강압적 행위를 포함해 인도·태평양에서의 그 어떤 일방적 현상 변경 시도에도 강력히 반대했다"는 내용이 담겼다. 이에 대해 중국이 한국에게 하나의 중국 원칙을 성실히 준수할 것을 촉구한 것이었다. 그러나 한미 정상회담에서 한국의 우크라이나에 대한 무기지원이 직접적으로 거론되지는 않았다. 대통령실은 우크라이나 군사 지원에 대한 논의는 없었다면서 "그동안 정부가 공식적으로 견지해온 원칙과 입장에서 변화는 없었다"고 밝혔다. 러시아의 타스 통신도 "윤석열 한국 대통령과 조 바이든 미국 대통령은 워싱턴 회담에서 우크라이나에 대한 한국의 무기 공급 문제를 논의하지 않았다"고 보도했다. 둘이 우크라이나 문제를 논의하지 않은 것은 이미 논의가 끝났거나 일시 보류했기 때문이다. 직접적인 논의가 없었다고 한국의 우크라이나에 대한 무기 지원 문제가 사라진 것은 아니다. 미국이 한국의 입장을 고려는 하되 결국은 그들이 원하는 방향대로 결말이 날 것이었다. 그리고 후일 그것은 백일하에 드러났다. 미국은 윤석열이 방미하기 전부터 시작해서 정상회담과 상하원 합동연설 그리고 백악관 국빈만찬에서 보여준 어마어마한 숭미적 언사와 행보에 큰 감동을 받았다. 그의 영어와 노래 솜씨 또한 칭송할 만한 것이었다. 미국을 상징하는 "아메리칸 파이"라는 노래를 그토록 잘 소화하는 외국의 정상이 또 누가 있겠는가. 하지만 미국의 감동은 잘 기른 똘마니에 대한 뿌듯함이라는 사실을 잊지 말아야 한다. 윤석열은 미국 CIA의 한국 정부 도청에 대해 일언반구도 꺼내지 않았지 않은가.

1995년 9월 28일, 한미 양국은 워싱턴에서 자동차 교역에 관한 협정에 서명한다. 미국의 서명자는 무역대표부의 미키 캔터 대표였고 한국은 박재윤 통상산업부 장관이었다. 그보다 열흘 전 두 사람은 한미 자동차 교역에 관한 양해각서(MOU)에 서명했었다. 이 MOU의 전문에는 특이한 조항이 들어 있었다. "수입차량의 시장점유율 확대를 위해 노력한다"라는 문구가 포함되어 있었던 것이다. 그 뜻은 물론 한국이 미국차의 국내 시장점유율 확대를 위해 노력해야 한다는 말이었다. 한국인이 미국차를 더 많이 사도록 한국 정부가 애를 써야 한다는 뜻이었다. 세상에 이런 식의 합의문이 성립할 수 있었던 것은 한미의 특수관계[15] 때문이었다. 그리고 이런 문안을 한국이 수용한 배경에는 지금 탄핵소추를 당한 전 국무총리의 특수한 세계관이 작용하고 있었다. 당시 그는 통산부의 통상무역실장이었다. 1995년의 자동차 협상은 미국 자동차 제조업자협회가 한국을 슈퍼 301조 우선협상대상국으로 지정해 달라고 미국 정부에 요구하면서 시작되었다. 한국 협상단의 수석대표는 통산부 무역심의관 하윤수(가명)였고 외무부와 건교부 등 관계부처의 직원들도 대표단에 참여했다. 외무부 대표는 경제심의관 조민수(가명)였다. 통상무역실장 한덕수는 공식적인 협상에는 직접 참석하지 않았다. 그러나 그는 미국 무역대표부의 로버트 캐시디 대표보와 별도의 비공식 협상을 진행하고 있었다. 그는 미국 통상법 슈퍼 301조에 따른 우선협상대상국으로 지정되기 이전에 협상을 타결하는 것이 무조건 이익이라고 믿었다. 무역대표부가 상대국을 우선협상대상국을 선정하면, 이 조치에 관해 의회에 보고한 후 21일 이내에 상대국의 불공정무역관행에 대한 조사에 착수하게 되어 있다. 그리고 1년 내지 1년 반 동안 협상을 통해 그 관행을 완화 또는 폐지토록 해야 하며, 이에 상대국이 불응하면 반드시 보복조치를 발동하도록 되어 있었다. 한실장의 시각으로는 한국이 불공정무역관행을 하고 있음을 인정하고 있었던 셈이다. 그는 공식 협상단의 협상 과정이 난항을 겪고 있는 것을 지켜보면서 결단을 내렸다. 미국의 요구사항을 대부분 수용하는 것이었다. 그리고 그는 미키 캔터 무역대표부 대표를 만나 미국이 요구하는 MOU 전문의 특이한 조항도 수용하겠다는 의향을 밝혔다. 공식 협상 대표단의 다른 부처 직원들은 전혀 알 수 없는 일이 막후에서 벌어지고 있었던 것이다. 9월 18일 캔터 대표와 박장관이 MOU에 서명한 후에야 다른 부처 협상 대표들이 이를 알게 되었다. 워싱턴 현장에 있던 외무부 조심의관이 분기탱천해 이를 당시 대사 서건석(가명)에게 보고하고 본부에 긴급히 타전해 통산부가 미국 무역대표부와 맺은 MOU의 내용과 절차적 측면의 문제점을 지적하고 이를 무효화하는 조치를 취할 것을 건의했다. 외무부 본부의 대답은 그렇게 하자는 것이었다. 그러나 서울에서나 워싱턴에서 서명의 주체들은 꿈쩍도 하지 않았다. 서울에서 외무부의 항의를 받은 통산부는 이 문제는 자기들 소관이라면서 외무부의 문제제기를 일축했다. 그런 상황에서 워싱턴에서 대사관이 무역대표부를 접촉해 이미 서명된 MOU는 무효라고 주장할 수도 없는 노릇이었다. 물론 미국 무역대표부는 한실장의 독자적 행동이 한국 정부 전체의 입장은 아니라는 것을 잘 파악하고 있었지만 통상장관이 직접 서명한 문서를 순순히 없던 일로 해줄 까닭은 없었다. 외무부와 조심의관은 한실장이 미국 무역대표부를 위해 차려놓은 "밥상"을 엎으려 시도했지만 결국 실패로 돌아간 것이었다. 내부적인 진통을 겪은 후의 정식 협정문 체결을 위한 협상은 형식적인 것이었다. 자동차 수입관세율을 현행인 8%로 유지한다는 것만 제외하고는 미국의 요구사항을 모조리 수용한 결과였다. 이튿날 엘에이 타임즈의 제임스 거스텐장 기자는 "조용히 진행되던 한국과의 자동차 협상이 전날 갑작스럽게 꽃을 피웠고, 백악관은 한국시장의 1%도 차지하지 못하고 있는 미국차에 대한 거대한 진입장벽을 한국 정부가 걷어내기 시작할 것이라고 발표했다"고 보도했다. 그는 또 "미키 캔터 무역대표가 이번 합의는 의미 있고 주요한 전진이라고 말했다"고 첨언했다. 미국 정부 인사들은 얼굴에 홍조를 띠고 협상 결과를 환영했다. 그러나 최선의 협상 결과에 따른 당연한 기대하고는 달리 미국차의 한국 시장 점유율은 거의 늘지 않았다. 그러자 1998년 미국은 다시 협상을 요구해 12월 15일 두 번째 MOU가 서명된다. 배기량별 세율과 특소세를 미국차에 유리하게 개편하겠다는 내용이 핵심이었다. 미국이 누르면 조세주권도 포기하는 것이 속국의 마땅한 도리인 것이다. 두 번째 MOU에도 불구하고 미국차의 한국 진출은 종전과 크게 달라지지 않았다. 결국 한미 양국의 자동차 협상은 나중에 한미 FTA로 이어지고 수차례에 걸친 추가협상으로 다시 이어져 2010년 12월에 최종적으로 타결된다. 2021년 기준으로 미국차의 한국 시장 점유율이 10% 가까이 된 것을 보면 결국 그들은 원하는 것을 차지하고야 만 것이다. 1995년 MOU를 성사시킨 한실장은 그 후 특허청장을 거치고 통산부 차관을 거쳐 1998년 초에 초대 통상교섭본부 본부장으로 부임했다. 그리고 그 해 말 그는, 그가 직접 서명한 것은 아니지만, 두 번째 MOU가 체결되는데 기여했다. 미국차의 한국 진출에 대한 그의 긍정적이고 흔쾌한 자세는 오래 이어진다. 2010년 한미 FTA 재협상이 문제시되었을 때 주미대사로서 워싱턴에 있던 그는 미국이 재협상을 요구해 오면 받아들여야 한다고 말했다. 사실 그의 발언은 대통령 이명박의 견해와도 같은 것이었다. 2009년 11월 오바마 대통령이 방한했을 때 가진 기자회견에서 이명박은 "(한미 FTA의 의회 비준과정에서) 자동차가 문제 된다면 다시 이야기할 자세가 돼 있다"고 말했었다. 그러나 한미 FTA 협상의 주무부처인 외무부 통상교섭본부와 여당은 한미 FTA 협정문을 바꾸는 재협상은 결코 없을 것이라는 입장을 꾸준히 유지해 왔었다. 그런 상황에서 주미대사가 나서 미국의 요구가 있으면 받아야 한다고 발언한 것이다. 대단한 숭미가 아닐 수 없다. 1995년 자동차 협상 시 협상 대표도 아니면서 미국과 막후 거래를 도모한다든지, 주미대사가 주제넘게 나서 정부 입장을 뒤엎는 발언을 한다든지, 무슨 어마어마한 배경이 없어서는 절대 할 수 없는 행동들이 아닐 수 없다. 그 배경이 무엇인지는 짐작할 수 있지만 여기서 말 할 수는 없다. 증거가 없으니 말이다. 그는 "한미동맹의 강화"를 지상과제로 여기는 사람이다. 그것은 미국이 하자는 대로 전부 따르면 된다는 생각에 다름 아니다. 여하간 그의 발언과 독자적인 언행들은 모두 현실화되었다. 자동차 문제 역시 2010년 말에 미국이 원하는 대로 재협상이 되고 만 것이다. 한미 FTA는 이듬해 10월에 미국에서 먼저 비준되고 한 달 후에 한국에서 비준되었다. 당시 나는 보건복지부에 파견되어 국제협력국장으로 근무하고 있었다. 2012년 3월 15일 한미 FTA의 발효를 앞두고 협정에 따른 이행문제를 사전에 점검하는 한미간 회의가 년 초에 열렸다. 소위 이행협상이라고 하는 회의였다. 미국이 마지막으로 하나라도 더 챙기겠다는 심보로 요구한 회의였다. 복지부 소관 사항에는 미국 의약품의 가격을 책정하는 절차와 관련된 아주 예민한 문제가 있었다. 의약품이 국민 건강보험의 급여 항목으로 등재되기 위해서는 건강보험 심사평가원의 심사를 거쳐 허가를 받아야 한다. 그 다음에 제약사는 건강보험 공단과 약값을 협상하게 되는데, 협상이 결렬되면 다시 공단의 약값조정 절차를 받아 최종 합의에 이르든지 아니면 건강보험의 급여대상에서 제외되는 것이다. 한미 FTA에는 미국 의약품의 건강보험 급여 대상 여부 심사에 관해 정부와 상관없는 독립적인 검토 절차를 만들어 운영한다는 조항이 들어 있었다. 심사평가원의 심사에 대해 외부의 전문가가 다시 심사할 수 있도록 하자는 얘기였다. 물론 다시 심사하면 미국 제약사에 유리한 결과가 나올 수 있을 것이라는 기대에서 나온 요구였다. 그런데 이행협상에서 미국은 독립적 검토절차의 대상을 심사평가원의 심사대상에 국한하지 말고 제약사와 건강보험 공단의 약값 협상 결과에도 적용해야 한다고 들고 나온 것이다. 제약사와 공단은 약값 협상을 하면서 제약사는 가급적 비싸게 공단은 가능한 싸게 가격을 책정하려고 애를 쓸 것이다. 협상이 결렬되면 제약사로서는 공단이 좀 더 얹어줄 선의에 기대하거나 아니면 비급여 항목으로 가야만 한다. 물론 가격이 조금 마음에 들지 않아도 급여 항목으로 들어가는 것이 제약사 입장에서는 훨씬 이득일 경우가 대부분일 것이다. 그런데 미국의 요구가 뭐냐면 이런 약값 협상이 결렬되어도 독립적 검토절차로 구제받을 수 있는 길을 열어달라는 것이었다. 기본적인 상거래 원칙과 상식에 배치되는 순 양아치 요구인 것이다. 내가 가격을 너무 올려 불러서 팔지 못하면 제3자가 나서서 팔 수 있도록 도와달라는 말과 다를 것이 하나도 없는 얘기다. 그렇다면 공단이 제약사와 처음부터 협상을 할 이유가 없어지고 만다. 제약사는 독립적 검토절차가 있으니 일단은 건보를 상대로 최대로 치고 나올 것이 뻔하다. 결렬되더라도 기댈 언덕이 있으니 말이다. 이것은 아무리 식민지라도 받아들일 수 없는 요구였다. 그리고 복지부에서 그 문제를 교섭할 당사자가 나였다. 물론 전체적인 이행점검 과정에서 미국과의 협상은 외무부 통상교섭본부의 한미 FTA 교섭대표 박영천(가명)이 맡고 있었다. 나는 워싱턴에서 대사관에서 근무할 당시 박대표의 휘하에 있었다. 박대표는 내가 설명한 복지부의 입장에 나보다 더 강경한 어조로 공감을 표시했다. 그리고 그는 미국의 웬디 커틀러 무역부대표에게 절대불가 입장을 전달했다. 그런데 때마침 주미대사 한덕수가 서울에 들어와 있었다. 2월말 서울에서 열린 재외공관장회의 참석차 귀국했던 것이다. 그는 귀국 전에도 독립적 검토절차와 관련된 문제에 대해 미국의 요구사항을 전부 수용해도 문제될 것이 없다는 의견을 제시하고 있었다. 귀국한 한대사는 복지부장관 임채민과 한미 FTA 교섭대표 박영천을 따로 만나 미국의 요구를 전부 수용하라고 압력을 가했다. 임장관이나 박대표 모두 한대사의 요청이 부당하다고 말했다. 한대사는 박대표에게 역사적인 평가를 받아야 할 것이라면서 협박했다고 한다. 박대표는 아무리 총리를 지낸 대사라 할지라도 본부의 지시를 따라야 한다고 맞받아쳤다. 한대사는 대통령 이명박을 만난 자리에서도 한미 FTA와 관련해서는 무조건 미국의 요청사항을 전부 수용해 주어도 문제될 것이 없다고 진언했다. 그러나 독립적 검토절차와 관련된 미국의 요구는 끝끝내 관철되지 않았다. 아마도 한덕수라는 인물이 나서서 미국의 입장을 대변한 일들 중에서 성사되지 않은 유일한 일이었는지도 모른다. 그는 식민지 한국의 대미국 무역협상을 막후에서 움직인 사람이었다. 자동차 협상부터 한미 FTA에 이르기까지 한국정부를 대표하지도 않으면서 미국과 비밀 교섭을 진행한 사람이었다. 주 65에서 언급하겠지만 그는 한국 공무원 중에서 타의 추종을 불허하는 발군의 실력자였다. 그런 그가 한미동맹의 기수를 자처하고 있었으니 미국으로서는 반색하지 않을 수 없었을 것이다. 그는 개방경제만이 살 길이라는 기치 하에 결과적으로 미국이 원하는 모든 것을 옹호했다. 미국은 정부 고위층에 있는 그를 이용해 협상의 실익을 전부 챙겼다. 미국은 보이지 않는 손과 들리지 않는 목소리를 사용해 두 번에 걸쳐 그를 총리직에 올렸는지도 모른다. 미국이 한국 정부의 인사에 깊숙이 개입해 왔다는 것은 다 알려진 비밀이다. 그가 첫 번째 총리를 지낼 때 한국의 종주국은 그를 좌파 대통령의 견제용으로 생각했을 것이다. 그의 두 번째 총리직은 숭미 면에서 더 독실하다 할 수 있는 우두머리 밑에서 수행되었다. 미국은 둘이 시너지를 발휘해 더 큰 사업을 경영해보라고 무언의 응원을 보내고 있었던 것은 아닐까? 아마도 그럴 것이다. 미국은 한국 정부와 숭미 고위관료들이 그들의 이익을 알아서 대변하고 그들의 요구에 알아서 기는 모습을 보면서 한편으로는 기특하게 생각하고 다른 한편으로는 멸시의 시선을 던진다. 자기 가랑이 사이로 기어지나가는 한신을 바라보는 양아치의 시선은 경멸인 것이다. 그 경멸을 참고 삭이고 두 주먹을 불끈 쥘 수 있는 사람은 오로지 그것이 경멸이라는 것을 아는 자다. 그것이 멸시임을 모르는 자에게는 상대를 넘어설 생각도 의지도 힘도 아무것도 없는 것이다. 미국이 한국을 향해 그리고 한국인을 향해 던지는 멸시와 경멸의 눈길은 다음의 에피소드에서 적나라하게 드러난다. 한국은 미국과 외교 협상을 할 수 없다. 어느 안전이라고 감히 눈을 부릅뜨고 미국과 협상을 하려고 덤빌 수 있으랴! 미국하고 할 수 있는 외교나 교섭이 있다면 그것은 항상 유사 외교 내지 유사 교섭이라고 불러야 하는 것이다.

2007년 3월 30일의 일이다. 나는 워싱턴 주미대사관의 경제참사관이었다. 당시 대사는 앞에서 외무부 경제심의관으로 소개한 열혈남아 조민수였다. 나는 조대사와 구면이었다. 아주 짧은 기간이었지만 내가 이스라엘에서 근무하다가 2000년 여름 떠날 즈음에 조대사가 이스라엘 대사로 부임해 와 약 2주 정도 그의 밑에서 일한 경험이 있었다. 2007년 3월 30일은 서울 하이아트 호텔에서 한미 FTA 마지막 협상이 이루어지던 시점이었다. 호텔 앞에서 미국과의 협상에 반대하는 택시기사가 분신하는 일도 있었다. 조대사는 존 맥코믹 대통령 경제 부보좌관과의 면담을 위해 백악관 서관에 도착했다. 12시 30분이었다. 내가 그를 수행했다. 맥코믹 부보좌관실의 토미 조이스 담당관이 조대사와 나를 맞이해 안내했다. 건물 안으로 들어가 실내 계단을 통해 3층으로 올라서자 조이스 담당관은 맥코믹 부보좌관이 현재 전화회의 중이기 때문에 일단 데니스 와일더를 만나고 있으면 맥코믹이 회의가 끝나는 대로 와일더 사무실로 올 것이라면서 조대사와 나를 와일더 사무실로 안내했다. 데니스 와일더는 대통령의 아시아 담당 선임보좌관이었다. 와일더 사무실로 들어서기 전에 조대사는 조이스 담당관에게 자신은 맥코믹을 만나러 온 것이지 와일더를 보러 온 것이 아니라고 말하면서 난색을 표했다. 그러자 조이스 담당관은 맥코믹이 지금 전화회의 중이라 그렇다면서 그가 곧 이곳으로 올 것이라며 조대사를 안심시켰다. 우리는 복도에서 일단 와일더 사무실로 통하는 대기실로 들어갔다. 그러자 신디아라는 비서가 지금 와일더 역시 전화회의를 하는 중이라면서 잠시 기다려 달라고 했다. 조대사는 조이스를 보며 맥코믹이 바쁘면 나중에 다시 오겠다고 말했다. 이에 조이스는 재차 맥코믹이 곧 올 것이라고 말하고는 방을 나갔다. 조대사가 기분이 좋지 않은 상태로 어정쩡하게 서 있는 동안 어떻게 알았는지 빅터 차가 안으로 들어와 대사하고 이야기를 나누기 시작했다. 빅터 차는 국가안전보장회의의 아시아 담당 국장이었다. 대기실 방문 안쪽 벽에는 지난 2월 북경에서 열린 6자회담 사진이 걸려 있었다. 조대사와 차국장은 그 사진을 보면서 이야기를 나누었다. 그들은 조대사의 뉴멕시코주 방문 계획에 대해 이야기하다가 리차드슨 뉴멕시코 주지사의 북한 방문 계획과 차국장의 동행 계획 등에 관해 약 10분간 대화를 나누었다. 대화를 마친 차국장은 복도로 나가 사라졌다. 아직 와일더의 방문은 열리지 않고 있었다. 조대사는 나에게 서울에 가 있는 대사관의 공사 박영천과 전화를 연결해 달라고 지시했다. 전화기를 받은 조대사는 박공사로부터 FTA 협상 상황을 보고받았다. 전화를 끊은 조대사는 10여분을 더 기다려야 했다. 1시가 조금 넘은 시간에 와일더가 문을 열고 나와 우리를 방으로 안내했다. 방에 들어서자 왼편에 응접세트가 있었고 그 오른편 안쪽 끝에 와일더의 책상이 놓여 있었다. 아주 작은 방이었다. 오른쪽 벽에는 커다란 창이 나 있었고 밖에서 들어오는 햇빛이 방문과 연결된 오른편 벽면을 타고 방안을 환하게 비추고 있었다. 그 오른편 벽면에는 가로 70센티미터 세로 50센티미터 정도 되는 제법 큰 사진 액자가 걸려 있었다. 하노이 에이펙(APEC) 정상회의 사진이었다. 그 왼쪽에는 절반 정도 되는 크기의 여성 초상화가 걸려 있었는데, 북한 인민군 복장에 카라시니코프 소총을 왼손에 들고 있는 모습이었다. 와일더는 초상화를 가리키며 이 초상화의 주인공은 진짜 북한 여성 투사였고 또 김일성의 첫 부인이었다고 설명했다. 와일더가 조대사를 소파에 앉도록 안내했다. 조대사의 오른손 쪽에 그가 앉았다. 알 수 없는 긴장감이 방안을 채우기 시작하고 있었다. 나는 조대사 왼편으로 두세 걸음 정도 떨어진 와일더의 책상 가까이에 놓인 의자에 엉덩이를 걸쳤다. 그리고 두 사람의 대화를 기록할 준비를 했다. 잠시 숨을 고른 조대사가 먼저 입을 열었다.

조대사 이제 48시간 안에 한미 FTA를 마무리해야 하는 상황인데, 양측이 아주 근접해 있소이다.

와일더 두 가지 얘기를 하겠소. 먼저, 그렇소, 우리는 아주 근접해 있소. 둘째, 그러나 한국 농림장관은 우리가 필요한 게 뭔지 이해하는 것 같지 않소이다. 우린 아직 아무것도 이룰 수 없소. 쌀은 포함되어야 하오. 우린 큰 거가 아니라 아주 작은 것을 요구하고 있소. 뭔가 있어야 하지 않겠소? 그래야 우리가 의회를 설득할 수 있소. 포트먼 전 무역대표 얘기가 처음부터 쌀을 포함해서 FTA를 하기로 했다는 얘기요.

조대사 한국에서 쌀은 초민감 품목이요.

와일더 그렇다면 거래는 없는 거고 앞으로 어떤 거래도 안 될 거요. 노 FTA! 한국은 지난 2년간 초민감이라는 얘기만 하고 있는데 우린 이제 신물이 나! (언성을 높이면서) 한국이 미국에 연간 70만대 자동차를 팔면서 우리는 고작 4천대를 수출하는 상황인데, (더 언성을 높이고 조대사한테 손가락질을 하면서) 어디다 대고 감히, 아니 도대체 엇다대고 감히, 그런 소리야? 우린 당신들을 전쟁에서 구해주었어. 말도 안 되잖아. 미국은 이거 안

할 거요. 이제 48시간 안에 미국 요구를 받아들이지 않으면 모두 노딜이야! (다소 목소리를 낮추면서) 어제 나온 하원 민주당 지도부의 자동차 서한을 보면 의회가 얼마나 자동차 문제에 대해 부정적인 시각을 가지고 있는지 알 수 있소.

조대사 한국에서 쌀 등 농업문제는 매우 민감한 사안이라서 농림장관도 어려운 입장이요.

와일더 (조대사한테 삿대질하면서 큰 소리로) 그럼 그 자를 잘라야지!

조대사 (약간 표정이 굳어지면서) 너무 나가시는구려.

와일더 (아랑곳하지 않고 큰 소리로) 한국은 말이야 소고기 문제도 장난질하고 있어. 당신도 여기서 미국 소고기 먹지 않소? (다시 조대사 얼굴에 정면으로 손가락을 들이대며) 근데 어디 병든 데 있소?

조대사 (침착한 어조로) 다시 말하지만, 당신 좀 너무 나가고 있소.

와일더 (자리에서 벌떡 일어나 등지며 돌아서면서) 그럼 이만 가시오!

조대사 잠시 앉아 보시오.

와일더 (다시 자리로 돌아와 착석)

조대사 손가락질 하지 마시오! 이런 면담은 34년 외교관 생활을 통해 처음 있는 일이요.

와일더 (웃기지도 않는다는 식의 야비한 표정을 지으며) 바로 그게 문제지!(한국인들은 이런 얘기를 종종 들어야 한다는 의미) 쇠고기 문제하고 관련해서 정상간 통화할 때 노대통령이 언급한 내용에 대해 미국은 인상을 못 받았어. 구체적인 일자에 대한 언급도 없이, 그냥 열심히 하겠다는 얘기로는 우리가 수용할 수도 없고.

조대사 노대통령의 언급은 비록 구체일자를 적시하지는 않았지만 최상의 약속이요. 노대통령은 개인적인 성격상 한다면 하는 분이며, 5월중 국제수역사무국(OIE) 가이드라인이 나오면 6월중으로 수입위생 조건을 만들고, 그 후 국내절차를 진행해서 최단시간 안에 수입재개 절차를 진행한다는 의지의 표현이요.

와일더 (시비조의 억양으로) 우리가 듣기에 노대통령은 그런 말을 안했고, 그냥 열심히 노력하겠다는 정도로 말했는데, 그런 정도로는 쇠고기 업자라든가 의회가 수용할 수 없음을 알아야 해.

조대사 우리는 최대한 시간을 단축하겠다는 것인데, 아마도 9월경이면 수입재개가 이루어질 것으로 생각하오.

와일더 (큰 소리로) "아마도"라니 턱도 없지. 아니 쌀도 안 되고, 쇠고기도 안 되고, 자동차도 안 되는 FTA를 미국에서 누가 찬성하겠는지 생각해 봐.

조대사 자동차에 관한 미국의 제안은 불공평한 것이요. 우리는 관세를 즉시 철폐하도록 요구하면서, 미측은 승용차 관세를 3년에 걸쳐 철폐하고 트럭관세는 10년간 유지한다는 것은 형평에 어긋나는 것이요.

와일더 (언성을 높이며) 아니 4천대 수입하고 70만대 팔면서 무슨 불공평을 말하는지 모르겠는데, 미국이 요구하는 대로 한국이 수용하더라도 늘어보았자 얼마나 수출량이 늘어난다고 그러는지 모르겠고, 이러면서 한국이 지금 시장개방 한다고 하는 것인지 의문시 되는구먼.

조대사 미국이 수출을 못 하는 데는 미국의 문제도 있소.

와일더 (말을 자르면서) 아니 외국차 점유율이 4%인 나라가 무슨 FTA야?

조대사 미국은 자동차 무역적자에 관한 한 일본, 캐나다 등 국가들과의 적자가 한국 보다 훨씬 크오.

와일더 (다시 말을 자르면서 고성으로) 지금 서울 농업협상에 커트 통이 앉아 있는데, 매일 나한테 전화해서 하는 얘기가 오렌지 등 농산물에 대해 한국 농림장관이 꿈쩍도 안 한다고 하는데, 그야말로 여기 의회 현실을 몰라도 너무 모르고 있어.

와일더 (조대사가 말을 하려는 것을 자르고, 손가락질과 함께 고함을 치면서) 이제 한국은 영영 중국의 손아귀에서 살아가게 될 거야. 잘 해 보소! (벽에 걸린 북한 여성 투사의 초상화를 가리키며 큰 소리로) 우리가 너희들 구해주지 않았으면 지금 저 여자 후손들이 다 되었을 거고.

조대사 지나치구먼!

와일더 (조대사 말을 자르며 여전히 고성으로) 한국은 친구가 누구인지 몰라. 문제는 노 정권이야. 미국이 세계에서 전쟁을 제일 많이 하는 나라라고 말하는 외교 장관이 있는 정부가 문제야!

조대사 (차분히) 그 발언에 대해서는 이미 당신도 이해가 된 사항이 아니요?

와일더 (다소 누그러진 어조로) 다시 FTA로 돌아가서, 우리는 투자, 농업을 정리해야 한다는 것이고, 쌀이 안 들어가면 FTA는 안 된다는 입장이요.

조대사 쌀에 대해서는 미 의회도 이해하는 분위기라고 생각하오.

와일더 (비웃음을 지으며) 당신 제정신이 아닌데다 자기망상이 심하구먼! 미 의회는 절대 동의하지 않을 것이야!

와일더 (조대사의 말을 가로 막으며) 오렌지, 쌀, 투자, 쇠고기 관련 미국입장을 수용 못하면 FTA는 될 수 없어.

조대사 쇠고기는 되게 되어 있소. 대통령이 약속했소. 국제수역사무국 가이드라인이 나오는 대로 수입위생조건에 합의하고, 국내절차를 거쳐 최단시간 안에 수입을 하겠다는 것인데, 아마도 9월경 늦어도 연말 안에 수입이 될 것이요.

와일더 (언성을 높이며) 턱도 없지. "아마도"는 안 돼. 노 대통령은 노력하겠다고 했는데, "노력 하겠다"와 "하겠다"는 전혀 다르오. 부시 대통령은 감흥을 못 받았소.

조대사 "아마도"는 빼겠소. 노대통령의 의지는 확고하오. 이미 뼈 없는 쇠고기는 수입재개가 되어 있고, 뼈있는 쇠고기는 5월말 국제수역사무국 위생지침이 나오는 대로 양국간 새로 협상을 해서 6월말 이전에 합의를 만들고, 이후 최단시간 내에 국내절차를 진행해서 수입을 하게 될 것이요. 수개월 상관일 뿐이요.

와일더 (계속 비웃는 표정을 유지하면서) 의회 표결을 염두에 두어야지.

조대사 FTA가 6월말에 서명되면 가을경 의회표결에 들어갈 텐데, 그 이전에 수입절차가 확정되어 있을 것이요. 나는 이 문제 해결을 위해 수 개월간 노력해 왔소. 동건 그러나 서면보장은 불가하며, 나는 대통령 성명이 오히려 더 효과적인 방안이 된다고 생각하오. 그 다음 자동차인데, 승용차의 경우 우리는 즉시 철폐하고, 미국은 3년에 철폐하고, 25% 관세의 트럭은 10년 이상 관세를 유지한다는 제안은 불공평하오. 그리고 한국내 수입차 비중이 4%라는 것은 수량기준으로는 그렇지만 가격기준으로 보면 ...

와일더 (갑자기 말을 중단시키고 오랫동안 억지로 참고 들었다는 표정으로 비웃음을 지으면서) 여보시오. 그만 작작 하시오. 그런 소리 마시지. 1960년대 일인당 소득 100불이었던 한국이 어떻게 해서 지금까지 오게 되었는지 생각해 봐. 미국이 구해 주었어. 그렇다면 이제 좀 (세 손가락을 모은 손을 들면서) 아주 조금이나마, 요렇게 조금이나마, 우리한테 감사해 해야지 않소? (소리치면서) 아니 한국이 감히 어떻게 미국을 적처럼 대하면서 협상을 할 수 있다는 말이지?

조대사 (차분하게) 왜 내가 여기에 오게 되었는지 모르겠고, 당신한테 그런 소리를 들어야 하는지 모르겠소.

와일더 (낄낄거리는 웃음으로) 아니 맥코믹이 당신을 만날 이유가 없다고 하면서 나한테 보냈다는 사실을 아직도 모르고 있군. 이제 떠나시오.

나는 두 사람의 설전을 하나도 놓치지 않고 받아 적느라 정신이 없을 지경이었다. 그렇지만 와일더가 북한 여성 투사의 초상화를 가리키며 미국이 한국인을 구해주지 않으면 지금 저 여자 후손들이 다 되었을 거라고 소리치는 장면에서 하마터면 살인을 저지를 뻔했다. 주변에 뭐라도 단단한 물체가 있었다면 그대로 다가가 대가리를 찍어내고 싶었다. 나의 핏발어린 시선은 와일더의 상판대기를 뚫어져라 쳐다보았다. 나는 시선을 돌려 이를 악물고 펜에 힘을 주어 노트북에 구멍이 나는 모습을 보면서 받아 적기를 재개했다. 대체 이 상황은 무엇일까? 나는 종군기자의 마음으로 내 임무에 충실하려고 애를 썼다. 대화 중간에 나는 조대사에게 이런 개새끼는 발로 차버리고 방을 나가자고 말하려다가 그만두기도 했다. 조대사도 그러고 싶었을 것이다. 하지만 그는 한국 외교관으로서의 품위를 잃지 않으려고 초인적인 인내심을 발휘하고 있었다. 나는 그것을 알고 있었다. 나라면 그런 상황에서 어떻게 했을까? 아마도 와일더가 삐딱하게 나오는 순간 바로 자리를 박차고 나왔을 것이다. 과연 어느 편이 나았을까? 그런데 핵심은 우리가 어떻게 행동하는 것이 더 나았는지를 따지는 것이 아니라 왜 그런 상황이 벌어졌는지를 생각해 보아야 하는 일일 것이다. 와일더가 조대사에게 이제 나가라고 말하면서 몸을 모로 돌리자 나는 펜과 노트북을 주머니에 집어넣고 자리에서 일어서는 조대사 옆에 가 섰다. 조대사는 아무 말 없이 큰 키를 움직여 방을 빠져나왔다. 온다던 맥코믹은 아직 코빼기도 보이지 않았다. 기가 막힐 노릇이었다. 대체 무슨 일이 일어났던 것일까? 간단하다. 맥코믹과 와일더가 사전에 담합해서 일을 꾸민 것이었다. 맥코믹의 직원 조이스와 빅터 차 국장 그리고 비서 신디아는 상황극에 참여한 엑스트라였던 셈이다. 그렇다면 그들이 꾸민 일은 무엇이었던가? 맥코믹은 이미 서울 상황에 대해 잘 알고 있었다. 그리고 물론 한국 대사가 협상에 간여할 소지가 전혀 없다는 점도 알고 있었다. 그래서 그는 막바지 단계에 돌입한 협상 상황이 비관적이라고 보고 한국 대사를 통해 한국 정부에 불만과 울분을 표출하려고 마음을 먹었던 것이다. 조대사는 맥코믹을 만나 협상의 마지막 단계에서 혹시나 기여할 수 있는 여지가 있을지를 모색하려는 선의로 접근했던 것이지만, 맥코믹과 와일더는 조대사가 찾아오는 기회를 야비하게 활용하기로 작정을 한 것이었다. 그리고 그 동안 한미 동맹 관계 업무를 하면서 한국한테 악명을 쌓은 와일더를 악역으로 내세웠다. 이 인간은 맡은 바 임무를 충실하고 완벽하게 수행했다. 미국 인사들은 이번 기회에 자기들이 한국을 어떻게 보고 있는지, 한국이란 기껏해야 식민지 이상은 아니라는 그들의 인식을 적나라하고 고스란히 발설하기로 마음을 먹은 것이었다. 그리고 그들은 그들이 그렇게 하더라도 아무런 문제가 있을 수 없고, 외교적인 예의에 벗어나는 일도 아니라는 것을 스스로에게 그리고 한국 대사에게 여실히 보여준 것이었다. 식민지하고 무슨 외교적 예의가 있을 수 있겠는가. 종주국이 시키면 시키는 대로 할 일이지 어디라고 감히 눈을 동그랗게 뜨고 협상 질을 하느냐는 얘기였다. 와일더가 말한다. "아니 한국이 감히 어떻게 미국을 적처럼 대하면서 협상을 할 수 있다는 말이지?" "적처럼 대하면서"라는 말은 글자 그대로의 뜻은 아니다. 미국을 적처럼 생각하는 한국인은 없을뿐더러, 미국도 한국이 그렇다고는 생각하지 않는다. 그럼 이게 무슨 뜻이냐면 "맞장을 뜨면서"라는 말이다. 그러니까 와일더의 말은 "아니 한국이 감히 어떻게 미국에 맞장 떠서 협상을 할 수 있다는 말이지?"라는 의미이고, 더 짧게 말하면 "어디라고 한국이 미국과 협상하겠다고 덤비느냐?"라는 뜻이다. 와일더가 또 말한다. "이제 한국은 영영 중국의 손아귀에서 살아가게 될 거야. 우리가 너희들 구해주지 않았으면 지금 북한 여성 투사의 후손들이 다 되었을 거고. 한국은 친구가 누구인지 몰라. 문제는 노 정권이야. 미국이 세계에서 전쟁을 제일 많이 하는 나라라고 말하는 외교 장관이 있는 정부가 문제야!" 무슨 뜻인지는 설명할 필요 없이 자명하다. 우리가 너희를 구해 주었으니 잔 말 말고 대들지 말라는 말이다. 이런 언사들은 와일더 개인의 것만은 아니다. 맥코믹과 미리 짠 일이니까 둘의 공동 언사만으로 생각해서도 안 된다. 부시 정권이 한국에 대해 가지고 있던 인식만도 아니다. 그것은 정권에 상관없이 미국이 한국을 바라보는 기본적인 인식의 틀이다. 한국은 미국에 맞장 떠서는 안 된다. 미국의 치부를 드러내서도 안 된다. 미국 아니었으면 망했을 것이 뻔하니까 평생 감사한 마음으로 죄진 마음으로 살아가야 한다. 협상 같은 거 하는 거 아니다. 미국이 주면 주는 대로 고마운 마음으로 받아 챙길 일이다.

 와일더와 설전을 마친 조대사는 와일더 방에서 나와 터벅 터벅 복도를 걸어 출구 쪽으로 이동했다. 그러다가 갑자기 발길을 돌려 문이 열려있는 어떤 방으로 급히 들어가는 것이었다. 나는 그러는 그의 뒷모습을 뒤늦게 보고 따라갔는데 그는 그 방에서 곧 돌아 나오고 있었다. 언뜻 방안을 들여다 보니 거기에 맥코믹이 있었다. 다소 당황해하는 얼굴이었다. 나는 조대사에게 무슨 말씀을 했냐고 묻지는 않았지만 짐작할 수는 있었다. "맥코믹씨, 덕분에 와일더하고 좋은 대화를 나누고 갑니다." 직접 확인한 것은 아니다. 조대사는 한국 외무부에서 보기 드문 실력자의 하나였다. 나는 업무적으로 그에게 엄청나게 "두들겨 맞았지만" 그래도 그를 개인적으로는 내심 존경했다. 왜냐면 그는 지식과 언어와 용기를 가진 사람이었고 미국이라고 마냥 저자세를 취하는 사람은 아니었기 때문이다.[16] 그는 1995년 초가을 통산부의 실장 한덕수가 미국과 비밀 담판으로 모든 것을 양보할 때에 명색이 독립국이라면 그래서는 안 된다며 "밥상"을 엎으려고 애를 쓴 사람이기도 했다. 앞에서 잠시 말했듯이 나는 2000년 여름에 이스라엘에서 조대사와 약 2주 정도 함께 일한 경험이 있었다. 원래는 조대사가 부임하자마자 나는 서울로 떠나도록 되어 있었지만 2주를 연기한 이유가 있었다. 당시 통상교섭본부장이 이스라엘을 방문하는 일정이 정해져 있었기 때문이다. 물론 나의 후임자가 맡아서 하면 되는 일이었지만 조대사는 내가 그 일까지 마치고 귀국하라고 지시했다. 그 때

통상교섭본부장이 누구냐면 바로 한덕수였다. 조대사와 한 본부장은 예루살렘의 한 한국식당에 마주하고 앉았다. 5년 전의 이야기를 아는 사람이 보면 아주 어색하고 서먹서먹한 자리가 아닐 수 없었다. 물론 나는 알고 있었다. 밥상은 엎어지지 않았지만 오고가는 말은 거의 없었다. 한본부장이 나에게 물었다. "이번에 내가 이곳에 온 목적을 뭐라고 말하면 좋을까?" 그것은 나한테 던진 질문이 아니었다. 그리고 그것은 질문이라기보다는 선언 같은 것이었다. 특별한 목적 없이 왔음을 애써 숨기려고 하는 말이었다. 나는 그의 의도를 간파했다. 그리고 이렇게 대답했다. "그러지 않아도 이스라엘 정부 사람들이 본부장님이 왜 갑자기 이곳엘 오는지 의아하게 생각하더군요." 한본부장은 예상치 못한 나의 답변에 다소 언짢다는 반응을 보였다. 그 옆에 앉은 보좌관은 더욱 당황해 하는 모습이었다. 나는 모른척하고 앉아 밥을 먹었다. 조대사 역시 묵묵히 식사를 하고 있었지만 싫지는 않다는 얼굴이었다. 원래 한본부장은 자기의 방문 목적을 근사하게 말하려고 했을 테지만, 나의 되바라진 대답에 기분이 상했는지 더 이상 말을 하지 않고 식사에 집중하고 말았다. 조대사는 나의 언행에 대해 그 후 나에게 어떠한 코멘트도 한 일이 없다. 여하간 나는 조대사가 맥코믹의 방에 무턱대고 들어가 무슨 말을 했는지 모른다. 그에게 물어보지도 않았고, 그가 나에게 말해 주지도 않았다. 다만 나는 그가 내가 짐작한 것처럼 비꼬는 투로 한마디 던지고 나왔다면 좋았겠다고 생각했을 뿐이다. 조대사는 내게 맥코믹 방에서 무슨 말을 했었는지 만을 얘기하지 않은 것이 아니었다. 그는 그 후로 나를 대하면서 와일더 방에서 일어난 일에 대해 일언반구도 꺼내는 법이 없었다. 그것은 마치 일어나지 않은 일이었거나 평행현실에서 일어나 그의 의식에는 잡히지 않는 고주파 파장과 같은 것이 되었다. 대사관으로 돌아오는 차 안에서도 조대사의 침묵은 이어졌다. 사실 조대사의 입장에서 마땅히 할 얘기도 없었을 것이다. 와일더 방에서 일어난 일에 관한 한 조대사가 잘못한 일은 없어 보였다. 그렇지만 뭔가 찝찝한 것은 분명했다. 설전이 벌어지기 전에 문을 걷어차고 나오는 것이 나았던 것인지, 이왕 붙은 싸움이었으면 끝까지 결론을 내고 나왔어야 하는 것인지, 아니면 아예 처음부터 맥코믹을 만나러 가지 말았어야 했던 것인지 확신이 들지 않았을 것이다. 그렇다고 그 결론이 날 때까지 나한테 듣고 본 것을 절대 비밀로 해 달라고 말할 수도 없는 일 아닌가. 당신이 잘못한 것은 없다 하더라도 반대로 잘한 것은 무어냐고 물으면 딱히 할 말도 없었을 것이다. 이러저러한 생각에 조대사는 눈을 감고 차 의자에 등을 기댔다. 차가 대사관에 도착하자 조대사는 천천히 눈을 뜨고 차문을 열고 나와 대사관 건물 안으로 들어섰다. 나를 뒤돌아보며 수고했다는 말을 할 기분도 아니었을 것이다. 조대사는 엘리베이터를 잡아타고 4층 자신의 방으로 향했다. 나는 계단으로 걸어올라 2층 내 사무실로 들어가 바로 면담록을 작성하기 시작했다. 그다지 긴 시간은 필요 없었다. 두 사람의 대화 부분 앞뒤로 배경 설명과 나의 분석을 붙여 다섯 페이지 정도로 타이핑된 자료였다. 앞에서 내가 이 글에 실은 내용 그대로다.

나는 제일 먼저 그 자료를 서울에 있는 박공사한테 이메일로 보냈다. 워싱턴 시각으로 3월 30일 오후 3시경이었으니 서울은 4월 1일 새벽 5시경이었다. 답장을 받는데 많은 시간은 걸리지 않았다. 나는 한국의 대표가 미국한테 받은 능멸에 대해 서울에서 엄청난 분노와 응징으로 대응할 것으로 기대했었다. 그러나 박공사의 답장은 딱 한 줄이었다. 그 친구 참으로 와일드한 놈이로구먼! 박공사는 면담록을 오종현(가명) 본부장한테도 보여주었다고 했다. 오본부장은 아무런 말을 하지 않았다고 한다. 아마도 그는 조대사가 왜 시키지도 않은 일을 하다가 개망신만 당했냐는 생각을 했을 것 같다. 그는 조대사에게 고분고분한 사람은 아니었다. 협상은 자기가 하는 것이니 당신은 잠자코 있으라는 식이 그가 조대사를 대하는 평소의 태도였다. 그러나 조대사가 그렇게 만만한 사람은 아니었다. 미국과의 중요한 교섭을 하는 마당에 자신도 마땅히 해야 할 일이 많으니 적극적으로 나서야겠다는 생각이었다. 그러니 오본부장이 워싱턴에 출장 오는 경우에 둘이 대사실에서 언쟁을 벌이는 소리가 쩌렁쩌렁 밖으로

울려나오곤 했다. 조대사도 그렇고 오본부장도 한 목소리 하는 사람들이었다. 언쟁은 대체로 오본부장이 물러서는 모양으로 종결되었다. 조대사의 언변이 만만치 않았기 때문이기도 했고 조대사와 오본부장의 부친이 가까운 사이이기도 했었기 때문이었다. 오본부장의 부친은 1930년생으로 1990년대 초 노르웨이 대사를 마치고 은퇴한 원로였다. 나는 오본부장이 워싱턴에 출장 올 때마다 그의 보좌관이 되다시피 했다. 그는 나와 함께 셰넌도어 공원으로 하이킹을 가는 것을 좋아했다. 협상이라는 전쟁에서 잠시나마 벗어나고 싶어서였을 것이다. 나는 등산광으로서 셰넌도어의 이곳저곳에 나만의 등산로를 개척해놓고 있었다. 하이킹 중간에 그는 서울의 부인한테 전화를 받는 일이 한두 번 있었다. 그럴 때마다 그는 대단히 못마땅하다는 표정을 지었다. 한번은 대화의 내용으로 보아 오본부장의 부친[17]이 며느리한테 아들 녀석이 워싱턴에 가거든 조대사한테 고분고분하게 대하라는 말을 전해달라고 했던 모양이다. 그 말을 들은 오본부장은 전화기에 입을 대고 소리쳤다. 자기가 알아서 하는 일인데 왜 간섭 하냐는 얘기였다. 애꿎은 그의 부인만 온갖 싫은 소리를 들은 셈이었다. 오본부장은 말은 안 했지만 내가 자기를 가장 잘 이해하는 사람이라고 보았던 것 같다. 나는 기본적으로 그보다 더 공격적이었고 직설적이었다. 그는 내가 미국 의회 보좌관들하고 말할 때 주눅이 들기는커녕 오히려 상대들을 꼬리 내리게 하는 모습을 보면서 나에게 좀 살살하라고 말하기도 했다. 그 말을 들으며 나는 그에게 슬며시 미소를 지었다. 여하간 여기서 내 얘기는 내가 작성한 대화록을 보고서도 오본부장은 별다른 코멘트를 하지 않았다는 것이다. 왜 조대사는 시키지도 않은 일을 하다가 개망신을 당했냐고 핀잔 섞인 생각을 했는지 아닌지는 모르지만, 한국인의 자존심 내지 국가적인 존엄에 대해 와일더와 그의 일당들이 가한 모욕에 대해서는 별다른 생각은 하지 않았음이 분명하다. 어쩌면 와일더와 그 일당으로서는 당연히 해야 할 일을 한 것이었다고 생각했는지도 모른다. 그리고 무엇이 어쨌거나 그 일로 협상을 접을 일은 결코 아니라고 생각했을 것이다. 나는 대화록을 본부에 공식적으로 보고하면 어떤 일이 벌어질지 참으로 궁금했다. 청와대의 노무현이 그걸 읽어보면 어떤 생각이 들었을까? 그러나 나는 길게 생각하지는 않았다. 노무현이 아니라 그의 할아버지가 읽어도 별 수 없으리라는 것을 모르지 않았기 때문이었다. 내가 면담록을 박공사에게 보낸 이유는 협상을 깰 수 있다는 기대 때문은 아니었다. 다만 나는 분노를 갖고 협상에서 파이팅 하라는 메시지를 보내고 싶었다. 그들이 우리한테 한 것처럼 똑같이는 못하더라도 할 수 있는 대로 크게 한방 먹여달라는 바램이었다. 그런데 고작 와일더라는 그 놈 참 와일드하다는 반응이 전부였다. 데니스 와일더는 국가안보회의의 아시아 담당 국장이자 대통령의 특별 보좌관으로 백악관에서 근무하고 있었다. 앞서 잠깐 소개한 빅터 차 국장과 같은 신분이었고 둘 다 거의 같은 시기에 백악관에 있었다. 둘 다 한, 중, 일 삼국을 업무영역으로 삼았지만, 한국에 관한 한 차국장은 북한 문제와 6자회담과 같은 일을 들여다보았고, 와일더는 한미동맹에 초점을 맞추고 있었던 인물이다. 와일더는 미국 강경보수의 대변인이라 해도 될 정도로 전투적인 논리로 상대를 압박하는 스타일로 유명했다. 대화록에도 나오지만 그는 노무현 정부 시절 대통령 비서실 통일외교안보정책실장 송민순이 미국은 지구상에서 가장 전쟁을 많이 하는 나라라고 발언했다고 보도되자, 조대사를 불러 거품을 물고 발광을 한 인간이었다. 2006년 10월 중순의 일이었다. 그러니 조대사가 맥코믹을 만나러 왔다가 보기 싫은 와일더를 만나는 것이 처음부터 결코 내키지 않는 일이었음은 당연한 일이다. 결과론이지만 사실 그런 정도였으면 조대사로서는 와일더 방으로 들어가지 말았어야 했다. 하지만 조대사가 마지막까지 최선을 다 해보려고 애를 썼다는 점을 생각하면 그를 비판만 할 수는 없는 일이다. 여하간 와일더는 한미관계에 있어 미국 정부가 하고 싶은 쓴소리를 대신 해주는 악역으로 한국에게는 매우 친숙한 인물이었다. 그리고 이 자는 조중동 언론과 매우 가깝게 지내는 사람으로도 유명하다. 송민순의 미국 전쟁 발언은 조선일보가 앞뒤 맥락을 자르고 보도하면서 문제를 일으켰고, 와일더는 마침 잘 됐다 외치면서 조선일보의 기사를 들고 조대사를 초치해 미친개처럼 짖어댔던 것이다.[18] 빅터 차는 한국 이름으로 차유덕이라는 사람인데, 한미일 삼각동맹 구상을 적극적으로 지지하고 옹호하는 인물이었다. 이 사람에 대해서는 나중에 다시 거론할 것이다. 내가 대화록을 작성해 가지고 있다는 것을 조대사는 알면서도 모른 척 했다. 모르는 사람이 보면 부끄러운 자기의 언행이 들어있을 수도 있으니 굳이 거론할 필요는 없었을 것이다. 그렇다고 그 기록을 삭제하라고 지시할 수도 없는 일이었다. 나는 면담록을 정무과로 넘겨 읽어보고 취할 조치가 있으면 행동하라고 말했다. 물론 본부에 공식적으로 보고하지는 않을 것이라고 짐작했다. 정무 공사는 하성필(가명)이라는 사람이었다. 나중에 러시아 대사를 지내는 인물이다. 그는 조대사에게 보고하지 않고 대화록을 들고 당시 국무부의 아태담당 선임 부차관보 캐슬린 스티븐스한테 들고 갔다. 나중에 주한대사로 부임한 여성이었다. 하공사는 대화록의 한 줄 한 줄을 스티븐스 부차관보에게 읽어주었다. 경청하고 있던 그녀는 하공사의 말이 끝나자 진심으로 유감을 표했다고 한다. 내가 현장에 없었으니 확신할 수는 없다. 하지만 그 며칠 후 와일더가 조대사한테 사과 편지를 보내왔다고 정무과 직원이 나에게 말해주었다. 나는 그 편지 사본을 달라고 해서 지금도 그것을 가지고 있다. 백악관 용지도 국무부 용지도 아닌 그냥 백지에 삼분지 일 정도 분량으로 타이핑한 편지였다. 자기의 감정적인 분출에 대해 개인적으로 미안하게 생각하며 사과한다는 내용이었다. 그리고 조대사가 한미관계의 증진을 위해 여러 훌륭한 일을 하고 있음을 높이 평가한다는 말도 들어 있다. 물론 이 편지는 조대사에게 보고되었을 것이다. 그런데 그 배경에 나의 면담록이 있었고 하공사가 그것을 들고 스티븐스 부차관보에게 호소하는 일이 있었음은 보고되지 않았다. 그러나 나는 조대사가 그것을 전혀 모르고 있다고는 생각하지 않는다. 알면서도 모른 척 했을 것이다. 왜냐면 그 기록이 결코 자랑스러운 것은 아니라고 당신이 생각했기 때문일 것이다. 객관적으로 보자면 나는 조대사가 잘 못한 일도 없었지만 그렇다고 잘 한 일도 아니었다고 생각한다. 그가 극도의 분노를 인내하면서 논리로 상대하고 대화하려고 무진 애를 쓴 점은 솔직히 칭찬하지 않을 수 없다. 나라면 절대 못했을 것이다. 그러나 상대에게 나를 경멸하고 능욕할 기회를 펼쳐주었다는 점은 결코 잘한 일이 될 수 없다. 와일더라는 놈이 그토록 악랄한 녀석이라는 것을 이미 알고 있었다면 그 놈의 소굴로 들어갈 일이 아니었다. 그리고 맥코믹이 뭔가 일을 꾸미고 있을지 모른다는 의심이 들었으면 바로 그 건물에서 나왔어야 했다. 그리고 조대사로서는 협상의 막바지에 뭔가 공헌을 하고 싶었겠지만, 사실 그가 워싱턴에서 할 일은 전혀 없었다는 점도 인정했어야 했다. 그가 맥코믹이든 누구든 만날 상황은 아니었다고 나는 본다. 그러니, 오종현이 진짜 그렇게 생각했는지 모르지만, 조대사는 시키지 않은 일을 하다가 사서 봉변을 당한 것이다. 상황을 직시하고 나설 때와 가만히 있을 때를 가리는 것도 유능한 외교관의 능력이다. 한국 외무부 직원의 95 프로가 함량미달인 것에 비하면 조대사의 자질은 탁월한 것이기는 하지만 완벽한 수준에는 이르지 못했다는 얘기다. 그러나저러나 여기서 핵심은 조대사의 실력이나 상황대처 능력이 아니다. 조대사가 잘 판단했다면 그런 더러운 꼴은 보지 않아도 되었겠지만 그것은 핵심이 아니다. 핵심은 와일더를 위시한 미국 사람들이 한국을 보는 시각이요 자세다. 조대사가 상황을 피했을지는 몰라도 그랬다고 그들이 한국을 곱게 보기로 마음을 돌려먹는 것은 아니었다는 말이다. 그것이 한미 간의 특수 관계인 것이다. 그것이 한미동맹의 본질이요 그것은 일방적인 숭미동맹이어야만 하는 것이다. 속국인 한국은 종주국인 미국 앞에 넙죽 엎드려 하명만 기다려야 하는 것이다. 무슨 협상이요 당치도 않은 외교란 말인가! 한국은 미국과 협상도 외교도 할 수 없는 운명이다. 오로지 미국의 일방적인 지시와 명령만이 한국의 몫인 것이다. 그것은 이승만이 애걸복걸하여 동맹조약을 체결한 결과다. 스스로 자기 목에 영원히 벗어 내버리지 못할 칼을 뒤집어 써버린 것이다. 칼을 차고 자유롭게 걸을 수는 없다. 뛴다는 것은 거의 불가능하다. 편히 누울 수도 없다. 기껏해야 벽에 등을 기대고 앉아야 한다. 그리고 겨우 팔을 널빤지 밖으로 돌려 힘겹게 밥을 입으로 가져가야 한다. 주인님이 칼을 벗겨주기를 기대할 수는 없다. 네가 먼저 그토록 씌워달라 할 때는 언제고 이제 와서 벗겨달라니 나하고 장난하자는 것이냐 라며 닦달할 것이 뻔하지 않은가. 그거 쓰는 대신에 주인님이 사나운 형제의 공격으로부터 지켜주신다고 하니 그것만으로도 감지덕지할 일이 아니더냐. 그리고 조용히 앉아 주인님한테 고분고분하게 굴면 가끔 맛난 음식도 내려주니 이 어찌 하해와 같은 은혜가 아니리요. 그러니 평생 이렇게 칼을 차고 나는 살겠소이다. 미국의 입장에서는 한국을 어떻게 생각할까? 착하고 순진한 동방예의지국? 턱도 없는 얘기다. 그들은 한국인을 스스로 칼을 뒤집어 쓴 쪼다들로 볼 뿐이다. 그것 말고 다른 표현이 있을 수 있을까? 그러니 와일더 같은 인간들한테 당하고만 살아야 하는 것이다.

이 글의 핵심에서는 벗어나지만, 그 후 나는 어떻게 되었는지 짧게 부연하고자 한다. 나는 원래부터 한미 FTA에 대해 반대하는 사람이었다. 그러나 공무원이 정부가 국책사업으로 추진하는 일을 공개적으로 비판하고 있을 수는 없었다. 그리고 나는 협상 과정에는 직접적으로 관여하고 있지도 않았다. 그러니 내가 협상장에 앉아 깽판을 칠 염려는 없었지만, 나는 간접적으로 협상에 대한 반대 입장을 계속 표명했다. 예를 들어 오본부장과 하이킹을 가면서 이런 엿 같은 협상은 이쯤해서 그만두는 것이 어떠냐고 묻는다거나 노무현 대통령이 이거 하다가 국익에 맞지 않겠다 싶으면 관두라 하지 않았냐는 얘기를 상기시키는 식이었다. 오본부장은 솔직히 그만 두고 싶은 생각이 굴뚝같지만 그렇다고 어떻게 이왕 시작한 것을 중단할 수 있겠냐면서 한숨을 내쉬곤 했다. 물론 그것이 한미 FTA에 대한 그의 믿음에 변화가 생겼다는 것을 의미하지는 않았다. 그저 미국 측이 말을 자꾸 바꾸면서 더 많은 것을 요구하고 우리가 요구하는 것은 하나도 들어주지 않는 현실에 대한 실망감의 표시였을 뿐이다. 그는 단 한 번도 협상을 그만두려는 생각을 해 본 적이 없었을 거라고 나는 생각한다. 하이아트 호텔에서 실제적으로 협상이 타결된 후에 미국 의회의 요청으로 다시 재협상을 하면서도 그런 생각은 떠오르지 않았을 것이다. 그는 협정의 실익이 작다는 사실을 잘 알고 있었다. 그래서 그는 우리가 따로 얻어내야 할 사항을 9개로 정리했었다. 미국의 자의적인 반덤핑 조치를 무력화시키는 방안이라든지 전문직 비자 쿼터를 확보하는 일이었다. 이것들은 한미 FTA의 협상대상이 아니라 별도로 미국의 제도를 바꾸어야 할 사안들이었다. 결론적으로 말하면 우리는 그 중의 어느 하나도 얻어내지 못했다. 전문직 비자 문제를 제외하고는 한미 FTA 협상의 초기 단계에서 불가능하다는 미국의 입장을 통보받은 것들이었다. 그렇다면 한미 FTA 협상은 추진하지 말았어야 하는 것 아니었을까? 어차피 실익이 없는 협정이라고 오본부장 자신이 사전에 규정한 것이 아니었던가. 그러니 그 역시 한미동맹의 굴레에 갇혀 있는 사람이었던 것이다. 실익이 없다고 생각하면서도 그 길로 빨려 들어가고 말았으니까. 자기가 파놓은 함정으로 스스로 미끄러져 들어갔으니까. 여하간 나는 협상이 시작되면서 전문직 비자 쿼터를 확보하는 일에 집중하고 있었다. 그래야 내가 반대하는 FTA가 성사되더라도 그나마 미약하게라도 보상을 받는다고 생각했기 때문이었다. 그러나 그것도 결국에는 실패로 돌아가고 말았다. 미국이 싱가포르나 호주와 FTA 협정을 맺을 때는 전문직 비자 쿼터를 일정 수만큼 준다고 문서화 했었다. 그러나 한국에게는 줄 수 없다는 얘기였다. 속국인데 안 주면 어떠냐는 심산이었을 것이다. 하이아트 호텔에서 타결되었던 협정문은 그 후 얼마 안 가 다시 고쳐졌다. 민주당이 미국 의회의 다수 석을 점하면서 들고 나온 신통상정책(New Trade Policy) 때문이었다. 나는 협정문이 다시 고쳐지는 것을 보면서 심한 좌절감에 빠졌다. 이런 협상을 도대체 뭐 하려 하는 것인지 이해할 수 없었다. 미국이 더 내놓으라고 나오면 자 이제 그만합시다 라고 한 방을 날리면 되는 일을 왜 이토록 질질 끌려 다니고 있는 것인지 생각할수록 분해 미칠 지경이었다. 이런 것도 나라라고 하는구나, 그리고 나는 그런 나라 정부에서 일하는 사람이구나! 그토록 쥐어터지면서도 사실은 내가 이겼다고 말하는 아큐(阿Q)와 다를 것이 하나도 없는 병신, 그것이 한국 정부였던 것이다. 그러니 와일더 같은 양아치한테 당하고만 사는 것이다. 한미 FTA는 대국민 사기극이라는 것이 나의 판결문이었다. 그렇게 생각을 정리하면서 나는 사직서를 준비했다. 도저히 한국의 공무원으로서 부끄러워서 살 수가 없다는 느낌이었다. 그러나 조대사와 박공사가 만류했고 서울의 오본부장은 내가 아끼는 후배를 동원해 전화로 나를 설득했다. 결국 나는 사직은 그만 두더라도 워싱턴에서의 근무는 더 이상 할 수 없다고 말했다. 내가 철이 안 든 것 같으니 지구상에서 가장 어려운 곳으로 나를 보내달라고 요청했다. 그리하여 나는 외무부가 마침 대사관을 새로 열려고 준비 중이던 키르기스스탄으로 가기로 정리가 되었다. 만약 내가 그 때 워싱턴에 계속 있었더라면 나의 경력은 완전히 달라졌을 것이다. 그렇게 할 걸 하는 생각이 안 드는 것은 아니다. 하지만 나라는 인간은 원래 그렇게 생겨먹은 생명체였던 것이다. 나는 신천지 중앙아시아의 땅으로 간다는 설렘에 지겹게도 두 달을 더 워싱턴에서 지냈다. 가족들은 난데없는 날벼락에 모두들 실망하고 있었다. 아버지를 잘 못 만난 탓이었다.

일화 하나를 더 소개한다. 1974년에 발효된 한미 원자력 협정을 개정하기 위한 협상이 시작되었다. 2010년 10월 말에 워싱턴에서 처음 회의가 열렸다. 나는 폴란드에서의 근무를 마치고 서울에 들어와 보건복지부로 파견되기 전까지 약 1년 동안 이 협상에 참여했다. 협상의 수석대표는 폴란드에서 서울로 나를 불러 준 외교정책실장 천진석(가명)이었다. 미국과의 원자력 협상은 약 4-5개월 간격으로 양국 수도에서 번갈아 열렸다. 원자력협정이란 원자력의 평화적인 이용을 위해 핵물질과 기술을 서로 거래하는 대신 핵안전을 담보하고 핵확산을 막기 위해 상호간 지켜야 할 권리와 의무 사항을 정리한 합의서를 말한다. 한미 원자력협정은 미국이 미국산 핵물질과 원자력 기술을 한국에 공급하는 대신 한국이 그 물질과 기술을 다른 나라에 이전시키는 것을 제한하고 핵물질을 변형시키는 것 역시 제한하는 내용을 핵심으로 한다. 한국이 원자력 발전을 위해 미국의 기술과 핵물질을 받아야 했던 초창기 상황에서는 미국이 혹시나 모를 사고에 대비해 한국에 강한 의무를 부과할 필요가 있었다. 1974년 협정은 원자력발전을 하고 남은 사용후 핵연료를 한국이 절대 만지면 안 되게 되어 있을 뿐만 아니라 원자력 발전에 필요한 농축 우라늄도 만들면 안 되게 되어 있었다. 이제 한국이 원자력 분야에서 세계의 선두 국가가 된 상황에서 그러한 제약은 풀어버릴 필요가 있다는 인식 하에 한국은 미국과 새로운 협정을 모색하고 있었던 것이다. 요는 원자력 발전을 하고 남은 핵 쓰레기가 자꾸 쌓여만 간다는 것이었다. 발전소 인근에 쓰레기 처리 시설을 만들어 저장하고 있지만 그 용량도 포화상태에 이르고 있을 뿐만 아니라 저장소를 무한정 지을 수도 없다는 것이었다. 지상에 지어놓은 핵 쓰레기 저장소는 적의 공격 목표가 될 수도 있을 뿐만 아니라 한번 폭발하면 그 피해는 상상할 수 없는 재앙으로 이어지기 때문이다. 핵 쓰레기 문제와 함께 시급한 문제가 우라늄 농축 문제였다. 한국은 원자력 발전의 핵연료를 전량 해외에서 수입하고 있지만 안정적인 원료 공급을 위해서는 농축이라는 과정이 반드시 필요한 것이다. 문제는 농축된 우라늄을 핵무기로 사용할 수 있다는 우려겠으나 20% 이하의 농축은 아무리 핵무기로 전용하려 해도 기술적으로 불가능한 수준인 것이다. 그러니 한국으로서는 핵 쓰레기 처리문제를 위한 사용후 핵물질의 변형과 우라늄 저농축을 미국으로부터 보장받는다는 것이 협상의 목표였던 것이다. 그리고 한국은 사용후 연료를 처리하는 특별한 방법을 연구하고 있었는데 그것은 파이로 프로세싱(Pyro-processing)이라는 기술이었다. 물론 한국만의 기술은 아니었고 미국, 프랑스, 영국과 같은 원자력 선진국에서 연구하고 있었던 기술인데, 핵 쓰레기를 획기적으로 줄여줄 방법이라고 평가되는 기술이었다. 기존의 사용후 연료를 재활용하는 방법으로는 재처리(Reprocessing)라고 하는 기술이 있는데, 그것은 일본을 포함해서 대부분의 선진국들이 이미 활용하고 있는 기술이다. 핵 쓰레기를 줄이고 또 거기서 플루토늄을 뽑아내는 기술이다. 문제는 그렇게 뽑아낸 플루토늄을 무기로 만들 수 있다는 것이다. 그러니 그런 기술은 국제사회에서 엄격히 제한하고 있는 대상이다. 이미 자체 능력으로 재처리 기술을 습득한 나라들만 기득권을 인정받고 있는 기술인 셈이다. 이에 비해 파이로 프로세싱은 플루토늄을 추출할 목적이 아니라 핵 쓰레기에서 방사능 물질 혼합물을 뽑아 다시 그것을 연료로 쓸 수 있는 원자로에 집어넣기 위한 기술이다. 그런데 문제는 파이로 프로세싱이라는 기술이 아직 완성된 것이 아니라는 것이다. 그리고 그렇게 추출한 방사능 물질을 원료로 할 수 있는 원자로도 아직 완성되지 않았다는 것이다. 한국의 요구사항은 파이로 프로세싱을 할 수 있게 해달라는 말이 아니라, 그것을 개발할 연구를 하게 해 달라는 소박한 것이었다. 그것도 한국 혼자 하겠다는 얘기가 아니라 미국하고 공동으로 연구해서 실현 가능성 내지 상업화 가능성이 발견되면 나중에 완전히 허락을 해 달라는 말이었다. 그러나 미국은 우리의 요구사항을 들어줄 의향이 전혀 없었다. 그들은 과거의 협정 체계로 한국이 원자력 산업을 발전시키는데 별다른 어려움이 없다는 입장이었다. 그리고 그들은 한국이 일단 핵 쓰레기를 만지면서 장난하기 시작하면 무슨 일을 벌일지 모른다는 의구심을 갖고 있었다. 특히 북한과의 대치 상황에서 한국이 만약 핵 쓰레기를 만져 위험 물질을 추출할 수 있게 되면 핵무기 제조야 시간문제일 뿐이라는 우려도 갖고 있는 것이다.

물론 이론적으로 미국의 생각이 틀린 이야기는 아니다. 그러나 원자력 산업이라는 것은 아무도 몰래 장난을 칠 수 없도록 철저하게 감시되는 체제다. 국제원자력 기구(IAEA)는 회원국의 원자력 발전소 내부는 물론 외부까지도 촘촘하게 설치한 카메라로 실시간으로 감시하고 있다. 그 기구에서 탈퇴하지 않고서는 사용된 핵연료를 다른 곳으로 빼돌려 몰래 재처리를 한다는 것은 거의 불가능에 가까운 일이다. 그러니 미국의 우려는 말이 되는 것 같으면서 사실은 전혀 그렇지 않은 것이라고 할 수 있다. 그들은 쓸데없는 제약을 가해 한국을 언제고 자기의 똘마니로 붙잡아두기를 원하고 있는 것이다. 당시 내가 협상에 참여하고 있을 때 미국 대표단에 알렉스 부르크하르트라는 원자력 전문가가 있었다. 그는 우리가 제시한 제안을 들여다보더니 그런 것 정도는 문제없이 받아들일 수 있을 것이라는 사견을 나에게 밝혔었다. 그러나 미국 수석대표는 국무부 비확산 및 군축 담당 특보 로버트 아인혼이라는 닳고 닳은 협상전문가였다. 이 자는 한국에 대해 강경한 입장을 취하기로 악명이 높은 자였다. 앞에서 말한 데니스 와일더가 양아치 행동대장이라면 아인혼은 영화 "한니발"의 렉터와 같이 조용히 상대를 갉아먹는 인물이었다. 그는 한국의 미사일 사거리와 탄두 중량을 제한해야 한다고 주장하면서 그토록 한국의 속을 썩인 장본인이기도 했다. 이 자는 또 그러는 과정에서 한국 관료들의 조바심을 역이용해 그들로부터 온갖 향응은 다 받아 챙기는 인물이기도 했다. 원자력 전문가의 기술적인 의견에도 불구하고 아인혼은 우리의 요구사항, 즉 파이로 프로세싱 기술을 연구하는 문제와 우라늄 저농축 문제에 강경한 반대 의사를 견지했다. 나는 2011년 여름에 후임자한테 일을 넘기고 보건복지부로 파견되었다. 한미 원자력협정은 그로부터 4년여의 협상 기간을 거쳐서야 겨우 타결이 되었다. 그러나 그 결과는 내가 볼 때 완전히 엉망이었다. 결국 우리가 요구한 것은 하나도 관철되지 않았다. 외무부에서 낸 보도 자료나 정부 연구기관에서 발간한 분석 자료를 볼 것 같으면 대단히 성공한 협정이라고 자화자찬하고 있지만 핵심적인 내용은 하나도 없다. 파이로 프로세싱 연구는 아주 초기 단계에서만 사용후 핵연료를 만질 수 있게 되어 있고, 나중에 연구가 성공하더라도 제대로 기술을 사용할 수 있다는 말도 없다. 또 농축은 양국이 합의하면 할 수 있다는 조항을 두었는데, 이것은 허용하지 않는다는 말과 전혀 다르지 않은 것이다. 결국 거의 무의미한 결과를 가지고 5년 가까이 협상한 것이다. 내가 협상하고 있을 때 나는 청와대 대외전략비서관이었던 김태효에게 미국으로부터 의미 있는 뭔가를 받아내기 위해서는 우리가 미국과 거래하고 있는 다른 무엇과의 연계 전략을 쓸 필요가 있다고 건의했다. 예컨대 당시 한미간 논의되고 있었던 F35 전투기 도입문제와 원자력협정을 연결하는 것이었다. 우리가 F35를 도입하는 대신 원자력협정에 있어 한국이 원하는 것을 수용하라는 식의 거래를 말하는 것이다. 그러나 김태효는 턱도 없다는 식의 반응을 보였다. 그렇게 민감한 문제를 건드려서는 안 된다는 뜻이었다. 마치 미국인들의 입장에서 생각하는 것 같았다. 실제로 우리가 미국에게 그런 식의 거래에 관해 의향을 비쳤다면 아마도 미국은 펄펄 뛰었을 것이다. 어디 앞이라고 감히 그런 불경스런 생각을 할 수 있냐면서 말이다. 그런데 외교란 원래 그렇게 하는 것 아닌가? 외규장각 의궤 반환 문제는 프랑스의 고속철 수입과 연계되면서 해결의 실마리가 풀리기 시작했던 것 아닌가! 그러나 여러 번 말했듯이 한미관계는 특수한 관계라는 데에 정상적인 외교가 통하지 않는 이유가 있다. 속국은 그런 생각을 해서도 안 되고 그런 식으로 협상을 해서도 안 되는 것이다. 내가 계속 협상을 했더라면 달라졌을 거라는 말을 하려는 것은 결코 아니다. 마찬가지 결과였을 것이다. 결국 원자력협정은 우리가 아무리 자화자찬을 하더라도 텅 비어버린 껍데기 협정으로 도돌이표를 찍은 것에 불과하다.

그런데 원자력협정에는 아주 중요한 비밀이 숨어 있다. 그것이 뭐냐면 원자력협정의 규율 대상은 상대국에서 들여오는 핵물질과 기술에 한정한다는 것이다. 예컨대 한미 원자력협정에서 한국의 의무는 미국에서 들여오는 미국산 핵물질과 기술에 대해서만 발생하는 것이다. 그러니까 미국산 우라늄을 원자로에서 쓰고 남은 쓰레기는 함부로 만지면 안 되고 미국에게서 받은 기술을 함부로 남한테 이전하면 안 된다는 식이라는 것이다. 그러면 무슨 말인가 하면 한국이 다른 나라에서 들여온 핵물질에 대해 그 나라와의 협정에서 별다른 얘기가 없었다면 마음대로 만질 수 있다는 말이 되는 것이다. 그리고 그것은 원자력의 평화적 사용에 관해 국제법으로 보장된 것이기도 하다. 그러니까 예컨대 한국이 프랑스에서 들여오는 핵물질을 어떻게 만지든 미국이 간여할 일은 아니다. 그리고 한-프랑스 원자력협정에는 한국이 재처리나 농축을 하면 안 된다는 규정도 없다. 그렇다면 한국이 원하는 재처리나 농축을 프랑스하고 협력해서 얻어내면 되는 것 아닌가! 그러나 일이 그렇게 단순하지만은 않다. 그것이 속국의 숙명인 것이다. 안 된다는 법은 없다. 그러나 미국이 눈을 부릅뜨고 한국의 행동을 지켜보고 있는데다 만에 하나 허튼 짓이라도 한다면 가만 두지 않겠다고 벼르고 앉아 있기 때문에 한국은 그렇게 할 수가 없는 것이다. 한국은 미국이 하라는 대로 고분고분하게 말을 잘 듣고 있어야 한다. 다른 나라들하고의 협력 역시 미국의 시선을 벗어나 몰래 하는 그런 것이 되어서는 안 된다. 나는 2011년 7월 워싱턴에서 열린 3차 협상에 참여해 미리 준비한 "한미 원자력 협력의 비전 선언문"을 낭독했다. 요지는 한국이 원하는 것은 매우 소박한 것으로서, 핵 비확산을 저해하지 않으면서 평화적 원자력 이용의 지평을 넓힐 목적으로 미국과의 협력을 통해 추진할 것들인데, 상호 존중과 신뢰의 바탕 위에서 원자력 협정의 개정이 필요하며, 우리가 당신들과 함께 할 거라는 사실을 믿고 우리가 당신들을 떠나지 않게 해 달라는(Trust us we will work with you. Do not make us leave you.) 것이었다. 나의 낭독을 가만히 듣고 있던 아인혼은 단호한 얼굴 표정을 지으면서 이렇게 말했다. "당신의 어조는 미국을 비난하고 추궁하는 것으로 들립니다. 그런 식의 인식을 갖고 협상에 임한다면 경고하고자 합니다. 우리는 한국이 꼭 필요한 것이 무엇인지 진지하게 검토할 것입니다." 말은 조용하고 점잖은 것이었지만 데니스 와일더의 언사나 한국에 대한 인식과 내용적으로 다른 것은 하나도 없다.

프롤로그에 쓴 내용을 되풀이한다. 한국은 미국과 상호방위조약 즉 동맹조약을 1953년 10월 1일 체결했다. 을사늑약(乙巳勒約)이 맺어진 해로부터 12간지가 네 바퀴 돈 해에 계사조약(癸巳條約)이 체결된 것이다. 조약은 1년 넘게 지나 1954년 11월 18일 발효되었다. 그 기간 동안 양국은 합의의사록을 별도로 체결하는 과정을 밟았다. 미국의 요구였다. 한국의 요구를 들어주는 대가로 한국의 발에 족쇄를 채우기 위한 것이었다. 계사조약의 4조는 "상호적 합의에 의하여 미합중국의 육군, 해군과 공군을 대한민국의 영토 내와 그 부근에 배치하는 권리를 대한민국은 이를 허여(許與)하고 미합중국은 이를 수락한다"라고 규정했다. 미국은 이제 마음대로 한국에 군사력을 배치할 수 있게 된 것이다. 거기다가 미국은 합의의사록을 통해 한국군의 작전지휘권은 유엔군사령부 즉 미국이 보유한다고 못을 박았고, 우리가 통일을 하려면 미국과 협조해야 한다고도 명문화했다. 이 합의의사록이 서명되어 교환되는 날, 미국 워싱턴 시간으로는 11월 17일에 한미 상호방위조약이 발효된 것이다. 한국이 영원토록 머리에 칼을 뒤집어 쓴 날이다. 갑오년 10월 23일이다. 이승만은 조약의 효력이 무기한 유효하다는 조항을 넣을 것을 끝까지 우겨 미국의 승낙을 받았다. 이승만은 조약의 체결 직전에 "우리는 앞으로 여러 세대에 걸쳐 많은 혜택을 받게 될 것이고, 이 조약으로 우리는 앞으로 번영을 누릴 것"이라는 성명서를 발표했다. 한미 계사조약과 함께 한미 특수관계가 탄생했다. 그리고 이승만의 성명서처럼 한국은 영원히 미국으로부터 혜택과 번영이라는 은혜를 받는 나라가 된 것이다. 한국인의 인식과 유전자에 미국은 은혜를 하사하는 주인으로 각인되기 시작했고, 미국은 한국을 머슴이나 방자로 생각하기 시작했다. 그러한 사고의 체계는 70년이 지나고 있는 지금 완숙한 형태를 갖추고 있다. 7장에서 다시 얘기하겠지만, 매년 외무부가 대통령에게 보고하는 외교정책 방향의 제일 위에 "한미동맹의 강화"라는 항목이 있다. 그리고 그 요지는 미국이 하자는 대로 다 하겠다는 것이다. 한미동맹이라는 굴레를 뒤집어썼으면 고삐를 당기는 주인의 말을 듣지 않을 수 없는 것이다. 이 장에서 나는 주로 경제적인 측면에서 한국의 대미 유사 외교행위의 실례를 기술했다. 자동차 협상, 한미 FTA, 그리고 원자력 협정이다. 내가 직간접으로 간여했던 사안에 초점을 맞추다 보니 그렇게 선정한 것이지만, 그렇다고 정무적인 사안은 그럴듯한 외교 행위가 있었다거나 있다는 말은 아니다. 예컨대 사드 배치문제 같은 사안은 한미의 특수관계가 한국의 대중국 관계에 엄청난 영향력을 행사하면서 짙디짙은 암운을 드리우는 케이스다. 사드 배치는 기본적으로 한미 동맹조약에 정확하게 기술되어 있는 미국의 권리다. 군대를 배치하면서 무기나 장비는 별도라고 말하면 우스갯소리에 지나지 않을 것이다. 한국 정부는 미군의 사드 배치를 막을 권리가 없다. 오히려 그것을 반대하는 국민들의 저항을 막아야 하는 것이다. 중국은 그 배경을 잘 알고 있었다. 그리고 미국의 똘마니를 제대로 한 번 괴롭혀 군기를 잡겠다는 생각을 하고 있었다. 이 문제는 3장에서 제대로 다시 다룰 생각이다. 스스로 칼을 뒤집어 쓴 쪼다는 어디 가서도 쪼다 취급을 받는 법이다. 2024년 11월 7일 미국 대선에서 트럼프가 당선되었다. 그리고 2025년 1월 20일 미국의 47대 대통령으로 취임했다. 미치광이 거래 전략을 펼치는 자다. 그는 우크라이나 전쟁을 즉시 끝내겠다고 공약해 왔고 북한의 김정은과 다시 우정을 나누겠다고 떠벌여 왔다. 대통령 취임 후에는 북한을 핵보유국이라고 칭하면서 김정은과 다시 만날 것이라고 언급했다. 벌써부터 북한에 손을 내밀고 있는 형국이다. 그렇다고 해서 하노이 회담의 일방적인 결렬 선언이라는 치욕을 맛본 김정은이 트럼프가 내민 손을 덥석 잡으리라고 나는 생각하지 않는다. 더군다나 2025년 1월 28일 백악관이 북한의 완전한 비핵화를 추구하는 것이 미국의 공식적인 입장임을 밝혔고, 2월 7일 트럼프가 워싱턴에서 일본의 총리 이시바 시게루와 정상회담을 갖고 "일본과 미국은 북한의 완전한 비핵화를 위해 협력할 것임을 확인했다"고 선언한 이상 북한이 미국의 의도대로 호락호락 응할 이유는 별로 없을 것이다. 같은 날 북한은 북대서양조약기구(NATO)와 유럽연합(EU) 대변인이 북한을 핵보유국으로 인정하지 않는다는 입장을 각각 발표한 데 대해 조선중앙통신사 논평을 통해 "우리의 핵은 그 누구의 '인정'이나 받기 위한 '광고물'이 아니며 몇 푼의 돈으로 맞바꿀 '흥정물'은 더욱 아니다. 우리 국가의 핵 무력은 나라의 자주권과 인민의 안전을 침해하고 지역의 평화를 위협하는 적대세력들의 그 어떤 침략기도도 원점부터 신속하게 도려내기 위한 불변의 실전용"이라고 강조했다. 북한은 든든한 배포를 가지고 협상할 줄 아는 나라다. 여하간 트럼프가 45대 대통령이던 과거 2018년 당시 한국에 문재인이라는 특출한 사람이 있었기에 그나마 그의 광기를 진정시켰지 숭미정권이었으면 그에게 질질 끌려 다니다가 나라를 망쳤을 것이다. 무슨 말인고 하니 앞으로 그의 행정부 하에서 한국의 숭미정권이라면 미국에 좋은 소리 하나 못 듣고 미국이 하라는 대로 굽실거릴 것이 뻔하다는 말이다. 트럼프는 우크라이나에 그토록 신이 나서 발을 들여 놓았으니 너희들이 우크라이나 재건 비용을 부담하라고 압박할 것이고, 한미 FTA를 또다시 개정하자고 우길 것이며, 한국정부 자비 부담의 사드 추가배치니 고고도 함대공 요격 미사일 SM-3의 구매를 강요하고 나설 것이다. 지금 트럼프는 한미 FTA를 무시하고, 아니 협정문 23.2항의 안보를 위한 적용 배제 조항을 악용하여, 한국의 철강이니 자동차 등에 고관세를 부과하겠다고 으름장을 놓고 있지 않은가. 차라리 잘 된 일이다. 이 기회에 한국은 한미 FTA를 폐기하겠다고 나서야 한다. 어차피 손해 보는 장사에다가 그나마 혜택을 보던 자동차나 철강이 날아간다면 그런 FTA는 없애버려야 하는 것이다. 숭미정권은 이런 생각은커녕 미국의 강짜를 다 받아주고 미국의 요구를 전부 들어주게 되어 있다. 그러면서 북한과 미국의 대화에서 전적으로 배제된 채 미국으로부터 알량한 귀동냥을 받는 대가로 주한미군 방위비도 트럼프가 원하는 대로 다 들어줄 가능성이 다분하다. 물론 문재인이라고 한미동맹의 굴레를 벗어날 수 있었던 것은 아니다. 더불어민주당 대표 이재명이 차기 대통령이 되더라도 그가 그놈의 굴레를 단시간 안에 벗어던질 거라고 기대하기는 어렵다고 나는 생각한다. 2018년의 그토록 찬란했던 남북한의 밀월은 결국 물거품으로 돌아가고 말았다. 우리끼리 독자적으로 협력할 수 없도록 규정하고 있는 한미 간의 특수 관계로 말미암은 것이었다. 독립된 주권국이 아닌 나라가 가지는 구조적인 한계인 것이다.

2. 한미굴레와 한일관계
두 식민지의 도토리 키 재기

2023년 4월 윤석열이 미국을 방문하기 직전에 가진 워싱턴포스트와의 인터뷰에서 일본의 과거 죄악에 더 이상 문제를 제기하지 말자는 식의 언사를 펼친 것은 일종의 최후 정리 발언이었다. 그 한 달 반 전에 그는 과거사 문제에 대한 "신묘한" 해법을 내놓았다. 2023년 3월 6일 오전, 한국정부는 4년 4개월여 전에 대법원이 최종적으로 내린 3건의 확정 판결로 부과된 이춘식 등 강제징용 피해자들에 대한 신일본제철과 미쓰비시의 배상책임을 한국정부 행정안전부 산하 "일제강제동원피해자지원재단"이 대신 이행할 것이라고 발표했다. 대통령 윤석열의 비장의 해법이었다. 외무장관 박진이 직접 발표했다. 발표문 요지는 이렇다. "정부는 ... 한일관계를 미래지향적으로 보다 높은 차원으로 발전시켜 나가고자 하는 의지를 가지고 있습니다. ... 2018년 10월과 11월 일제강점기 강제징용 사건에 대한 대법원 판결 이후 2019년 7월 일본의 수출규제가 발표되었습니다. 또한 2019년 8월 우리는 한일 군사정보보호협정(GSOMIA: General Security of Military Information Agreement) 종료를 통보하였습니다. ... 정부는 강제징용 피해자 측의 의견을 존중하면서 한일 양국의 공동이익에 부합하는 합리적 해결방안을 마련하기 위해 노력해 왔습니다. ... 정부는 이러한 국내적 의견 수렴 및 대일 협의 결과 등을 바탕으로 강제징용 대법원 판결 관련 다음과 같은 방안을 발표합니다. 「대일항쟁기 강제동원 피해조사 및 국외강제동원희생자 등 지원에 관한 특별법」 제정 이후 설립된 행정안전부 산하 "일제강제동원피해자지원재단"이 강제징용 피해자·유족 지원 및 피해구제의 일환으로 2018년 대법원의 3건의 확정판결(2013다61381, 2013다67587, 2015다45420) 원고 분들께 판결금 및 지연이자를 지급할 예정입니다. 또한 동 재단은 현재 계류 중인 강제징용 관련 여타 소송이 원고 승소로 확정될 경우, 동 판결금 및 지연이자 역시 원고 분들께 지급할 예정입니다. … 정부는 한일 양국이 1998년 10월에 발표한 「21세기의 새로운 한일 파트너십 공동선언(김대중-오부치 공동선언)」을 발전적으로 계승하여, 과거의 불행한 역사를 극복하고, 화해와 선린우호 협력에 입각한 미래지향적 관계를 발전시켜 나가기 위해 함께 노력하기를 바랍니다."

2012년 5월 대법원의 1부 주심 대법관 김능환은 이춘식 등 4명의 강제징용 피해자들이 고등법원의 판결에 불복하여 상고한 소송에서 원고승소 취지의 파기환송 판결을 내렸다. 고등법원의 판결은 원고가 일본 법정에서 패소할 당시 일본이 내린 판결을 그대로 승인한 것에 불과하며, 한국에서 그러한 판결의 효력은 인정할 수가 없다는 것이었다. 무엇보다 일본의 판결은 일본의 한국인에 대한 식민지배가 합법적이라는 전제 위에서 내려진 것인데, 3·1운동으로 건립된 대한민국임시정부의 법통을 계승한다고 되어 있는 한국의 헌법의 규정에 비추어 볼 때 일제강점기 일본의 한반도 지배는 불법적인 강점에 지나지 않고, 그 과정에서 한국의 헌법 정신과 양립할 수 없는 것은 효력이 없다고 보아야 한다는 것이 핵심이었다. 2013년 7월 서울고법 민사19부 부장판사 윤성근은 파기환송심에서 "원고에게 각 1억 원을 지급하라"며 원고 일부 승소로 판결했다. 재판부는 "일본의 핵심 군수업체였던 구 일본제철은 일본 정부와 함께 침략 전쟁을 위해 인력을 동원하는 등 반인도적인 불법 행위를 저질렀다. 침략 전쟁은 국제질서와 대한민국 헌법뿐 아니라 현재 일본 헌법에도 반하는 행위다. 신일본제철이 구 일본제철과의 동일성을 부정하거나 한일청구권협정 등을 내세워 책임이 없다고 하는 것은 대한민국의 헌법이 수호하고자 하는 핵심적 가치에 정면으로 반한다"고 판결했다. 파기환송심 이후 피고인 일본 신일철주금(신일본제철)은 이에 재상고를 했다. 사건은 다시 대법원으로 넘어왔다. 2013년 2월 출범한 박근혜 정부는 한일관계를 고려해 소송 결과가 번복돼야 한다는 입장이었다. 대법원장 양승태는 2012년 5월의 대법원 판결에 대해 "선고 전 김능환 대법관이 귀띔도 안 해주고 선고해 전원합의체로 결론을 내리지 못했다"면서 불만을 표시하고 있었다. 일본 전범기업을 대리하고 있던 법률사무소 김앤장은 양대법원장의 부정적 입장을 확인한 뒤 법원행정처 수뇌부를 공략해 판결 뒤집기를 시도했다. 김앤장 송무 팀장 변호사 한상호와 전 외무장관 유명환 그리고 전 주미대사 한영주(가명) 등으로 구성된 강제징용사건 대응팀은 양승태와 사법부 고위 관계자들을 수시로 접촉했다. 양승태와 청와대는 외무부가 강제징용 소송에 대한 의견서를 대법원에 제출하면 대법원은 의견서를 근거로 사건을 전원합의체에 회부한다는 계획을 세웠다. 대통령 박근혜는 "이 판결이 확정되면 나라 망신이고 국격 손상"이라고 생각하고 있었다. 그런데 외무부는 의견서 제출을 머뭇거렸다. 외무부가 의견서를 제출한 것은 2016년 11월이었다. 3년 이상을 머뭇거린 것이다. 왜 그랬을까? 외무장관 윤병세가 대법원의 판결에 동조했기 때문이었을까? 아니다. 그가 박근혜의 지시사항을 못마땅하다고 여겼던 것일까? 아니다. 사실 이 문제는 처음부터 외무부의 손에 달린 것이 아니었다.[19] 그리고 양대법원장의 임기는 2017년 9월말까지 보장되어 있었다. 서두를 일이 아니었다는 말이다. 양승태는 김앤장을 향해 "외무부의 요청으로 시작된 일인데 외무부가 절차에 협조하지 않는다"고 불만을 토로했지만, 그것은 속임 동작에 불과한 것이었다. 법원행정처 차장 임종헌은 김앤장에 외무부의 의견 제출을 요청하는 촉구서를 제출하라는 컨설팅을 해주었지만, 그것 역시 사안의 본질을 감추기 위한 몸동작에 불과한 것이었다. 요는 대법원이 청와대와 거래를 하고 있었다는 것이다. 당시 양승태의 대법원은 숙원사업이었던 상고법원의 도입과 법관의 해외 공관 파견 확대를 위한 지렛대로 강제징용 재상고 사건을 활용하려 했던 것이다. 양승태는 대통령 비서실장 김기춘과 거래를 하고 있었다. 재상고 소송 심리는 얼마든지 연기할 수 있는 문제였다. 그러니 대법원은 외무부가 너무 빨리 의견서를 제출하는 것을 원하지 않았다. 그러면 소송 절차를 마냥 지연할 수 없는 일이었으니까. 그러나 소송 심리가 너무 지연되어버렸다. 대법원은 박근혜의 탄핵을 넘기고 양대법원장 퇴임시기인 2017년 9월을 넘겼고 신임 대법원장 김명수가 취임했음에도 사건의 심리와 선고를 계속 미루었다. 2018년 7월에야 이 사건은 김명수를 재판장으로 한 전원합의체에 회부됐다. 다음 달 검찰은 양승태가 이 사건을 갖고 청와대와 거래를 했다는 정황을 발견했다. 대법원은 2018년 10월 30일에 이 사건의 확정판결을 선고했다.

2023년 3월 6일 외무장관 박진이 대법원 판결에 대한 윤석열의 비장의 해법을 발표하자마자 백악관은 한 시간 만에 대통령 조 바이든 명의의 성명을 공개했다. 바이든은 한국을 "매우 강력한 동맹"이라고 부르면서 "오늘 한국과 일본의 발표는 미국과 가장 가까운 동맹국들 간의 협력과 파트너십에서 획기적으로 새로운 장을 장식했으며, 이번 해법을 계기로 한미일 3국의 관계가 지속적으로 강화되기를 바란다"고 말했다. 미국이 대통령 성명까지 내면서 반색한 이유가 무엇일까? 이것이 내가 초점을 맞추는 이번 챕터의 핵심이다. 미국의 입장에서 얼어붙은 한일관계는 풀기 어려운 매듭이지만 반드시 해결해야 할 숙제였다. 중국과 대치하는 미국으로서는 꼬인 한일관계를 풀어내는 게 급선무였다. 미국의 두 똘마니 한국과 일본이 서로 협력해야 미국이 이들을 데리고 중국과 러시아에 맞서 동북아시아에서의 패권을 공고히 할 수 있기 때문이다. 미국은 당초에 동맹조약의 합의의사록에다 "한국은 일본과 우호적인 관계를 가진다"라는 조항을 넣으려 했었다. 이승만이 절대불가를 외치는 바람에 관철되지는 않았지만 말이다. 미국의 동북아 외교전략에 있어 한일 간의 우호관계는 그만큼 긴요하다. 바이든 말고도 국무장관 토니 블링컨, 부장관 웬디 셔먼도 지지 성명을 냈다. 셔먼은 앞서 언급한 빅터 차와 함께 한미일 3국 동맹을 강력하게 주장하는 인물이다. 지지성명을 낸 것은 정부 인사만이 아니다. 미 의회 하원 외교위원장 마이클 매콜은 "이것이 3국 공조 확대를 위한 길을 열어주기를 바란다"고 말했다. 한미일 의원회의 미국 측 단장으로 활동해 온 민주당 하원의원 마크 타카노는 "미한일 3국 협력 강화가 이렇게 중요했던 적은 없었으며 한국과 일본 관계가 심화되는 가운데 동맹은 계속 더 강해질 것"이라고 말했다. 공화당 상원의원 마르코 루비오는 "한국과 일본은 미국의 가장 중요한 동맹국이며, 중국 공산당의 침략으로부터 자유롭고 개방적인 인도태평양을 보호하기 위한 우리나라의 전략에 있어 모두 중요한 파트너"

라고 말했다. 하원 민주당 대표 하킴 제프리스는 "하원 민주당 의원들은 조 바이든 대통령의 리더십 아래 자유롭고 개방적이며 안전한 인도태평양 지역 구상에 전념하고 있으며 일본과 한국은 이런 노력에 있어 우리의 가장 가까운 파트너"라고 말했다. 그 외에도 유사한 성명을 발표한 의원이 한 둘이 아니다. 왜일까? 답은 분명하다. 한국 대통령 윤석열의 비장의 해법은 미국의 해법이었기 때문이다. 한국정부가 해법을 발표하자 일본 총리 기시다는 "한국정부의 조치는 한일관계를 건전한 관계로 되돌리기 위한 것으로 평가하며, 일본은 1998년 한일 공동선언(김대중-오부치 선언)을 포함해 역사 인식에 관한 역대 내각의 입장을 전체적으로 계승하고 있다"고 강조했다.

2023년 3월 16-17일간 윤석열이 일본을 방문했다. 출국 전 그는 강제동원 문제 배상 해법으로 제시된 제3자 배상과 관련해 구상권 행사는 상정하고 있지 않다며 나중에라도 일본 피고 기업들에게 구상금을 청구하지 않을 것임을 명확히 했다. 그와 일본 총리 기시다 후미오는 16일 정상회담을 갖고 한일 군사정보보호협정의 완전 정상화와 일본의 수출규제 해제를 결정했다. 정상회담 직후 공동 기자회견에서 윤석열은 "한국과 일본은 자유, 인권, 법치의 보편적 가치를 공유하고 안보, 경제, 글로벌 어젠다에서 공동의 이익을 추구하는 가장 가까운 이웃이자 협력해야 할 파트너"라며 "오늘 회담에서 저와 기시다 총리는 그간 얼어붙은 양국관계로 인해 양국 국민들이 직간접적으로 피해를 입어왔다는 데 공감하고 한일관계를 조속히 회복시켜 나가자는 데 뜻을 같이했다"고 밝혔다. 이어 그는 "안보, 경제, 인적·문화 교류 등 다양한 분야에서의 협력을 증진시키기 위한 논의를 더욱 가속화하기로 했고, 경제 안보와 첨단 과학뿐 아니라 금융·외환 분야에서도 머리를 맞대고 함께 고민해 나가기로 했다"고 말한 후 "미래세대가 교류하며 상호 이해를 심화할 수 있도록 지원하는 방안을 적극적으로 찾아야 한다는 점에도 서로의 생각이 일치했으며, 이런 차원에서 오늘 양국 경제계는 "한일 미래 파트너십 기금"을 설립하기로 합의했다"고 말했다. 그는 이어 "오늘 아침 북한이 유엔 안정보장이사회 결의를 위반하고 장거리 탄도 미사일을 발사했다"며 "저와 기시다 총리는 북한의 핵·미사일 개발이 한반도와 동북아, 그리고 세계 평화를 위협한다는 데 인식을 같이했다"고 말하고 "조금 전 정상회담에서 지소미아(GSOMIA)의 완전 정상화를 선언했다. 북한의 핵·미사일 발사와 항적에 대한 정보를 양국이 공유하고 대응해야 한다고 생각한다"고 강조했다. 그는 또 "한국의 "자유, 평화, 번영의 인도태평양전략"과 일본의 "자유롭고 열린 인도태평양"의 추진 과정에서도 국제사회와 긴밀히 연대하고 협력해 나갈 것"이라고 말했다. 이에 기시다는 "오늘 북한의 탄도미사일 발사와 관련해 한미일의 억지력을 강화하고 한일, 한미일 3국 간 안보협력을 더욱 확대, 추진해야 할 중요성을 양국 정상이 서로 확인했다"며 "역사의 전환기에 "자유롭고 열린 인도태평양" 구축에 대해서도 합의했고 자유롭고 열린 국제 정세를 지켜나가기 위해 양국이 힘을 합쳐 나가야 한다는 데 의견이 일치했다"고 말했다. 그 날 저녁 한국 대통령과 일본 총리 내외는 도쿄 긴자의 스키야키 식당 "요시자와"에서 식사를 같이 했다. 2차로 인근 돈가스 전문 식당 "렌가테이"로 자리를 옮긴 두 정상은 소맥을 같이 했다. 기시다는 소맥이 "한일 우호의 맛"이라고 표현했다. 앞서 말했지만 윤석열은 4월 24일 미국 방문 일정에 오르기 전에 워싱턴포스트와의 인터뷰에서 이렇게 말했다. "100년 전에 일을 가지고 무조건 안 된다 무조건 무릎 꿇어라 라고 하는 이거는 저는 받아들일 수 없다." 소맥의 진한 맛이 아닐 수 없다. 5월 7일 기시다가 1박2일 일정으로 한국을 찾았다. 미국이 얼른 가보라고 떠밀었기 때문이다. 미국은 일본에 윤석열 정부가 크게 쓰고 있는 것처럼 일본도 진하게 반응해 보라고 요구해오고 있었다. 빅터 차 전략국제문제연구소(CSIS) 한국석좌는 5월 1일 백악관이 한국의 강제징용 해법에 일본이 미지근한 반응을 보이고 있는데 불만을 표시해 왔다고 말했다. 그러나 기시다는 현충원을 참배하고 강제징용 피해자들에 대한 개인적인 가슴 아픔을 표시하는 정도로 공식적인 발언을 마쳤다. 블룸버그통신은 기시다의 방한에 대해 "수년간 공식 정상회담이 없었던 한일 정상 간 두 번째 만남은 북한에 맞서고 중국을 견제하고자 동맹국을 단결시키려는 조 바이든 미 행정부의 또 다른 승리"라고 평가했다.

한국의 대일본 외교의 핵심으로 들어가기 전에 다소 철학적이고 자아 성찰적인 얘기를 해보자. 일본의 불법 침탈과 식민 폭정을 규탄하는 것과는 별도로 그렇게 일본을 바라보는 나를 들여다볼 필요가 있다. 그러지 않으면 상대를 힐난하면서 분통만 터질 뿐 나의 행복이나 승화에 도움이 되지 않는다. 또 한일 간의 관계는 항상 그 모양 그 꼴로 남을 수밖에 없다. 나의 불행은 전적으로 남의 탓일까? 아닐 것이다. 내가 가만히 잘 사는데 극악무도한 상대가 나를 핍박했다면 그런 상대가 나쁜 것은 맞지만 그렇다고 내 책임이 없는 것은 아니다. 국가의 운명 역시 마찬가지다. 지도자를 포함해서 국민들의 책임이다. 조선이 일본의 식민지로 전락한 것은 조선인의 책임이기도 하다. 이런 시각으로 한일 과거사 문제를 다루면 분노할 한국인이 많겠지만 감정만으로는 우리 미래를 위해 아무런 도움이 안 된다. 식민지 근대화론과 "반일 종족주의"라는 이론으로 친일 언행을 일삼는 뉴라이트 지지자들 역시 그러한 자기책임론을 바탕에 깔고 있다. 하지만 뉴라이트의 본체란 일본은 잘못이 없다는 인식론에 경도되어 있다. 또 그들의 사고방식은 미국이 원하는 대로 한일관계를 만들자는 식의 숭미적 복종에 기반하고 있다. 미국인이 경멸적으로 한국을 바라보는 시선을 그대로 차용한 것이다. 미국의 시선이란 "오죽 못났으면 그렇게 식민통치나 당하고 있었겠나" 하는 손가락질이다. 숭미가 배제된 뉴라이트란 존재하지 않는다. 우리는 한일 과거사를 좀 더 냉철히 바라볼 필요가 있다.

2015년 12월 28일 한국과 일본의 외무장관이 서울에서 만나 일본군 위안부 피해자 문제에 대해 합의했다. 당시 일본 장관이 그로부터 7년 3개월 후에 한일 우호의 맛을 즐긴 기시다였다. 공동 기자회견장에서 두 장관은 협상의 타결을 선언하면서 "이 문제가 최종적 및 불가역적으로 해결될 것"이라고 말했다. 이 유명한 말의 영어표현은 "final and irreversible resolution"이었다. 2차 세계대전시 일본군 위안부 총 인원은 약 20만 명이었던 것으로 추정된다. 정확히는 아무도 모른다. 일본 여성이 대부분이고, 조선, 중국, 대만, 필리핀, 태국, 베트남, 말레이시아, 네덜란드, 호주인 여성도 있었다. 외국인 중에서는 조선인이 가장 많았다. 정확히 몇 명이었는지는 아무도 모른다. 약 1천 명 정도만 확인되었다. 나중의 국적으로 따지면 한국인 약 800명에 북한인 218명이다. 2025년 2월 기준으로 한국에는 7명만 생존해 있다. 1991년 8월 14일 자신이 일본군 위안부였다고 고백한 김학순 할머니의 기자회견으로 한일간 위안부 피해자 문제가 외교현안으로 떠올랐다. 그러다가 24년이 지난 2015년 12월 28일 이 문제가 최종적 및 불가역적으로 해결되기에 이르렀다. 양국 합의 내용의 골자는 첫째, 위안부 문제에 대해 일본 정부가 책임을 통감한다, 둘째, 일본 총리가 사죄와 반성의 마음을 표한다, 셋째, 일본 정부 예산으로 피해자의 존엄 회복과 마음의 상처 치유를 위해 사업을 시행한다는 것이었다. 여기서 제일 중요한 단어가 책임이다. 어떤 책임이냐가 관건이다. 도의적 책임이라면 그냥 미안하다 말하고 넘어가면 그만이다. 법적 책임이라면 처벌과 배상 문제가 따른다. 한일 합의에서는 그냥 책임이라고만 했다. 그래서 한국인들이 불만이었다. 일본군의 자유의지가 한국 여성들의 자유의지를 짓밟아 처참한 결과가 발생했으니 그들을 처벌하고 피해에 대한 법적인 배상을 당당히 받아내야겠다는 생각이었다. 강간범이나 살인자는 당연히 감방으로 보내거나 사형에 처해야 한다. 물론 민법상의 배상은 별도다. 이견이 있을 수 없다. 그런데 그러한 처벌과 배상은 그걸 가능케 하는 상부구조가 있어야만 실현될 수 있다. 무슨 말이냐면 형법과 민법이 있어야만 범죄자를 처벌할 수 있다는 얘기다. 보통 법제도가 구비된 한 체제 안에서 성립되는 얘기다. 한국과 일본은 한 체제가 아니고 둘 사이에 그런 법이 없다. 일본이 한국을 식민지로 삼으면 안 된다는 국제법이 있어야 일본이 한국 식민지배에 대한 배상을 할 수 있다. 그런데 그런 법이 없었다. 2차 대전에서 일본과 나치가 연합국에 무릎을 꿇었기 때문에 종전 협정을 통해 일본과 독일이 승전국들한테 배상을 해야만 했다. 협정이라는 법이 만들어져 의무가 생겼던 것이다. 한국은 참전국도 아니었고 승전국은 더더욱 아니었다. 을사늑약으로 자주권을 상실한 조선은 미리 힘을 못 길러 그렇게 당하고 만 것이다. 그것이 힘의 역사다. 그것이 한반도 삼국통일의 역사고 고려와 조선의 건국 역사다. 그것이 로마의 세계 통일의 역사고 몽고의 유럽 정벌의 역사다. 그것이 일본의 강요에 의한 조선 을사늑약의 역사고, 그것이 2차 대전 종전 후 도쿄 만에 입항한 미국의 항모(USS Missouri) 위에서 1945년 9월 2일 일본의 외상 시게미쓰가 공식 항복문서에 서명한 역사다. 힘 있는 자가 선량하고 약한 자 파괴하는 거 잘했다는 얘기는 물론 아니다. 일본에 의한 한국의 식민 피지배가 자업자득이니 아무 소리 말라는 말도 아니다. 힘 있는 자의 잘못된 역사가 잊혀도 좋다는 말은 더욱 아니다. 그러나 어떤 이유든 힘을 기르지 못해 자기를 지킬 수 없었던 역사는 어디까지나 자기의 책임이 제일 먼저다. 영문 모르고 당하고 말았더라도 영문 몰랐던 책임은 자기가 져야 할 뿐이다. 19세기 국내 형편으로 보나 국제정치적 세력 균형으로 보나 조선의 주권 상실은 너무도 당연한 것이었다는 식의 결정론 또한 자기 책임을 회피하려는 핑계에 불과하다. 결정론이 틀린 것은 아니다. 그렇지만 그런 결정론을 성립하게 만든 조선의 허약한 상황은 오로지 조선인들의 책임인 것이다. 기회는 얼마든지 있었다. 대원군과 명성황후가 사욕과 사리를 버리고 나랏일을 좀 더 잘 했었을 수도 있고, 김옥균과 박영효가 좀 더 치밀하게 준비해 갑신 쿠데타를 성공시켰을 수도 있고, 전봉준과 최시형의 지휘 아래 조선인들이 더욱 굳게 뭉쳐 궁궐로 쳐들어가 동학 혁명을 완성했었을 수도 있다. 그런 기회 다 놓친 것은 결국 조선인의 불운이요 조선인의 책임인 것이다. 내가 원해서 그렇게 된 것은 아니지만 작위든 부작위든 결국 내가 그 길을 취했던 것이다.

스물 두 살 난 갑순이는 1944년 8월 1일 오후 2시 경성 종로구 낙원정 195번지 조선여관의 3-263호실 문을 가볍게 노크했다. 허씨(許氏)를 만나러 온 길이었다. 그녀의 손에는 닷새 전 경성일보에 난 위안부 모집 광고 조각이 쥐어져 있었다. 소문에 따르면 월급이 300원에다가 열 달치 월급을 한꺼번에 미리 준다는 것이었다. 위안부가 뭐하는 일인지는 잘 알지 못했지만 부상당한 군인들을 돌보는 일 정도로 짐작하고 있었다. 그리고 우선 병든 어머니와 동생들을 돌봐야 하는 사정이 급한 그녀였다. 방문이 열리고 허씨가 갑순이를 안으로 안내한다. 이것저것 얘기를 나누고 방을 나서는 갑순이의 표정이 그리 밝지만은 않다. 허씨의 말에 석연치 않은 구석이 많아서다. 위안부가 구체적으로 뭐하는 일이냐는 질문은 은근슬쩍 피하고 300원이라는 월급 액만을 자꾸 되뇌는 것이었다. 하겠다면 내일 오후 5시까지 짐을 챙겨 다시 이곳으로 찾아오라는 허씨의 다소 퉁명스런 끝말이 이 기회를 놓치면 자기 손해라는 식으로만 생각된다. 갈 것이냐 말 것이냐? 그런데 이 길은 어디로 이어지는 길이냐? 뭔가 찜찜한 구석이 한두 가지가 아니다. 하지만 열 달치 월급 3천원이면 가족을 살리는데 내가 가지 않을 수가 없다. 죽기야 하겠어? 아니 죽기보다 더 하겠어? 그래 가자! 가는 거야! 갑순이의 결정은 외관상으로 자유의지에 의한 선택인 것으로 보인다. 그러나 위안부의 정확한 실체에 대해 고의적으로 왜곡한 정보를 가지고 갑순이가 결정했다면 그것은 기망에 걸려든 것이다. 선택이 아니다. 상부로부터 내려 받은 할당량을 채우기 위해 모집소에서 여인들을 납치했다면 더더욱 큰일이다. 조선군에서 그렇게 모집을 했다면 피해자가 나중에 조선 법정에서 구제를 받을 일이다. 조선이 일본에 완전히 흡수되어 한 나라가 됐다면 피해자가 나중에 일본 법정에서 구제를 받을 일이다. 그런데 조선은 식민지일 뿐이었고 일본이 미군에 점령당하면서 해방이 되자 피해자가 호소할 길이 없어져버린 것이다. 역사 속에 묻혀버려야 하는 일이 돼버린 것이다. 기망에 의한 갑순이의 결정에 대해 갑순이에게 책임을 묻자면 가혹한 일이다. 급한 상황에서 모르고 간 것이다. 하지만 납치된 상황이 아니라면 성인으로서 좀 더 면밀히 따졌어야 한다는 책임은 면하기 어렵다. 이 문제의 본질은 사실 일본의 자유의지에 의해 조선의 자유의지가 꺾여버린 거시적인 시대 상황이다. 그리고 그런 시대 상황을 부른 책임은 조선인 전부가 져야 한다는 것이 내 생각이다. 힘을 기를 수 있는 길로 가기를 거부했거나 태만했던 것은 조선인의 책임이다. 병자호란으로 조선을 짓이긴 청나라 군대는 조선 여인 30만 명을 납치해 갔었다. 그 중의 일부는 갖은 고생을 다 하다가 고향으로 돌아오지만 화냥년이라고 냉대를 받을 뿐이었다. 그리고 그 여인들이 낳은 애들은 호래자식이 되어 버렸다. 화냥년이 되고 호래자식이 된 이유가 결국 자기 책임이었음에도 불구하고 그들을 내치고 냉대함으로써 그 책임의식을 덜어내려 한 졸렬한 조선 사내들로 인해 생긴 씁쓸한 얘기다. 베트남 인들은 한국에 베트남전 참전에 대해 사과할 것을 요구한 적이 없다. 한국 해병대 청룡부대는 1966년 12월 3일부터 6일까지 빈호아(Bình Hòa) 마을 주민 430명을 학살한 일도 있었다. 전쟁 중에 한국군 병사와 베트남 여성 사이에서 태어난 2세, 라이따이한(Lai Đại Hàn)은 최소 5천 명, 최대 3만 명이다. 베트남은 전쟁의 주적 미국한테도 사과를 요구한 적이 없다. 물론 이겼기 때문이다. 그런데 꼭 그런 것만은 아니다. 이겼으면 진 쪽에 더 많은 것을 요구하는 것이 보통이다. 2차 대전 승리 후 연합국도 그랬다. 진짜 이유는 베트남 사람들의 시각이 다른 나라 사람들하고는 많이 다르기 때문이다. 뒤에 또 나온다.

다시 위안부 문제 합의 대목을 들여다본다. 일본 정부가 10억 엔의 예산을 출연해 피해자의 존엄 회복과 마음의 상처 치유를 위해 사업을 시행하겠다고 하자, 상당수의 한국인들이 이번 합의는 무효라면서 그러한 사업은 스스로 돈을 갹출해 시행하겠노라고 말했다. 내가 볼 때 그런 사업 진작 했어야 했다. 한국인 스스로 자발적으로 이미 했어야 한다. 왜냐면 결국 위안부 문제는 일차적으로 한국인들의 집단적인 책임이니까 그렇다. 한국과 일본 외무장관이 공동 기자회견에서 "이 문제가 최종적 및 불가역적으로 해결될 것"이라고 말한 대목은 걸작이다. 마치 올림포스 산 정상에서 제우스와 포세이돈 두 형제 신이 만나 인간사를 정리하면서 발설하는 언사처럼 들린다. 최종적이고 불가역적이라는 말은 신의 영역에 속한다. 열역학 제2의 법칙이요 엔트로피 증가의 법칙이 최종적이고 불가역적인 것이다. 시간의 화살이 최종적이고 불가역적인 것이다. 힉스 입자가 다른 입자들한테 질량을 부여하고 스스로는 사라진 것이 최종적이고 불가역적인 것이다. 시간의 화살이 한 방향으로만 움직여 과거 일본이 조선을 식민화 했었다는 사실이 최종적이고 불가역적인 것이고, 위안부 강제 모집으로 피해자 문제가 생겨났다는 것이 또 그러한 것이다. 문제의 해결 따위에 최종적이고 불가역적이라는 말을 붙일 수는 없다. 과거 북한 핵문제 해결을 위한 6자회담 초기에 한 동안 불가역적(irreversible)이라는 말이 유행했었다. 2003년 8월 제1차 6자회담이 성과를 거두지 못하고 막을 내린 후, 2004년 2월 제2차 회담을 준비하는 과정에서 미국은 리비아 모델을 추구하고 있었다. 리비아와 국제사회의 관계 정상화와 리비아의 핵 포기를 맞바꾸었듯이 북한과도 여사한 협상을 벌인다는 계획이었다. 이때 미국이 들고 나온 용어가 CVID였다. 즉, 북한 핵시설의 포괄적이고 검증 가능하며 불가역적인 폐기(comprehensive, verifiable, irreversible dismantlement)였다. 2016년 1월 6일 북한이 수소폭탄 실험을 했다고 발표했을 때 한국 정부가 낸 규탄 성명에도 나오는 단어들이다. 폐기(dismantlement)는 irreversible할 수 있다. 엔트로피가 확 증가하니까 말이다. 그러나 해결(resolution)은 추상 명사라서 irreversible할 수가 없다. 엔트로피 불변이다. 그까짓 거 언제든 상황이 바뀌면 뒤집을 수 있는 것이다. 그러나 시간은 절대 뒤집을 수 없다. 한국의 일반 국민들이 역사를 바라보는 시각은 타임머신 조종사의 시각과 같다. 과거로 돌아갈 수 있다는 시각이다. 물론 역사적 시시비비를 가리는 일은 중요하다. 그런데 그것이 중요한 이유는 현재 우리의 행동과 선택을 위한 가이드로 삼아야 한다는 이유에서지 역사를 되돌릴 수 있기 때문이 아니다. 시간의 화살은 한 방향으로만 움직인다. 타임머신 그런 것 없다.

베트남은 1992년 한국과 국교를 맺은 이후 1995년 미국과 관계를 정상화 한다. 앞서 말했듯이 수교 협상에서 베트남은 한국이나 미국에 과거사에 대한 사과를 요구한 적이 없다. 1994년 5월 양국 수교 후 처음으로 베트남을 공식 방문한 외무장관 한승주가 베트남 주석 레득아잉을 예방했을 때, 애꾸눈의 아잉주석이 한장관의 두 손을 모아 잡으며 두 나라 사이에 앞날이 구만리 같은데 이제 과거 문제에 발목을 잡히지 말자고 말하던 장면이 눈에 선하다. 본부에 있던 나는 그 당시 하노이에서 타전되어온 미팅 결과 전보를 읽다가 눈물을 흘리고야 말았다. 베트남이 과거사에 대한 사과를 요구하지 않는 이유는 둘이다. 무엇보다 먼저 쪽 팔린다는 것이다. 아니 근본적으로 내가 얕보여서 남이 해코지하는 그런 일이 벌어졌는데, 그게 다 내 책임인 것을 남한테 사과를 요구하다니 수치스러운 일이 아닐 수 없다는 것이다. 다른 하나는 베트남인들의 현재 중심적 사고다. 이미 과거는 최종적이고 불가역적으로 시간의 화살을 타고 날아가 버렸는데, 그걸 아무리 매만지려 해봐야 아무런 소용도 의미도 없다는 철두철미한 현실 긍정의 사고다. 시간은 흘러 흘러 베트남과 한국은 지금 형제지국이라 할 정도로 가까워졌다. 한국인의 의식세계는 지극히 반현실주의적이다. 일본과의 관계에 있어서는 역사문제가 너무 많은 한국인들의 신경을 자극한다. 식민지, 위안부, 강제징용 문제가 얽히고설키면서 구만리 같은 앞날의 발목을 잡고 있다. 이제 이거 한국인 스스로가 벗어나야 한다. 벗어나는 방법은 두 가지다. 하나는 깨달음이다. 본질적으로 어떤 역사 문제든 궁극적으로는 자기 책임이라는 것을 깨달아야 한다. 일본에 책임이 없다는 얘기가 아니다. 이차적인 문제라는 말일 뿐이다. 좋지 않은 과거라면 그렇게 되도록 놔둔 나의 무위 내지는 잘못된 행동에 대한 쪽팔림을 알아야 한다. 그래서 다시는 그런 불행을 되풀이하지 않고자 한다면 이제 과거가 아니라 좀 더 현재 이 순간으로 시선을 옮겨 행동할 줄 알아야 한다. 매 순간은 최종적이고 불가역적이라는 우주의 비밀을 깨달아야 한다. 이거 전부 다 아는데 한국인들만 모르는 비밀이다. 그렇다면 윤석열이 한 말("100년 전에 일을 가지고 무조건 안 된다 무조건 무릎 꿇어라 라고 하는 이거는 저는 받아들일 수 없다.")은 바로 그런 깨달음의 결과 아닐까? 아니다. 국민 절대다수가 그렇게 생각하지 않는데 대통령이 나서 그런 발언을 한다면 국민에 대한 조롱이다. 나는 당신들과는 다른 국민이라고 외치는 시건방이다. 철학이 아니라 도그마다. 깨달음은 국민 스스로에 의한 자발적 과정으로 이루어져야 한다. 과거 지향에서 벗어나는 다른 하나의 방법은 폭력에 의한 해결이다. 식민지하고 위안부, 강제징용 문제 정녕 억울하고 참아줄 수 없다면 거국적으로 전쟁을 하거나, 국소적으로 테러단체를 결성해서 일본을 처단해 원한을 풀면 된다. 이러지도 저러지도 못한다면

속 터져 죽는 수밖에 없다. 속 터지는 이유는 하나다. 과거를 복원할 수 없기 때문이다. 이미 지나간 미운 과거를 불러 세워 다시 만들어 보내고 싶은데 그게 안 되니까 속이 터지는 것이다. 과거 지향을 넘어 과거회귀 내지는 과거 재창출 형의 사고방식이다. 하지만 절대 안 된다. 열역학 제2의 법칙으로 안 된다. 한 번 당한 시련은 안 당했을 수가 없다. 이제는 그것을 잊고 가든지 아니면 그것을 앙갚음 하고 가야 하는 것이다. 둘 다 과거회귀형 사고방식으로는 안 된다. 우리 인간은 끊임없이 선택과 결정의 순간과 마주친다. 미리 정해진 답은 없다. 그러니 사실 선택도 할 수 없는 것이다. 아니 두 길이 똑같이 생겼는데 뭘 선택하겠는가? 내키는 대로 가는 것이다. 영감을 받아 가는 것이다. 그냥 이것은 이것이라는 식의 자신감 그리고 코뿔소처럼 거칠게 나가는 웅장함이다. 그래서 니체의 생명의지(der Wille zur Macht)가 중요한 것이다. 나약한 생각 젖혀두고 넘쳐나는 생명의 기운으로 과감하게 살아가야 한다. 그냥 내 손에 잡히는 것이 나다. 그냥 저벅저벅 걸어가는 것이 나다. 그리고 그러한 우리의 행동에 대해 나중에 책임질 일이 있으면 당당히 지면 되는 것이다. 영원 회귀(eternal return)라는 개념이 있다. 우리의 삶과 우주의 모든 사건들이 무한히 계속 반복될 것이라 생각한다면 지금 이 순간, 지금 나의 삶을 헛되이 살아갈 수 없다. 매 순간을 굉장한 순간으로 만들려고 애쓸 수밖에 없다. 모든 사물과 사건이 큰 원 안에서 되풀이 된다면, 현재의 이 순간은 영원한 과거와 영원한 미래를 응축시킨 시점이라는 의미를 갖게 된다. 현재의 모든 순간과 이 대지 위의 우리 삶 자체가 영원한 가치로 자리 잡는다. 강력한 현실 긍정이다. 지금 잘 살아야 한다. 쪼잔하게 굴지 말아야 한다. 마르셀 프루스트의 "잃어버린 시간을 찾아서"(À la recherche du temps perdu)에서 주인공은 인간 외로움의 본질적인 원천을 이해하고 있었다. 그건 나에게서 멀어져간 시간, 나에게서 멀어져간 내 자신이었다. 하지만 그는 영원히 외로워하지는 않았다. 잃어버린 시간, 잃어버린 나를 되찾는 방법을 알아냈기 때문이다. 그것은 지금 이 순간을 힘차게 살아가는 것이었다. 내가 이런 번쇄한 얘기로 윤석열 정부의 한일해법을 두둔하고 있는 것으로 생각한다면 커다란 오해다.

이번에는 문화와 문명의 수준에 관한 얘기다. 2024년 7월 일본의 사도금광(佐渡金山) 유네스코 세계유산(World Heritage Site) 등재를 위요하고 한국에서 논란이 거세게 일었다. 이는 9년 전에 있었던 사안과 대비되면서 윤석열 정부의 뉴라이트 경향성을 보여주는 사례로 지목되었다. 9년 전에는 한국 정부가 적극적으로 나서 일본의 시도를 제지하려 했었던데 비해 사도금광의 경우에는 일본이 원하는 대로 한국이 쉽게 동의해 주었다는데 차이가 있기는 하다. 하지만 본질은 하등 다를 것이 없다. 여기서 본질이란 우리들의 시선이다. 일본이 자랑스러워하는 것을 바라보는 한국인의 시선이다. 2015년 5월 4일 한국 외무부 당국자는 일본이 추진 중인 유네스코 작전에 제동을 걸고 있다고 밝힌다. 일본은 메이지 시대 산업혁명 관련 시설과 장소 23개를 유네스코 세계유산으로 등재하는 것을 추진해 왔었다. 문제는 이 중 7개 시설과 장소에서 5만 7900명의 한국인들이 강제 노역을 당했다는 데 있었다. 태평양 전쟁 시기에 조선인들이 나가사키 시와 기타큐슈 시, 후쿠오카 현 오무타 시와 구마모토 현 아라오 시에 소재하는 하시마 일명 군칸지마(軍艦島) 등 총 7개 시설에 강제로 동원돼 혹사당했다. 이 과정에서 94명이 사망하고 5명이 행방불명 됐다. 한국으로서는 마치 아무 일도 없었던 것처럼 이런 시설들이 온전히 세계유산으로 등재되는 것을 쳐다볼 수만은 없는 처지였다. 그때 강제 동원되어 노역한 한국인들 중에 적지 않은 사람들이 아직 살아있었다. 한국은 이미 세계유산위원회(World Heritage Committee) 위원국들을 상대로 문제를 제기하고 있었다. 인류의 보편적 가치를 지닌 유산을 보호하자는 세계유산협약(Convention concerning the Protection of the World's Cultural and Natural Heritage)의 기본 정신에 위배된다는 논리였다. 같은 날 앞서 파리에서는 유네스코 자문 기관인 국제기념물유적협의회(ICOMOS)가 메이지 일본의 산업혁명

유산을 세계문화유산으로 등재할 것을 세계유산위원회에 권고했다. 최종 결정은 6월 28일부터 7월 8일까지 독일 본에서 열리는 세계유산위원회에서 내려지게 되어 있었다. 하지만 ICOMOS는 권고 보고서 말미에 일본 정부를 향해 등재되는 시설의 전체 역사(full history)를 이해할 수 있게 하라고 주문했다. 한국이 펼쳐온 작업의 결과였다. 일본은 23개 장소와 시설의 세계문화유산 등재를 위해 2001년부터 14년간 공을 들였었다. 등재 신청 설명 자료에서 일본은 "1850년대부터 1910년까지 서양 기술을 전통 문화와 융합해 산업국가를 형성한 궤적을 보여 준다"면서, 특히 해당 시설물들이 산업혁명에 기여한 기간을 메이지시대로만 한정했다. 시설물들에 대한 이름도 "일본 메이지 산업혁명 유산: 제철, 철강, 조선 그리고 석탄산업"이라는 제목을 붙였다. 물론 한국은 이를 자기 흠을 가리려는 일본의 꼼수라고 보았다. 이코모스는 유네스코 산하의 자문기구로 1965년 발족했다. 세계유산 등재를 위한 전문가 심사를 맡는다. 144개국의 미술사학자, 역사학자, 건축학자 9500명이 회원으로 등록되어 있다. 일본의 영향력이 강하다. 1999년 동양인 최초로 유네스코 사무총장에 오른 일본인 마쓰우라 고이치로 사무총장이 10년간 재임할 당시 일본 정부가 이코모스에 많은 자금을 지원했기 때문이다. 그럼에도 불구하고 최종 보고서에 역사의 전모를 담을 것을 주문한 것은 한국의 주장에 설득력이 있었음을 반증했다. 6월 12일 외무장관 윤병세는 베를린에서 독일 외교장관 슈타인마이어를 만난다. 세계유산위원회 의장국인 독일의 적극적인 역할을 요청한 것이다. 본에서 열린 세계유산위원회 총회는 7월 5일 일본 23개 시설과 장소의 세계 유산 등재를 최종 결정한다. 그런데 단서가 달렸다. 일본 정부 대표인 사토 구니 주유네스코 대사는 일제 강점기 조선인들의 강제노역 사실을 공식적으로 인정하는 발언문을 읽어야 했다. 그는 "과거 1940년대에 한국인 등이 자신의 의사에 반해 동원돼 가혹한 환경에서 강제로 일했으며(... were brought against their will and forced to work under harsh conditions), 이러한 희생자들을 기리기 위해 일본은 정보센터를 건립하는 등 적절한 조치를 취하겠다"고 밝혔다. 위원회는 일본 정부의 이러한 발언에 주목한다는 주석을 달아 일본 메이지 산업시설을 유네스코 세계문화유산으로 등재했다. 한국 외무부는 이날 "역사적 사실이 있는 그대로 반영돼야 한다는 우리의 원칙과 입장을 관철시켰으며, 그 과정에서 한일 양국 간 극한 대립을 피하고 대화를 통해 문제를 풀어냄으로써 앞으로 양국관계의 안정적 발전에도 도움이 될 수 있는 결과를 이끌어냈다"면서 자축했다. 그런데 나는 그렇게 보지 않는다. 나는 일본의 세계유산 등재에 흠집을 내고야 말겠다는 한국인의 의식이나 스케일을 높이 평가할 수가 없다. 한국 외무부의 정책과 행보를 나무랄 수는 없다. 국민이 원하는 일을 한 것뿐이다. 내가 지적하는 것은 한국인의 의식 속에 자리하고 있는 너무 오래된 집착이요 원한이다. 승화되지 않고 그대로 눌어붙어 있는 앙금이다.

나는 일본의 문화와 문명이 인류 최고수준이라고 본다. 우선 문학에서 그렇다. 비록 내가 최근 수년간 노벨 문학상 후보로 오르내리는 무라카미 하루키를 이류로 보고 있음에도 불구하고, 일본 문학 전체 수준은 세계의 톱 레벨로 평가하지 않을 수 없다. 일본 문학은 "겐지 모노가타리"(源氏物語)라는 세계 최초의 소설을 자산으로 갖고 있다. 세계 최초의 소설일 뿐만 아니라 위대한 책이다. 헤이안 시대 궁녀였던 무라사키 시키부(紫 式部)가 11세기 초, 늦어도 1021년 이전에 펴낸 1200 페이지가 넘는 장편 소설이다. 무라사키 시키부는 그녀의 별명이다. 본명은 모른다. 나의 스승인 아르헨티나의 호르헤 루이스 보르헤스는 자기 작품을 읽는 이들에게 겐지 모노가타리를 감히 추천한다고 말한 적이 있다. 가와바타 야스나리는 노벨상 수상 연설에서 겐지 모노가타리야말로 일본 문학의 최정상이며 아직 그 수준에 비견할 작품은 나오지 않았다고 단언했다. 전적으로 동의한다. 일본에서는 노벨 문학상을 두 사람이 받았다. 1968년 소설가 가와바타 야스나리하고 1994년 시인 오에 켄자부로다. 대단한 문인들이다. 서구 선진국들이 다 그러하지만 일본도 작가를 키우는 출판문화를 가지고 있다. 예컨대 A라는 친구한테 앞으로 3년 동안 매년 3억 원씩 줄 테니 책만 써봐라 하는 식이다. 유일한 조건은 좋은 책 나오면 저작권은 일정 기간 출판사가 갖는다는 것이다. 그 친구가 명작 아니면 히트작을 못 쓰면 그걸로 그만이다. 한국의 출판사들은 수능 문제집이나 여성 잡지에 아이들 그림책이나 찍어내지 않으면 외국 명품의 번역으로 먹고 살기에 바쁘다. 미래 한국문학에 대한 투자는 얼어 죽을 소리다. 글을 쓰고 이야기를 만들어야 할 인간들은 정치권에서 서성거리느라 정신이 없다. 알량한 것 몇 개 써놓고 평생 거드름피우기 바쁘다. 한국문학의 금자탑이라 혹자가 평하는 박경리의 "토지"는 가히 삼류급이다. 한국사람은 평균적으로 일 년에 책을 한 권도 안 읽는다. 0.8권이다. 미국인은 거의 아홉 권, 일본인은 여덟 권을 넘게 읽는다. 상황이 이 지경이니 금세기 한국문학의 최대 명작인 천명관의 "고래"가 출간 후 10년 동안 겨우 5만권 남짓 팔렸을 뿐이다. 내가 비판하는 것은 한국 문학의 일반적인 저열성이다. 비록 내가 이효석의 "메밀꽃 필 무렵", 조정래의 "태백산맥", 천명관의 "고래"를 높이 평가하더라도 한국문학 전체 수준은 세계의 함량미달 레벨로 평가하지 않을 수 없다. 이유는 수도 없는 사람들이 이야기를 해체하고 복제하고 변이시키면서 새로운 스토리를 끊임없이 만들어 내지 않았기 때문이다. 그러지 않은 이유는 사람들이 책을 안 읽기 때문이고 사람들이 책을 안 읽는 이유는 한 마디로 말하자면 제대로 된 작품이 없기 때문이다. 2024년 노벨 문학상이 한국의 작가 한강에게 수여된 것은 한국인으로서 기쁘게 받아들여야겠지만, 한강의 작품 수준을 평가하자면 솔직히 민망스럽다는 것이 내 판단이다. 그녀가 광주학살과 4·3사건을 다룬 소설을 쓴 좌파 작가라면서 손사래 치는 숭미 보수꼴통들은 작품 수준을 논할 능력은커녕 문장 이해력조차 갖추지 못한 한심한 부류다. 나의 비평은 그들의 정신 나간 비난과는 전혀 다른 얘기임을 독자들은 오해하지 않으리라 기대한다. 노벨 문학상은 자주 일류에 미치지 못하는 작가들에게도 수여된다. 포르투갈의 주제 사라마구, 헝가리의 케르테스 임레, 캐나다의 앨리스 먼로, 폴란드의 올가 토카르추크 같은 노벨상 수상자들이 내가 보는 수준 미달의 작가들이다. 그러나 "겐지 모노가타리"는 슈퍼 노벨상 감이다.

일본 문명 수준 역시 아직은 한국이 얕잡아볼 대상이 아니다. 우선 2015년 7월에 유네스코 세계유산으로 등재된 "일본 메이지 산업혁명 유산: 제철, 철강, 조선 그리고 석탄산업"은 인류의 위대한 문명 건설의 흔적이다. 일본과 동시에 2015년 세계유산으로 등재된 한국의 백제 역사 유적 지구에 못지않은 인류 문화유산이다. 2024년 기준으로 유네스코에 등재된 문화유산만 따지면 한국은 14개, 일본은 21개다. 특히 1995년에 등재된 한국의 해인사 장경판전은 인류의 최대 문화유산의 하나로 우러러진다. 이곳에 보관되어 있는 팔만대장경은 현존하는 세계의 대장경 가운데 가장 오래된 것일 뿐만 아니라 체재와 내용도 가장 완벽한 것으로 평가받고 있다. 그래서 유네스코는 1997년 이를 다시 세계 기록유산(Memory of the World)으로 등재했다. 유네스코의 세계 기록유산은 세계유산과는 별도의 과정을 거쳐 등재되는 프로그램으로 1997년 처음 시작되었다. 현재 한국에는 해인사의 팔만대장경 외에 간송미술관이 소장하고 있는 훈민정음 원본 등 16개의 기록물이 유네스코 기록유산으로 지정되어 있다. 일본은 7개다. 그 중 첫 번째가 야마모토 사쿠베이(山本 作兵衛) 컬렉션이라는 것이다. 2011년에 지정됐다. 설명을 덧붙여 그린 그림과 일기로 이루어져 있는 이 저작물은 일본 탄광업의 급속한 발전을 보여주는 독특한 기록이다. 메이지 산업혁명의 기록물이다. 다시 유네스코 세계유산으로 돌아가 일본은 21개 문화유산 중에서 세 개 사이트가 산업혁명과 관련되어 있다. 한국에는 그런 사이트가 없다. 두 개 중 하나가 일본 메이지 산업혁명 유산이고 다른 하나는 2014년에 등재된 도미오카 제사장(富岡製絲場)이다. 1871년에 지어진 비단실 제조공장이다. 세 번째가 사도금광이다. 메이지 산업유산들이다. 산업시설이 세계유산으로 등재된 나라는 일본 말고 별로 없다. 미국에는 없다. 영국에는 19세기 철강 산업 단지였던 웨일즈 지방의 블레나본(Blaenavon)이 유일하다. 그러니까 일본은 최근 들어 바짝 메이지 산업혁명의 유산을 인류의 문명에 길이 남을 작품으로 남기기 위해 공을 들이고 있는 셈이다. 이유가 무엇일까? 결국 다쓰아론(脫亞論)으로 이어진다. 아시아 탈피론이다. 1882년 후쿠자와 유키치가 창간한 일간지 지지심포(時事新報)에 1885년 3월 16일 실린 익명의 사설 제목이다. 탈아입구(脫亞入欧 다쓰아 뉴오)라고도 한다. 아시아를 떠나 서양으로 들어가는 거다. 일본은 아시아가 아니고 이제 서양이고, 일본인은 아시아인이 아니라 서양인이라는 말이다. 메이지 산업혁명으로 일본은 아시아를 초월해 버렸다. 짧은 시간 안에 대단한 성취를 이룬 것은 인류의 유산으로 남기에 손색이 없다. 그러나 그 우월한 성취가 그릇된 자기도취와 환상으로 이어져버렸다. 이제 서양 일본이 미개한 아시아인들을 짓밟고 나아가 세계를 호령할 날이 다가왔다는 인식이다. 일본이 "메이지 산업혁명 유산: 제철, 철강, 조선 그리고 석탄산업"을 등재신청하면서 유신시대로 한정한 것은 한국인의 말마따나 일본의 꼼수가 맞다. 인류 문화유산을 만들면서 굳이 옥에 티를 붙일 필요는 없는 일이었다. 그런데 그걸 꼭 꼼수로만 볼 것인지는 생각해 볼 문제다. 사실 단기간 안에 건설한 위대한 문명의 결과물이 중요한 것이지 그렇게 건설된 시설물이 나중에 인권을 파괴했다는 측면을 꼭 부각시켜야 할 이유는 없었다. 이집트가 1979년에 등재한 세계유산 피라미드는 아예 건설의 과정에 훨씬 더 많은 강제노역이 투입된 결과물이다. 그렇다고 세계유산위원회가 각주를 달아 등재결정을 한 바도 없다. 내가 주변 사람들을 괴롭히면서 소설을 쓰더라도 그 결과물이 위대한 것이면 그냥 위대한 것이다. 내가 사람을 괴롭히는 못된 녀석이라는 점은 작품과 분리되어 비난받으면 되는 것이다. 내가 못돼 먹었기 때문에 작품까지 너절한 취급을 받을 수는 없는 일이다. 또 일본은 도미오카 제사장이나 사도금광에는 메이지 유신시대로 한정한다는 말을 붙이지 않았었다. 그런데 왜 굳이 "메이지 산업혁명 유산: 제철, 철강, 조선 그리고 석탄산업"에는 시대를 한정해야만 했는지에 대해 한국인의 의혹 내지는 비웃음을 사기에 충분했다. 내가 보기에 일본은 굳이 필요 없는 꼼수를 부리다가 결국 당할 것을 당한 것이다. 처음부터 그럴 필요가 전혀 없었다. 그냥 내버려두면 되었던 것이다. 거기에 한국이 됐든 누가 됐든 각주를 달아야겠다고 달려들면 응해주면 그만이었다. 별 중요한 포인트가 아니었다. 사안의 본질이 아니고 부차적인 문제일 뿐이었다. 그러나 일본인의 즉물적인 꼼꼼함은 철두철미한 논리에 매달린다. 티 하나 없는 작품을 만들겠다는 집착에 갇혀 이러저러한 경우 수를 다 헤아려 혹시 있을 수도 있는 함정을 피하려 한다. 아니 거 함정에 빠져도 발목 깊이 밖에 안 되고 지뢰가 묻혀 있는 것도 아닌데 노심초사하는 것이다. 그냥 놔두면 되는 일이었다. 어차피 시설물들이 현재 인류의 눈앞에 있는 것이라면 과거 어느 시점까지만 그 시설물들의 가치를 평가하자는 식의 생각은 굉장히 유치한 발상이 아닐 수 없다. 내가 책을 쓰다가 원고의 반쯤을 완성했을 때 주위 사람을 괴롭혔기 때문에 책의 전반부 반만 평가해 달라는 식의 얘기가 도대체 말이 될 수가 없는 것이다. 2015년 한국의 유네스코 외교는 겉으로 보기에 분명한 외교적 성과를 거두었다. 일본이 애지중지하는 물건에 상처를 냈다는 점에서다. 물론 내 얘기는 일본이 물건에 상처가 나면 안 된다고 생각한 것이 우습다는 것인데, 한국은 그렇게 잘못 생각한 일본의 소심함을 파고들어 결국 일본의 쓸데없는 자존심을 구겨놓는 성과를 거두었다는 것이다. 세계유산위원회가 메이지 유산을 각주를 달아 등재하기로 결정한 날 한국 외무부는 역사적 사실이 있는 그대로 반영돼야 한다는 우리의 원칙과 입장을 관철시켰다고 말했다. 사실 당초의 입장은 등재를 저지한다는 것이었음을 가리기 위한 한국의 꼼수였다. 그렇지만 각주 결과만 해도 한국이 국제사회에서 이제 만만한 나라가 아니라는 사실을 입증한다고 한국은 뻐겼다. 아무도 한국의 말을 그냥 스쳐듣지 못하는 상황이 됐다고 말이다. 하지만 다 안다. 이번 한국의 지적은 사안의 본질, 즉 인류 문화유산으로서의 가치 여부하고는 아무런 상관이 없다는 것을 말이다. 지엽적인 문제일 뿐이라는 것을 말이다. 한국 정부로서는 강제노역의 증인들이 버젓이 살아 있는 상황에서, 또 일본이라면 일단 엿을 먹여야 한다는 식의 국민의식이 팽배한 상황에서, 또 그런 식으로 국민을 유도하면서 정부가 밥값을 하고 있음을 보여주는 상황에서, 그렇게라도 안 하면 안 되는 처지에 있었다. 요는 정부의 잘잘못이라거나 정책의 옳고 그름이 아니다. 한국인이 일본을 바라보는 인식론의 저급성에 문제가 있다는 말이다. 제대로 잘못을 뉘우치고 용서를 빌지 않은 일본이지만 이제는 한국이 포용해주어야 한다는 말은 아니다. 일본은 결코 한국인이 원하는 수준으로 고개를 조아리지 않게 되어 있다. 그들은 아시아를 탈피한 선진 족속이라고 생각하기 때문이다. 일본은 일찌감치 서양 문물을 받아들여 찬란한 산업발전을 일으켜 인류 진보에 기여한 족속이라고 생각하기 때문이다. 일본은 더 이상 무슨 불교 사찰이니 아시아적인 무슨 생활의 미(美)니 하는 것들로 인류문화에 공헌하는 족속이 아니라, 서양인들보다 훨씬 더 과학적이고 실용적인 것들로 인류의 진보를 선도한 족속이라고 생각하기 때문이다. 그래서 일본이 최근 산업혁명의 결과물들을 세계유산으로 등재시키기에 바빴던 것이다. 이미 달성한 다쓰아(脫亞)요 이제는 뉴오(入歐)를 넘어 오히려 서구를 능가한 일본이다. 한국이니 중국이니 동남아국들이니 아시아의 저급한 족속들은 감히 넘보지 못할 경지에 오른 일본이다. 생각이 그러니 아시아 누구한테든 고개를 조아릴 수는 없는 일이다. 형국이 그러니 한국인이 속이 후련해 질수가 없게 되어 있다. 일본이 그렇다고 한국이 마냥 모로 앉아 눈만 흘기고 있는 것은 건설적인 대안이 아니다.

상대가 그 모양 그 꼴이라면 꽁하니 앉아 내 속만 혼자 썩일 일이 아니다. 저질이라고 생각하는 상대는 그 모양 그 꼴로 놔두고 내가 초극하는 방편이 훨씬 건설적이다. 내 속만 썩이고 있으면 나도 그 모양 그 꼴밖에는 안 된다. 일본인은 초극을 모르고 그럴 능력을 못 갖춘 사람들이다. 슌가(春画)가 됐든 망가(漫画)가 됐든 에로구로(Ero guro nansensu: エロ・グロ・ナンセンス)가 됐든 산업혁명이 됐든 어느 분야에서든 최고의 경지에 도달하는 능력과 치밀함을 갖추고 있지만, 세월이 지나 그런 경지가 더 이상 빛을 발하지 못할 때 그 다음 단계로의 초극은 꿈도 꾸지 못하는 인간들이다. 껍질을 깨지 못하는 새하고 다를 바가 없다. 예컨대 막부 시대 일본은 중국에서 한국을 거쳐 받아들인 바둑을 최고의 수준으로 발전시켰다. 경우 수를 다 따져 2만 개가 넘는 정석을 개발해 냈다. 인간으로서 생각할 수 있는 가장 완벽한 돌의 움직임이었다. 위대한 작업이요 지극한 아름다움이었다. 그러나 일본은 그 정석의 틀 속에, 그 최고의 미학 속에 스스로를 가두었다. 절대 빠져나올 수 없는 덫에 갇혀버린 것이다. 한국은 그 틀을 부숴버렸다. 이창호와 이세돌이 일본 바둑 정석의 너머에 완전히 새로운 더 큰 틀과 승리의 길이 놓여있음을 여실히 보여주었다. 그렇다고 일본이 만든 정석의 위대함

과 아름다움을 부정해서는 안 된다. 적극적으로 인정하고 열린 마음으로 칭찬해 주어야 한다. 요는 내가 승리하면 되는 것이지 정석의 한계를 굳이 손가락질하며 짚어낼 필요는 없다는 것이다. 한국인은 2차 대전 패전 후 시원하게 사과하고 과거를 털어낸 독일의 케이스를 가리키면서 일본이 그렇게 한다면 한 차원 높은 민족과 국가로 거듭 날 수 있을 거라면서 아쉬워한다. 하지만 이것 또한 위선적인 구석이 있다. 한국인이 과연 정말로 일본이 한 차원 높은 국가가 되기를 원하는지 의문이기 때문이다. 만에 하나 일본이 독일처럼 눈물을 흘리면서 사과하고 용서를 구한다면 한국에게는 진짜 무서운 일이 될 수 있다. 일본이 껍질을 깨지 못하고 그렇게 머물고 있음은 차라리 한국에게 다행스러운 일이기도 한 것이다. 중요한 것은 한국이 스스로의 인식지평을 확장하면서 자신의 껍질을 깨버리고 도약하는 것이다. 그러기 위해서는 친구가 됐든 적이 됐든 상대가 가진 위대함을 인정할 줄 알아야 하고 배울 것은 배워야 하는 것이다. 정석을 깨버리려면 먼저 정석을 철두철미하게 공부해야만 한다. 2015년 세계유산위원회가 메이지 유산을 각주를 달아 등재하기로 결정한 날 한국 외무부는 또 양국이 극한 대립을 피하고 대화를 통해 문제를 풀어냄으로써 앞으로 양국관계의 안정적 발전에도 도움이 될 수 있는 결과를 이끌어냈다고 말했다. 할 수 있는 말이다. 하지만 역시 초점과는 거리가 멀다. 한일 관계의 안정적 발전은 껍질을 깰 능력을 갖춘 한국이 일본의 위대한 측면을 인정하는 데에 있다고 나는 본다. 세계 기록유산에서 보듯이 한국의 문화 역시 세계의 정상 수준이다. 그걸 후손들이 잘 가꾸어 발전시켜야 한다. 이제 한국인들은 좁은 의식의 지평을 확 열어젖히고 새로운 인류의 문화와 문명 창조에 힘써 나가야 한다. 여기까지가 본론을 다소 벗어난 나의 철학적 문화적 관찰이었다. 우리가 선진적인 의식과 시선을 갖추고 일본을 바라보는 방법론이었다. 뉴라이트 추종자들이 표명하는 숭미적 친일하고는 거리가 먼 것이다. 그들과 내 생각이 판연히 다른 결정적인 이유가 있다. 한일 과거사 문제를 해결함에 있어 국가와 정부가 먼저 나서면 안 된다고 보는 것이 그것이다. 피해자를 포함한 한국인이 문제해결의 주인공이 되어야만 한다. 물론 우리 한국인은 인식 수준을 한 차원 높여 나아가야 한다.

다시 본론인 외교 문제다. 한국의 대일본 외교의 핵심은 딱 두 가지다. 첫째는 한국인의 과거에 함몰된 의식이 전체적인 과정을 지배한다는 것이다. 둘째는 미국의 정책이 한국의 외교 행위, 아니 유사 외교 행위의 전반적인 과정을 지배한다는 것이다. 위안부 문제든 강제징용 문제든, 박근혜 정부에서 했든 윤석열 정부에서 했든 좌파 정부가 했든, 결국 그런 식으로 해결될 수밖에 없었다고 나는 본다. 그렇다면 "그런 식으로"가 뭐고 "수밖에"가 무엇일까? 우선 2015년 12월 28일 한일 양국 정부의 일본군 위안부 피해자 문제 합의는 그렇게 될 수밖에 없었다. 다섯 가지 이유가 있다. 전부 연결되어 있는 포인트들이다. 첫째, 당시 한국의 대통령이 박근혜였다는 점이다. 대단히 고약한 사실이다. 이명박을 이은 숭미의 화신이었다. 둘째, 한일 정부의 위안부 합의는 떼려야 뗄 수 없는 일련의 한국 외교 이슈들과 밀접히 연결되어 있었다는 점이다. 이거 아주 중요하다. 한 마디로 말해 한일 정부간 위안부 문제 합의는 한일 외교 이슈가 아니라 한미 이슈였다는 얘기이고, 여기에 다른 악성 이슈들이 꼬리를 물고 있었다는 말이다. 2017년 12월 27일 "한일 일본군 위안부 피해자 문제 합의 검토 태스크포스"가 발표한 보고서 말미에 이런 대목이 들어 있다. "... 한일관계 악화는 미국의 아시아·태평양 지역전략에 부담으로 작용함으로써 미국이 양국 사이의 역사 문제에 관여하는 결과를 가져왔다. 이러한 외교 환경 아래서 한국 정부는 일본 정부와 협상을 통해 위안부 문제를 조속히 풀지 않으면 안 되는 상황을 맞았다. 한국 정부는 위안부 문제와 안보·경제 부문 등을 분리해 대응하지 못하고 '위안부 외교'에 매몰되었다. 또, 대통령은 위안부 문제 해결을 위해 미국을 통해 일본을 설득한다는 전략을 이끌었다. 몇 차례의 한·미 정상회담에서 일본 지도층의 역사관으로 인하여 한일관계 개선이 이루어지지 않고 있다는 점을 되풀이하여 강조하였다. 그러나 이러한 전략은 효과를 거두지 못하였고, 오히려 미국 안에 '역사 피로' 현상을 불러왔다. ..." 다시 한 마디로 정리하면 미국이 압력을 행사해 위안부 문제 해결을 독촉했다는 얘기다. 그 과정에서 미국은 한국 대통령 박근혜의 거듭된 역사 지적질에 짜증을 부렸다는 말이다. 왜 그랬냐? 미국이 중국을 겨냥해 한·미·일 삼각 동맹 체제를 구축하려는데 한일이 티격태격 하고 있는데다가 뭣도 아닌 한국이 선진 일본에 다 지나간 위안부 문제로 계속 찍자를 붙고 있는 모습을 보자니 한심하고 울화가 치밀어 오른 것이다. 그래서 미국이 한국에 꿱 고함을 친 것이다. 아 좀 그만 해! 스튜핏! 약 3년 전 시점부터 벌어지기 시작한 일이었다. 2015년 2월 27일 미국 워싱턴 소재 카네기 국제평화재단이 주최한 세미나에서 당시 미국 국무부 정무 차관인 웬디 셔먼이 기조연설을 통해 한국 정부를 향해 역사 짜증을 작심하고 터뜨린다. 그녀의 발언은 이렇다. "The Koreans and Chinese have quarreled with Tokyo over so-called comfort women from World War II. There are disagreements about the content of history books and even the names given to various bodies of water. All this is understandable, but it can also be frustrating. Of course, nationalist feelings can still be exploited, and it's not hard for a political leader anywhere to earn cheap applause by vilifying a former enemy. But such provocations produce paralysis, not progress." (한국인과 중국인은 일본과 소위 이차대전 위안부 문제로 다투어 왔다. 역사 교과서 내용과 심지어 여러 해역의 명칭에 관한 분규도 있다. 다 이해할 수는 있지만 짜증나는 일이기도 하다. 물론 여전히 민족적 감정을 악용할 수 있다. 그리고 어느 나라 지도자든 과거 적을 비방함으로써 값싼 갈채를 얻는 것이 어려운 일도 아니다. 하지만 그런 도발은 진보가 아니라 마비를 초래할 뿐이다.) 셔먼의 발언을 한 마디로 정리하면 한국 정부는 짜증나는 역사 강의 그만 하고 일본에 도발하지 말라는 얘기다. 실제로 셔먼의 발언 이후 박근혜 정부의 일본 때리기가 사라진다. 셔먼 발언 이틀 후 박근혜의 3·1절 축사에 일본 때리기가 포함되어 있었지만 셔먼의 발언 내용이 한국에 알려진 것은 3월 2일의 일이었다. 그 사흘 후인 3월 5일 주한 미국대사 리퍼트가 어떤 정신 나간 친구의 칼침을 맞는 일이 발생한다. 박근혜는 이를 두고 한미동맹에 대한 중대한 도전이라고 규정했다. 곧 이어 여당 원내대표 유승민이 주도해 사드 도입 공론화가 급진전 된다. 그리고 그 해 말 12월 28일 한일 정부간 위안부 피해자 문제 합의가 발표되고, 한 달 남짓 지난 2016년 2월 10일 개성공단 가동 전면 중단 조치가 발표된다. 물론 박근혜가 다 독단적으로 지시한 것이다. 그로부터 다섯 달 후인 2016년 7월

8일 사드 1개 포대의 한반도 배치가 공식적으로 발표된다. 요는 한일 위안부 합의, 사드 배치 문제, 개성 공단 폐쇄라는 일련의 사건이 전부 연결되어 있다는 것이다. 그 연결고리의 핵심에 미국의 압력이 있다. 위안부 합의를 2015년 안에 종결하라는 압력이 있었고 그래서 국정원장 이병기가 부랴부랴 협상 대표로 나선 것이다. 이병기는 대통령 비서실장을 맡은 후로도 협상을 계속했다. 앞서 말했듯이 위안부 문제는 외무부가 협상한 것이 아니다. "태스크포스"는 이병기와 일본 국가안전보장국장 야치 쇼타로가 대표로 나선 여덟 차례의 비밀협상으로 잠정 합의가 이루어졌다고 밝혔다. 양국은 2015년 2월 제1차 회의 이후 약 2개월 만인 4월 11일 제4차 회의에서 대부분의 쟁점을 타결했다. 이 과정에 외무부는 직접 참여하지 못했다. 한편 사드 배치를 조속히 결정하라는 압력은 한 해 전부터 지속되어 온 일이었다. 리퍼트가 칼을 맞자 때는 이 때다 압력 굴복에 속도가 붙은 것이다. 개성 공단 중단도 미국의 압력인가? 크게 보면 그렇다. 그런데 국소적으로만 보면 이것은 미국의 직접적인 압력의 결과라기보다 박근혜가 알아서 긴 것이다. 사드가 대북 방어용이라는 논리를 밀어붙이다 보니, 2016년 1월 6일 북한이 4차 핵실험을 감행하고 2월 7일 광명성 4호를 발사하자 때는 이 때다 봐라 이래도 사드에 반대하느냐면서, 한국은 제살 깎아먹기를 각오하고 개성 공단까지 중단한다고 객기를 부린 것이다. 그리고 미국을 향해 싱긋 미소 지으며 혼자 뇌까린 것이다. 어때 나 예쁘지?

셋째, 위안부 피해자 문제 합의의 언사, "최종적 및 불가역적 해결" 역시 그렇게 될 수밖에 없는 표현이었다. 다시 "태스크포스" 보고서에 따르면 일본은 처음에 위안부 문제가 '최종적'으로 해결되어야 한다고만 말했으나, 한국이 일본의 사죄가 '불가역적'이어야 한다고 주장하자 한국 측의 언사를 일본이 거꾸로 이용해 사죄의 불가역성이 아니라 해결의 불가역성으로 맥락을 바꿔버린다. 사실이다. 그런데 어떻게 그런 역공이 성공한 것일까? 여기서 다시 미국의 대일본 훈수와 대한국 압력이 작용한 것이다. 위안부 합의 협상은 기본적으로 한국 정부 대 미국/일본 연합팀의 줄다리기였다. 나는 앞서 2004년 미국이 북한과 핵협상을 벌일 때 들고 나온 용어가 CVID, 즉, 북한 핵시설의 포괄적이고 검증 가능하며 불가역적인 폐기였음을 상기했다. 2016년 1월 6일 북한이 수소폭탄 실험을 했다고 발표했을 때 한국 정부가 낸 규탄 성명에도 '불가역적'이라는 단어가 들어 있다. 미국이 가르쳐준 이 단어를 한국이 일본과 협상하면서 용케도 다시 쥐어들었다. 불가역적 사죄를 요구받은 일본이 같은 팀 미국한테 자문을 구한다. 일본 마니아 미국이 한 수 거든다. 거 불가역적 해결로 역공을 때려보시오! 내 한국에는 별도로 단단히 얘기해 둘 테니 참고 하시고! 내가 읽는 협상의 막후다.

넷째, 위안부 문제 합의가 그렇게 될 수밖에 없었던 진짜 중요한 이유다. 지금까지 얘기한 세 가지 포인트는 이것에 비해 피상적인 것들에 불과하다. 진짜 중요한 이유가 뭐냐면 박근혜 정부가 해야 할 일과 하지 말아야 할 일을 구별하지 못했다는 점이다. 아예 정신이 나간 정권이었다. 광인들의 집단이었다고 말하는 편이 나을 것이다. 이 대목에서 이창동 감독의 "밀양"을 떠올리지 않을 수 없다. 신애가 아들을 죽인 범인 수감자를 찾아가 말한다. 당신이 죽인 아들을 대신하고 그의 엄마로서 나는 당신을 용서하며 당신 영혼의 축복 받음을 기원합니다. 그러자 살인자가 말한다. 나는 이미 하나님을 영접했고 하나님은 벌써 나를 용서하셨고 나의 영혼을 구원하셨습니다. 그래서 나의 마음은 너무도 평온하며 행복합니다. 살해범의 희열에 찬 얼굴을 쳐다보는 신애의 두 눈에 갑작스레 잉걸불이 활활 타오르기 시작한다. 감방을 나와 집으로 돌아온 신애가 두 주먹을 부르르 떨면서 목청껏 부르짖는다. 아니 네놈이 용서를 받고 구원을 받다니 뭔 개소리야! 너한테 죽은 내 아들이나 내가 널 용서한 일이 없는데, 너 같은 개새끼가 어떻게 용서를 받아? 그리고 하나님이 지가 뭔데 나한테 허락도 안 받고 너 같은 새끼를 용서해주고 지랄이야! 위안부 피해자 문제와 한일 정부간 해결 합의가 신애의 경우와 똑같다. 아니 내가 용서한 적이 없는데 정부 따위가 뭐라고 가해자를 용서하니 해결하니 지랄이야 지랄은! 게

다가 최종적 및 불가역적 해결은 뭔 개벽다구 같은 소리고! 아니 니들이 대체 뭔데! 위안부 문제는 본질적으로 피해자가 자유의지를 박탈당한 인권 이슈요 형사 심판의 대상이다. 다만 이는 식민지 조선을 일본이 짓밟는 과정에서 행해진 사건으로 피해자가 가해자의 처벌과 배상을 요구할 법적 근거가 없다는 것이 문제다. 그러려면 해방 후 한국 정부가 그런 근거를 만들었어야 한다. 못했다. 아니 생각조차 못했다. 그래서 결국은 이 사건을 일으킨 일본 정부의 진정성 있는 사죄 여부가 핵심 이슈가 될 수밖에 없다. 그러려면 피해자가 가해자의 사죄를 받아들이느냐 마느냐가 제일 중요할 수밖에 없다. 그런데 2015년 12월 28일 합의는 피해자하고는 아무 상관이 없는 맹랑한 결과였다. 왜? 한일 협상이 아니라 한미 협상이었으니까. 미국이 한국의 팔을 비틀어 합의를 강요했으니까. 미국이 피해자 의견 다 듣다가는 날 샌다고 독촉을 했쌌으니까. 미국이 웬디 셔먼을 내세워 값싼 갈채 받을 생각 그만 하고 해 넘어가기 전에 얼른 합의하라 밀어붙이니까. 그리고 미국의 압력에 고스란히 굴복할 줄 밖에 모르는 해괴한 정권이 협상을 했으니까. 사실 셔먼의 발언 내용은 객관적으로 보자면 그다지 틀린 말이 아니다. 문제는 지가 뭔데 그따위 소리를 하느냐는 것이다. 그녀가 제대로 된 역사학자로서 한 100년 후에 낸 책 속에 그 발언 내용이 들어 있다면 문제될 것이 하나도 없다. 과거를 공부하는 한국인으로서도 경건히 반추하지 않으면 안 될 대목이다. 하지만 셔먼의 언사는 그 내용과 시점 면에서 공히, 우선 제 3자가 중뿔났다고 주제넘게 남의 다툼에 끼어들어 왈가왈부하고 자빠졌고, 더구나 다툼 당사자의 한편을 냅다 거들고 앉아있으며, 지가 마치 하나님이라도 되는 양 거룩한 설교를 늘어놓고 으쓱거린다는 점에서, 한국인이 보기에 극도로 악질적인 모양새가 아닐 수 없다. "한일간의 역사 논쟁은 이해할 수 있지만 짜증나는 일이기도 하다." (All this is understandable, but it can also be frustrating.) 셔먼의 화법은 전지전능적 관점에서 행해지고 있음을 눈여겨보아야 한다. 내가 보기에 이해할 수는 있느니라, 허나 보자 보자 하니 짜증도 나는구나! 자꾸 그러면 니들 진보는커녕 파멸로 내가 이끌 것이야! (But such provocations produce paralysis, not progress.) 참으로 기가 막힌 언사가 아닐 수 없다. 더욱 기가 막힌 것은 한일 위안부 합의가 바로 그러한 셔먼식 전지전능 화법으로 귀결되었다는 점이다. 자 이제 이건 최종적 및 불가역적 해결이니라! 피해자가 외친다. 아니 하나님이 지가 뭔데 나한테 허락도 안 받고 일본 같은 개새끼를 용서해주고 지랄이야! 박근혜한테 미국은 거역할 수 없는 하나님이었다. 위안부 피해자들의 외침이 밀양 신애의 부르짖음과 다른 점은 피해자들이 미국이라는 하나님이 뒤에서 모든 일을 조종하고 있었다는 사실을 몰랐다는 것뿐이다. 그리고 박근혜 정부가 하나님의 대리인으로 또 하수인으로 피해자의 생각을 무시하는데 앞장서고 있었다는 사실을 몰랐다는 것뿐이다. 자유의지를 짓밟고 인간 존엄성이 처절하게 유린된 피해자가 엄연히 살아 있는데 정부가 그들을 무시하고 가해자를 용서하면서 더 이상 이 일은 문제가 아니라고 선언하는 짓거리는 정부가 할 일이 아니다. 해서는 안 되는 일이다. 제정신이 박힌 사람들이라면 생각해서도 안 되는 일이다. 그러나 박근혜 정권의 광인 집단은 하나님의 하수인 밖에 안 되는 주제에 마치 스스로가 하나님이라도 된 양 문제를 깔끔하게 정리해 버린 것이다. 최종적 및 불가역적으로! 아니 내가 하나님인데 그까짓 거 못할 이유가 뭐야! 그래서 위안부 합의는 그렇게 될 수밖에 없었던 것이다.

이제 나의 마지막 포인트다. 으뜸으로 중요한 얘기다. 위안부 피해자 문제의 해결이 그렇게 될 수밖에 없었던 가장 근본적인 이유는 위안부 피해자 문제가 애당초 그런 식으로 존재했기 때문이라는 점이다. 그런 식이라니? 과거회귀적이고 비생산적이며 자기비판 회피적인 방식으로 존재했다는 말이다. 감히 말하건대 하류의식이다. 한국인들은 이제 그런 하류 의식을 넘어서야 한다. 본때 나는 한국의 미래를 열기 위해서는 모든 한국인들의 인식 차원이 몇 단계 업그레이드되어야 한다. 식민 피지배든 위안부 피해자 문제든 강제징용 문제든 결국 과거의 쓰라린 경험이다. 되풀이해서는 안 될 역사다. 임진왜란도 그렇고 병자호란도 그렇다. 왜란 후에 잡혀가 일본에 정착한 도공도 그렇고 호란 후에 잡혀갔다가 돌아온 화냥년도 그렇다. 되풀이해서는 안 된다. 그리고 일본에 정착한 조선 도공을 반역자로 몰아서도 안 되고, 고향에 돌아온 조선 처자를 더러운 년이라고 내쳐서도 안 된다. 결국 과거의 쓰라린 경험이고 결국 내가 못나 그렇게 당한 역사다. 식민과 침략과 위안부 사기 모집과 징용 강제차출의 죄가 없다는 말 아니다. 아 당연히 큰 죄를 지었지! 그리고 당연히 무릎 꿇고 용서를 빌어야지! 하지만 가해자가 손이 발이 되게 빈다고 나의 책임과 잘못이 없어지지는 않는다. 아 안 비니까 일이 이 지경이 된 거 아냐? 잘못을 빌 줄 모르는 수준이라면 그냥 그렇게 살라 하면 되는 일이다. 제대로 빌 줄 알면 더 무서운 상대일 수 있다. 그래서 독일인이 무서운 국민이다. 한국인에게는 덜 무서운 일본이 훨씬 나을 수 있다. 중요한 것은 내가 무서운 사람이 되는 일이다. 그러려면 내 배포가 크고 생각이 커야 한다. 내 잘못을 먼저 생각하고 내가 먼저 반성할 줄 알아야 한다. 냉정하게 차갑게 그리고 냉혹하게 나 자신을 들여다보면서 상대의 눈을 정면으로 쏘아보아야 한다. 상대가 나를 보면 벌벌 떨도록 만들어야 한다. 아니 어디라고 감히 눈 똑바로 뜨지도 못하게 해야 한다. 그러나 위안부 합의가 그 모양 그 꼴로 될 수밖에 없었던 결정론이든 뭐든 하나도 중요하지 않다. 진짜 중요한 것은 일본이 제발 사죄를 받아달라고 머리를 조아리거나, 아니면 한국이 거 좀 그만하자고 배포 크게 쾅 때리는 것이다. 그런데 일본은 머리를 조아릴 능력이 없는 사람들이다. 그렇다면 한국이 쾅 때리는 방법이 남는다. 통쾌한 일이 아닐 수 없다. 정부가 할 일은 아니다. 국민 스스로가 할 일이다. 엄청난 의식 수준을 갖춘 국민의 몫이다. 시간이 걸릴 일이다. 남북한 국민이 같이 하면 더 좋은 일일 것이다.

강제징용 문제 역시 2023년 3월의 비법처럼 그렇게 해결될 수밖에 없었다. 그 이유는 위안부 문제와 똑같은 다섯 가지 포인트다. 첫째, 윤석열 숭미정권이었고, 둘째, 한일 간의 문제라기보다 한미 간의 이슈였으며, 셋째, 미국의 압력에 굴복한 것이었으며, 넷째, 정부가 해서는 안 될 짓거리를 한 것이었고, 다섯째, 한국인의 과거회귀적인 의식에 바탕을 둔 결과였기 때문이다. 다섯 가지 이유는 둘로 축약할 수 있다. 첫째, 한국인의 입장에서 한일관계는 항상 과거에 함몰된 한국인의 하류의식이 지배한다. 둘째, 최근의 한일관계는 양국 간의 협상이 아니라 미국의 전략적 이해에 의해 지배된다. 둘을 한 마디로 하자면 한국에게 대일본 외교는 존재하지 않는다는 것이다. 과거의 시각에서 상대를 바라보고 상대에 대한 하등의 존중도 있지 않다면 외교라는 것은 성립할 수가 없다. 그리고 제3자가 이래라 저래라 압력을 가하고 어느 누구도 그자의 말에 복종밖에는 못한다면 둘 사이의 외교란 아예 처음부터 성립할 수가 없는 것이다. 게다가 미국이라는 제3자는 항상 일본만을 역성들고 앉아 있다는 점을 잊어서도 안 된다. 앞서도 얘기했지만 미국은 동맹조약의 부속서인 합의의사록에다 한국이 일본에 우호적이어야 한다는 조항을 넣으려 했었다. 선진 일본에 후진 한국이 고개를 숙여야 한다는 인식론을 깔고 있었다. 2015년 위안부 문제를 가지고 윤병세와 나란히 서서 최종적 및 불가역적인 해결을 선언한 일본 외상 기시다는 한국이 미국의 말에는 꼼짝도 못한다는 사실을 잘 알고 있었다. 박근혜는 미국을 동원해 일본을 치려했지만 미국은 오히려 그러는 한국을 나무라고 있었다. 그러자 한국은 일본과의 위안부 문제 합의는 물론 사드 배치와 개성공단 폐쇄까지 줄줄이 미국에 내놓았지 않았던가. 2023년 3월의 강제징용 문제의 해법 역시 미국이 줄기차게 한국에 요구해온 사안이었다. 이병기가 야치와 협상을 했다 했지만 야치는 일본 이전에 미국의 입장을 대표하는 사람이었다. 그는 기시다 총리의 대리인이었고 기시다는 미국의 하수인에 불과한 사람이었다. 전후 일본의 정치 시스템은 미국의 CIA가 만들고 돈을 대고 조정한 것이나 다름없다. 1957년에서 1960년까지 일본 총리를 역임한 기시 노부스케(岸信介)는 CIA의 끄나풀이었다. 일본에서 에이전시에 줄을 대지 않은 자민당 정치인이 과연 몇이나 될까. 한국이라고 다른 것은 없다. 소위 우파라고 불리는 거의 모든 정치인들과 공직자들 중에서 에이전시의 숨은 요원이 아닌 사람이 과연 몇이나 될까. 미국은 기시다에게 또 윤석열에게 징용해법을 조속히 마무리 지으라고 지시했다. 그 전에 미국은 일본의 전범기업을 대변하고 있던 한국의 법률사무소 김앤장에게 실무적인 논리와 처리방향을 하달했다. 김앤장은 한국에서 미국의 입장을 대변하는 대표적인 법률회사가 아닌가. 사실 한국과 일본에서의 미국의 영향력이란 상상을 불허하는 수준이다. 지난 77년이 넘도록 CIA가 정성스레 가꾸어놓은 촘촘한 네트워크가 사회의 모든 분야에서 이제 거의 미국의 뜻대로 스스로 작동하고 있는 것이다. 한일 간의 매듭을 풀어야 한미일 삼각동맹이 효력을 발할 수 있다고 보기 때문에 미국은 한일관계에 항상 간여해 왔다. 한미일 삼각동맹의 전략적 가치는 2023년 7월 은퇴하기 전까지 미 국무부 부장관 웬디 셔먼이 초점을 맞추었던 대상이다. 앞서 소개한 빅터 차가 셔먼의 아이디어를 학문적으로 발전시킨 사람이다. 지금은 조지타운 대학교의 교수이자 미국 전략국제문제연구소 한국석좌다. 2017년 8월 미 행정부는 그를 주한 미국대사로 내정했다. 그러나 그가 트럼프의 대북한 의견과 한미 FTA 개정 아이디어에 반대하는 언사를 하자 2018년 1월 내정을 철회했다. 전남 강진에서 태어난 그의 아버지 차문영은 1932년생으로 전 총리 이홍구, 전 한나라당 총재 이회창과 경기고 동기 동창이다. 차문영은 컬럼비아 대학에서 공부하기 위해 1954년 한국을 떠나 1961년에 유덕, 빅터를 낳았다. 어머니 임순영은 줄리아드 음대에서 하프를 전공했다. 빅터 차는 농림수산 장관을 지낸 김식의 딸과 결혼했다. 김식도 강진 출신으로 육사를 나왔고 제11대와 12대 국회의원을 지냈다. 여기 언급된 모든 이름은 숭미와 연결된다. 이홍구, 이회창, 김식, 차문명에 이어 빅터는 모두 미국의 세계 지배가 당연한 순리라고 생각하고 그것을 위해 이바지할 준비가 된 사람들이다. 빅터 차가 한국인 2세라고 그가 주한 미국대사가 되었으면 한국에 유리한 행보를 보일 것이라고 기대했다면 큰 오산이다. 이홍구나 이회창이 그렇듯 그의 아버지 역시 한국에 목숨을 걸었던 사람은 아니었다. 그런 사람의 아들이 미국에서 미국인으로 태어났는데 한국 민족주의자로 행동하기를 바랐다면 미친 정신의 소유자가 아닐 수 없다. 빅터 차는 철두철미한 미국 지상주의자요 반중국 반러시아 민족주의자다. 그는 "한국과 일본은 공통의 동맹국인 미국과의 관계라는 맥락에서 양국 간의 관계를 개선해야 한다"고 주장한다. 미국의 입장과 동떨어진 한일관계는 있어서는 안 된다는 뜻이다. 그는 동북아시아에서 미국이 중국에 맞서 패권을 유지하기 위해서는 일본 및 한국과 삼각동맹을 굳건히 하는 방법이 최선이라고 생각한다. 그런 그의 견해는 그의 12년 선배인 웬디 셔먼의 그것과 일치한다. 셔먼은 원래 사회복지사로 사회생활을 시작한 여자다. 그러다가 클린턴 정부에서 국무부 자문관으로 정부에 발을 들여 북한, 이란과의 협상을 맡아 능력을 보여 중용되기 시작했다. 그녀는 북한에 다소 유화적인 태도를 보여 존 볼턴과 같은 극우파 인사들의 비난의 대상이 되기도 했다. 2023년 2월 13일 그녀는 한국과 일본에서 워싱턴으로 날아온 외무차관 주동현과 모리 다케오와 국무부에서 3자 회담을 갖고 기자들 앞에 서서 이렇게 말했다. "우리는 북한의 안정을 해치는 행위에 대처하고 한반도의 완전한 비핵화를 성취하기 위한 노력을 강화할 것입니다. 우리 3국은 또한 중국이 규칙에 입각한 지역 및 세계 질서를 위협하는 행동을 하지 못하도록 단합할 것입니다. 아울러 우리는 러시아와 같이 국제적인 국경선을 바꾸려는 어떠한 나라의 시도에 대해서도 굳건히 맞설 것입니다." 한 마디로 미국이 원하는 모든 일에 한국과 일본이 열심히 동참하라는 말이다. 한반도에서는 북한을 꼼짝 못하게 눌러놓고, 동북아에서는 중국이 더 이상 커나가지 못하도록 기회만 있으면 딴죽을 걸며, 세계적으로는 미국에 고분고분하지 않은 러시아를 공동의 적으로 삼자는 말이다. 미국의 적은 한국과 일본의 적이어야 한다는 뜻이다. 중국, 러시아뿐만 아니라 이란, 시리아하고도 친하게 지내려 하면 안 된다. 사실 한미동맹만으로도 한국은 그런 나라들하고 마음대로 가까이 지낼 수는 없다. 그런데 삼각동맹은 한국이 미국만이 아니라 일본의 눈치도 봐야 한다는 것을 의미한다. 일본의 뒤에는 미국이 있다.[20] 미국은 아직 삼각동맹(tripartite ally)이라는 용어는 쓰지 않고 있다. 아직은 삼각유대(tripartite alliance)라는 말로 삼각동맹을 에둘러 표현하고 있다. 동맹의 핵심은 군사협력이다. 한일 간 군사협력의 전단계가 군사정보보호협정, 지소미아다. 그걸 복원시키기 위해서는 일본의 수출규제가 풀려야 했고, 그걸 풀기 위해서는 강제징용 문제가 해결되어야 했다. 그리고 미국은 그 해법을 두 똘마니들에게 하사했던 것이다. 둘이 곧 미국의 명령대로 행동할 것임을 확신한 미국은 웬디 셔먼을 시켜 한국과 일본의 외무차관을 워싱턴으로 불러 격려하고 앞으로의 삼각노선을 지도한 것이다. 그리고 두 나라가 예정된 대로 3월 6일 양국 관계의 정상화 해법을 발표하자 미국은 한 시간 안에 대통령 성명을 내면서까지 경사를 축원한 것이다. 앞으로 두 꼬붕들이 앞장서 중국이 됐든 대만이 됐든 러시아가 됐든 미국의 골치 아픈 구석을 제법 그럴듯하게 처리해줄 것으로 기대하면서 말이다. 국무부 강당에서 한국과 일본의 외무차관들과 나란히 기자들 앞에 선 국무 부장관 셔먼은 8년 전 자신의 발언을 속으로 떠올렸다. 그리고 얼른 새로운 상황에 걸맞은 문장을 생각해 냈다. "어느 나라 지도자든 과거 적을 존중함으로써 값비싼 비난을 사는 것이 쉬운 일은 아니다. 하지만 그런 용기는 마비가 아니라 진보를 초래할 것이다." 그녀는 한국 대통령이 곧 워싱턴을 방문하면 자신이 막 생각해낸 문장을 꼭 써먹어야겠다고 생각하며 입가에 미소를 지었다.

나는 이 글의 프롤로그에서부터 한국에 외교가 있냐는 질문으로 시작했다. 없다는 말이었다. 7장에서는 "한국에도"라는 말로 남들이 서로 묻는 질문을 생각해 볼 것이다. 같은 답이다. 그 첫 번째 이유가 한미관계의 특수성이다. 한국의 대미 종속성, 강하게 말하면 한국의 식민지 정체성이다. 그런 상황에서 한일외교가 있냐는 질문은 엉뚱한 것 밖에는 안 된다. 미국이 시키는 대로 하는 것이 한일외교, 아니 한일 유사외교다. 내가 이 챕터에서 보인 것이 바로 그것이었다. 그런데 한일관계에는 그러한 본질에 추가해 중요한 요인이 하나 더 있다는 것이 내 얘기였다. 설사 미국이라는 요인이 없다고 하더라도 한일외교가 성립하지 않는 요인이 있다는 말이었다. 그것은 한국인의 과거 함몰적인 의식수준이라는 것이다. 나는 위안부 합의나 강제징용 해법을 조롱하고 멸시한다. 정부가 해서는 안 될 짓을 한 것이라고 생각한다. 하지만 나는 정부의 그런 짓거리라도 결과적으로 한국인들이 과거지향적인 의식의 틀에서 벗어날 수 있게 한다면 소급해서 정부의 해법을 두둔하고 싶다. 물론 그럴 가능성은 전혀 없을 것 같다. 과거사가 그토록 문제가 되는 것은 한국인의 의식이 과거에 갇혀 있어서다. 듣기 거북하겠지만 하류 의식이다. 일본이 속 시원하게 사죄를 안 했다고 수십 번씩 사과 발언을 요구하는 것은 우습기까지 하다. 무릎을 안 꿇는다고 펄펄 뛰며 고함을 지르는 모습은 보기 민망하다. 우리 민족이 원래부터 이런 부류는 아니었을 텐데 어쩌다가 이토록 속이 좁은 민족으로 전락한 것일까? 고조선, 고구려 시대의 사람들이 우리의 직접적인 조상이라면 그들은 우리하고는 많이 달랐을 것이다. 베트남 민족을 보라. 결국 이겼으면 됐지 상대방한테 사과를 받을 이유가 어디 있냐고 되묻는 그들의 기품과 배포를 말이다. 오랑캐 정벌을 포기하고 이성계가 위화도에서 회군하면서 우리 민족의 기상이 쪼그라든 것일까. 왜놈들의 진격이 무서워 백성들을 버리고 의주로 내빼는 선조를 보면서 조선인들의 속내가 밴댕이가 된 것일까. 여진족 홍타이지의 침공을 받아 인조가 항복하고 삼전도에서 삼궤구고두례를 하는 모습을 쳐다보면서 배달민족의 배포는 쪼그라질 대로 쪼그라든 것일까. 이런 배포나 기상이나 속을 가지고는 상대를 이길 수 없다. 이길 수 없으니 뒤돌아서 꿍얼거리기나 하고 혼자 속만 썩이는 것이다. 사정이 그러하니 과거사를 잊을 수가 없다. 일본이 수십 번 사과를 해도 만족할 수가 없다. 속 시원하게 일본이 사죄하지 않아서만은 아니다. 그러지 못하는 일본인들을 내려다보면서 살짝 비웃어 버리면 될 일이다. 그런 배포가 없으니 용서할 배포도 없는 것이다. 국민이 다 싫어한다면 위안부 합의니 강제징용 해법이니 전부 폐기하고 쿨하게 나갈 배포도 없다. 그렇다면 미국이 아니라 미국 할아버지가 뭐라 해도 들은 척 만 척 하면 될 일이다. 그럴 배포가 없으니 제3자가 하라는 대로 질질 끌려 다니면서 꿍얼거리기만 하는 것이다. 나는 위안부 합의나 강제징용 해법을 조롱하면서도 그것들은 그렇게 될 수밖에 없었다고 생각한다고 말했다. 사실은 그런 것들은 정부가 할 일이 아니다. 한국인들이 먼저 그렇게 생각했어야 하는 일이었다. 피해자들이 있지만 우리가 못나서 겪은 일이었음을 스스로 반성할 줄 알았어야 했다. 그래서 앞으로는 다시는 그런 일을 겪지 않겠다고 다짐했어야 했다. 피해자들이 엄연히 살아 있고 그들이 아직 원한을 못 풀었다고 앙심을 품고 있는 판에 정부가 마치 하나님인양 모든 죄를 사하노라고 선언하고 앉아 있을 일이 아니다. 국민들이 스스로 배포 있게 훌훌 털어내지 못하니까 정부가 대신 물꼬를 터야 하는 것 아닌가? 그렇다면 진작 정부는 국민과 진지한 대화를 나누었어야 한다. 피해자들을 설득하고 일반 국민들을 설득했어야 한다. 만약 설득을 못 한다면? 그렇다면 관두었어야 한다. 한국 민족이 그런 수준이라면 평생 꽁하고 앉아 일본하고 담 쌓고 살다가 죽으면 될 일이다. 우리 민족이 그런 수준이라면 별다른 미래는 없다고 보아야 할 것 같다. 정부가 욕먹을 각오를 하고 일을 저질러 놓으면 결국 어떻게든 정리되는 것 아닐까? 결국 국민들이 이해하게 되거나 잊어버리거나 말이다. 사실은 그래서 내가 일이 그렇게 흘러가기를 바란다고 말한 것이다. 그렇다. 일은 어떻게든 정리될 것이다. 그리고 한국인들은 서서히 잊어갈 확률이 크다. 아니면 잊기로 마음을 먹을 것이라고 할까. 시원하지 않은 속을 달랠 길이 없으니 다른 어떤 방법이 있을 수 있을까. 통 크게 용서할 배포도 없고 그렇다고 합의를 뒤엎을 배포도 없다면 도대체 다른 방법이 뭐가 있을 수 있다는 말인가. 일은 그렇게 될 수밖에 없는 것이다. 허망하고 쓸쓸한 결말인 것이다. 우리가 과거에 함몰된 속 좁은 종자들이 아니라면 아무 일도 아닌 것이 이렇게 쓸쓸한 결말로 끝나게 되니 안타깝기 그지없는 일이다. 우리 스스로 그렇게 흔쾌하게 진작 풀 일을 결국 남이 개입해 해법을 강요받는 사태가 되었으니 통탄할 일이기도 하다. 하기야 우리가 일제의 식민으로부터 벗어난 것도 우리의 힘으로 된 일이었던가. 해방을 맞아 나라를 만드는 과정이 우리의 힘으로 된 일이었던가. 분단 상태를 극복하고 한반도 통일을 하겠다고 덤비는 일이 우리 마음대로 할 수 있는 일이던가. 이승만이 미국에게 구걸해 얻어낸 동맹조약 대신에 써준 합의의사록에는 그렇게 하면 안 된다고 되어 있지 않은가. 그렇다면 일본하고 타결 지은 합의를 어떻게 해야 한다는 말인가? 어떻게 하고 말고가 없다. 그냥 놔두면 된다. 어차피 그것은 그렇게 밖에는 달리 될 일이 아니었다. 좌파 정권이 국민을 설득해 그렇게 했으면 좀 더 좋았을 것 같다는 생각은 할 수 있다. 그러나 어느 정권이 했든 해법은 그것 외에는 없었다는 것이 내 생각이다. 미국의 압력에 저항할 능력이 안 된다면 더욱 그렇다는 것도 내 생각이다. 핵심은 국민들의 의식 수준이다. 배포 크게 생각해 자 이제 일본하고 형제관계로 가자고 국민들이 마음먹는다면 좋은 일이다. 반대로 배포 크게 과거 합의들 전부 폐기하기로 마음먹는다면 그것도 좋은 일이다. 재협상이니 별도 협상이니 하는 구질구질한 생각은 하지도 말아야 한다. 다시 협상하자고 애걸복걸 일본에 매달려서도 안 된다. 위안부나 강제징용 합의는 없던 일이고, 그래서 피해자 문제는 여전히 남아 있으며, 한국 정부는 일본의 진정성 있는 사죄를 요구하는 피해자의 입장을 존중한다고 발표하면 그만이다. 그렇다고 한일관계 파탄 안 난다. 파탄 난다면 그러라지 뭐! 코뿔소처럼 거칠고 우직하게 저벅저벅 행진하는 거다. 그렇다고 한국이 일본과 전면전을 벌이자는 얘기는 아니다. 그냥 합의만 없을 뿐이다. 비록 잘못을 빌 줄 모르는 수준이긴 하지만 일본인의 의식과 감각은 일류다. 일본 문화는 세계 정상급이다. 핵심은 우리 의식지평의 확장이다. 인식차원의 업그레이드다. 한 마디로 말해 좀 더 크게 보자는 것이고, 겁먹지 말자는 것이며, 힘차게 행동하자는 얘기다. 저벅저벅 거칠게 가야 한다. 제대로 된 한일관계가 되려면 제대로 된 존중이 있어야 한다고 일갈하면서 저벅저벅 걸어가는 것이다. 사실 그런 인식의 지평확장이 단기간 안에 이루어질 수 있는 일은 아니다. 영원히 안 될 수도 있다. 그렇다면 하류 민족으로 살아가야 한다. 내가 생각하는 해결책은 있다. 그것도 거의 불가능에 가까운 일이기는 하지만 말이다. 남북통일이다. 우리가 스스로 성취하는 남북통일 말이다. 그런 민족사적인 통쾌한 일이 벌어질 때 우리 의식의 지평은 빅뱅처럼 펑하고 터질 것이다. 그런데 그걸 우리가 성취할 수 있는 일일까? 합의의사록에는 그거 하려면 반드시 미국의 허락을 받으라고 되어 있다. 하지 말라는 얘기다. 결국 노무현도 못 하고 문재인도 못 하지 않았는가. 한미동맹이라는 굴레는 주인인 미국이 이끄는 대로 움직여야만 하는 소의 운명을 상기시킨다. 소가 만약 자유로워지기로 결심한다면 굴레를 벗어던질 일이다. 그런데 한 번 굴레가 씌워진 소는 평생 벗어나는 법이 없다. 소는 그렇더라도 우리는 언젠가는 굴레에서 벗어나야 한다. 만쿠르트의 가죽 모자를 벗어던져야 한다. 그래야 우리의 의식지평도 훨씬 더 넓어질 수 있다. 미국에 기대다 보니까 우리가 이토록 못난 족속이 된 측면도 없지는 않겠지만, 한미동맹이 우리의 졸렬함의 근본적인 원인은 아니다. 내가 못난 것은 어디까지나 내 책임이다. 하지만 한미굴레를 벗어던지는 길에 통일이 보일 것이다. 그리고 남북의 민족통일은 우리에게 완전히 새롭고 드넓은 지평선을 드러낼 것이다. 거기로부터 드디어 진정한 외교라는 것이 싹을 내비치기 시작한다. 그리고 제대로 된 한일관계도 그 땅 위에서 가지를 뻗는다. 과거사 정리가 필요하다면 그 때 시원하게 총정리하면 된다. 삼각동맹이 필요하다면 당당하게 먼저 제안할 일이다. 그 때가 되면 미국의 두 식민지가 오랫동안 서로 누가 크니 누가 더 주인님의 사랑을 더 받니 하면서 도토리 키 재기를 하던 과거는 한국인의 의식에서 자취를 감출 것이다.

3. 중국이 보는 한국
장사 말고는 할 게 없는 천덕꾸러기 돌마니

2016년 1월 6일 북한이 수소탄 실험에 성공했다고 발표하자 박근혜는 네 달 전 베이징에서 열린 중국 전승절 기념식에 참석했을 때 시진핑 주석으로부터 받은 환대를 떠올렸다. 여당의 반대는 물론 미국의 압력을 뿌리치고 참석한 것을 안 중국이 베푼 호의였다. 2015년 9월 3일 천안문 광장에서 벌어진 열병식을 내려다보며 단 위에 각국의 정상들이 나란히 섰다. 중국의 시진핑 바로 오른편에 러시아 대통령 푸틴, 그 옆에 박근혜, 그 옆에 카자흐스탄 대통령 누르술탄 나자르바예프, 그 옆에 우즈베키스탄 대통령 이슬롬 카리모프, 그리고 유엔 사무총장 반기문 순이었다. 북한에서는 최룡해가 참석했지만 귀빈석 앞줄에는 끼지 못했다. 박근혜는 감격했다. 귀빈석 정중앙, 그것도 시진핑의 형제인 푸틴 옆에 서게 될 줄은 꿈에도 생각하지 못했다. 그렇지만 그녀는 이내 자기의 용단에 중국은 합당한 처세를 하고 있는 것이라 생각하며 미소를 지었다. CIA 한국 지부장은 비서실장을 통해 그녀의 참석 의사에 강력한 경고의 메시지를 전달해 왔었다. 중국이 그런 사실을 모르지는 않을 것이라고 생각한 그녀는 자기가 지금 받고 있는 대접은 응당 그래야 하는 것이라고 속으로 되뇌였다. 반대론자들은 전승절 기념식만 참석하고 군사 퍼레이드를 시작하기 전에 단상에서 내려가는 방안을 제시하기도 했다. 그런데 그녀는 이왕 가기로 했으니 둘 다 참석한다고 결정했다. 전날 시진핑은 그런 박근혜를 기특하게 바라보았다. 그리고 이참에 한국의 최강 숭미여인을 중국 쪽으로 돌려놓을 수 있을지 모른다고 생각하며 정상회담에 이어 공식 오찬 일정까지 정성껏 대접했다. 그 해 초봄에는 중국이 주도한 아시아인프라투자은행(AIIB)에 한국이 가입하느냐 마느냐를 놓고 논란이 일었었다. 미국은 CIA 한국 지부장을 통해 한국이 거기에 가입하면 안 된다고 으름장을 놓고 있었다. 하지만 박근혜는 미국의 경고를 들은 척만 척 했다. 그녀는 그래도 된다고 보았다. 두 가지 이유가 있었다. 하나는 미국이 원하는 사드 배치 문제는 언젠가 자기가 해결해 낼 거라는 생각을 가지고 있었다는 것이다. 그런 어마어마한 호의를 베푸는데 이런 쩨쩨한 것 가지고 미국이 토라져서는 안 될 거라는 속셈이었다. 지난 3월 초 주한 미국대사 마크 리퍼트가 자칭 반미열사 김기종의 공격을 당했을 때 그녀는 "한미 동맹에 대한 중대한 도전"이라고까지 말하지 않았던가. 그 이후 좌파들의 공격이 줄고 국회에서 혈혈단신으로 사드 도입을 주장하던 여당 원내대표 유승민의 외침이 빠르게 공론화되기 시작하지 않았는가. 박근혜는 게임을 즐기고 있었다. 우선 중국을 향해 사드 배치가 그들이 원하는 것처럼 무산될 수도 있다는 희망을 주고 싶었다. 미국은 자기를 믿고 좀 더 기다릴 줄도 알아야 한다. 두 번째는 일본 문제였다. 이것은 그녀가 미국에 가지고 있던 서운함이었다. 박근혜는 한일 과거사 문제 해결을 위해 미국의 압력을 기대했었다. 미국이 일본에게 제대로 된 역사인식을 가지도록 압박해 달라는 것이었다. 그러나 미국은 일본 편이었다. 앞서 얘기한 웬디 셔먼의 발언[21]이 알려지자 박근혜는 한일관계에서 과거사 문제 해결을 위해 미국에 기댈 수는 없다는 것을 깨달았다. 모든 것을 다 주고 사드 문제까지 해결해 주려고 애쓰고 있는 마당에 미국의 언행은 야속하기 그지 없는 것이었다. 그런 미국이라면 자기도 꿈틀할 줄 아는 인간이라는 것을 보여주고 싶었다. 그래서 AIIB에 가입하기로 결단을 내렸다. 그리고 그 6개월 후 시진핑의 초청을 수락하기로 마음을 먹은 것이다.

네 달 후 북한이 네 번째로 핵실험을 감행했을 때 박근혜는 천안문 광장에서의 군사 퍼레이드를 떠올리며 시주석과의 전화 연결을 시도했다. 지난 한중 정상회담에서 둘은 한반도 문제에 관해 긴밀히 협조하기로 약속했었다. 양국이 전략적 협력동반자로서 한반도 정세발전을 포함하여 이 지역과 국제문제에 대해 의사소통과 협의를 강화해 나가기로 약속하지 않았던가. 그러니 박근혜는 북한의 일탈 행동에 대해 큰형인 중국이 건설적으로 한마디 해주었으면 하면서 시주석과의 전화통화를 시급히 원하고 있었던 것이다. 그러나 그녀가 그토록 원하던 통화는 한 달이 지난 2월 5일에야 성사되었다. 그것도 알맹이가 하나도 없는 통화에 불과했다. 시진핑은 강 건너 불 보듯 무성의하게 대답하고 있었다. 자기가 한 번 김정은이한테 얘기해 보겠다는 말도 없었다. 박근혜는 실망을 넘어 분노했다. 이런 놈을 위해 주인님이 그토록 말렸던 일을 두 번 씩이나 했던 자신이 미워지기까지 했다. 그녀의 분노는 앙심으로 바뀌어 갔다. 그리고 그녀는 주인님에게 소홀히 했음을 뉘우치고 사드 배치 문제를 조속히 해결하는 방향으로 조종키를 다잡았다. 3년 후 국회 여야의원 연구단체인 대한민국 미래혁신포럼이 주최한 "미중 전쟁, 누가 세계를 지배할 것인가?"라는 제목의 세미나에서 주제발표를 한 세종연구소 중국연구센터장 이성현은 "박 전 대통령이 전승절에 참석한 그때부터 한국과 중국의 비대칭, 중국이 한국을 조공관계로 하대하는 출발점이 됐고, 한국을 얕보기 시작했다"고 주장했다. 그러나 그것은 숭미동맹 지상주의의 관점에서 바라본 그림일 뿐이었다. "미국이 하라는 대로 안 하니까 결국 이렇게 됐잖아"라는 식의 핀잔이었다. 한심한 분석이 아닐 수 없다. 세미나에서 자유한국당 의원 김무성은 "미국은 한국전쟁 때 공산주의에서 우리를 지켜줬고 중국은 통일 직전에서 병력 200만 명을 보내서 통일을 막은 나라인데, 북핵 위협에서 지켜줄 강국은 미국이다. 선택은 자명하다"고 말했다. 한심한 언급이 아닐 수 없다. 중국이 한국을 얕보기 시작한 것은 독립운동을 해온 수많은 애국지사들을 전부 배신하고 이승만이 남한만의 단독정부를 수립했을 때부터였다.

북경 정상회담 이후 일 년 만에 박근혜와 시진핑이 다시 만났다. 이번에는 항저우에서였다. G20 정상회의가 거기서 열렸던 것이다. 당시는 이미 한국이 사드를 배치하기로 결정한 다음이었다. 2016년 6월 말 시진핑은 베이징에서 한국 국무총리 황교안과의 회담에서 "한국은 안보에 대한 중국의 정당한 우려를 중시해야 하며, 사드를 한국에 배치하려는 미국의 시도에 대해 신중하고 적절하게 대응해야 한다"고 말했었다. 그러나 7월 8일 국방부 국방정책실장 유승철(가명)과 주한미군사령부 참모장 토머스 밴달은 서울 용산구 국방부 브리핑 실에서 사드 1개 포대의 한반도 배치를 공식 발표했다. 7월 13일 유승철은 국방부에서 기자회견을 열고 성주군 지역에 사드 배치를 건의했으며 한미 국방부 장관이 승인했다고 밝혔다. 8월 9일 박근혜는 야당의 사드 반대에 대해 대안 없이 비판과 갈등으로 국민을 반목시키는 것은 결국 국가와 국민을 위기로 내모는 것이라고 비판했다. 그런 배경에서 만난 두 정상은 서로 심각한 얼굴 표정을 짓고 있었다. 시진핑은 모두 발언을 통해 1930년대 대한민국 임시정부가 항저우에서 3년 정도 활동했다고 언급한 후, 김구 선생의 아들인 김신 장군이 1996년 항저우 인근 저장성 하이옌을 방문했을 때 "飮水思源 韓中友誼"라는 글자를 남겼다고 말했다. 물을 마시며 그 원천을 생각한다. 의미심장한 서두였다. 박근혜는 지난 8월 15일 제71주년 광복절 경축사에서 "오늘은 제71주년 광복절이자 건국 68주년을 맞이하는 역사적인 날"이라고 말했었다. 건국 68주년이라는 말은 1919년 설립된 대한민국 임시정부를 부정한다는 뜻이었다. 그것을 시진핑이 넌지시 까면서 항저우 임시정부 이야기를 꺼낸 것이다. 그는 당시 중국과 임시정부가 함께 항일운동을 했다는 말을 하려는 것이었다. 우리가 함께 일본 제국주의에 맞서 싸운 사이였는데, 너희는 지금 미제의 앞잡이가 되어 너희 땅 안에 사드나 배치하고 있느냐 라는 말하고도 같은 것이다. 그는 또 박근혜에게 일본의 앞잡이였던 만주국의 장교로 일한 그녀의 아버지를 상기시키고 싶었을 것이다. 일제의 앞잡이에다가 미제의 앞잡이라, 그 애비에 그 딸이로구나! 그가 이어 얘기한 김신의 "음수사원 한중우의" 역시 같은 맥락이었다. 그 말은 결국 대한민국 임시정부를 잊지 말자는 뜻이었고 한중간 우의를 잊으면 안 된다는 뜻이었다. 그런 과거를 생각하며 미국의 패권 야욕에 슬기롭게 대처해야 한다는 말이었던 것이다. 박근혜가 그런 의미를 금방 깨달을 수준은 물론 결코 아니었다. 그런 수준이었으면 사드 문제는 그렇게 성급히 처리하지 않았을 것이다. 그럴 수준이었으면 AIIB 가입도 중국 전승절 참석도 그렇게 성급하게 결정하지는 않았을 것이다. 하나하나가 조현병 환자의 환각과 망상에 다름없었다. 자기가 대한민국의 구세주라는 망상이요 자기의 판단력은 범인의 그것을 초월한다는 환각이다. 그로부터 두 달이

지나지 않아 그녀의 판단과 결정은 그녀의 것이 아니었음이 서서히 드러나기 시작한다. 그녀는 다른 조현병 환자 최순실의 사주를 받는 꼭두각시였다는 사실이었다. 그녀가 전승절에 참석했다고 중국이 한국을 얕보기 시작했다는 세종연구소 이성현의 말은 중국이 최순실이 실세라는 것을 미리 알고 있었다면 말이 되는 주장이다. 그러나 아니다. 중국은 원래부터 한국을 얕보고 있었는데, 미군이 사드를 자기 땅에 배치하는 것을 넋 놓고 바라만 보는 한국을 보며 멸시하기 시작했고, 항저우 정상회담에서 무슨 말인지 알아듣지 못하고 눈만 껌뻑이는 그녀를 보면서 고개를 좌우로 젓기 시작했던 것이다. 앞에서도 간략히 말했고 나중에 다시 언급하겠지만 사드는 한미동맹조약에 따라 미군이 마음대로 한국 땅에 배치할 수 있게 되어 있는 것이다. 중국은 미국이 마음대로 하는 나라 너희가 과연 나라냐는 말을 하고 있었다. 그리고 그 말은 얼마 안 가 사실로 드러나기 시작했던 것이다. 2016년 10월 하순부터 서서히 드러나기 시작한 근혜-순실 게이트는 온 국민의 자존감을 송두리째 흔들었다. 거의 모든 한국인들이 이것도 나라냐고 외치고 있는데 누군들 한국을 나라라고 생각할 수 있겠는가. 중국만이 아니었다. 미국은 진작부터 한국을 나라로 취급하지 않았었다. 전 세계 모든 사람들이 한국을 우습게보기 시작했다. 다행인 것은 국민들이 결국 박근혜를 끌어내렸다는 것이다. 그렇지 않았으면 한국은 오랫

동안 국제적 웃음거리가 될 뻔했다. 지난 수백 년 동안 한 번도 성공하지 못한 민중의 궐기가 결실을 거둔 유일한 사례였다. 그러나 사드로 망쳐진 한중관계는 그 후로 아직까지 영영 회복되지 못하고 있다.

시진핑이 박근혜에게 한 수 가르친 항저우의 한중우의 역사는 대한민국 임시정부와 중국 공산당의 협력은 아니었다. 마오쩌둥의 공산당은 아직 국민당군의 토벌작전을 피해 도망 다니기 바쁜 시기였다. 1932년 4월 29일 윤봉길이 상하이 훙커우 공원에서 폭탄을 던지자 일본은 관련자 색출에 눈이 벌겋게 뒤집어졌다. 5월 초 김구는 자기가 윤봉길 의거의 주모자라고 일간지에 발표하고 지하로 잠적했다. 장제스는 국민당 조직부장 천궈푸에게 김구를 보호하라고 지시했다. 5월 14일 상하이를 탈출한 김구는 항저우로 피신했다. 임시정부도 그를 따라 항저우로 옮겼다. 항저우에서의 한중우의는 임시정부와 장제스 간의 제휴였다. 시진핑과 박근혜의 항저우 정상회담이 열리기 27년 전 한국과 중국이 그곳에서 크게 맞붙은 일이 있었다. 양국은 아직 수교하기 전이었다. 모든 중국인들의 관심이 항저우 한중대결에 집중되고 있었다. 대만의 부호 잉창치가 1988년에 창설한 세계 바둑대회의 결승전이 항저우에서 개막되었고, 두 주인공은 중국의 녜웨이핑과 한국의 조훈현이었던 것이다. 잉창치의 고향이 항저우

바로 옆 해안 도시 닝보였고, 중국 정부는 그의 염원을 수락해 결승전 장소로 항저우와 닝보를 지정했다. 결승전은 총 다섯 판으로 이루어졌다. 처음 두 판은 항저우에서, 세 번째 판은 닝보에서, 그리고 필요한 경우 마지막 두 판은 싱가포르에서 열리기로 되어 있었다. 원래 중국은 다섯 판 전부를 중국에서 진행하려고 했지만 조훈현이 결승에 오르고 한국 기원이 강력히 반대하자 그렇게 물러선 것이었다. 대만 사람 잉창치가 40만 달러라는 큰 우승 상금을 걸기는 했지만, 잉창치의 고향방문을 허용하는 대신 대회는 사실상 중국 정부가 주도했다. 대국 방식은 주최측이 초청한 16명의 기사들이 토너먼트로 승부를 가리는 것이었다. 중국이 초청한 16명의 기사는 일본 여섯, 중국 넷, 대만 셋, 그리고 미국, 호주, 한국 각 1명씩이었다. 한국의 이의제기에 중국은 일본 기원 소속 조치훈도 국적은 한국이니 한국이 두 명이라고 대답했다. 중국은 첫 대회는 무조건 자국 선수가 우승한다고 믿었다. 그럴 만도 한 것이 녜웨이핑의 실력은 범인이 감히 범접하기 어려운 수준이었던 것이 사실이었다. 그와 조훈현은 각각 세 명씩의 상대를 꺾고 결승전에 올랐다. 그리고 드디어 1989년 4월 25일 항저우에서 세계 최대의 바둑대회 잉창치배 결승전 제1국이 열렸다. 중국은 미리부터 축제 분위기였다. 녜웨이핑이 지는 일은 없다고 확신하고 있었으니까. 덩샤오핑 주석은 자국 선수에게 미녀 브리지 선수를 보내주어 녜웨이핑이 대국 전에 머리를 식히도록 했다는 소문도 있었다. 그러나 예상치 않은 일이 벌어지고 말았다. 조훈현이 백을 쥐고 시종일관 판을 주도하며 완승을 거둔 것이다. 중국인들은 깜짝 놀랐다. 한국의 바둑 수준이 이 정도일 줄은 생각하지 못했던 것이다. 그러나 녜웨이핑이 그렇게 물러설 선수는 아니었다. 제2국과 제3국을 연달아 승리하며 다시 우승은 중국 것이 당연하다는 기대를 불러일으켰다. 이제 나머지 두 번의 대국은 중국을 벗어나 제3국인 싱가포르에서 4개월 후에 열리게 되어 있었다. 조훈현 선수에겐 중국에서의 대국이 여간 힘든 것이 아니었다. 한국과 중국이 아직 외교관계를 수립하지 않은 상태여서 양국 간에는 자유로운 왕래가 있기 전이었다. 해서 조훈현은 홍콩에서 대기하면서 중국의 특별 비자를 받고 또 며칠을 기다려 항공권을 구해 어렵사리 항저우에 도착할 수 있었다. 나올 때는 닝보에서 육로로 항저우로 이동해 비행기를 갈아타면서 다시 홍콩으로 나와야 했다. 그러니 체력적으로 피곤한 일이 아닐 수 없었고 게다가 국교 수립 전이니 혹시 무슨 일이라도 있을까봐 정신적으로도 긴장의 끈을 놓을 수 없는 순간들의 연속이었던 것이다. 그런 요소가 작용했는지 중국에서의 전적은 1승2패로 마무리되고 말았다. 이제 한 판만 더 지면 우승은 중국 선수가 차지하는 것이었다. 조훈현은 홍콩에서 서울로 귀국하며 4개월 후의 역사적인 대국에 임할 자세를 가다듬고 있었다. 바둑의 탄생은 중국이지만 1966년부터 10년간 진행된 문화대혁명 시기에 바둑은 지하로 숨어야 했다. 악취를 풍기는 유산이라는 딱지가 붙어버린 것이다. 1952년생인 녜웨이핑은 어린 시절부터 바둑에 특출한 재능을 보였지만, 문화대혁명의 광풍이 불면서 그는 헤이룽장의 돼지 사육장으로 끌려가 10대 후반을 강제노역에 시달려야 했다. 그의 아버지는 머리를 박박 밀리고 가슴에 반동분자 팻말을 단 채 끌려 다녀야 할 정도였다. 문화대혁명이 끝나고 중국과 일본이 교류를 활성화하면서 일본은 중국에 바둑외교라는 것을 펼쳤다. 당시는 일본이 바둑의 최고수준에 올라있을 때였다. 일본의 최고 고수들이 중국에 가 바둑을 지도하면서 양국의 바둑 교류가 붐을 이루었던 것이다. 그 결과로 1984년에 탄생한 것이 "중일 슈퍼 대항전"이라는 것이었다. 양국의 대표 선수들이 맞붙어 승리한 선수는 계속 바뀌는 상대를 맞아 싸우는 방식이었다. 지금 농심배 대회가 그 방식을 도입한 것이다. 녜웨이핑은 중국 팀의 주장으로 출전했다. 그리고 1984년부터 1988년까지 총 11연승을 거두는 기염을 토했다. 중국바둑협회는 그에게 "기성(棋聖)"이라는 칭호를 부여했다. 바둑의 성인이라는 말이었다. 그런 녜웨이핑이었으니 조훈현이라는 한국의 선수가 그의 상대가 되지는 못할 것이라는 예상이 중론이었다. 그러니 제1국에서 완패를 당한 녜웨이핑이 느낀 충격은 대단한 것이었다. 비록 그가 이후의 두 번의 대국을 이기기는 했지만, 날렵한 외모에 못지않게 날카롭고 예리한 조훈현의 바둑에 적지 않은 무게감을 느끼고 있었다. 싱가포르에서의 두 판은 모두 녜웨이핑이 자신과의 싸움에서 진 것이었다. 극도로 유리한 판을 그대로 마무리하지 못한 제4국이었고, 그라면 결코 저지르지 않을 허망한 실수로 날려버린 최종국이었다. 그 날 밤 조훈현은 웨스틴 스탠퍼드 호텔의 자기 방에 홀로 앉아 우승하기까지의 기나긴 여정을 복기했다. 불도 켜지 않은 방 한 가운데 테이블 위에는 40만 달러짜리 수표가 든 흰 봉투가 놓여 있었다. 그는 승부를 곱씹었을 것이고 한국 바둑의 미래를 생각했을 테지만, 그의 제1회 잉창치배 우승은 한중관계에 대단히 중요한 전기를 마련했다. 중국은 깜짝 놀랐다. 바둑은 일본이 최고라고만 알았던 그들은 한국이라는 나라에도 이런 고수가 숨어있다는 것이 믿어지지 않았다. 녜웨이핑이 제일 놀랐다. 바둑 최선진국 일본을 상대로 11연승을 기록했던 그였다. 그런 그에게 조훈현과의 제1국은 충격 그 자체였다. 간신히 제2국, 제3국을 버텨 이겨냈지만 상대가 낯선 곳에서 고생하면서 제대로 실력을 발휘하지 못했지 않았는가 하는 생각만 들었다. 싱가포르에서 열린 마지막 두 판의 바둑을 놓고 조훈현과 마주앉은 녜웨이핑은 제1국을 둘 때의 조훈현이 다시 앞에 앉아 있다는 생각에 움츠러들기 시작했다. 결국 심장 싸움이었다. 불안감과 초조함을 떨칠 길이 없던 녜웨이핑은 싸워야 할 때 물러섰고 물러서야 할 때 객기를 부렸다. 중국정부와 국민들은 기성 녜웨이핑이 조훈현에게 무너지는 모습을 보면서 상대를 우러러보기 시작했다. 그리고 그들은 조훈현의 나라 한국을 새롭게 보기 시작했다. 그들에게는 친숙한 조선이 늘 곁에 있었지만, 바둑 면에서 조선은 그야말로 변방의 후진국에 불과했던 것이다. 중국인들 특히 중국 정부 인사들은 조훈현의 바둑 황제 등극에 박수를 보내면서 몇 년 전 두 번에 걸쳐 한국에 신세를 졌던 사건을 기억해 내고 있었다. 한국과 중국은 수교하기 전인 1980년대 약 7-8년 동안 가장 아름다운 관계를 유지했었다. 88올림픽은 세계인이 다 참여하는 잔치였으니 양국만의 특별한 이벤트는 아니었다. 세 개의 좋은 사건이 있었다. 그 중에서 1989년 벌어진 조훈현의 잉창치배 바둑 챔피언 등극이 으뜸이었다. 그보다 4년 전 희한한 일이 있었고, 다시 그 2년 전에도 괴상한 사건이 있었다. 예기치 않은 일들이었지만 결과는 보기에 매우 좋은 것들이었다. 당연히 중국 정부는 한국에 고마운 마음을 갖게 되었다. 그러다가 조훈현이 기성 녜웨이핑을 물리치자 고마운 나라 한국은 부러운 나라가 되었다. 그리고 3년이 가기 전에 두 나라는 공식적인 국교를 맺게 된다. 잉창치배 결승전이 진행되고 있을 당시에 한국 프로기사 회장이 이봉근이라는 사람이었다. 그를 보좌하던 현역 프로기사 김수영은 조훈현의 중국행을 놓고 노심초사하다가 외무부를 찾아 도움을 청했다. 외무부는 흔쾌히 응했다. 홍콩에 있는 한국 총영사관을 통해 조훈현과 그 일행의 중국 입국을 위한 준비가 이루어졌다. 일행이라고 해봐야 고작 열 명도 안 되는 숫자였다. 당사자인 조훈현과 그의 부인 그리고 한국기원 이사장과 관계 직원 그리고 바둑 전문기자 등이었다. 완전히 순조로운 과정은 아니었지만 조훈현 일행이 항저우로 무사히 제 시간에 들어갈 수는 있었다. 조훈현의 바둑은 김수영이 공개해설을 맡아 해설하고 있었다. 조훈현이 챔피언이 되고 난 직후 김수영이 한국 프로기사 회장을 맡았다. 그는 외무부를 찾아 감사의 말을 전했다. 외무부에도 바둑 동호회가 있고 매년 대회가 열린다. 외무부 바둑 대회가 열리면 매번 프로 기사 김수영이 직접 참가해 지도 대국을 두어주고 몇 장의 명예 단증을 가지고 와 원로 외교관들에게 증정하곤 했었다. 1989년부터 1992년까지 내가 본부에서 근무하고 있을 때가 잉창치배 결승전이 열리고 한중수교로 이어지는 3년간이었다. 그 때 나는 외무부 바둑 동호회 총무를 맡고 있었다. 나는 1980년대 초반부터 한중 수교까지 이어지는 시기가 한국 외교사의 예외적인 기간이었다고 생각한다. 중국과 아직 수교도 되기 전이었지만 한국이 수교를 겨냥해 기울였던 노력과 지혜는 가히 칭송할 만하다고까지 생각한다. 미국이 이래라저래라 하는 것도 거의 없었다. 1979년에 중국과 수교한 미국은 그 후 10년간, 1989년 천안문 사태가 나기까지 10년간 중국과 가장 편안한 관계를 유지하고 있었다. 그런 이유로 미국은 한국의 행보에 제동을 걸려고 애쓰는 일이 거의 없었다. 중국과 티격태격할 일이 없으니 똘마니한테 시킬 일도 없었던 것이다. 그것은 중국과의 관계에서만 그러한 것은 아니었다. 한국의 소련 수교 과정 역시 그랬고 베트남과의 수교 과정에서도 마찬가지였다. 그런 자유방임의 시기에 한국은 헝가리부터 시작해 공산권 국가들과 줄줄이 수교협상을 벌였고 바라던 바를 성취했다. 20년 남짓 후에 중국이 한국을 경멸하기 시작하기 전에는 한중관계는 퍽이나 건강한 편이었다. 그 배경에는 앞서 말한 세 개의 사건이 있었다. 특히 1985년 초봄의 사건은 덩샤오핑으로 하여금 한국과의 수교를 진지하게 검토해야 한다는 생각이 들게 했다.

1985년 3월 22일 새벽이었다. 전남 신안군 소흑산도 앞바다로 어뢰정 한 척이 힘없이 흘러들어왔다. 몇 시간 뒤 근처를 지나던 한국어선 어성호가 어뢰정을 발견했다. 어뢰정의 정체는 중국해군 북해함대 소속의 고속어뢰정 3213호였다. 어뢰정 안에는 19명이 타고 있었다. 그 중 6명은 이미 사망한 상태였고 2명은 중상을 입어 사경을 헤매고 있었다. 3213호는 전날 저녁 다른 어뢰정 5척과 함께 기동훈련을 마치고 산둥반도의 칭다오 항으로 돌아가던 중이었다.

이 때 느닷없이 상관에게 불만을 품고 있던 통신병 두신

리와 기관병 왕중룽이 선상반란을 일으켰다. 이들은 카라시니코프 자동소총을 난사해 승조원 6명을 살해했다. 순식간에 아수라장이 된 어뢰정은 편대를 이탈해 동쪽으로 항해하다가 연료가 떨어지면서 흑산군도 근해에서 표류하게 된 것이었다. 중국 정부는 즉각 비공식 채널을 통해 한국 정부에 사고 어뢰정의 구조를 요청해왔다. 중국 관영매체인 신화통신 홍콩지사 직원이 주홍콩 한국총영사관을 방문해 요청해 온 것이다. 한국 정부의 조치도 신속했다. 어성호는 중국 어뢰정을 전북 부안군 하왕등도 부근으로 예인해 정박시켰다. 해양경찰청은 부상자들을 인근 병원으로 옮겼다. 그런데 24시간 후 엉뚱한 문제가 터졌다. 사라진 어뢰정을 찾아 나선 중국해군 함정 3척이 3월 23일 오전 6시 50분께 3213호가 정박해 있는 하왕등도 방향으로 한국 영해에 무작정 진입한 것이었다. 전날 한국에 미리 요청해두긴 했지만 한국이 협조할는지 여부를 확신할 수 없었던 중국이 일을 저지른 것이었다. 한국 영해를 침범한 중국 해군함정은 최정예 부대였다. 3천900 톤급 구축함에 1천500 톤급 예인함, 그리고 1천 톤급 초계함이었다. 인명구조를 명분으로 내세웠다고는 해도 사전에 한국 정부에 양해도 구하지 않은 국제법 위반 행위였다. 현장에 있던 우리 해군함정은 중국 함대에 즉각 퇴거를 요구했다. 그러나 중국 측은 버텼다. 결국 한국은 공군 전투기까지 출동시켜야 하는 상황이 되었다. 그 시각 국방부에서는 당시 국무총리 서리 노신영 주재로 관계부처 장관회의가 긴급 소집됐다. 국방부는 영해를 침범한 외국 군함을 즉각 무력으로 퇴치해야 한다고 주장했다. 이에 당시 외무장관 이원경은 평화적 해결의 필요성을 역설해 간신히 24시간의 말미를 얻어냈다. 외무부는 우선 주한 미국대사관과 주한일본대사관을 접촉해 중국 함정은 즉각 한국 영해 밖으로 퇴각하라는 요구를 중국 외교부에 전달해 달라고 요청했다. 그날은 토요일이었지만 한국의 요구는 즉각 중국에 전달됐다. 중국 군함들은 한국 영해에 진입한 지 약 3시간 만인 오전 9시 40분께 퇴각했다. 외교적 노력으로 군사적 충돌은 피할 수 있었다. 그런데 양국이 군사적으로 충돌할 상황은 전혀 아니었다. 사건이 발생한 직후부터 CIA 한국 지부는 베이징 지부와 긴밀히 연락을 취하고 있었다. 중국해군이 중국 외교부와 협의도 없이 돌발행동을 했지만 상황을 감지한 중국 외교부는 해군 측에 당장 함대를 철수시키라는 압력을 넣고 있었다. 중국 함대가 영해 밖으로 빠져나갔지만 그렇다고 문제가 완전히 해결된 것은 아니었다. 어뢰정과 승무원들을 어떻게 처리할 것인지가 핵심적인 문제였다. 3213호의 표류 소식이 언론에 보도되자 주한 대만대사관 직원들이 분주하게 외무부를 드나들고 있었다. 대만은 어뢰정과 승무원들을 대만으로 보내달라고 요구하고 있었다. 당시 대만 대사 진수지는 어뢰정 승무원들이 대만으로 가고 싶어 할 것이 분명하다면서 그렇다면 그들을 귀순자로 봐야 한다고 주장했다. 그는 불과 2년 전에 중국 민항기가 한국에 불시착한 사건을 떠올리고 있었다. 외무부 안에서도 이들을 대만으로 보내자는 의견이 있었다. 그러나 외무부 동북아1과장 안석수(가명)의 생각은 중국 군함 안에서 해상반란 사건이 벌어진 것이므로 해양법 원칙에 따라 군함의 기국(旗國)인 중국으로 군함과 승무원을 송환해야 한다는 것이었다. 장관 이원경은 안과장의 의견이 합당하다고 판단했고 결국 우리 정부는 그러한 건의를 받아들여 어뢰정과 승무원들을 중국으로 송환하기로 결정했다. 그렇다고 중국 군함의 영해 침범을 그냥 넘어갈 수는 없는 일이었다. 그리하여 외무부는 중국 함대가 영해에서 퇴각하는 시점에 맞춰 엄중한 항의 성명을 발표했다. 동시에 주홍콩 한국총영사 우정현은 신화통신 홍콩지사의 외신부장에게 우리 정부의 항의각서를 전달하면서 중국 정부의 사과와 책임자 문책 그리고 유사사건의 재발 방지를 요구했다. 이러한 과정에서 CIA는 중국 정부에 한국의 입장을 충실히 전달했다. 비록 에이전시가 한국에 이래라저래라 한 것은 아니었지만 해결 방안은 미국이 생각하는 것과 다르지 않았다. 어뢰정과 승무원을 중국으로 송환하기로 한국 정부가 결정했다는 말을 들은 중국 측은 한국의 항의를 진지하게 받아들였다. 그리고 중국 외교부는 자국 군함들이 한국 영해를 벗어날 즈음 성명을 발표했다. "실종된 어뢰정을 수색하는 과정에서 해군 함정 3척이 부주의로 한국 영해를 침범했다"고 시인한 것이다. 그리고 사흘 뒤인 3월 26일에는 자국 군함의 한국 영해침범 사건에 대해 공식 사과하는 각서를 주홍콩 한국총영사관을 통해 한국 정부에 전달했다. 각서는 중화인민공화국 외교부의 지시를 받아 신화통신 홍콩지사 부사장이 주홍콩 부총영사 앞으로 보내온 것이었다. 영문으로 쓰인 각서에는 사과(Apology)라는 어휘가 사용되었다. 중국 측은 영해 침범에 대해 사과하면서 책임자 문책과 재발방지까지도 약속했다. 한국 정부는 중국의 진정성 있는 사과를 받아들였다. 그리고 이틀 뒤인 3월 28일 오전 11시 양국의 중간 지점인 북위 36도 동경 124도 지점에서 어뢰정과 승무원 전원을 중국에 인계했다. 이로써 일주일 동안 세계의 이목을 끈 중국 어뢰정 사건은 보기 좋게 마무리됐다. 1988년부터 중국 외교장관으로 10년 동안 활약했던 첸치천의 회고록에 따르면 어뢰정 사건이 타결된 직후인 1985년 4월 덩샤오핑 주석이 중국 외교부에 이제 남한과 수교할 준비를 해야 한다고 지침을 내렸다고 한다. 당시 첸치천은 외교차관이었다. 1985년 5월 덩샤오핑은 한국에 특사를 보냈다. 케네디 대통령부터 레이건 대통령 때까지 포토맥 강변의 자택에서 정부 각료, 의원, 외교관 등을 불러 디너파티를 열곤 하던 로비스트 안나 셔놀트였다. "드래곤 레이디"로 불리던 안나는 1923년 6자매의 둘째 딸 천샹메이로 태어났다. 아버지는 당시 베이징대 법대 교수였고 나중에 국민당 정부의 외교관을 지낸 사람이었다. 샹메이는 대학 졸업 후 기자로 일하면서 30년 연상인 클레어 셔놀트 미 공군소장과 만나 1947년 결혼했다. 안나는 남편이 사망한 1958년 워싱턴에 정착했다. 남편이 설립한 민항 화물 항공사 플라잉 타이거스의 부회장 신분이었다. 그리고 본격적으로 아시아계 로비스트 활동을 시작했다. 그녀는 장제스 총통의 대만 정부를 지원했다. 중국 본토를 탈출한 중국 난민도 지원했다. 미중 수교 이후 1981년부터는 중국 본토를 오가며 덩샤오핑 주석의 밀사 역할도 했다. 1985년 5월 덩샤오핑의 특사로 한국 대통령 전두환을 만난 안나는 덩샤오핑의 감사의 인사를 전했다. 덩주석은 "중국의 장래와 관련해 큰 도움을 받았다"고 말했다는 것이었다. 개혁과 개방을 추진하던 덩주석에게는 어뢰정 사건의 해결이 실패했을 경우 큰 타격이 가해질 수 있었다는 의미였다고 분석되는 말이었다. 상황이 그러했으니 덩주석은 외교차관 첸치천에게 남한과 수교를 준비하라고 지시를 했고, 곧 이어 안나 셔놀트를 한국에 보내 고마움을 표시하기까지 한 것이었다. 그런 그가 4년 후 조훈현의 잉창치배 우승을 바라보면서 한국에 대해 가졌을 선망이 어떠했는지는 능히 짐작할 수 있는 것이었다. 1985년 초봄의 어뢰정 사건은 그보다 2년 전 봄에 발생한 유사한 사건의 속편이었다. 후편은 바다, 전편은 하늘이었다. 두 사건은 모두 중국

사회의 치부를 보여주는 것이었다. 개혁과 개방의 물결 속에서 사람들의 정신적인 기강이 해이되는 단적인 모습을 노정하는 것이었다. 그러니 덩샤오핑이 1985년에 어뢰정 사건의 원만한 해결로 중국의 장래와 관련해 큰 도움을 받았다고 말하게 되었던 것이다.

1983년 5월 5일, 한국에서는 어린이날 공휴일이었다. 오후 2시에 승객 102명에 승무원 9명을 태운 중국민항 소속의 여객기가 강원도 춘천시의 주한미군 헬기 비행장인 캠프 페이지에 불시착했다. 승객 102명 중에 6명은 납치범들이었다. 여객기는 그날 오전 11시 랴오닝성 선양시 공항을 떠나 상하이 홍차오 국제공항으로 가던 중이었다. 여성을 포함한 6명의 납치범들은 권총으로 조종실 문을 부수고 들어가 기장에게 대만으로 가라고 협박했다. 기장은 기지를 발휘했다. 기수를 평양으로 돌렸고 평양 상공에서 기체를 선회시키며 여기가 서울이니 착륙하자고 말했다. 그러나 납치범들은 기장의 거짓말에 속지 않았다. 비행기는 다시 진짜 한국으로 방향을 돌렸다. 북한은 평양 위에서 세 바퀴나 돌고 있던 비행기를 전혀 눈치 채지 못하고 있었다. 한국군은 수상한 비행기가 북한쪽 상공에서 오락가락 하고 있는 것을 레이더로 탐지했다. 그리고 기체가 휴전선으로 접근해오자 전투기 2대를 출동시켰다. 여객기는 전투기들의 유도로 캠프 페이지에 착륙했다. 여객기가 착륙했을 때는 총격으로 승무원 2명이 부상당한 채였다. 납치범들은 주한 대만대사 면담과 대만으로의 정치적 망명 의사를 밝혔다. 한국 정부는 일단 납치범들의 요구 조건을 수용할 의사가 있다고 밝혔다. 이에 납치범들은 무장을 해제했다. 그렇지만 한국이 그들을 순순히 대만으로 보낼 리는 없었다. 미수교 적성국이던 중공의 비행기가 북한에서 남한으로 넘어오는 긴급한 상황이었던지라 어린이날 휴일에 서울과 경기 그리고 강원지역에 공습경보가 울려 전쟁이 터진 줄 안 시민들이 초긴장 상태에 빠졌다. 한국 공군이 중국 비행기를 미군기지로 유도한 것은 당연히 CIA와 미군의 지시에 따른 것이었다. 그렇다고 미국이 사악한 의도를 갖고 있었던 것은 아니었다. 한국 정부로서도 비행기를 김포공항 대신 미군기지에 갖다 놓으면 중국이 감히 찍자를 붙을 수는 없을 것이라고 생각했다. 위기 상황에서 머슴은 상전을 생각하는 법이다. 한국 경찰은 무장해제한 납치범들을 체포했다. 그들은 일단 서울지방검찰청 공안부의 조사를 받았다. 그러나 승객들은 한국 정부의 극진한 대접을 받았다. 쉐라톤 그랜드 워커힐 호텔에 숙소가 주어진 그들은 관광을 즐기고 출국할 때는 컬러 TV까지 선물로 받았다. 사건이 발생하자 중국은 이례적으로 남한과 직접 교섭한다는 방침을 세웠다. 중국 민항총국은 남한 당국자와 연락이 닿는 인물을 물색했다. 마침 국제부 부국장 노서령이 네달 전 싱가포르에서 열린 아태지역 항공회의에서 한국 교통부 교통국장 민철훈(가명)의 명함을 받은 것이 확인되었다. 중국 민항국장 명의로 된 팩스가 중국민항 일본지사를 경유해 민철훈에게 발송되었다. 교섭 대표단을 파견할 테니 착륙을 승인해 달라는 내용이었다. 다음날 중국 외교부는 대변인 성명을 통해 남한 당국과 직접 교섭을 원한다는 의사를 표명했다. 이에 민철훈은 즉시 중국 대표단의 접수를 승인하며 고위 인사를 보내 달라는 내용으로 답신했다. 그 직후 한국 외무부도 중국에 답신을 보냈다. 5월 7일 12시 30분에 김포공항으로 대표단을 착륙시킬 것을 요청하고 한국은 이번 일을 외무부에서 전담한다는 내용이었다. 5월 7일 오전 10시 한국정부 대변인은 공식적으로 중국 측의 방한 요청을 수락한다고 발표했다. 한국은 최초로 중국을 중화인민공화국으로 호칭했다. 예정대로 5월 7일 33명의 중국 대표단이 도착했다. 그 안에는 중국 외교부와 정보기관의 고위 인사가 여럿 포함되어 있었다. 회담장 테이블에는 태극기와 오성홍기가 올려졌다. 그리고 상호간 대한민국과 중화인민공화국이란 국호가 사용되었다. 3일간의 협상이 끝났다. 5월 10일 한국 대표인 외무부 차관보 공노명과 중국 대표 민항총국 국장 선투(沈圖)는 합의 결과를 발표했다. 피랍 승객과 승무원 그리고 항공기는 조속히 송환하며, 무장 납치범들은 한국 법에 따라 처벌한다는 것이 골자였다. 중국은 납치범들에 대해 외교합의

문서에서 "형사범"이라는 표현을 기록으로 남길 것을 주장했으나 한국은 거부했다. 납치범들은 그 후 재판을 받고 각각 4~6년의 징역형을 선고받았다. 그들은 약 1년을 복역하다가 형 집행정지로 출소한 뒤 인도적 차원에서 대만으로 추방되었다. 한국은 그들의 정치적 망명을 허용한 것이었다. 당시에는 혈맹이나 다름없던 대만, 즉 중화민국과의 관계를 감안한 절충이었다. 대만으로 망명한 납치범 6명[22]은 반공투사의 귀순이라며 대대적으로 환영을 받았다. 그들은 막대한 정착금을 받았고 "6의사"라고 칭송되었다. 사건이 해결된 이후 한국과 중국의 관계는 급격히 개선되기 시작했다. 그해 8월 한국은 중국 국적 민항기가 한국의 비행정보구역을 통과할 수 있도록 합의했다. 비정치적인 영역에서의 양국 교류가 이루어지기 시작했다. 1984년 2월 중국에서 열린 데이비스컵 테니스 대회 참가를 위해 한국 선수가 최초로 중국을 방문했다. 다음 달 자오쯔양 총리는 친척 상호교류를 허용했다. 4월에는 중국 농구선수단이 한국을 방문했고 10월에는 상하이에서 개최된 아시아 여자농구선수권대회에 한국 선수단이 참가했다. 중국은 공산권 국가 중에서는 제일 먼저 1986 서울 아시안 게임과 1988 서울 올림픽 참가 선언을 했다. 민항기 불시착 사건으로 양국은 서로를 본래 이름대로 부르기 시작했고, 그 결과는 상대방에 대한 존중으로 이어졌던 것이다. 한국 외무부는 갑자기 날아 들어온 기회를 포착했고 좋은 결과를 만들어 내었다. 앞서 말했지만 미국은 이래라저래라 하는 일이 거의 없었다. 중국 여객기를 춘천 미군기지로 끌어오라는 "권고"를 주었을 뿐이었다. 중국이 한국과 직접 교섭하겠다고 결정한 다음에는 미국의 역할도 거의 없었다. 다만 한국 정부는 모든 협상의 과정을 전부 미국에 전달했다. 협상의 시작은 진통을 겪었다. 국호와 국기 사용 문제가 첫 난관이었다. 북한을 한반도의 유일한 합법 정부로 인정하던 중국으로서는 받아들이기 쉽지 않은 문제였다. 결국 중국이 한국의 입장에 동의했다. 당시 외무부 아주국장 오무혁은 기자들에게 "이번에 구체적으로 양국이 국호를 정식으로 밝힌 것은 큰 역사적 의의가 있다"고 말했다. 그는 앞서 말했듯 오종현 전 통상교섭본부장의 부친이다. 양국의 호의적인 관계는 이어졌다. 그래서 유사한 사건이 2년 뒤에 바다에서 일어났을 때 중국 정부는 신속히 자신들의 실수를 사과했고 한국 정부의 처사에 고마워했다. 그리고 다시 4년 후에 조훈현의 중국 기성 제압이라는 사건이 벌어지자 중국은 한국을 우러러보게 된 것이다. 한중간의 수교는 시간문제가 된 것이다.

1989년 5월 고르바초프의 중국 방문으로 중소관계가 정상화되었다. 1990년 9월에는 한소수교가 이루어졌다. 1991년 10월 한국과 중국은 무역대표부를 설치해 새로운 교류를 시작했다. 1991년 9월에 남북한이 동시에 유엔에 가입한 이후 두 번에 걸쳐 한중 외무장관이 만났다. 그들은 당장이라도 수교할 수 있다는 입장이었다. 하지만 중국과 북한의 관계를 고려해 달라는 중국의 입장을 감안해 남북한 관계의 추이를 지켜보며 일을 진행하자고 합의했다. 남북한은 1991년 12월에 열린 남북고위급 회담에서 남북한 기본합의서를 채택한데 이어 비핵화공동선언을 채택했다. 남북관계가 상당한 진전을 보인 것이다. 이에 따라 1992년 4월에 한국과 중국의 수교 협상이 개시되었다. 그리고 네 달 후 1992년 8월 24일 한국 외무장관 이상옥과 중국 외교장관 첸지천은 북경 영빈관에서 한국과 중국 간의 외교관계수립에 관한 공동성명을 교환했다.

박근혜의 탄핵으로 대통령이 된 문재인은 사드 배치는 한국과 미국이 합의해서 결정한 것이라고 말했다. 그는 취임 직후인 2017년 6월 20일 청와대에서 가진 미국 언론과의 인터뷰에서 "사드 배치 결정은 우리 한국과 주한미군의 안전을 위해서 한미동맹에 근거해 한국과 미국이 합의해서 결정한 것"이라고 말했다. 교묘하게 문제가 많은 발언이다. "한국의 안전을 위해서"는 아니다. 이 사안을 놓고 한국과 미국이 합의해서 결정한 것도 아니다. 오래 전에 약속한 것이 있어서 한국은 합의하지 않으면 안 되게 되어 있다. 외관상으로는 이번에 합의해서 결정한 것처럼 보이더라도 실상은 그것이 아니다. 당시 더불어민주당 충남도지사 안희정은 사드와 관련해 입장을 묻는 기자에게 "박근혜 정부가 한미 정부 간 협상을 통해 결정한 것은 그것대로 존중하겠다는 것이 저의 입장"이라고 밝혔다. 그는 "동네에서 두는 장기판에서도 한 수 후퇴가 안 되는데, 그것을 물렀을 때 얼마나 큰 손해가 오는지 계산하지 않느냐"며 사드 배치 재협상론을 비판했다. 또 그는 "사드는 미군의 해외주둔지 방어체계로 미국이 보내는 것이고, 주한미군을 위한 방어 체계를 거부하는 것은 한미동맹의 근본을 흔드는 것"이라고 주장했다. 그의 발언은 사드 배치의 본질을 비교적 분명히 알고 있다는 느낌을 준다. 당시 그는 차기 대권 주자로 각광받고 있던 자였다. 그러니 한미관계의 특수성에 대해서는 숭미주의자들의 비위를 긁지 않으려고 조심을 했을 법도 하다. 그래서 한미동맹을 두둔하고 있는 소리처럼 들리지만 그것은 그의 본심이 아니었을 것이다. 여하간 그의 "사드는 미군의 해외주둔지 방어체계로 미국이 보내는 것"이라는 언급은 사실에 정확히 부합하는 것이다. 사드는 미군 기지를 보호하기 위한 것이라는 말이다. 물론 미군 기지가 한국에 있으니 한국은 덩달아 보호되는 것이다. 그렇다고 사드가 한국을 보호하기 위한 것이라고 말하면 좀 어색해진다. 어디까지나 사드는 주한미군의 방어체계다. 안희정의 "주한미군을 위한 방어체계를 거부하는 것은 한미동맹의 근본을 흔드는 것"이라는 발언 역시 매우 정확한 것이다. 무슨 말이냐면 한국은 사드를 거부할 수 없다는 뜻이다. 또 한국이 거부하면 한국은 한미 동맹조약의 의무를 거역하는 것이라는 의미이다. 다시 말하면 미국은 사드를 자기 마음대로 한국에 배치할 수 있다는 얘기다. 이런 분명한 사실을 이리 꼬고 저리 꼬고 빙빙 돌려 말하는 사람은 아무것도 모르고 말하거나, 알면서도 거짓말을 하거나, 아니면 문재인처럼 대통령인 경우일 뿐이다. 사드는 미국이 마음대로 할 수 있도록 되어 있다. 한미 동맹조약 4조에 규정되어 있다. 내가 프롤로그에 전문을 소개한 바로 그 식민조항인 것이다. 그 조항을 한국과 미국이 합의해서 만들었다. 그리고 그 조항에 근거해서 미국은 마음대로 사드를 한국에 배치할 수 있다. 그러니 사드 배치는 한국과 미국이 합의해서 결정한 것이기는 하다. 한미동맹이 미국에 포괄적인 합의를 이미 오래 전에 해 준 것이니까 그렇다. 그러니까 문재인의 발언은 교묘하게 진실을 감추면서 한국이 어쩔 수 없이 미국에 끌려 다닐 수밖에 없는 현실을 서글프게 드러내고 있는 것이다. 숭미주의자들은 이렇게 말할 것이다. 지금 200개의 북한 미사일과 600개의 중국 미사일이 한반도를 향해 조준되어 있어서 한국군과 주한미군이 위협을 받고 있으며, 한미 동맹조약에 따라 한국과 미국은 서로를 보호해야 할 의무가 있으므로 한국은 사드를 배치하여 주한미군을 보호해야 한다고 말이다. 교묘하게 진실을 왜곡하고 있는 언사가 아닐 수 없다. 북한과 중국의 미사일은 본질적으로 미군을 향해 조준되어 있다. 물리적으로는 한국군을 향해 조준되어 있는 것이지만, 그 한국군의 실질적인 지휘를 미군이 맡고 있기 때문에, 미군을 향해 조준되어 있는 것이다. 그리고 북한과 중국이 한반도를 향해 미사일을 조준하고 있는 이유는 미군이 그들을 향해 먼저 미사일을 조준해 놓고 있기 때문이다. 한미 동맹조약의 문구상 한미가 서로를 보호하도록 의무를 지고 있는 것은 사실이다. 하지만 그렇다고 한국이 사드를 배치하도록 함으로써 주한미군을 보호해야 하는 것은 아니다. 미군은 그냥 사드를 배치할 권리를 갖고 있는 것이다. 그것을 그냥 지켜보아야만 하는 것이 한국이 할 일이다. 한국이 적극적으로 사드를 배치하도록 허용하는 행위를 통해 마치 한국이 미국을 보호하고 있다는 인상을 주려는 약아빠진 말장난에 불과한 얘기다. 한국이 위대한 미국을 품안에 넣고 보호할 정도로 큰 나라가 되었으니 스스로 자랑스러워해야 한다는 식의 허위의식이 전반적으로 깔려 있다. 아니다. 사실은 한국은 미국이 마음대로 하는 것을 말없이 바라보아야만 하는 처지에 있을 뿐이다. 그러한 사실을 숨기려다 보니 사드 배치에 관한 수많은 논란이 펼쳐지는 것이다. 그런 사실을 왜 숨기려고 할까? 그것은 다름이 아니라 한국의 식민성이 그대로 드러나게 되어 있기 때문이다. 미국이 그들 마음대로 사드를 배치할 수 있게 되어 있는데 무슨 상호 합의 따위를 말할 수 있겠는가! 사실은 둘 중의 하나가 되어야 한다. 진실을 인정하든가 아니면 부정하는 것 말이다. 그런데 한미관계의 특수성이란 것이 있다. 대다수 한국인들은 스스로가 식민지 주민이라는 진실을 인정하지 않으면서도, 그렇다고 그들의 머리에 씌워진 굴레를 벗어날 생각도 하지 않는다는 것이다. 그들은 그것이 굴레라고 생각하지도 않는다. 그러니까 그들은 스스로가 식민주민이라는 진실을 인정하지 않는 것이다. 뱅뱅 도는 얘기다. 그것이 한미관계의 특수성이 가지고 있는 본질이다. 허위의식과 위선이다. 위대한 독립국의 시민으로서 세계 제일의 강국인 미국을 보호해야 하는 의무를 지고 있다는 의식이다. 좌파들은 그런 허무맹랑한 의식을 품고 있지는 않다. 그러나 문재인의 발언에서 보듯이 결국 한미동맹의 굴레를 결코 벗어나지 못하고 주저앉는 것이다. 그래서 2018년 초부터 약 1년 반 정도 펼쳐진 남북화합의 결정적인 계기를 무산시켜버린 것이다. 2019년 2월 말 트럼프가 하노이에서 기자회견을 자청해 북미 간의 합의가 결렬되었다고 말하자 남북 간의 관계도 덩달아 깨지기 시작했다. 우리끼리 밀고 나갈 용기가 없었다. 미국은 한국이 만약 미국의 허가 없이 멋대로 북한과 협력을 진행한다면 노무현 꼴이 날 거라고 문재인을 협박했다. 그들이 축적해 놓은 온갖 더러운 정보들을 전부 까버리겠다는 얘기였다. 문재인이 그토록 알랑거리며 트럼프한테 쏟은 정성이 얼마였는데 한 순간에 물거품이 되는 순간이었다. 한국은 미국의 허가 없이는 통일을 추진해서는 안 되게 되어 있다. 그것이 이승만이 한미 동맹조약을 맺으며 동시에 서명한 합의의사록에 고스란히 담겨 있는 또 다른 식민조항 아니던가. 한미동맹은 남북한 문제뿐만이 아니라 한국의 모든 외교적 행보에 있어서도 한국의 목에 칼을 채운다. 이에 따라 한미동맹의 굴레가 한일관계를 구속하듯 한미동맹은 한중관계를 타락시키고 있는 것이다. 중국은 사드 배치의 배경을 잘 알고 있었다. 그렇지만 중국은 이참에 미국의 똘마니를 제대로 교육시키겠다는 생각을 하고 있었다. 스스로 칼을 뒤집어 쓴 쪼다는 그렇게 대접해 주면 될 일이다. 1983년의 민항기 사건 때나 1985년 어뢰정 사건 때, 그리고 1989년 잉창치배 세계 바둑대회에서 조훈현이 챔피언이 되었을 때 중국이 한국에 품은 존중과 선망은 간 곳이 없었다. 중국 입장에서는 그토록 싫은 티를 내면서 하지 말아달라고 부탁한 일이었건만 중국의 입장을 전혀 고려하지 않은 박근혜의 결정에 분노가 일수밖에 없었다. 물론 중국은 그것이 박근혜의 결정이 아니었음을 잘 알고 있었다. 그런데 북한의 수소탄 실험 이후에 시진핑이 박근혜의 전화를 늦게 받았다고 파르르하니 떨면서 사드 배치 시기를 앞당긴 것은 분명히 그녀의 결정이었다. 그러니 중국으로서는 한국의 결정에 마땅한 응징을 가해야 했다. 중국으로서는 한국이 미국의 압력을 끝까지 견뎌 내리라고 생각하지는 않았다. 하지만 한국은 적어도 중국의 부탁을 최대한 진지하게 고려하는 시늉이라도 해야 했다. 2016년 6월 말 시진핑은 한국 국무총리 황교안을 만난 자리에서 사드 배치에 신중해 달라고 부탁했다. 그러나 그로부터 열흘이 지나지 않아 한국은 서둘러 사드 배치를 공식 발표했다. 황교안은 시진핑에게 "사드는 아무것도 결정한 바 없다"고 말했었다. 중국이 한국에 대해 가지고 있던 존중의 마음은 이제 찾아볼 길이 없어졌다. 중국은 한국을 스스로 굴레를 찬 쪼다이자 장사 말고는 할 게 없는 미국의 천덕꾸러기 똘마니로 취급하기로 마음을 먹었다. 그리고 중국의 한국 때리기가 시작된다. 박근혜가 탄핵으로 가고 문재인이 들어왔지만 상황은 나아진 것이 없었다. 왜냐면 한중의 문제는 한국 정부의 중국 정책과는 아무 상관이 없는 것이었기 때문이다. 그것은 한국이라는 나라의 정체, 그리고 한미관계라는 특수성, 그리고 나아가 미국의 반중국 정책과 관련된 것이었기 때문이다. 한중 수교가 이루어지기 전인 1980년대에 형성되었던 양국 간의 우호와 존중의 마음은 되찾기 어려운 상황이 된 것이다.

중국은 2016년 9월 항저우에서 한중 정상회담이 열린 직후부터 한국에 대한 압박과 보복의 언행을 일삼기 시작했다. 당시 중국 외교부 아주국 부국장 천하이는 그 해가 가기 전 한국을 방문해 삼성, 롯데 등 한국 대기업의 책임자들을 만나 노골적인 협박성 발언을 하고 다녔다. "사드 배치 땐 단교에 버금가는 조처를 각오해야 할 것"이라고 말했다. 그는 사드 배치 결정이 이루어지기 전에도 한국 기업 인사들에게 "소국이 대국의 말을 듣지 않으려 한다"고 말하고 다녔었다. 그는 미국으로 말하자면 데니스 와일더와 같은 역할을 맡은 자였다. 함부로 말하기 어려운 것을 마구 지껄이면서 중국의 분노를 여과 없이 표출시키는 대변인이었던 셈이다. 그는 본국으로 귀국해 아주국 부국장을 맡기 전까지 서울의 중국 대사관에서 공사참사관으로 일하던 인물이었다. 그가 한국 대기업의 임원진들을 쉽게 만날 수 있었던 배경이 그것이다. 그가 악역을 자처하면서 입을 마음대로 함부로 놀렸다고 생각해서는 안 된다. 그것은 엄연히 중국 정부의 공식적인 입장과 동일한 것이었다. 실제로 중국은 한국에 대해 "단교에 버금가는 조처"를 취하기 시작했다. 중국 정부는 공식적으로는 "한한령"(한류금지령)을 입 밖에 낸 적이 없다. 당시 한국 외무부의 차관보 이형민(가명)은 기자 브리핑에서 "중국 외교부 공식 라인에서 한한령 등 질문에 "보복"을 확인하지 않는다는 뜻은 그만큼 중국도 생각이 복잡하다는 뜻"이라고 설명했다. 엉터리 분석이고 본질을 피해나가는 거짓말이다. 그는 중국이 진짜로 생각이 복잡하다고 생각하지 않았을 것이다. 중국이 무엇 때문에 생각이 복잡해야 하겠는가. 중국은 단순명쾌하게 생각하고 있었다. 앞서 말했지만 중국은 한국을 스스로 굴레를 찬 쪼다이자 장사 말고는 할 게 없는 미국의 천덕꾸러기 똘마니로 취급하기로 마음을 먹었던 것이다.

그리고 그 구체적인 조처는 경제 부문부터 시작해 하나씩 한국을 옥죄어오고 있었다. 한국은 사드가 북한의 위협으로부터 한국과 주한미군을 보호한다는 논리만 앵무새처럼 읊조렸다. 아는 사람이라면 얼굴이 벌겋게 달아오르지 않고서는 도무지 할 수 없는 말만 하고 있었던 것이다. 북한에서 남한으로 쏜 미사일을 잡으려고 사드를 배치한다? 북한에서 남한으로 미사일을 쏜다면 거리도 짧은데 굳이 고각으로 쏠 이유가 없다. 고도 10킬로미터 정도로 날아가 목표물을 맞히면 그만이다. 그런데 사드는 바야흐로 낙하하고 있는 단계에 접어든 탄도미사일을 고도 40에서 150킬로미터 상공에서 잡아내는 무기다. 고도 10킬로미터로 날아오는 것에는 손을 댈 수도 없는 것이다. 중국에서 날아올 미사일도 마찬가지다. 중국이 주한미군을 공격한다면 뭐 하러 신장이나 위구르 같은 곳에서 고각으로 미사일을 발사하겠는가. 서해바다를 건너기만 하는 곳에서 겨냥해 저고도로 미사일을 날리면 그만이다. 그렇다고 북한에서 미국 본토를 겨냥해 쏘는 대륙간 탄도미사일을 잡아내려고 사드를 배치하는 것도 아니다. 북한이 미국을 향해 쏜 미사일은 낙하단계가 아니라 상승단계에서 한국에 배치된 사드 레이더시스템이 탐지할 것이다. 그러나 사드 미사일이 그것을 공격할 수는 없다. 왜냐면 사드는 낙하단계에 접어든 미사일만을 잡아낼 수 있기 때문이다. 요는 사드 레이다시스템이다. 그렇다면 미국은 북한이 쏠지 모르는 대륙간 탄도미사일을 탐지하려고 한국에 사드를 배치하는 것일까? 웃기는 얘기다. 미국도 그런 이유로 사드 배치를 정당화하려고 한 적이 없다. 한국이나 미국은 한결 같이 북한이 한반도에 가하는 위협에 대비하기 위해 사드가 필요하다고 말해온 것이다. 그러나 그것은 더욱 웃기는 얘기다. 굳이 하려고만 한다면 수학적으로 안 될 것도 없는 상황을 가정해 그것을 방어한다는 어색한 변명일 뿐이다. 북한이 약 500킬로미터 우주로 올렸다가 목표지점으로 낙하시키는 미사일을 잡아내야 한다는 아주 흥미로운 얘기다. 아니다. 그렇다면 사드 배치의 목적이 무엇인가? 두 가지 목적이 있다. 하나는 중국의 턱 밑에서 중국의 군사정보를 엿보겠다는 것이다. 사드 레이다시스템의 탐지거리는 2000킬로미터까지 확대할 수 있다. 중국의 동부 주요지역 거의 전체를 감시 대상으로 삼을 수 있는 능력이다. 남이 내 콧구멍 속을 들여다보려고 하는데 기분 좋을 사람이 없다. 남의 나라가 우리나라 담을 넘어 호시탐탐 감시하고 있는데 가만히 있을 나라가 없다. 더군다나 그 나라가 우리하고 한번 겨뤄보자고 도발하는 나라라면 더욱 그렇다. 그리고 더군다나 그 나라가 우리하고 국경을 마주하고 있어서 서로가 서로를 담 넘어 살필 수 있는 것도 아니고, 똘마니 나라에 들어와 자기들만 우리를 넘겨다 볼 수 있다면 더욱 울화통 터지는 일이다. 또 우리는 저들만큼의 도찰 장비 능력이 안 되는 수준이라면 더욱 분노할 일인 것이다. 격투기로 말할 것 같으면 상대가 인공지능 카메라를 장착하고 있어서 내가 취할 동작을 미리 상대에게 알려줄 수 있다면 그 격투기는 성립할 수 없는 게임이다. 국가 사이의 안보위협에 있어서 정해진 룰이 있는 것은 아니지만 상대가 제3자를 이용해 인공지능 카메라와 같은 이득을 얻으려 한다면 그러한 요소는 잘라내려고 애를 쓸 수밖에 없는 것이다. 다른 하나의 목적은 미국이 한국에 사드 배치 명목으로 방위비를 더 뜯어내겠다는 것이다. 실제로 미국은 주한미군지위협정(SOFA) 규정을 어기고 사드 배치 비용을 한국에 전가하려고 했었다. 2017년 4월말 트럼프는 워싱턴타임스와의 인터뷰에서 한국이 사드 비용을 지불해야 한다고 말했다. 결과적으로는 없던 일이 되었지만 미국은 기회만 있으면 주한 미군의 비용을 어떻게라도 최대한 한국에 부과하려고 혈안이 되어 있다. 문제는 사드 배치와 관련된 직접적인 비용만을 생각해서는 안 된다는 것이다. 미국은 한국에 사드 시스템과 함께 고고도 함대공 요격 미사일 SM-3의 구매를 지속적으로 요구하고 있다. SM-3는 미국과 일본이 공동 개발한 미사일로 사드보다 더 높은 곳에서 더 넓은 지역을 방어한다. 미국이 루마니아와 폴란드에 배치한 이지스 어쇼어 시스템에서 쓰는 미사일이 바로 이것이다. 한국이 자주국방을 원한다면 주한미군에 사드를 둘 것이 아니라 한국군에 배치하고 해상에서도 요격시스템을 발동할 수 있어야 할 것 아닌가. 그리고 만약 주한미군이 아니라 한국이 독자적으로 사드 시스템을 구축한다면 중국이 이에 반발할 일은 전혀 없다. 미국은 장비는 한국군이 사서 배치하고 실제 운용은 미국이 하는 상황을 최선책으로 여길 것이다. 그런데 미국은 한국이 그런 시스템을 직접 운용하도록 결코 허용하지 않을 것이다. 사드 시스템 운용에 관한 기술적인 노하우를 전수해줄 생각도 전혀 없다. 사드 레이다 시스템이 잡는 중국에 관한 정보는 미국의 자산이기 때문이다. 그러나 숭미 정권이 지속되는 한 사드와 이지스 어쇼어 식의 미사일 방어체계 구매는 시간문제일 뿐이다. 그리고 그들은 역시나 국방 자주화라는 미명을 명분으로 들 것임이 뻔하다.

2017년 2월 말 롯데그룹은 성주에 있는 회사 골프장을 사드 배치 부지로 제공하기 결정했다. 이에 중국 공산당 기관지 런민르바오 해외판의 소셜미디어 계정인 샤커다오(俠客島)는 "만약 사드가 한국에 배치된다면 한중 관계는 준 단교의 국면에까지 이를 수 있다"고 썼다. 기관지는 나아가 미국이 폴란드와 루마니아에 사드 체계[23]를 배치함으로써 러시아가 이에 골머리를 앓고 있는데, 동북아에서는 중국이 러시아와 협력해 한미일 미사일방어 네트워크에 대응할 것이라고 말했다. 환추스바오는 "롯데를 때리고 한국을 벌하는 것 외에 중국은 다른 선택의 여지가 없다"는 제목의 사설을 실었다. 신문은 "순리대로 해결할 수 없다면 중국은 모든 필요한 조치를 취해 한국을 징벌할 수밖에 없고, 한국은 이번 처벌을 피할 수 있을 것이라고 상상도 하지 말라"고 경고하면서 "롯데그룹에게 전적으로 책임이 있는 것은 아니지만 앞으로 중국에서 롯데의 발전은 이제 마침표를 찍게 될 것"이라고 말했다. 3월 초 하루 매출 40억 원에 달하는 롯데면세점 인터넷쇼핑이 해킹공격으로 마비되었고, 중국 정부는 자국민의 한국 관광을 전면 금지시켰으며, 롯데마트 중국내 지점은 영업정지를 받기 시작했다. 사드 배치로 인한 중국의 보복조치로 한국은 물류와 관광 등 활발했던 분야가 직격탄을 맞으며 그 후 수년 동안 총 수십조에 달하는 피해를 보았다는 것이 경제연구소들의 추정이다. 시간이 흐르면서 중국의 분노와 멸시가 완화되기는 했지만 예전의 수준으로 양국 관계가 복귀한 것은 아니다. 2021년 6월 한국 외무장관 정의용이 중국측 상대 왕이와 전화로 회담을 가졌을 때, 왕이는 미국의 중국 견제 구상인 아시아·태평양 전략을 맹비난하면서 "한국이 미국의 편향된 장단(偏節奏)에 휩쓸려선 안 되고 옳고 그름(是非曲直)을 파악해 올바른 입장을 견지하라"고 훈계했다. 숭미 언론들은 이런 외교적인 뒷얘기를 득달같이 보도한다. 그러면서 중국이 어디다 대고 그렇게 무례하게 막말을 하냐며 국민들의 반중 감정을 선동한 후 한국이 미국에 붙어 있는 것이 얼마나 다행이냐고 되묻는다. 한국을 머슴 다루듯이 하는 중국을 어떻게 믿을 수 있냐며 한국의 안보와 장래는 오로지 미국과의 동맹을 통해서만 보장될 수 있다는 얘기를 하고 싶은 것이다. 윤석열 정부가 들어선 후 외무장관 박진은 2022년 8월 칭다오에서 중국 외교장관 왕이와 첫 회담을 가졌다. 한중 수교 30주년에 맞춘 회담이었다. 당시 한국 외무부가 회담의 결과라고 배포한 보도 자료에 따르면 양국 장관은 사드 문제를 뛰어 넘어 마치 완전히 새로운 우정의 장을 연 것처럼 묘사했다. 중국이 사드에 관해 일언반구도 안 한 것처럼 서술된 발표 자료는 그러나 상황을 완전히 호도하고 있었다. 이번엔 사드만이 문제가 아니었다. 윤석열 정부가 미국의 바이든 정부와 합심해 추구하고 있는 한국의 여러 소위 숭미정책들이 중국의 비판을 받았다. 그런 정책들은 미국이 주도해 한국이 따르고 있는 것들로서 공급망 장악을 위한 협력과 인도·태평양 전략이 핵심이다. 중국의 비판은 당연한 일이었다. 왜냐면 그것들의 의도가 중국을 누르려는 것이기 때문이다. 한중 외무장관 회담에서 그런 얘기들이 논의가 안 되었다면 말이 안 되는 얘기다. 외무부 보도 자료에는 중국의 발언 내용이라든가 반응에 대해서는 일언반구도 없다. 자료는 그냥 두 장관이 "1992년 수교 이래 지난 30년간 한중관계가 정치, 경제 및 사회·문화 분야에 걸쳐 전 방위적으로 발전해 왔음을 평가하고, 보다 성숙하고 건강한 양국관계를 만들어 가기 위한 미래 협력 방향에 대해 의견을 교환하였다"고 언급했다. 다만 자료는 "양 장관은 한중간 촘촘히 연결된 공급망은 양 국민의 일상생활과 기업의 활동에 실질적인 영향을 미치는 만큼, 공급망의 안정적 관리를 위한 소통과 대화를 강화해 나가기로 하였다"고 첨언함으로써 중국이 이 문제에 예민하게 반응했음을 간접적으로 드러내고 있다. 제법 긴 분량의 자료는 그 외에는 장식적인 문구들에 불과하다. 특히 "양 장관은 신정부 출범 후 양국 간 정상을 포함한 긴밀한 고위급 소통·교류가 이루어지고 있음을 평가하고"라는 부분은 한중간 첨예한 문제가 스르르 사라졌다는 듯이 의뭉을 떨고 있기까지 한다. 한편 박장관이 상호 편리한 시기에 시진핑 주석의 방한을 기대한다면서 연내 왕장관의 방한을 초청한데 대해 "왕장관은 양 정상을 포함한 고위급 소통의 중요성에 대해 공감하면서 양측 간 이를 위해 긴밀히 조율해 나가자고 하였다"고 적고 있으나, 그것은 의례적인 응답을 호사스럽게 치장한 말에 불과한 것이다. 당분간 중국 주석이 한국에 오는 일은 없다고 보아야 한다. 칭다오에서 한중 외무장관 회담이 열리기 전인 2022년 7월 워싱턴에서 한미 간 첫 경제안보대화라는 것이 열렸다. 한국의 대표는 대통령실 경제안보비서관 천종윤(가명)이었다. 대화의 핵심은 반도체와 배터리 분야에서의 첨단기술이 중국에 흘러들어가는 것을 막자는 것이다. 한국은 미국으로부터의 기술전수에 더 큰 관심을 갖고 있지만 미국이 원하는 것은 어디까지나 한국과 일본이 중국과 협력하지 말라는 측면에 초점이 맞추어져 있다. 2023년 2월 말에는 호놀룰루에서 한미일 3국간 경제안보대화가 열렸다. 그 직전에는 대만에 있는 미국인협회의 주관으로 한국, 미국, 일본, 대만의 대표가 참석한 "칩4" 화상회의가 열렸다. 이는 반도체에 초점을 둔 4국간 동맹형식의 협의체다. 세계 반도체 시장을 장악하고 있는 4개국이 연합해 중국의 성장을 막겠다는 구상이다. 한편 바이든 정부는 2022년 2월에 인도·태평양 전략을 발표했다. 발표된 전략의 목표는 "중국의 패권적 도전을 좌절시킨다"는 것이었다. 그 세 달 후에 열린 한미 정상회담에서 윤석열은 바이든에게 한국판 인태전략을 수립하겠다고 약속했다. 그런 상황에서 열린 한중 외무장관 회담에서 중국이 사드에도 공급망에도 인태전략에도 묵묵하게 가만히 있었다면 딱 하나의 상황 말고는 없다. 하도 기가 막혀서 한국에 경멸의 시선만을 보내고 있었던 상황 말이다. 그러나 중국은 그모든 문제에 대해 강하게 한국에 경고했다. 외무부 보도 자료에 하나도 들어 있지 않았을 뿐이다. 윤석열은 그 해 11월 캄보디아에서 개최된 한아세안 정상회의에서 바이든에게 약속한 전략을 자랑스럽게 발표했다. 그로부터 나흘 후에 한중 정상회담이 열렸다. 한국 정부가 배포한 보도 자료는 한중 외무장관 회담의 그것과 별반 다를 바가 없다. 자료는 "시 주석이 그동안 코로나 팬데믹으로 한국을 방문할 수 없었지만 코로나 상황이 어느 정도 안정되면 윤대통령의 방한 초청에 기쁘게 응할 것이라고 하고, 상호 편리한 시기에 윤 대통령이 중국을 방문해 주기를 희망하였다"고 언급하고 있지만 역시 의례적인 언사에 불과한 것이었다. 중국이 부글거리는 불편한 속내에도 외무장관 회담이니 정상회담이니 하는 것을 거부하지 않는 이유는 하나다. 그렇게라도 형식적으로 해놓아야 한국이 미국의 무슨 똘마니 짓을 어떻게 하는지 직접 눈으로 보고 들을 수 있기 때문이고, 그나마 한국이 중국의 눈치를 보면서 아양을 떨 수 있다고 생각하기 때문이다. 12월 중순에 박진이 중국의 왕이와 다시 만났다. 이번에는 화상회의였다. 한국 외무부는 "양 장관은 지난 달 G20 계기에 개최된 한중 정상회담이 상호존중·호혜·공동이익에 입각한 새로운 한중협력 시대를 여는 중요한 이정표가 되었다고 평가하고, 양 정상이 합의한 양국관계 발전방향에 따라 후속조치를 원만하게 이행해 나가기 위해 긴밀히 협력하기로 하였다"고 언급했다. 엄밀하게 말하자면 전부 거짓말이다. 나중에 자세히 말하겠지만 외무부의 거짓말은 상상을 초월하는 수준에 도달해 있다. 사실 한국 정부의 언사가 전부 그렇고 모든 나라의 정부가 다 그렇지만 한국 외무부는 특출하다. 그렇다고 중국이 특별히 다른 발표를 한 것도 아니었다. 중국은 분노조절 중이다.

2022년 8월 한중 외무장관 회담 직후 미국 정부 국영 국제방송 미국의 소리(VOA)는 한국과 중국의 전문가들을 전화로 연결해 한국과 중국의 관계에 관한 토론 프로그램을 진행했다. 워싱턴의 민간연구소인 미국 외교협회(CFR)의 스콧 스나이더 한국 담당 국장은 최근 열린 한중 외무장관 회담에서 아니나 다를까 사드 문제가 불거진 것을 지적하며, "양국이 상호 이익이 될 사안을 발굴하려고 하고는 있지만 쉽지만은 않은 상황이라고 진단했다. 미국의 소리 진행자는 한중 외무장관 회담에서 사드 문제 등을 놓고 여전한 이견이 노출되었다면서, 중국이 과거 한국 정부가 사드와 관련해 "3불1한 정책", 즉 사드를 추가 배치하지 않고, 미국 미사일 방어에 참여하지 않으며, 한미일 군사동맹에 참여하지 않는 한편 기존에 배치된 사드의 운용을 제한할 것임을 대외적으로 선서했다고 주장하고 있으나, 한국 외무부는 사드가 북핵 위협으로부터 우리 국민의 생명과 안전을 지키기 위한 자위적 방어 수단이며, 안보주권 관련 사안으로서 협의 대상이 될 수 없다는 입장을 일관되게 견지하고 있다"고 언급했다. 그는 이어 중국이 회담에서 사드 문제 외에도 미국이 주도하는 반도체 공급망 협력 대화인 "칩4"와 타이완 문제 등에 대해서도 중국의 입장을 한국에 압박했다고 말했다. 허드슨연구소의 중국 프로그램 책임자인 쑨윤 선임연구원은 중국 입장에선 한국 대통령 윤석열의 한미동맹 강화 약속에 대해 큰 의구심을 갖고 있다고 말했다. 전 백악관 국가안보회의 동아시아 국장 크리스토퍼 존스턴은 윤석열이 중국의 고압적인 언행을 간접적으로 비판하고 있으며, 전임 대통령 문재인이 중국에 지나치게 유화적이었다는 인식을 보이고 있다고 언급했다. 그는 또 "윤대통령이 가치 외교를 강조하면서 북대서양조약기구 정상회의에 참석했으며 사드 추가 배치에도 관심을 보이고 있다"고 지적하고, "이런 점들은 한국이 중국의 고압적인 언행을 참기만 하지 않고 언제든 기꺼이 거부하는 목소리를 낼 것이라는 점을 시사한다"고 분석했다. 전 국무부 동아태담당 부차관보 제임스 줌월트는 "한국이 중국과의 관계를 훼손하지 않으면서 동시에 자국의 이익을 챙기는 것은 점점 더 어려워질 것"이라고 말했다. 마지막으로 허드슨 연구소의 쑨윤은 중국 정부가 초기 단계에 있는 윤석열 정부에 대해 현재 전략적으로 유화적인 접근법을 취하고 있지만 향후 한국이 타이완 문제와 관련해 미국의 계획을 지지하는 모습을 보인다면 좌시할 수 없는 레드라인으로 여길 것이라고 전망했다.

2014년 10월 한국 검찰은 산케이 신문 서울 지국장 가토 다쓰야를 대통령 명예훼손 혐의로 불구속 기소했다. 세월호 침몰 사건 당시 한국 대통령이 국회의원 시절 비서였던 정윤회를 만나고 있었다는 의혹을 칼럼에 썼다는 이유에서였다. 기소 전 8월에 그에게 내려진 출국정지 조치는 2015년 4월에 해제되었다. 그에 대한 재판은 그 해 12월 무죄로 판결되었다. 한국의 산케이 지국장 출국정지 조치와 기소는 세계 많은 언론인들의 웃음을 샀다. 산케이는 2015년 8월 31일 자 신문에 "미국과 중국 간 양다리 외교는 한국이 끊을 수 없는 민족의 나쁜 유산"이라는 제목의 전문위원 노구치 히로유키의 칼럼을 실었다. 칼럼은 민비가 사대주의라는 도착(倒錯)으로 암살됐다면서 대통령 박근혜 역시 중국에 의존하는 사대주의 외교를 펼치고 있다고 썼다. 한국 대통령이 9월 3일 베이징에서 열리는 전승 70주년 열병식에 참가하는 것을 겨냥한 글이었다. 이틀 후 9월 2일자 신문은 다시 일본 평화안전보장연구소 이사장 니시하라 마사시의 "중한(中韓) 준동맹에 미국과 일본에서 쐐기를"이라는 제목의 칼럼을 게재했다. 마사시는 중국의 전승절 기념식을 역사의 날조에 기반을 둔 허구에 가득 찬 행사라고 규정하고, 이를 주재한 중국 국가주석 시진핑, 거기에 참가한 박근혜와 유엔 사무총장 반기문도 기만적이라고 비난했다. 산케이가 그런 기사를 실은 이유는 자사 기자가 한국에서 기소되었기 때문만은 아니었다. 산케이는 원래 그런 류의 숭미언론이라는 것이 주된 이유다.

1882년 후쿠자와 유키치가 일간지 지지심포(時事新報)를 창간했다. 지지심포는 1955년 산케이 신문에 합병되어 폐간된다. 유키치는 1858년 게이오 대학(慶應義塾大学)을 창립한 인물이기도 하다. 일본 최초의 고등교육 기관이다. 유키치는 규슈 오이타 현의 몰락한 사무라이 집안의 후손으로 1835

년 오사카에서 태어나 자랐다. 하급 무사였던 아버지는 학문적 소양이 뛰어난 유학자였다. 그러나 명문가도 아니고 배경도 없었던 아버지는 성공하지 못하고 젊은 나이에 세상을 떠났다. 1836년 아버지의 죽음을 맞은 유키치는 이내 오이타에 살던 생선장수 외삼촌의 양자로 입적되어 자라났다. 그러나 유키치는 영민한 소년이었다. 다섯 살 때부터 친형의 가르침을 받으면서 중국의 주요 고전을 공부했다. 열 댓 살이 되자 그는 논어, 맹자, 시경, 서경에 이어 사기, 춘추좌씨전, 노자, 장자를 줄줄 꿸 정도에 이르렀다. 소년은 지독한 독서광이었다. 하지만 아무리 뛰어나도 신분의 벽을 넘어설 수는 없었다. 결국 유키치는 고향을 떠나기로 결심한다. 1853년 형의 권유로 나가사키로 건너 간 유키치는 란가쿠(蘭學)를 공부하기 시작한다. 네덜란드 학문, 즉 서양학이다. 난생 처음 알파벳을 접해본다. 1854년 미국의 페리가 요코하마 항을 개항시키기 전까지는 나가사키가 외국의 배가 일본으로 들어올 수 있는 유일의 항구였고, 1634년 그 항만에 건설된 인공 섬 데지마(出島)는 근 200년 동안 네덜란드 상인들에 의해 독점적으로 사용되고 있었다. 5년 간 죽어라 공부한 유키치는 화란어에 능통하게 된다. 그가 화란에 특별히 관심을 가진 이유는 서양의 대포 기술 때문이었다. 1858년 그는 에도(도쿄)에 네덜란드어 학교 란가쿠 기주쿠(蘭學塾)를 열고 학생들을 가르치기 시작한다. 이 학교가 게이오 대학의 모체다.

요코하마에 미국과 영국인이 들어왔다는 얘기를 들은 유키치가 이듬해 그곳 외국인 타운을 방문한다. 그런데 영 화란어가 안 통하자 충격을 받는다. 이제부터 영어다! 영란사전을 구해 독학으로 2년 만에 영어를 마스터한 유키치는 도쿠가와 막부의 해외 사절단으로 1860년 미국부터 시작해서 3년 동안 유럽 대부분의 나라들을 여행하며 서양의 문물을 섭렵한다. 1863년 1월에 귀국한 유키치는 완전히 다른 사람이 되어 있었다. 일본은 무조건 서양의 모든 것을 받아들여야 한다고 주장했다. 의회 제도를 받아들여야 하고 막부제도를 개혁해 중앙집권 입헌 군주제로 바꿔야 함은 물론 서양의 과학과 기술로 산업을 개척해야 한다고 역설했다. 막부의 눈에 나기 시작했음은 당연한 일이다. 막부에서 보낸 낭인의 습격을 받기도 한다. 1867년 1월 열네 살을 갓 넘긴 메이지 천황이 등극하고 1868년 1월 왕정복고 메이지 정부가 수립되자 유키치는 그해 6월 막부에 정식으로 사표를 제출하고 교육 계몽 활동에 전념한다. 당시 막부는 막 수립된 신정부 내의 반막부 세력이 막부자체를 없애려 하자 그들을 상대로 전쟁을 선포하고 한창 싸움을 진행하고 있었다. 사실 막부의 마지막 쇼군 도쿠가와 요시노부는 그 전 해 9월에 메이지 천황에게 막부가 가지고 있던 모든 정치권력을 이양했었다. 그 대신 도쿠가와 가문의 보존과 미래의 정부에 참여할 것을 기대한 것이었다. 그런데 신정부내 반막부 세력이 거칠게 나오자 저항할 수밖에는 없는 노릇이었다. 이 내전을 보신 전쟁(戊辰戦争)이라 한다. 전쟁은 1869년 5월 반막부 세력의 깨끗한 승리로 막을 내리고 메이지 유신의 큰 물결을 가로막을 세력은 제거된다. 그렇지만 신정부는 도쿠가와 충신들에게 관용을 베풀었고 요직에 등용했다. 그래서 시간이 지남에 따라 이 전쟁은 일본인들에 의해 낭만적으로 묘사되었다. 수많은 사상자가 있었음에도 사람들은 메이지 유신을 무혈 혁명으로 바라보게 되었다. 교육 계몽 활동에 전념하던 유키치는 1882년 지지심포를 창간해 폭넓은 독자층을 확보했다. 이제 메이지 유신도 거의 완성 단계로 접어들고 있었다. 그는 쉰 나이에 1885년 3월 16일자 자기 신문에 익명으로 사설을 썼다. 그 유명한 다쓰아론이다. 아시아 탈피론이다.

다쓰아론은 조선의 정치 상황과 밀접하게 연결되어 있다. 개화파와 연합해 대원군을 실각시키고 고종 친정체제를 만든 왕비(명성황후)는 1876년 강화도조약을 맺고 일본에 문호를 개방한다. 대원군은 1882년 임오군란을 일으켜 재집권을 노리지만 청나라를 끌어들인 왕비에 의해 처절하게 묵사발이 난다. 청은 조선에 위안스카이가 지휘하는 군대를 상주시켜 조선의 내정과 외교에 깊이 간여한다. 조선은 청의 속국이었다. 이에 김옥균과 박영효를 중심으로 한 친일 급진 개화파는 1884년 12월 갑신 쿠데타를 일으켜 개화정권을 수립하려 거사하지만 왕비의 요청을 받은 위안스카이의 1500

명 청군이 진압해 버림으로써 사흘 만에 깨끗이 실패한다. 개화파를 지원하기로 한 다케조에 신이치로 공사의 일본군은 사태가 불리하다고 보고 재빨리 철수한 다음이었다. 일본이 후원한 쿠데타는 조선의 대청 속국 상황을 타개하기 위한 일본의 몸부림이었지만, 갑신정변은 실패로 돌아갔고 일본은 청일전쟁 때까지 청나라의 독주를 지켜봐야만 했다. 다쓰아론 사설은 갑신정변의 실패 직후에 유키치가 느낀 절망감을 드러낸다. "서양 문명의 바람이 동양으로 불어오면 동양의 모든 풀잎과 나무들은 서양의 바람이 가져오는 바에 따를 수밖에 없다. ... 문명의 확산은 홍역과 같다. ... 내 생각에 청과 조선은 서양 문명의 동진에 독립국으로 생존할 수 없다. ... 정의로운 자가 어리석고 무법적이며 잔혹하고 비정한 동네에서 사는 것과 다르지 않다. ... 그의 언행은 너무 적어 항상 이웃의 추한 행동 속에 파묻히고 만다. ... 우리는 이웃의 각성을 기다려 아시아의 발전을 함께 도모할 시간이 없다. 우리는 아시아의 대열에서 벗어나 우리의 운명을 서양의 문명국들과 함께 개척하는 것이 낫다. ... 나쁜 친구들과 가까운 자는 마찬가지 취급을 받는다. 그래서 나는 그들 나쁜 아시아 친구들을 마음으로부터 배격할 것이다." 다쓰아 뉴오(脫亞入歐)라고도 한다. 아시아를 떠나 서양으로 들어가는 거다. 유키치는 조선인 친구들을 돕고 싶었다. 유길준, 김옥균, 박영효가 전부 그의 친구이자 제자였다. 유길준은 1881년 5

월 나이 스물다섯에 도쿄에서 유키치를 처음 만난다. 유키치는 마흔여섯이었다. 유길준은 유키치 집에 일 년간 기거하면서 유키치가 세운 학교 게이오 기주쿠(慶應義塾)에 다녔다. 이 학교는 1858년 유키치가 창설한 란가쿠 기주쿠가 1868년에 이름을 바꾼 것이다. 유길준은 일어, 영어, 의학, 세계사를 공부했다. 이듬해 3월 김옥균도 도쿄로 건너와 유키치 집에 머물면서 신문물을 관찰하고 유키치와 담론을 나눈다. 그의 나이 서른하나일 때다. 그러니까 유키치 집에 유길준과 김옥균이 한두 달 동안 같이 묵었던 셈이다. 몇 달 후 8월이 되자 스물 한 살의 박영효가 임오군란의 사과 사절단 대표로 도쿄에 온다. 물론 유키치와 만나 조선의 미래를 논하면서 신문 창간에 관심을 가지게 된다. 박영효는 귀국한 후에도 유키치와 꾸준히 연락을 계속한다. 그리하여 1883년 10월 유키치의 자문과 지원에 힘입어 한성순보가 창간된다. 자 이제 갑신 쿠데타다! 하지만 삼일천하로 막을 내린 삼인의 처절한 실패와 청의 세찬 득세를 바라보는 유키치의 공허한 마음에 절망이 자리를 잡는다. 아시아를 버리자! 일찌감치 서양문물과 총포를 도입한 일본은 메이지 유신으로 급속한 산업발전을 이루어가면서 이제 바야흐로 아시아의 판도를 일본이 원하는 대로 바꿀 수 있다는 자신감을 갖기 시작했다. 조선의 개혁을 지원한 이유는 조선을 독립시키기 위한 것이 아니라 개화된 조선을 일본의 수하로 삼기 위한 것이었다. 하지만 조선에서는 일본이 사주한 갑신정변이 실패하고 말았다. 그러나 언젠가 일본이 직접 나서서 청나라를 쳐버리면 그만이다. 그리고 그 날은 불과 10년 후에 다가온다. 1894년 청일전쟁의 시작이다. 유키치는 점차 아시아의 개화란 총부리에서 나올 수밖에 없다고 믿기 시작했고 청일전쟁의 강력한 후원자가 되었다. 일본은 이제 더 이상 아시아가 아니다. 서양의 일원이다. 또 일본인은 더 이상 아시아인이 아니다. 서양인이다. 이런 인식은 일제가 1945년 진짜 서양인한테 얻어터지고 망할 때까지 일본인들의 뇌리 깊숙이 박혀있던 생각이었다. 사실은 지금도 마찬가지다. 1882년 유키치가 창간한 지지심포를 1955년 합병한 산케이 신문은 유키치의 탈아론적 인식론을 그대로 계승한다. 그것은 미국을 숭배하는 정신으로 이어져왔다.

2015년 9월 중국의 전승절 행사를 앞두고 산케이 신문이 중국과 한국을 싸잡아 비난한 것은 130년 전에 일본의 아버지 격인 후쿠자와 유키치가 실망감과 오만함으로 뒤엉킨 인식론을 깔고 쓴 아시아 탈피론의 연장선 위에 있다. 중국에 대한 적대감과 한국에 대한 우월감 내지 멸시감이 섞여 있기도 하다. 중국과 가까이 하려는 한국을 사대의 도착으로 폄하하면서도 그들이 미국에 복속되어 있음은 사대와는 무관한 정신자세로 칭송하고 있다. 아시아를 벗어나 서양인 아니 미국인이 되고자 애쓰는 그들의 눈에는 참으로 저질스럽고 안쓰러운 중국인이요 한국인이다. 그들의 눈에는 한국이 미국에 완전히 종속되어 있다는 사실도 보이지 않는다. 왜냐면 한국은 일본보다 덜 완전한 미국의 속국이라고 그들은 생각하기 때문이다. 미국이 싫어하는 중국에 그토록 꼬리를 흔들어대고 있으니 말이다. 사실 미국은 일본을 점령했을 때 일본인들이 그들을 그토록 열렬히 환영하고 있는데 크게 놀랐었다. 그것은 외모로 볼 때 맥아더가 일본 천황을 압도하는 모습에 상대를 인정하지 않을 수 없었다는 측면도 있지만, 본질적으로는 일본인들의 마음속에 그들이 아시아인이 아니라는 생각이 오랫동안 깔려 있었기 때문이었다. 우리가 서양인인데 천황을 넘어서는 같은 서양인한테 지배를 받는 것이 하등 부끄러울 것이 없다는 생각이다. 일본 만큼 반미감정이 없는 나라가 지구상에는 없다. 그리고 내가 볼 때는 일본인이 한국인보다 훨씬 더 숭미적이다. 물론 일본은 미국의 속국이고 식민지다. 하지만 그들에게는 그런 의식이 존재하지도 않는다. 완벽한 식민이란 상대가 스스로 식민지임을 의식하지 않는 단계라고 한다면 일본은 완벽한 식민지다. 그러니 미국이 일본을 좋아할 수밖에 없고 일본 편을 들 수밖에 없다. 그러니 미국은 한일관계에 있어 늘 일본의 입장에서 상황을 바라보게 되어 있다. 한편 산케이 신문이 핏대를 올리며 비난하는 중국의 전승절은 일본의 입장에서는 우스운 행사가 아닐 수 없다. 이 날은 원래 대만, 중화민국의 국경일이었다. 일본에 이긴 날, 대일전승일이다. 1945년 9월 3일 중화민국 국민혁명군 참모총장 허잉친이 일본군 지나 파견군 사령관 오카무라 야스지로부터 항복문서를 받은 날이다. 중화민국은 1946년부터 이 날을 국경일로 정하고 매년 경축해 왔다. 중국은 2014년부터 9월 3일을 전승절로 기념하기 시작했다. 이전에는 중화민국을 일제에 타협했던 정권이라고 폄하하다가 이제 일본의 침략에 맞서 하나의 중국이라는 이념을 확립했다는 것을 인정한 것이다. 그러나 항일의 주축은 마오쩌둥의 공산당이 아니라 장제스의 국민당이었던 것은 엄연한 사실이고 보면 중국이 전승절을 기념할 자격이 있는지 의문을 가질 수도 있다. 하지만 그것은 일본에서 왈가왈부할 일이 아니지 않은가? 그렇다면 친일청산을 잘 한 북한한테는 백배 사죄할 수 있지만 친일인사를 대거 기용한 이승만의 남한에게는 사과할 수 없다는 얘기도 되는가? 중국이 대만의 국경일을 따라서 기념한들 그것이 왜 일본이 비난할 일이 될까. 어차피 중국인들이 물리친 일본 아니었던가. 요는 일본이 중국을 폄하하려고 온갖 구실을 다 찾는다는 것이다. 그것은 미국의 시각이기도 하다. 일본은 미국을 대신해 중국을 때림으로써 천황을 초월한 존재로부터 칭찬을 듣기 원하는 것이다. 그래야 그들이 미국인과 같은 생명체가 된다고 믿기 때문이다. 또 그래서 일본은 한국이 미국에 올인 하지 않고 양다리를 걸치고 있음을 미국을 대신해 꾸짖고 있는 것이다. 한국 대통령이 베이징에서 기만적인 시진핑과 나란히 서서 열병식을 참관한다는 것은 중국의 기만에 한국이 놀아나는 꼴이다. 그래서 민비가 과거에 기만적인 위안스카이에 굽실대고 나중에는 러시아를 불러들여 일본을 견제하려고 책동하다가 일본의 칼잡이에게 당했듯이 박근혜 또한 미국을 대신한 일본의 칼날에 희생될 수 있다고 경고하고 있는 것이다. 그들은 아울러 유엔 사무총장 반기문이 그 자리에 올려준 미국의 은혜를 배신하고 양다리나 걸치는 한국 민족의 피를 이어받아 중국에 알랑방귀를 뀌고 있는 것도 볼썽사납다고 조롱하고 있다. 대단히 고약한 글이 아닐 수 없다. 이런 글이 나온 당시의 상황을 다시 상기하자면 박근혜는 미국을 움직여 과거사에 대한 일본의 태도를 바꾸려 하다가 미국한테 거꾸로 핀잔을 받았다. 그러자 그녀는 미국에 대한 서운한 마음에 중국이 주도하는 AIIB에 가입하기로 결정했고 전승절 초청을 받아들이기로 결정했던 것이다. 이제 일본이 미국을 대신해 한국을 공격하고 나섰다. 산케이 신문은 한마디로 숭미의 본산이다.

앞서 암시했지만 한중관계의 정상화는 **빽빽한 밀림**에 들어와 있는 것처럼 나아갈 길이 잘 보이지 않는 상황이다. 윤석열 정부가 중국과 새로운 협력의 장을 연 것처럼 말했지만 사실과는 전혀 다른 이야기다. 지금은 사드 문제만 가로 막고 있는 것이 아니다. 반도체와 배터리를 위시해서 첨단산업과 관련이 있는 기술이 중국에 들어가지 못하도록 막는 야비한 짓거리가 미국이 주도하는 소위 경제안보라는 것이다. 트럼프 행정부라고 상황이 달라질 것은 없다. 오히려 더욱 강경해질 전망이다. 경제안보의 대상에 앞으로 어떤 분야가 추가될는지 귀추가 주목된다. 경제안보에 추가해 미국은 정치·군사적으로도 중국을 압박하고 있다. 그것이 그들이 말하는 인태전략의 핵심이다. 그 속에는 유사시 대만에 대한 지원이 포함되어 있다. 이 모든 미국의 정책에 한국이 전부 끌려들어가 있다. 아니 스스로 원해서 적극적으로 참여하고 있다. 1장에서 언급했지만 윤석열은 2023년 4월 중순 방미에 앞서 로이터통신과의 인터뷰에서 "우리는 국제사회와 함께 힘에 의한 현상 변경에 대해 절대 반대한다는 입장이다. 대만 문제는 단순히 중국과 대만만의 문제가 아니라 북한 문제처럼 지역 차원을 넘어선 세계적인 문제"라고 말해 중국의 속을 뒤집어 놓았다. 그러니 사드 문제만 푼다고 한중관계가 정상 궤도로 재진입하는 것이 아니다. 나는 중국이 한국에 그들이 형님 나라인 것처럼 위압적인 언행을 일삼는다는 것을 부인하지 않는다. 그들이 그럴 이유가 있다고 중국 편을 들지도 않는다. 또한 내가 반숭미주의자라고 해서 숭중주의자인 것도 아니다. 그러나 나는 우리가 친중정책을 펼치려면 반드시 반미정책을 해야 한다고는 생각하지 않는다.

다만 지금의 상황에서 그 둘이 연결되어 있을 뿐이다. 친중과 반미는 동전의 앞뒤와도 같은 상황인 것이다. 하지만 그럴 이유가 없다. 한국과 같은 소국은 두 강국과 동시에 친선관계를 유지해야만 한다. 소설 "우리들의 일그러진 영웅"에서 한병태는 국민학교 전교 주먹짱 엄석대에게 충성을 맹세한다. 석대의 눈 밖에 나면 국물도 없다. 녀석이 신호를 주지 않으면 다른 누구와도 친하게 지내면 안 된다. 병태가 커서 돌이켜보니 석대는 별 것도 아닌 놈이었다. 하지만 어릴 적에는 녀석이 너무도 크게 보이기만 했다. 석대가 자기를 이인자로 인정해 주었을 때에는 마치 세상이 내 것인 냥 우쭐하기도 했었다. 어리고 어리석은 병태가 석대를 우러르는 시선이 바로 한국의 숭미적 인식에 다름이 아니다. 미국에 충성을 하는 것만이 나의 살 길이고 미국을 언짢게 해서는 필연코 나락으로 떨어지고 만다고 생각한다. 간혹 미국이 우리를 격려하는 눈짓만 해도 그 감격은 이루 말할 수가 없다. 숭미인사들은 말한다. 미국이 아니면 중국이 우리를 가지고 놀 것이라고 말이다. 그런 언사는 한국이란 미국 아니면 중국한테 어쩔 수 없이 종속을 당해야만 살아남을 수 있다는 인식을 깔고 있다. 덕지덕지 찌든 패배주의에 바탕을 둔 말이다. 그리고 그것은 은연중에 한국이 지금 미국의 식민지라는 사실을 인정하는 고백이기도 하다. 자랑스러운 미국의 식민지 말이다. 나는 지금 병태가 나중에 깨달았듯이 미국 역시 석대처럼 별 것도 아닌 존재라는 말을 하려는 것이 아니다. 미국이 위대한 나라에다가 위대한 국민이요 세계 제일의 강대국임을 부정할 이유는 없다. 나는 다만 중국 역시 위대한 나라요 위대한 국민이며 세계 초강대국이라는 말을 할 뿐이다. 우리는 병태가 석대에게 자발적으로 엎드리기로 마음먹었던 것처럼 미국에 굴종하면서 다른 친구들을 적으로 삼을 필요가 없다. 냉정하고 현명하게 판단한다면 말이다. 두 주먹짱이 서로 으르렁거리면 조무래기로서는 두 가지 처신이 있다. 둘 중의 하나에 붙어 자신의 운명을 둘 싸움의 결과에 맡기는 방법이 하나요, 둘과 다 가까이 지내면서 내가 둘 모두의 추파를 받는 방법이 다른 하나다. 전자는 간단하고 명료한 대신 성공과 실패의 확률이 반반이다. 후자는 잘 하면 좋기는 한데, 잘 하려면 머리를 여간 많이 써야 하는 것이 아니고, 잘 못하면 공공의 적이 되어 죽음을 면치 못한다. 폴란드가 독일과 러시아 사이에서 어리숙하고 어정쩡하게 처신하다가 나라가 거덜이 난 사례의 하나다. 지금 우크라이나는 서방과 러시아 사이에서 서방에 올인을 하면서 자멸일지도 모르는 길로 들어선 사례다. 내 얘기는 두 길 중에 하나를 꼭 선택해야 한다는 말도 아니다. 두 길이 있음을 알아야 하는 것이 우선이다. 그리고 그 둘을 상황에 맞게 지혜로운 방식으로 활용하는 것이 그 다음이다. 몸을 가볍게 해야 한다. 바둑을 이기려면 꼭 대마를 잡아야만 하는 것은 아니다. 내 돌을 절대 죽이지 말아야 하는 것도 아니다. 흔들리지 않는 중심점을 굳히되 몸을 가볍게 만들어 버릴 것은 버리면서 상대의 급소를 찾아 일격을 가함과 동시에 싸우지 않아도 된다면 너그럽게 웃으면서도 날카로운 눈빛은 항상 반상으로 향해야 하는 법이다. 그런 자세를 잡으려면 나의 신축적인 움직임을 제어하는 거추장스러운 굴레는 벗어던져야만 한다. 왜 둘 중의 하나만이 나의 살 길이라는 생각을 스스로에게 강요한다는 말인가. 한국인은 병태처럼 어리고 어리석은 사람들이 아니었다. 천 년 전 서희와 고려가 어떻게 했는지 생각해 보라! 그렇지만 지금은 둘 중의 하나를 강요받고 있다. 이유는 딱 하나다. 한미동맹이라는 굴레가 그것이다. 한미동맹이 한일관계를 지배하듯 한미동맹은 한중관계를 오염시키고 있다. 숭미주의자가 보기에 중국과의 관계를 발전시키면서 한미동맹을 업그레이드할 수 없다. 왜냐면 중국과 미국은 서로 적이고 한국은 미국과 조약을 맺어 붙어 있으니 중국을 역시적으로 생각해야만 하기 때문이다. 그들은 만약 한국이 한미동맹을 버리면 중국이 결국 한국을 먹을 것이라고 주장할 것이다. 턱도 없는 얘기다. 원래 한국인은 늘 남한테 당하기만 했던 민족이 아니었다. 고조선과 고구려가 있어 동북아가 안정된 균형을 유지하고 있었고 고려가 있어 한족과 거란과 여진이 같이 살 수 있었다. 조선의 실정과 일제의 강점으로 한국인의 웅지가 훼손된 측면이 있었고 그로 인해 결국 분단과 남한의 식민지 재전락이라는 사태를 겪고 있지만, 남북이 통일해서 힘을 쓴다면 무언들 못할 일이 없을 민족이 우리가 아닌가. 한미동맹이 없어 한국이 미국으로부터 자유로워진 상황을 가정해보라. 처음에 닥칠 다소간의 혼선과 당황은 인간의 삶이 다 그렇듯 대수로운 일이 아니다. 굴레를 벗겨내고 목에서 칼을 벗어던진 한국인은 결국 남북통일을 이루어낼 것이다. 그리고 통일한국은 미국과도 중국과도 똑같이 최선의 관계를 발전시키고 유지할 수 있다. 미국이나 중국은 한국이 그들의 적에 너무 가까이 붙지 않도록 조심스러운 자세를 취하지 않을 수 없을 것이다. 사실 이런 생각이 노무현 정부시절에 부상한 동북아 균형자론 이라는 것이었다. 당연히 미국은 턱도 없는 소리라고 일축했다. 국내 숭미주의자들은 더 난리를 쳤다. 한미동맹은 한중관계를 형편없이 구겨놓고 있다. 중국은 박근혜가 느닷없이 결정을 앞당겨 사드를 배치하겠다고 발표했을 때부터 한국을 경멸하기 시작했다. 그리고 그때부터 한국을 아래로 깔아보는 위압적인 시선과 언행을 일삼기 시작했다. 그 전에는 중국이 한국을 그렇게 본 적이 없었다. 한국과 중국이 1992년 8월 말에 수교를 맺기까지 10년 동안 두 나라는, 특히 중국은 한국에 대해 최대한의 존경심을 갖고 있었다. 중국인들에게는 항일투쟁을 같이 한 북한인들만 위대한 사람들이 아니었다는 생각도 떠올랐다. 앞에서 말했지만 중국은 원래 한국을 얕보았었다.

항일 독립운동을 해온 수많은 애국지사들을 배신하고 이승만이 남한만의 단독정부를 수립했을 때부터였다. 그런데 이번에 보니까 함부로 얕볼 사람들이 아니라는 생각이 들었던 것이다. 1983년 5월초에 있었던 중국 민항기 불시착 사건이나 1985년 3월 말에 벌어진 중국해군 어뢰정 망명사건에서 한국 정부가 보여준 의연한 자세나 사건의 처리 솜씨에 중국 정부는 감탄했다. 중국으로서는 북한의 눈치를 보면서 한국과 협상할 수밖에 없었지만 한국이 중국을 대하는 태도 역시 나무랄 바가 없다고 느꼈다. 미국의 꼭두각시로만 알았던 한국이 미국 CIA의 지시를 직접적으로 받는 것 같지도 않았다. 중국이 면밀히 관찰하기에 CIA는 수교 전이었던 중국과 한국의 의사소통에 도움을 주는 정도였을 뿐이었다. 1979년 수교한 미국이 그 후 10년 간 중국과 최상의 관계를 유지하고 있었던 것이 그 배경이었을 것이라고 중국은 판단했다. 여하간 두 사건의 처리과정에서 감명을 받은 중국의 덩샤오핑은 한국과의 수교를 준비해야 한다고 중국 외교부에 지시하고 있었다. 그러던 차에 1989년 덩샤오핑이 다시 한 번 한국에 매료되는 사건이 일어났다. 조훈현이 중국의 기성 녜웨이핑을 꺾고 제1회 잉창치배 세계 바둑 대회를 제패한 것이었다. 한국에 대한 존경심이 선망으로 바뀌는 순간이었다. 내가 말하는 한중관계의 정상화란 바로 이 시기의 양국 간 사모의 마음으로 돌아가는 것을 말한다. 사드 레이다와 반도체 공급망과 인태전략이라는 양아치 술수를 들고 나온 미국에 철썩 들러붙어 있는 한국이 중국과 관계 정상화를 할 수 있다고 생각한다면 정신 나간 소리가 아닐 수 없다. 그깟 놈의 중국하고 척지고 살면 어때 라면서 끝끝내 찍자를 붙는 자가 있다면 굳이 얘기를 섞을 필요가 없는 미치광이가 아닐 수 없다. 2024년 11월 1일 중국 정부는 한국인이 반색할 만한 느닷없는 발표를 했다. 한국인에 대해 15일까지 비자 없이 중국을 방문할 수 있도록 전격적으로 허용한다는 내용이었다. 이런 조치를 가지고 중국의 대한 정책이 바뀌기 시작하는 것이라고 확대해석한다면 엉뚱하기 짝이 없는 얘기다. 한국의 단호한 숭미에 중국이 결국 굴복한 것이라는 분석은 더욱 가당치 않다. 중국은 시쳇말로 지금 한국을 가지고 놀고 있는 것이다. 내가 이렇게 하면 미국의 똘마니가 어떻게 나올는지 시험 삼아 간을 보는 것이다. 중국이 베풀어 준 은혜에 감읍하면서도 상전의 눈치를 살피며 표정관리를 하는 상대를 지긋이 바라보는 중국으로서는 일종의 마조히즘을 즐기는 것이 아닐까. 대통령 윤석열과 극우세력은 한국에 중국의 스파이들이 창궐하고 있으며 탄핵 촉구 시위에 중국인들이 대거 참여하고 있다면서 반중정서를 조장해 왔다. 터무니없는 얘기에 불과하다. 중국을 악마화하면서 한국인의 반중정서를 부추기는 행위는 미국의 CIA가 한국 내에서 지속적으로 벌여왔고 앞으로도 중단하지 않을 공작이다. 숭미세력은 중국을 배척해야만 한미동맹이 완전해진다고 생각한다. 미국에 감히 대항하려는 중국은 우리 앞잡이들이 나서 손을 봐주어야 한다는 객기의 발로다. 대단히 건전치 못한 생각이다. 한국은 1980년대 순수한 상호 존중의 시대로 얼른 돌아갈 생각을 해야 한다. 그것은 온전히 한국에 달린 문제다. 2025년 2월 7일 중국 하얼빈에서 제9회 동계아시안게임이 개막되었다. 시진핑 중국 국가주석은 이 날 개막식에 참석하는 우원식 국회의장을 만났다. 그는 "한국 국민들이 내정 문제를 잘 해결할 수 있는 지혜와 능력이 있다고 믿으며 올해 한국의 모든 일들이 잘 풀릴 것으로 기대한다"면서 올해 10월 경주에서 열리는 에이펙 정상회의 참석을 진지하게 고려하고 있다고 말했다. 한 마디로 한국의 신정부와의 관계정상화를 기대한다는 얘기였다. 시 주석이 방한하면 중국 정상으로서는 2014년 7월 이후 11년 만의 방한이 된다. 한중 양국이 1980년대의 상호 존중의 시대로 돌아갈 기회다.

The Way of Quality Diplomacy

4. 러시아의 한국 인식
있으나 마나한 외교관계

러시아는 미소를 지으며 애처로운 한국의 꼼수를 바라보았다. 그나마 한국이 러시아를 의식하고 있다는 것만 해도 다행이라는 생각은 들었다. 2023년 봄의 일이다. 그들은 127년 전 고종과 그의 아들이 그들의 공관으로 피난해 오던 장면을 상기했다. 그 때 조선을 먹어버렸더라면 아마도 이런 식의 용렬한 작태는 보지 않아도 될 일이었을 것이다. 나를 의식해서 한다는 행동이 겨우 그런 눈 가리고 아웅 하는 식 밖에는 없더란 말이냐. 미국에 빌려주는 것이지 우크라이나를 지원하는 것은 아니라고? 내가 무슨 어린애도 아니고 지금 나하고 장난하자는 얘기인가. 내가 진작 알아봤다만 그대들은 어쩔 수 없는 미국의 꼬붕에 지나지 않아! 러시아와 한국의 관계란 과연 무엇일까? 이런 있으나 마나한 외교관계라면 우리도 당신들을 존중할 이유가 없는 것이 아닐까? 더군다나 러시아를 발가락 사이의 때만큼으로도 여기지 않는 자가 당시 한국 외무차관 자리에 앉아 있었으니 말 다한 것 아닌가. 러시아 입장에서는 충분히 할 수 있는 생각들이다. 당연한 말이지만 나는 128-9년 전 러시아가 조선을 합병했어야 한다고 생각하지는 않는다. 러시아는 소심하게 주춤주춤하다가 기회를 날렸다. 그러나 그렇다고 절대 무시해서는 안 된다.

괴상한 것 같지만 늘 행해지고 있는 비밀이 언론에 보도되면 곧 난리가 날 것 같다가도 이내 잠잠해지는 것이 한미관계의 미묘함이고 특수함이다. 2023년 4월 8일 뉴욕타임스는 소셜미디어에 돌아다니는 미국 정부의 기밀 문건을 보도했다. 우크라이나 전쟁과 관련한 기밀문서였다. 이 기밀문건은 시긴트(SIGINT)로 포착한 것이라고 신문은 밝혔다. 미국 정보기관이 도청으로 확보한 정보라는 말이다. 신문은 기밀문서가 2월 말 내지 3월 초에 유출된 것으로 파악되고 있다고 보도했다. 유출된 문건의 양은 100여 페이지 정도라고 알려졌다. 한국과 관련된 정보도 들어 있었다. 한국 외에 이스라엘, 영국, 프랑스, 호주의 내부 정보도 포함되어 있었다. 한국과 관련된 정보는 대통령실의 안보실장과 직원 간의 대화를 엿들은 것이었다. 신문은 우선 "2022년 말 한국이 미국의 재고 보충을 돕기 위해 포탄을 팔기로 합의했을 때 한국 대통령의 고위 참모들은 동맹인 미국이 그 포탄을 우크라이나로 돌릴 것을 우려하고 있었다"라고 썼다. 그러면서 신문은 그 연장선상에서 기밀 문건에 실린 안보실장 김성한과 비서관 정희도(가명)가 나눈 대화를 소개했다. 당시 미국은 한국에 추가로 포탄을 수출해 달라고 요청했다. 정희도는 "한국이 포탄을 미국에 제공할 경우 정부는 미국이 최종 사용자가 아니라는 것을 걱정해야 하는 난처한 상황에 처할 것"이라고 언급했다. 문건은 미국 대통령 바이든이 이 문제를 압박하기 위해 한국 대통령에게 직접 전화를 걸까봐 한국 관리들이 우려하고 있었다고 썼다. 정비서관은 이 문제에 대한 명확한 입장을 갖고 있지 않은 상태에서 정상간 통화를 할 준비가 되어 있지 않다고 말했다. 또 그는 한국이 전쟁하는 국가에 살상 무기를 지원하지 않는다는 정책을 위반할 수는 없기 때문에 공식적으로 해당 정책을 바꾸는 것이 유일한 방법이라고 덧붙였다. 그는 이어 "안보실 국방비서관 염상훈(가명)이 그와 관련한 최종 입장을 3월 2일까지 결정하기로 약속했다"고 언급했다. 이에 김성한은 "윤대통령의 워싱턴 국빈 방문 발표와 우크라이나에 대한 살상 무기 제공 관련 입장 변경 발표가 겹치게 되면 국민은 이 두개 사안 간에 거래가 이뤄진 것으로 여길 것"이라고 우려했다. 윤석열의 4월 24일 워싱턴 방문은 3월 7일 발표됐다. 김실장은 포탄을 우크라이나에 신속하게 제공하는 것이 미국이 궁극적으로 원하는 것이라면서 155㎜ 포탄 33만 발을 폴란드에 판매하는 가능성을 제시했다. 이에 정희도는 폴란드가 최종 사용자로 불리는 것에 동의할는지는 한국이 먼저 검증할 필요가 있다고 말했다. 뉴욕타임스는 김실장과 정비서관이 불분명한 이유로 지난달 사퇴했다고 보도했다. 뉴욕타임스의 보도 이후에 전 세계 언론들이 이 사안을 앞 다투어 보도했다. 4월 9일 한국의 대통령실은 "제기된 문제에 대해 미국 측과 필요한 협의를 할 예정"이라는 입장을 밝혔다. 외무부 대변인은 "관련 보도를 인지하고 있으며 미국 측과 필요한 협의를 할 것"이라며 "기본적으로 한미동맹의 신뢰는 굳건하다"고 말했다. 안보실 차장 김태효는 한국 대통령 방미 사전준비를 위해 4월 11일 워싱턴 향발 비행기에 올라타기 전 인천 공항에서 미국 정부의 도청 의혹에 관해 미국 쪽에 입장을 전달할 계획이냐고 묻는 한국 기자들에게 "할 게 없다. 왜냐면 누군가가 위조를 한 것이니까"라고 답하며 "동맹국인 미국이 우리에게 어떤 악의를 가지고 했다는 정황은 발견되지 않고 있다"고 덧붙였다. 당사자인 미국 정부조차 문건의 진위 여부에 대해 아무 말을 안 하는 상황에서 김태효의 발언은 대단히 독특한 것이었다. 뉴욕타임스는 4월 12일 이를 보도하면서 "유출 문건에 대한 한국 정부의 반응은 동맹국 중 가장 강했다"고 추켜올렸다. 미국 국방장관 로이드 오스틴은 이번 사안을 매우 심각하게 받아들이고 있으며 동맹국들과 긴밀한 협력을 지속하고 있다고 강조했다. CIA 국장 윌리엄 번스 역시 같은 견해를 밝혔다. 호주의 국방장관은 미국에 비판적인 목소리를 냈다. 한국은 미국의 도청 행위에 대해 미국을 감싸고 있는데 그치지 않고 문건 자체가 처음부터 조작된 것이라면서 아예 사건 자체를 없애려 하고 있었다.

2013년 1월 에드워드 스노든이 언론자유재단(Freedom of Press Foundation)을 접촉해 국가안보국(NSA)의 프리즘(PRISM) 감시 프로그램 등 다양한 기밀정보를 알려준다. 5월 휴가를 내고 하와이에서 지내던 스노든은 5월 20일 홍콩으로 건너간다. 이 때 언론자유재단 회원이자 영국 가디언지

기자인 글렌 그린월드가 스노든이 제공한 기밀정보를 기사화해 폭로한다. 스노든의 허락 하에 6월 9일 그의 정체도 밝혀진다. 스노든이 폭로한 프리즘 감시 프로그램은 2007년 부시 행정부 때 미국보호법(Protect America Act)의 입법과 동시에 출범한 프로그램이다. 미국보호법은 다시 1978년에 제정된 해외정보감시법(Foreign Intelligence Surveillance Act)을 개정한 법이다. 이 법은 미국에 있는 외국 정부 내지 그 에이전트에 대해 물리적으로 또는 전자적으로 감시 내지 정보 수집을 할 수 있도록 허용하는 법이다. 이 법을 개정한 미국보호법은 미국이 그러한 감시 내지 정보 수집 활동을 함에 있어 법원이 발급한 영장이 없어도 되도록 한 법이다. 프리즘은 이 법에 근거해 실제로 전자적 방법으로 정보 수집 활동을 하는 프로그램 코드 이름이다. NSA는 어느 외국기관이 테러나 사보타지 같은 활동을 한다는 상당한 의심 사유가 있다고 법원에 통보하기만 하면 뭐든지 할 수 있다. 보통 NSA는 미국 통신 회사와 내통하여 외국 정부 기관의 통신망에 침투해 도청하거나 해킹을 추진한다. 이런 거 다 진작 알려져 있는 사실이다. 그런데 스노든이 폭로한 것은 프리즘이 일반적으로 알려진 것 보다 훨씬 더 위험하고 범죄적인 활동을 해왔다는 것이다. 미국에 주재하는 외국 대사관을 도청해 온 것은 물론이고, 구글이나 페이스북 네트워킹에 침투해 수많은 사람들의 개인정보도 다 확보해 놓았다는 것이다. 6월

19일 독일을 방문 중이던 미국 대통령 오바마는 프리즘이 미국 국민을 보호하기 위해 우회적인 방법으로 또 제한된 범위 안에서만 정보 수집 활동을 한다고 말했다. 독일 공보장관은 곧 개최될 미독 정상회담에서 독일은 이 문제를 이슈화하겠다고 말했다. 베를린 시민들은 이 날 미국에 항의하는 대규모 시위를 벌였다. 인도 외교장관은 어떠한 프라이버시 침해도 용납할 수 없는 일이라고 말했다. 중국 외교부 대변인은 중국은 사이버 보안을 옹호한다고만 말했다. 한국과 일본은 언론의 추궁에 뒤늦게 미국 정부에 사실 확인을 요청했다고 발표했다. 7월 2일 한국 외무부 부대변인은 미국 정부에 사실 확인을 요청했다고 밝혔다. 물론 미국은 그 후 일언반구의 대꾸도 하지 않았다. 결과를 묻는 한국 언론도 없었다. 그로부터 딱 10년이 지난 시점에 다시 미국의 도청문제가 불거졌다. 10년 전에는 미국 내에서 법에 따라 행한 도청이었다. 2023년에는 외국에서 불법적으로 행한 도청이었다. 처음에는 NSA의 소행이었고 나중 것은 CIA의 작업이었다.

  문제는 두 가지 측면에 있다. 첫째 측면은 정보기관 자체의 문제다. 정보기관이 수단방법을 가리지 않고 정보를 수집하는 것은 모든 나라들이 다 하는 것이다. 몰래 할 수만 있다면 도청인들 왜 안하겠는가. 동맹이든 적이든 상관이 없다. 도청을 통해 파악한 정보가 국익에 도움이 된다면 무엇이든 할 수 있는 것이다. 중요한 것은 발각되지 말아야 한다는 것이다. 그러나 발각되고 말았다는 것이 문제다. 2013년 프리즘 도청 사안은 내부자가 양심선언을 함으로써 알려졌고 2023년 CIA의 도청 역시 내부자가 문서를 유출함으로써 발각된 것이다. 정보망과 시스템에 중대한 결함이 생긴 것이다. 미국 국방장관 오스틴이나 CIA 국장 번스가 이 사건을 매우 심각하게 받아들이고 있다는 말의 초점은 어디까지나 이 측면이다. 자기들의 시스템에 구멍이 난 것을 심각하게 받아들인다는 말이다. 내가 몰래 상대를 염탐하고 있었다는 사실을 미안하게 생각한다는 말이 아니다. 이제 시스템이 알려졌고 상대가 알아버려 앞으로는 방어를 할 테니까 새로운 시스템으로 다시 시작하려면 시간도 많이 들고 돈도 많이 깨지게 생겼다. 그리고 나를 믿었던 친구를 그런 식으로 배신했다면 친구한테 진심으로 사과의 말을 하지 않을 수 없다. 한국 같은 식민지한테는 그렇게 할 필요가 없는지는 모르겠다. 자기가 먼저 미국이 악의를 갖고 도청했다는 증거가 없다고 말하고 있는데 그냥 짐짓 가만히 있어도 욕먹을 일은 없을 것 같으니 말이다. 선의를 갖고 한 도청은 문제가 되지 않는다는 말 같기도 하고, 미국은 항상 선의를 가지고 한국을 도청해 왔으니 앞으로도 계속 하라는 말 같기도 하고, 들을수록 맞나고 기특한 말이 아닐 수 없다. 2013년에는 한국이 사실 확인을 요청해 오기는 했지만 그게 어디 정부가 원해서 그런 것은 아니었지 않은가. 이번에도 사실 확인을 해

오면 무시하고 가만히 있으면 될 일이다. 그런데 한국은 아예 사실 확인도 요청할 계획이 없다고 말하고 있지 않은가. 사실 이런 일이 생기면 정보 시스템의 결함을 정비하고 직원들의 기강을 다잡고 하는 첫째 문제에 덧붙여 상대한테 사과하고 해명하는 또 다른 귀찮은 문제가 생기는 법이지만, 한국한테는 후자의 문제가 전혀 문제가 되지 않으니 역시 잘 키운 똘마니가 아닐 수 없다.

문제의 두 번째 측면이 있다. 이것이 사실은 훨씬 더 중요한 것임을 한국인들은 아는 사람이 거의 없다. 이것은 언론에 유출된 미국의 비밀문건에 쓰여 있는 얘기가 과연 무슨 뜻인지 알아야만 깨달을 수 있는 사실이다. 그것은 안보실장 김성한과 비서관 정희도가 자신 사퇴한 배경과도 밀접히 연결되어 있다. CIA가 엿들은 김실장과 정비서관이 나눈 얘기가 포탄 문제였다. 미국은 오래 전부터 한국한테 우크라이나에 포탄을 지원하라고 압력을 행사해 왔던 것이다. 미국으로서는 충분히 그럴 만한 얘기다. 똘마니한테 뭔들 시키지 못하겠는가. 미국은 러시아가 원하는 탄도탄 요격미사일 조약(ABM조약)을 반대하고 미국이 추진하는 미사일방어체계(MD)에 찬성한다는 내용으로 발표문을 만들어 그대로 읽으라고 한국에 지시한 적도 있었다.[24] 하지만 한국 정부는 러시아의 눈치를 보느라 미국의 지시를 거부하지 않았는가. 그런데 이번에도 러시아를 쳐다보면서 한국이 우물쭈물하고 앉아 있으니 속이 터지는 노릇이었다. 그러는 와중에 CIA가 한국 안보실을 도청한 것이다. 미국은 안보실만 도청하는 것이 아니다. 비서실장도 도청하고 총리 공관도 도청하고 대통령 집무실도 도청한다. 한국의 모든 공공기관은 에이전시의 도청망 안에 들어있다. 해방 후 군정시절부터 지난 70여 년간 전국 방방곡곡 쓸 만한 데에는 모조리 도청장치를 해놓았고 수시로 업그레이드 하고 있는 것이다. 그들은 한국에 수도 없는 자발적인 정보원들이 얘기해주는 인적정보와 도청으로 포착한 엄청난 물량의 통신정보를 통해 정부와 국회 그리고 도처에서 일어나는 대부분의 기밀들을 전부 파악하고 있다. 정보는 힘이다. 그들은 그것으로 한국정부를 압박했고 혹시나 있을지도 모르는 부정적 상황을 제거해 왔다. 미국은 한국정부의 제반 정책은 물론 각급 인사문제에도 깊숙이 간여해 왔다. 미국이 경제정책에만 간여하는 것이 아니다. 앞서 여러 차례 얘기했지만 통일정책은 미국이 허락하지 않으면 한국 단독으로는 할 수 없는 일이다. 또 한국 대통령은 미국이 반대하는 인사를 함부로 고위직에 임명할 수 없다. 미국의 인사 간여는 해방 후 군정청장 하지가 전통을 세운 이래로 쭉 미국의 관심분야였다. 미국에 잘 보여 주한 미국 대사나 미 행정부 고위 관리가 한국 대통령한테 한 마디 해주는 사람이 있었다면 그의 출세는 보장이 된 것이었다. 반대로 미국의 심기를 건드린 한국 고위 인사가 있다면 그는 조만간 경질이 될 사람이었다. 이 문제에 관해 미국과 한국이 맞부딪친 적은 거의 없었다. 한국정부는 대부분의 경우에 미국의 의중을 읽어 바로바로 조치를 했기 때문이다. 여하간 김성한과 정희도의 대화가 이루어진 시점은 2월 말이었다. 그들은 3월 2일까지 알려준다는 국방부의 최종 입장을 기다리고 있었다. 그런데 한국이 최근에 미국에 155mm 포탄 50만 발을 대여한다는 내용의 합의를 한 것으로 4월 12일 뒤늦게 알려졌다. 미국이 한국으로부터 대여 받는 포탄은 탄약고에 비축하고, 가지고 있던 기존 포탄을 우크라이나에 지원한다는 얘기였다. 미국은 2022년 약 100만 발의 포탄을 우크라이나에 지원했었다. 2022년 말 한국이 미국에 포탄 10만 발을 판매했었다는 사실은 이미 알려진 상태였었다. 미국은 포탄 10만 발을 구매한 데 이어 2023년 2월에도 10만 발 이상을 추가로 판매해 달라고 요청했다. 그 이후 한국 정부는 미국에 50만 발을 대여하는 방식의 거래를 미국 정부와 합의한 것이다. 우크라이나에 살상 무기를 제공하지 않는다는 정부 원칙을 지키면서 미국의 요구에 성의 있게 응할 방법을 찾은 것이다. 그리고 포탄 물량을 대폭 늘리는 대신 대여 방식으로 제공키로 한 것이다. 포탄을 대여하면 포탄 소유권은 한국 정부에 있고 나중에 돌려받아야 하기 때문에 미국이 한국 정부의 동의 없이 포탄을 우크라이나에 제공할 우려가 낮다고 본 것이다. 그러나 그건 빠져나갈 구멍을 찾은 것에 불과하다. 미국이 굳이 한국의 동의를 받을 생각을 할 것이라 믿는 것도 우스운 일이다. 자위행위에 다름이 아니다. 그러니 보기에 따라서는 한국 정부가 사실상 우크라이나에 간접적으로 무기를 지원한 것이라고 볼 수도 있다. 소셜미디어에서 공유되고 있는 기밀문건 중에서 2월말에 작성된 한 자료에는 한국산 155㎜ 포탄 33만 발을 유럽으로 수송하는 경로와 소요 시간이 구체적으로 적혀있다. 문서에는 시행명령이 발동되면 10일째부터 항공편으로 첫 수송을 개시해 45일째까지 하루 4700여 발씩을 옮긴다고 적혀있다. 여기에 이스라엘에 보관 중인 미군 전시비축 포탄 8만 8000 발을 더해 시행명령으로부터 한 달 이내에 약 18만 3000 발을 목적지에 전달한다는 계획이다. 아울러 시행명령 후 27일째와 37일째에는 한국의 진해항에서 독일 노르덴함항으로 수송선 한 척씩이 출항해 72일차 전후까지는 해상운송도 마무리 짓는다는 일정이 들어있다. 한국 정부는 김태효를 시켜 유출된 기밀문건이 대부분 조작되어 있다고 말하게 했지만, 그것은 한국이 스스로 미국의 도청을 부정하기 위한 얄팍한 꼼수에 불과한 얘기다. 미국이 악의를 가지고 도청한 것은 아니라고 했다가 이젠 아예 도청한 것 자체를 부정하고 있는 셈이다. 웃기는 얘기다. 기밀문건을 유출한 사람은 절대 문서를 조작하지 않는다. 사람들이 보면 놀랄만한 기밀을 누설하는 마당에 그것으로도 충분한 것을 다시 조작할 이유가 없다. 4월 13일 미국 연방수사국은 최초의 문서 유출자를 체포했다. 매사추세츠 주 방위군 공군 내 정보 관련 부서에서 근무하는 잭 테세이라였다. 한편 4월 12일 워싱턴을 방문 중이던 폴란드 총리 마테우시 모라비에츠키는 뉴욕타임스와의 인터뷰에서 폴란드가 한국으로부터 포탄을 들여오는 것에 관해 협의해 오고 있었다면서, 한국이 러시아의 눈치를 보고 있기 때문에 미국이 안전보장을 해 주는 방법으로 문제를 풀어야 할 것이라고 말했다. 이제 앞뒤를 맞추어 볼 필요가 있다. 일은 이렇게 된 것이었을 것이다. 내 분석이다. 먼저 미국은 한국에 엄청난 양의 포탄을 우크라이나에 지원할 것을 오래 전부터 지시해오고 있었다. 그런데 MD 발표문을 한국이 그대로 읽지 않았듯 이번에도 한국이 고분고분하지 않았던 것이다. 한국 외교관들이 자주적이어서가 아니라 주인님을 좀 더 잘 모시기 위해서 머리를 쓰다가 그러는 경우가 간혹 있다. 해서 미국은 일단 우겨서 자기가 한국산 포탄 10만 발을 샀다. 한국 공무원들이 고지식하게 구는 바람에 10만 발밖에는 사지 못한 것이다. 그런데 필요한 물량은 훨씬 더 많았다. 그래서 33만 발의 포탄을 한국에서 폴란드로 공급하는 방안을 미국이 먼저 제시한 것이다. 그러면서 미국은 성사되는 경우에 대비한 수송경로와 시간표까지 작성해 두었던 것이다. 그나마 한국의 국방부 장성급 인사들이 말이 통하는 사람들이었다. 김성한과 정희도가 숭미주의

자들이 아닌 것은 결코 아니었지만 일을 너무 곧이곧대로 하는 것 같아 안타까울 따름이었다. 미국은 김성한에게 폴란드 경유 방안에 관해 연구해보라고 넌지시 지시했다. 그것을 김실장은 마치 자기 아이디어인 것처럼 정비서관에게 검토하도록 시킨 것이다. 그런데 미국은 이들이 폴란드가 과연 최종사용자가 되겠다고 약속할 것인지를 사전에 검증하겠다면서 나누는 말을 엿들으면서 신경질을 내기 시작했다. 이만하면 알아들을 만도 한데 아직도 아니었다. 폴란드로서는 우크라이나에 공급하려고 한국 포탄을 들여오려는 마당에 그렇다면 주기 어렵지 않냐고 하니 속이 터질 노릇이었다. 해서 CIA 서울 지부장은 대통령 비서실장에게 상황을 설명하고 조속히 문제를 해결할 것을 요구한 것이다. 그리고 김실장과 정비서관과는 더 이상 일하기 어렵다는 뜻도 비추었다. 아울러 주미대사로 워싱턴에 있는 주태성(가명)이 적절한 후임자일 것으로 본다는 말도 었었다. 주 18에서 언급했듯 CIA는 한국 정부의 고위직 인사에 수시로 관여해왔다. 지부장의 말은 대통령 윤석열의 귀에 들어갔다. 포탄 수출 건은 국방부가 전담하기로 하면 될 일이었다. 그리고 안보실장과 비서관은 적절히 사퇴하는 방향으로 정리하라고 비서실장에게 지시했다. 정희도는 3월 26일 사퇴했다. 김성한은 그 사흘 후 사퇴하면서 "저로 인한 논란이 더 이상 외교와 국정운영에 부담이 되지 않았으면 한다"고 말했다. 미국의 눈에 난 사람이 안보실장을 하는 것은 국정운영에 부담을 주는 것이다. 언론은 그가 4월말로 예정된 대통령 방미를 준비하면서 무슨 블랙핑크의 공연과 관련된 일정을 잘못 처리했느니 하면서 경질의 배경을 추측했지만, 그야말로 허튼소리에 불과한 역정보에 놀아난 보도였거나 숭미언론의 연막이었을 뿐이다. 그러니까 김실장과 정비서관의 대화가 2월말에 있었고 그 직후 CIA가 비서실장을 접촉한 후 3월초부터는 국방부가 포탄 문제를 주도했다. 이제는 폴란드로 공급하는 방안 대신에 미국이 50만 발을 제공받는 방안으로 대체된 협의가 한미 간에 오갔다. 그러다가 기밀문건이 유출되어 공개되는 사건이 벌어진 것이다. 그 때는 이미 한미 간의 협의가 거의 합의에 도달하고 있던 시점이었다. 그리고 이왕 안보실의 대화가 다 알려진 마당에 한국정부는 정공법으로 치고나가기로 마음을 먹었다. 지난해 말에 있었던 한미 간의 포탄 거래 사실을 언론에 상기시키면서 최근에 이루어진 한미 간의 합의에 대해서도 당당하게 밝히기 시작한 것이다. 궁여지책으로 대여라는 방책까지 동원한 눈물겨운 동맹의 의리였다. 그렇다고 모든 문제가 확정되어 있는 것은 아니었다. 포탄 50만 발이 미국에 대여되는 방안이 있고 33만 발이 폴란드로 가는 방안도 아직 죽지 않고 살아 있었다. 윤석열이 미국에 가면 포탄의 이동 방향과 공급형식이 명확히 정해질 것으로 예상되었었다. 미국으로 가느냐 아니면 폴란드로 가느냐, 대여냐 아니면 수출이냐. 후자라면 물론 한국의 정책은 바뀌는 것이다. 전쟁 중인 나라에 살상무기를 공급하지 않는다는 원칙이 깨지는 것이다. 그러나 1장에서 이미 언급했지만 2023년 4월 26일 한미 정상회담에서 이 문제는 직접적으로 논의되지는 않았다. 그 이유는 이미 논의가 끝났거나 일시 보류했기 때문이다. 한국의 우크라이나에 대한 무기 지원 문제는 2023년 5월 당시에는 아직 결말이 나지 않았지만 그 이후에는 결국 미국이 원하는 방향대로 진행되었다. 대여가 됐든 수출이 됐든 형식이 어떤 것이든지 간에 한국은 우크라이나에 무기를 지원하고 있는 것이다. 2023년 말 워싱턴포스트 보도에 의하면 한국은 모든 유럽 국가들을 합한 것보다 많은 포탄을 우크라이나에 공급하고 있다. 형식이 어느 것이든 러시아에게 한국이 경멸스럽기 짝이 없는 것은 마찬가지다. 한국은 항상 러시아를 경시해왔다. 한미동맹은 한일관계를 지배하고 한중관계를 타락시키며 한러관계를 참을 수 없도록 가볍게 만든다.

러시아를 만만하게 보다가 큰코다친 한국 외무장관이 셋 있다. 시기 순으로 박정수, 홍순영, 그리고 이정빈으로 이어졌다. 셋 다 김대중의 "국민의 정부" 당시 외무장관들이었다. 먼저 박정수는 1998년 8월 4일 5개월 만에 외무장관직에서 물러났다. 한러 외교관 맞추방 사건 때문이었다. 러시아 외교차관 유리 우샤코프는 1998년 7월 4일 주러시아 한국대사 오인희(가명)를 외교부로 불러 대사관의 주성수(가명) 참사관이 "통상의 외교관 활동범위를 벗어난 행위를 했다"면서 그를 "비우호적 인물"(persona non grata)로 규정하고 72시간 이내에 러시아를 출국시키라고 요청했다. 이에 대해 한국 정부는 최강수로 맞받아쳤다. 7월 7일 오후 외무차관 신준형(가명)은 주한 러시아 대사대리 발레리 수히닌을 불러 "참사관 올레그 아브람킨이 1994년 9월부터 한국에서 근무하는 동안 외교관 신분에 위배되는 활동에 종사한 사실이 확인되었다"고 말하고 동인을 비우호적 인물로 결정했으니 72시간 이내에 한국을 떠나도록 조치해 달라고 통보한 것이다. 이에 러시아는 분노했다. 주성수에 이어 5명의 외교관을 추가로 추방하겠다고 으름장을 놓으며 한국과의 일전을 불사하겠다고 나선 것이다. 주성수에 대한 혐의는 증거가 분명한 불법 뇌물 공여였다. 이를 무시하고 형식적인 자존심 논리로 한국이 대응하고 있는데 러시아는 어이가 없었다. 수주일 전 러시아 연방보안국(FSB)은 주성수를 만나고 귀가하는 외교부 부국장 발렌틴 모이셰프를 체포했다. 연방보안국은 그의 집에서 5747달러를 찾아냈다. 모이셰프는 주성수에게 러시아의 무기 수출과 관련된 문건 등 국가기밀을 넘겨준 혐의로 기소됐다. 그는 1992부터 2년여 간 한국에서 근무한 러시아 외교부 내 한국통 인사 중의 하나였다. 연방보안국은 지나치게 노골적인 주성수의 정보수집 활동을 주시해 오다가 모이셰프의 뇌물수수 혐의를 포착한 것이다.[25] 그러나 주한 러시아 참사관 아브람킨의 경우는 구체적인 불법행위가 포착된 사안이 전혀 아니었다. 주성수나 아브람킨은 모두 정보기관 직원이었다. 주성수는 한소 수교 전인 1990년 코트라 직원으로 위장해 처음 소련에 들어갔다. 그런 정보요원을 "흑색"이라고 한다. 그는 그 때 당시에도 공공연히 소련 당국자에게 돈을 뿌리며 정보를 캐고 다녔던 것으로 알려진 인물이다. 아브람킨 역시 1993년 흑색 이타르타스통신 특파원으로 서울에 처음 와서 몇 달을 근무했었다. 그는 1995년에 "백색" 주한 러시아대사관 1등 서기관으로 다시 서울에 와 근무하고 있었다. 주성수 역시 1994년 한국대사관 백색 외교관 신분으로 러시아에 다시 들어갔다. 한국의 맞추방에 러시아가 추가 조치를 취할 기미를 보이자 한국정부는 당황하기 시작했다. 7월 11일 주러시아 한국대사관의 안기부 파견 공사가 연방보안국 국장 니콜라이 코발료프를 예방해 정중하게 사과의 뜻을 표했다. 그 이후 러시아는 분노를 조절하려고 최선의 노력을 기울였다. 양국이 수교한지 8년도 안 된 상황에서 더 이상의 극단적인 조치를 취하기에는 러시아로서도 부담을 느끼지 않을 수 없었다. 그런데 사건이 진정국면으로 들어간 후 진짜 문제가 발생했다. 7월말 필리핀 마닐라에서 개최된 아세안 지역안보회의 계기에 한국과 러시아의 외무장관이 만났다. 한국의 장관 박정수는 러시아 장관 예브게니 프리마코프가 아브람킨이 급히 귀국하는 과정에서 이삿짐도 꾸리지 못했으니 가사 정리를 위해 한국에 일시 입국할 수 있도록 해 달라고 요청하자 인도적인 목적으로 입국하는 것은 검토할 수 있다고 대답했다. 프리마코프는 이 말을 사실상의 합의라고 간주하고 회담 후 열린 기자회견에서 양국이 공식적으로 합의했다고 밝혀버렸다. 이 사실이 국내 언론에 보도되자 청와대는 안기부의 재입국 불가 입장을 두둔하면서 박장관이 정부입장과는 다른 목소리를 낸다며 결국 한러관계 악화에 책임을 물어 외무장관을 경질했다. 러시아가 주성수의 불법행위에 강경 대응한 배경으로 한반도를 둘러싼 4자회담에서 자국이 제외된 것에 대해 한국에 불만을 표출한 것이라는 분석이 있었다. 어리석은 추론이 아닐 수 없는 얘기다. 4자회담은 1996년 4월에 제주도에서 개최된 한미정상회담에서 김영삼과 클린턴이 공동 제의한 것이었다. 그 후 이를 북한에 공식적으로 제안했을 때 북한은 처음에 중국을 제외한 3자회담 형식을 원했었지만 곧 마음을 바꿔 4자대화의 형식에 동의했다. 4자회담은 1997년 12월부터 1999년 8월까지 총 여섯 번의 회의를 가졌지만 성과를 내지 못하고 종료되었다. 러시아가 여기에 끼기를 원했던 것은 사실이지만 북한도 원하지 않은 상황에서 그것은 현실성이 없는 얘기였다. 그러니 4자회담에서 소외되었다고 한국에 불만을 가질 이유도 없었던 것이다. 다만 러시아가 한국에 불만을 가졌던 것은 사실이었다. 그것은 4자회담 때문이 아니라 한국이 러시아를 무시한다고 생각했기 때문이다. 짐작은 했지만 한국이 이토록 미국의 똘마니일 줄은 몰랐다. 사사건건 미국의 입장과 생각만을 대변하는 한국이었다. 주성수가 러시아 관료에게 뇌물을 먹이면서까지 수집한 정보 역시 미국 CIA가 그대로 받아먹는다고 생각하지 않을 수 없었다. 사실 한국의 안기부는 미국 CIA의 하수인이라고 해도 지나친 말은 아니다. 러시아 연방보안국은 모이셰프의 집에서 발견한 5747달러가 미국 CIA로부터 나온 것이라고 판단했다. 그러니 러시아로서는 한국에 한 방을 먹이지 않을 수 없었던 것이다. 그런데 한국이 무엇을 믿고 맞추방이라는 강수로 대응하고 나오는지 참으로 기가 막힐 노릇이었다. 한국이 사과하고 나오지 않았더라면 러시아는 결단을 내릴 수도 있었다. 다행히 러시아인의 소심함이 마지막 순간에 발휘되었다. 러시아는 주성수에 이어 5명의 외교관을 추가로 추방하겠다는 생각을 접었다. 그러나 박정수의 후임자로 취임한 홍순영은 8월 7일 주한 러시아 대사 아파나세이프를 불러 추방된 아브람킨은 어떤 이유로든 대한민국 영토에 발을 들여놓을 수 없다는 입장을 통보했다.

외무장관 홍순영도 그로부터 1년 5개월 후 러시아 요인의 영향으로 낙마한다. 문책이라고는 볼 수 없었지만 러시아가 한국에 협조했더라면 상황이 달라질 수 있었다. 다만 홍장관의 교체는 러시아 요인보다는 그를 싫어한 여권의 실세 정치인들과의 알력이 더 큰 요인이었다. 그를 싫어하는 사람들은 공통으로 그에게 인사 청탁을 했다가 단호하게 거절 받은 사람들이었다. 홍장관은 인사문제에 관해서라면 누구의 부탁도 들어주지 않았던 인물이다. 그러니 그는 2010년 10월초 국정감사에 출석해 외무부 직원인 그의 아들에 대한 특혜 의혹을 부인하면서 자신은 "후배 장관에게 아들 인사 청탁 얘기를 할 정도로 그렇게 천한 사람이 아니다"라고 목소리를 높일 수 있는 사람이었다. 여하간 그의 경질이 반드시 러시아 요인과 직접적으로 연결되는 것은 아니지만 러시아 요인이 없었더라면 그의 비토세력들이 그의 경질을 요구할 명분은 줄었을 것이라는 점에서 러시아 요인을 거론하지 않을 수 없다. 그의 해임과 러시아가 관련된 사건이 불과 2주 정도의 기간 안에서 연결되어 있었기 때문이다. 그 사건이란 1999년 말 탈북자 7인이 러시아 국경수비대에 체포된 것을 말한다. 러시아는 그들을 중국으로 돌려보냈고 중국은 다시 그들을 북한으로 송환했다. 그 과정을 러시아 언론이 낱낱이 보도했다. 탈북자들이 러시아 당국에 억류되자 당시 주러시아 한국대사 오인희가 러시아 외교차관 카라신을 만나 인도적 차원에서 그들을 한국으로 보내달라고 요청했다. 하지만 러시아는 들은 척도 하지 않았다. 한국과 수교한 이후 한동안

틀어져있던 북한과의 관계가 1990년대 중반 이후로 제 궤도를 찾고 있었는데 이를 다시 악화시킬 수는 없는 일이었다. 러시아가 그것을 각오하고 한국의 요청을 받아들일 만큼 한국이 러시아에게 잘 한 것도 없지 않은가. 7인의 탈북자들이 중국으로 보내지자 홍순영은 중국 외교부장 탕자쉬안에게 친서를 보내기까지 하면서 가진 애를 다 썼다. 그러나 중국은 사전에 한마디 통보도 없이 7인을 북한에 송환함으로써 한국에 모욕감을 안겼다. 사실 러시아가 보내온 탈북자를 중국이 한국으로 보낸다는 것은 말이 안 되는 일이었다. 하지만 탈북자들이 북한으로 송환되면서 러시아와 중국을 상대로 한 한국 외교는 그 한계를 여실히 드러냈다. 2000년 1월 13일 홍순영이 전격 경질된 후 청와대 대변인 박준영은 "홍장관은 능력 있는 분으로 특별한 흠이 없다. 기본적으로 외무부가 개혁돼야 한다는 의견이 많았고, 새 시대를 맞아 새 바람을 일으켜야 한다는 점이 교체의 배경이다. 해외공관은 더욱 개혁돼야 한다."라고 말했다.

홍순영에 이어 외무장관에 임명된 이정빈 역시 러시아로 인해 1년 2개월 만에 장관직을 접었다. 러시아 때문이라기보다는 그가 장관을 할 실력이 없었기 때문이었다고 말하는 것이 더 정확하다. 또 그것보다는 외무부의 실력이 그 모양 그 꼴이었기 때문이었다고 말해야 더 정확하다. 이정빈과 외무부는 도대체 자기가 무슨 말을 하고 있는지도 모르고 지껄였고, 세상이 어떻게 돌아가는지도 모르고 문서를 만들었다. 2001년 2월 27일 서울에서 김대중과 푸틴이 만나 한러 정상회담을 가졌다. 양국은 공동성명을 발표했고 그 안에는 "양측이 ABM조약을 보존하고 강화하는 가운데 전략무기 감축협정의 조속한 체결을 희망했다"는 문장이 포함되어 있었다. ABM조약이란 1972년에 미국과 소련이 체결한 탄도탄 요격 미사일을 제한하는 조약(Anti-Ballistic Missile Treaty)을 말한다. 그것은 상호간 방어 미사일이 적으면 적을수록 상대로부터의 공격에 모두가 절멸하게 된다는 공포심이 높아져 서로 공격할 용기를 덜 갖게 된다는 논리에 입각한 조약이었다. 그러나 미국의 공화당은 레이건 행정부 시절부터 적의 미사일이 목표물에 떨어지기 전에 확실하게 부숴버리는 미사일 방어체제를 구축한다는 계획을 추진해 오고 있었다. 특히 레이건을 우상으로 받든 부시에게 미사일방어체계(MD) 구축은 미국의 영광을 영원히 이어줄 유일한 방안이었다. 1994년 말 공화당은 중간선거 과정에서 클린턴 행정부가 추진한 북미 제네바 합의를 맹공하면서 MD를 조속히 만들라고 연일 공세를 퍼부었다. 그런데 MD를 구축하기 위해서는 ABM조약의 개정이 필수적이었다. 왜냐면 ABM조약은 방어 미사일의 숫자를 제한했기 때문이다. 클린턴 행정부를 공격하던 부시가 클린턴의 후임자로 2001년 1월 백악관에 들어섰다. 2001년 2월말 한러 공동성명에 포함된 ABM협정과 관련된 문장은 그로부터 8개월 전에 오키나와에서 열렸던 G8 정상회담에서 채택된 성명에 포함된 문장과 똑같은 것이었다. 문제는 그 때 참석한 미국 대통령이 클린턴이었다는 것이었다. 그는 공화당의 공격에 몰려 러시아에 ABM조약 개정을 타진했었다. 미국은 북한의 미사일 위협을 구실로 내세웠지만 푸틴은 반대의사를 분명히 했다. 미국과 러시아 그리고 중국이 MD와 ABM으로 예민하게 대립하고 있을 때인 2000년 6월 평양에서 중대한 사건이 터졌다. 김대중과 김일성이 만난 것이었다. 양김 남북정상회담은 MD 지지자들을 침묵시켰다. 7월 하순에 오키나와에서 열린 G8 정상회담의 최대 쟁점은 역시 MD였다. 미국은 ABM조약의 개정과 MD에 대한 지지를 확보하려고 했지만, 반MD 여론을 결집한 러시아에게 완패하고 말았다. 그리하여 공동성명에는 "전략적 안정의 초석이자 전략 공격 무기 감축의 기초인 ABM조약을 보존하고 강화한다"는 내용이 담기게 된 것이다. 클린턴은 그 후 9월초 조지타운 대학에서 행한 연설을 통해 "우리는 MD 체제가 제대로 작동할 것이라는 절대적인 확신을 갖게 될 때까지는 그 배치를 추진해서는 안 될 것"이라면서 일을 차기 정권으로 넘기겠다고 발표했다. 한국 외무부는 이러한 일련의 논의와 상황변화를 인지하지 못하고 있었다. 2월 27일 한러 정상회담 공동성명의 내용이 알려지자 세계 언론에서는 난리가 났다. 미국을 비롯한 서방언론들은 한국 정부가 ABM조약에 대한 러시아의 입장을 지지함으로써 결국 MD에 대한 반대 의사를 밝힌 것이라고 보도했다. 러시아 언론은 푸틴의 외교적 승리라고 자축했다. 한국 언론은 김대중 정부가 MD에 반대해 한미 간에 갈등이 일어나고 있다고 써댔다. 열흘 후 김대중이 워싱턴을 방문해 부시와 정상회담을 가졌다. 미국 정부는 김대중을 철저히 푸대접했다. 부시는 김대중을 디스맨(this man)으로 호칭하기도 했다. 한러 정상회담 공동성명 발표와 김대중의 방미 사이 열흘 동안 미국은 상황의 반전을 기획했다. 한러 공동성명 보도 직후 분노로 들끓는 미국 정부의 국가안보회의 선임 보좌관 토켈 패터슨은 한국 대사관의 공사 유명환을 불러 다가오는 한미 정상회담이 순조롭게 이루어지도록 한국정부가 3월 2일자로 발표하라면서 문안이 담긴 쪽지를 건넸다. "오늘날의 세계는 냉전시대와는 근본적으로 다르다. 억제와 방어에 대한 우리의 접근법도 변화가 필요하다. 부시 대통령은 대량 살상무기와 운반 수단으로서의 미사일 위협이 점증하고 있다고 강력하게 주장해 왔으며, 우리는 이 문제에 대한 부시 대통령의 리더십을 신뢰하고 있다. MD는 이런 반응의 중요한 요소이다. 우리는 미국이 이 점에 대해 합당한 태도를 취하고 있는 점을 인정하며, 특히 우리 군과 영토 방위를 위해 효과적인 MD를 배치할 필요를 인정한다." 쪽지에 박힌 문안이었다. 물론 우리란 한국정부를 가리킨다. 실제로 3월 2

일 이정빈은 미국에서 건너온 문안을 마지막 문장만 바꿔서 발표했다. 미국이 제시한 문장을 곧이곧대로 수용하지 않았으니 우리는 독립국이 아니냐고 항변할 필요는 없다. 우리가 독립국이었으면 미국이 그런 문장을 그대로 발표하라고 들이밀 수는 없는 것이다. 이정빈 장관이 발표한 마지막 문장은 "우리는 미국 정부가 국제평화와 안전을 증진하는 방향으로 동맹국 및 관련 국가들과 충분한 협의를 통해 이 문제에 대처해 나가기를 바란다"였다. 미국 측의 요구를 사실상 거부한 것이었다. 그것이 김대중의 푸대접 방미와 부시의 디스맨 호칭의 배경이었다. 김대중은 부시와의 정상회담에서 한러 정상회담 결과에 대한 입장 해명과 사과를 해야만 했다. 그렇다고 이정빈이 김대중의 방미 직후에 바로 경질된 것은 아니었다. 그는 기자들의 질문에 답한다면서 굳이 하지 않아도 될 얘기를 공개하면서 자기의 무덤을 파고 만 것이다. 그는 "미국이 한미 정상회담 교섭과정에서 우리에게 MD 체제 추진에 찬성해 줄 것을 요구했다"라고 말했고, "푸틴 대통령이 방한 당시 통일 후의 주한미군 철수에 대한 문제 제기를 포함한 국회 연설을 준비했으나 정부가 막아 이에 대한 논의는 하지 않았다"고 밝혔다. 이장관의 발언이 언론에 보도되자 미국과 러시아는 모두 강력하게 반발했다. 그는 결국 3월 말 해임된다. 한편 부시는 2001년 5월 1일 대외 정책에 관한 대국민 연설에서 "미국은 30년 동안이나 미국의 손발을 묶어온 ABM조약에서 벗어나 앞으로 나아가야 할 것"이라고 말했다. 두 달 후 국가안보보좌관 라이스가 명쾌하게 밝혔다. "MD는 ABM조약을 위반한다." 다시 두 달 후 9·11 테러가 발생하자 부시 행정부는 ABM조약에서 탈퇴한다고 러시아에 통보했다. 그로부터 6개월 후인 2002년 6월 ABM조약은 30년 만에 역사의 뒤안길로 사라졌다. 국제사회에서는 약속을 먼저 파기하는 쪽이 패자다. 승자가 된 러시아는 등을 돌려 떠나는 미국을 물끄러미 바라보다가 1년 4개월 전 미국의 똘마니 한국이 용기를 내 ABM조약의 강화라는 러시아의 입장을 지지해 준 것이 사실은 완전한 코미디였음에 슬며시 미소를 지었다. 가게 매니저가 바뀐 줄도 모르고 전임자가 서명한 부도난 수표를 들고 옆집에 인심 쓰려다가 아주 개망신을 당한 여간 귀여운 알바생이 아닐 수 없지 않은가. 홍순영의 케이스는 다르지만 박정수나 이정빈의 경우는 외무부와 외교관들의 무능 그리고 함량미달이 고스란히 드러난 사건들이었다. 러시아라는 나라를 무시하고 경거망동하다가 사건의 진상이 알려지자 국제적인 망신을 당했고, 국제 안보의 중요한 이슈에 대해 기본적인 공부도 되어 있지 않아 대통령이 수모를 당한 사건이었다. 특히 이정빈의 외무부는 문제의 심각성이 상상을 초월하는 것이었다. 홍순영이 경질될 때 청와대 대변인은 "외무부가 개혁돼야 한다는 점이 교체의 배경"이라고 말했었지만 오히려 개악이 되어 사고를 저지르고 만 것이었다. 오로지 자기 인사만을 생각하며 사는 인간들로 채워진 외무부가 스스로 개혁하기를 바랄 수는 없는 일이다. 그렇다면 20여 년이 지난 지금은 나아졌을까? 조금도 달라진 것이 없다는 것이 내 판단이다.

1990년 6월 4일 한국 대통령 노태우와 소련 공산당 서기장 미하일 고르바초프가 샌프란시스코 페어몬트 호텔 23층 타워룸에서 1시간 5분간 정상회담을 갖고 한소수교 원칙에 합의했다. 세 달 여 후 9월 30일 한국의 외무장관 최호중과 소련의 외교장관 셰바르드나제가 뉴욕의 유엔 본부에서 수교합의 의정서에 서명함으로써 한소수교가 이루어졌다. 러일전쟁에서 일본이 승리한 직후 1905년 11월 을사늑약으로 대한제국의 외교권이 박탈됨으로써 1884년 조러수호통상조약이 파기된 후 85년만의 국교정상화라고 할 수도 있는 일이었다. 러시아 입장에서는 어색하기 그지없는 표현이었다. 그들은 한국인과 계속 교류하고 있었다. 1948년 북한 정권이 수립되면서 바로 수교를 했기 때문이다. 여하간 냉전체제 하에서는 한국과 소련이 공식적으로 관계한 것은 거의 없었다. 88서울 올림픽이 계기가 되었다. 직전에 노태우는 7·7선언을 발표하고 남북한 관계의 발전을 추구하며 사회주의 국가와의 외교 정상화 의지를 밝혔다. 소련은 선수단을 서울에 파견하겠다는 의사를 대한올림픽위원회에 통보했다. 소련은 또 서울 올림픽 기간 동안 한국 국적 항공기의 소련 영공 통과를 승인한다고 발표했다. 북한은 소련에 서울 올림픽에 참가하지 말아달라고 간청했었으니 북한과 소련 사이의 관계가 틀어진 것은 당연한 일이었다. 1990년 6월초 노태우와 고르바초프의 회담이 알려지자 북한은 강하게 반발했고, 주소련 북한 대사대리는 소련 외무성을 항의 방문해 "이 회담이 한반도에서의 사태를 악화시키고 남북한 간 첨예한 대립을 조장시킬 것"이라고 경고하기도 했다. 소련 아에로플로트 항공사는 수교 이전인 1990년 3월 30일 서울에 첫 취항했다. 첫 비행기를 타고 승무원 11명과 승객 51명이 서울에 착륙했다. 그들은 김포공항에 도착한 뒤 남산 힐튼호텔에 머물렀는데, 승무원 중 네 명이 4월 2일 저녁 이태원에서 메틸알코올을 사서 물을 타 마시다가 1명이 사망하고 세 명이 병원에 입원하는 사태가 벌어지기도 했다. 이 일이 언론에 보도되자 한국인들은 소련 사람들이 얼마나 가난하기에 술 사먹을 돈이 없어 공업용 알코올을 마시냐면서 혀를 찼다. 한국인들은 소련과 소련인들을 은근히 내리깔아보는 시선을 갖고 있었다. 서울 올림픽에서 소련이 금메달 55개를 따내면서 동독과 미국을 따돌리고 1위를 했어도 한국인들은 그것이 스파르타식 강압적 훈련으로 성취된 것이라면서 애써 폄하했다. 이제 한국인들은 메틸알코올을 마시고 탈이 난 소련인들을 바라보면서 공산체제의 열등성과 소련 국민의 가 없음을 딱하게 생각하고 있었다. 미국식의 천박한 자본주의에 염증을 느끼면서도 한국인들은 물질적인 풍요로움이 모든 것을 능가하는 가치라고 무의식적으로 여기고 있는 것이다. 교통지옥에 치를 떨면서도 차량 통행이 한적한 개도국의 도로상황을 보면서 여기는 역시 후진국이라서 이렇다고 손가락질을 하는 것과도 같다. 미국의 식민지 주민으로 살면서 부끄럽게 여기기는커녕 상대가 미국으로부터 위스키를 사다 먹을 처지가 아니라면서 혀를 차는 형국과도 다를 것이 없다. 한국인들의 이런 맹랑한 우월감과 허위의식은 소련이나 러시아를 바라보는 한국 외교관들의 정신자세에 그대로 투영된다. 그렇기 때문에 러시아 근무를 경력 관리상 잠시 때우는 자리로 인식하는 한국의 얼빠진 외교관들이 러시아에서 "펙토파"(7장 참조) 같은 모임이나 만드는 것이다. 1990년 9월 한국과 소련이 공식적으로 수교한 후 그해 말 노태우가 소련을 방문했고, 이듬해 4월에는 고르바초프가 소련 국가수반으로는 사상 처음으로 한국을 방문해 제주도 신라호텔에서 양국 정상회담이 열렸다. 노태우 정부의 북방외교는 1991년 9월 남북한 유엔 동시가입, 1992년 8월 한중수교로 이어졌다. 1991년 12월 소비에트연방이 해체되고 독립국가연합(CIS)이 탄생함에 따라 한소관계는 소비에트연방을 법적으로 승계한 러시아와 한러관계로 자동 승계되었다.

러시아의 지난 30여 년은 대략 10년간 옐친의 체제전환기와 그 후 이어진 20년간 푸틴의 권력공고화기로 대별된다. 그 동안 한국은 여섯 개 정부(김영삼, 김대중, 노무현, 이명박, 박근혜, 문재인)가 대러관계를 유지해 왔다. 현재의 정부는 계속 푸틴을 상대로 한러관계를 관리해 나가야 한다. 수정헌법에 따라 2024년 3월 대선에 재출마한 푸틴이 5선에 성공함으로써 임기가 2030년까지 연장되었기 때문이다. 2008년 9월말 이명박이 러시아를 방문했을 때 양국 관계는 "전략적 협력동반자 관계"로 격상됐다. 2004년 9월 노무현이 모스크바를 방문했을 때는 "상호 신뢰하는 포괄적 동반자 관계"로 그 이전의 관계를 격상한다고 발표했었다. 그 이전의 관계는 "건설적이고 상호보완적인 동반자 관계"였다. 동반자라는 말은 공통으로 전부 들어 있다. 파트너라는 말이다. 짝이 되어 여러 가지 일을 함께 하는 사람이나 집단을 말한다. 그런데 이런 식의 관계 규정이라는 것은 하등의 의미가 없는 말장난일 뿐이다. 건설적이지 않고 상충적인 동반자라는 것은 없다. 상호 신뢰하지 않고 부분적인 동반자도 없다. 전략적 협력동반자라는 말이 무슨 말인지 아는 사람은 아무도 없다. 그냥 있어 보이는 말을 다 갖다 붙인 수사적인 표현에 불과한 것이다. 부부가 됐든 친구가 됐든 파트너십이 진짜 서로에게 행복을 가져오는 것이라면 굳이 건설적이니 상호 신뢰하느니 상호보완적이라느니 하는 표현을 붙일 이유가 없다. 그냥 파트너십이라고 하면 그것으로 족한 것이다. 관계가 영 생각보다 미흡하다보니까 기껏 말로만 화려하게 장식하는 표현들에 대해 의미를 부여할 필요는 없다. 한미관계에다가는 그런 표현을 붙이는 법이 없다. 왜냐면 속국과 종주국 간에 굳이 전략적이니 포괄적이니 건설적이니 하는 말을 붙일 이유가 없기 때문이다. 그냥 한미동맹하면 그것으로 충분하고도 남는 것이다. 여하간 한러관계에 뭔 그런 수식어가 많이 붙는 이유는 자명하다. 실제로는 그런 동반자 관계가 아니기 때문이다. 그리고 더 중요한 것은 러시아가 한국을 그런 동반자로 생각하지도 않기 때문이다. 미국의 속국인 한국을 러시아가 뭣 때문에 자국의 전략적 동반자라고 생각하겠는가. "전략적"이라는 말은 최소한 한국이 미국의 비위를 상하게 하면서까지 상대국의 입장을 존중해 줄 의사와 능력이 있을 때 쓰는 말이다. 그렇지 않다면 뭔 전략적? 러시아가 그런 정도까지 기대하는 것도 아니다. 지금 벌어지고 있는 러시아-우크라이나 전쟁 상황에서 러시아가 한국에 러시아의 입장을 지지해 달라고 기대할 수는 없다. 그걸 러시아가 모를 리가 없다. 러시아는 한국이 미국의 압력을 받아 우크라이나에 무기를 지원해 주는 상황만 아니라면 한국에 섭섭함을 표출할 생각도 없다. 기대하는 것이 없는데 무슨 섭섭함? 한국과 러시아가 수교한 지 30년이 넘었지만 국경이 열렸다는 것 말고는 양국 정부 간에 서로 한 일이 거의 없었다. 특히 한국은 러시아와의 수도 없는 정상회담에서 거창한 말잔치만 늘어놓았을 뿐 결과는 늘 공염불에 지나지 않았다. 지난 30여 년간 한국 정부가 러시아에 대해 기대한 것은 딱 두 가지다. 하나는 북한 문제와 관련해 러시아의 협력을 얻는 것이었다. 다른 하나는 경제적인 협력을 통해 한국 기업들의 수익을 창출하는 것이었다. 전자는 한국 정부가 별 기대를 하지 않는 사안이었다. 중국도 못하는 것을 러시아가 어떻게 한다는 말인가. 후자는 기브앤드테이크의 법칙에 따를 문제였다. 한국이 주는 것이 있어야 러시아도 반대로 줄 것이 아닌가. 러시아 정부가 추진하는 국책사업에 한국 기업이 참여할 수 있도록 혜택을 주려면 반대급부가 없고서는 안 될 일이다. 정부가 간여하지 않는 민간사업 분야에 관해서는 기업들이 알아서 하면 될 일이다. 그렇다면 러시아가 한국에 원했던 것은 무엇일까? 역시 두 가지다. 하나는 우랄 동부 극동지역의 기간산업과 에너지 개발을 위해 한국이 대규모로 투자해 달라는 것이었다. 다른 하나는 남북러 3각 경협의 실현이었다. 이를 통해 러시아는 한반도에서의 외교적 영향력을 키우고 경제적 실익을 거둘 생각이었다. 그러나 전자와 관련해서는 선뜻 나서는 한국 업체들이 없었다. 정부의 비위를 맞추려고 시늉만 하다가 집어치우는 경우가 대부분이었다. 사실 한러 양국 간에 엄청난 교류가 있지도 않은 상황에서 기업들이 투자금을 어떻게 회수할 수 있을지 등등 수익성을 생각하면 섣불리 나설 수도 없는 것이었다. 게다가 미국이 러시아에 투자하려는 한국 업체를 예의 주시하고 있다는 것을 아는 대기업들은 아예 처음부터 손사래를 치고 있었다. 그리고 후자와 관련해서는 북한이 열쇠를 쥐고 있는 사안이었던 만큼 한국정부가 혼자서 할 수는 없는 일이었다. 2018년 한 해 동안 남북이 미국 대통령 트럼프를 추어주면서 남북간 철도연결이니 에너지 협력이니 상당히 구체적인 백일몽을 꾸기 전까지는 턱도 없는 일이었다. 하지만 한국 대통령과 정치인들과 고위 관료들은 남북러 3각 협력의 청사진을 침을 튀겨가며 제시하기에 바빴다. 그것은 좌우를 떠난 공통의 허풍이었다. 한국은 남북러 3각 협력뿐만 아니라 시베리아 개발에 대한 한국의 관심을 과장해서 읊는 데에도 재주를 부렸다. 처음에 러시아가 듣기에는 솔깃한 얘기였지만 되는 일은 하나도 없었다. 한국 사람들은 대통령부터 기업인까지 허풍만 늘어놓는 실없는 인간들이라는 생각이 나중에는 들지 않을 수 없었다. 2004년 9월 노무현이 모스크바에서 푸틴에게 러시아 에너지 개발과 남북철도-시베리아 횡단철도의 연결 사업 추진에 대한 의지를 피력했다. 2010년 9월 이명박 역시 모스크바에서 메드베데프와 푸틴에게 극동 시베리아 개발, 러시아 천연가스 도입, 전력망 현대화 사업에 대한 강력한 추진 의사를 밝혔다. 그 후에 박근혜도 그랬다. 나중에 러시아는 한국이 러시아를 설익고 장난기 어린 허풍이나 들어주는 상대로 취급하는 것에 여간 불쾌하게 생각하지 않을 수 없었다. 한 두 번이 아니었다. 2019년 6월 G20 정상회의 참석차 오사카를 방문하고 있던 문재인과 푸틴이 다시 만났다. 문재인은 예전의 단골 메뉴를 그대로 되풀이했다. 한반도 종단철도와 시베리아 횡단철도의 연결, 철도와 가스 분야에서의 협력이었다. 당시는 하노이 북미 정상회담이 결렬됨으로써 남북한 간의 협력도 이젠 물 건너갔다는 평가가 나오는 시점이었다. 푸틴은 문재인의 트로트를 들으며 속으로 빙긋 미소를 짓지 않을 수 없었다. 그는 이미 오래 전부터 한국의 말은 한 귀로 듣고 다른 귀로 흘려내야 한다는 것을 터득하고 있었다. 지난 20년 동안 한국은 사람을 바꿔가며 같은 노래를 부르고 있었지 않은가. 이제는 지겨워진 레퍼토리가 되었다. 뻔한 얘기에 싫증이 날 것이라고 생각한 푸틴은 프랑스 대통령 마크롱과의 회담이 늘어졌다는 핑계로 문재인과의 회담장에 두 시간 가까이 늦게 도착했다. 다자 회의 계기에 이루어지는 양국 정상회담은 여러 예기치 않은 요인으로 말미암아 약속된 시간을 넘기는 것이 그다지 희귀한 일은 아니다. 하지만 그가 한국과의 회담에 기대를 걸고 있었다면 프랑스와의 회담을 그렇게 길게 할 생각은 안 했을 것이다. 양국 간 교역규모는 2022년 기준으로 200억 달러를 약간 상회하는 수준이다. 한국의 수출은 60억 남짓이고 수입은 150억에 못 미친다. 수출액 면에서 러시아는 한국의 21번째 상대국이고 수입액으로는 13번째 상대국이다.

양국의 인구와 경제규모로 보면 이는 잠재력과 기대에 훨씬 못 미치는 수준이다. 외교관계가 없었더라도 민간의 거래로 이 정도는 자연스럽게 이루어졌을 것이다. 좀 냉소적으로 말하자면 한러 양국은 있으나 마나한 외교관계를 유지하고 있는 셈이다. 2024년의 교역 규모를 보면 7월까지 양국 교역액은 66억 달러에 불과하다. 전년 같은 기간에 비해 35%가 감소한 액수다. 서방의 대러시아 제재에 한국이 동참하고 있기 때문이다. 양국의 협력관계가 잠재력에 미치지 못하는 상황의 이면에는 앞서 말한 구조적인 이유들이 있다. 한반도 분단 상황이 그 하나고 한러의 교류가 아직 그다지 활성화되지 않은 상황이 다른 하나다. 분단 상황이야 그렇다 치고 한러간 교류가 아직 활성화되지 않은 상황의 이면에는 다시 두 개의 아주 중요한 요인이 숨어 있다. 하나는 앞서 여러 차례 언급한 것으로 한국인이 러시아 알기를 우습게 안다는 것이다. 미국의 똘마니밖에 안 되는 나라가 마치 자신이 미국인 양 러시아를 내리깔아보는 것이다. 그러니 아무렇지도 않게 되지도 않을 허풍이나 치고 텅 빈 말잔치나 벌이는 것이다. 그러다보니 러시아도 한국을 우습게 볼 수밖에 없다. 다른 하나는 역시 미국 요인이다. 미국의 압력이라는 것은 한국과 일본, 한국과 중국의 관계에서만 작용하는 것이 아니다. 그것은 도처에서 한국을 옥죄는 종주국의 사슬이다. 상황이 그러니 러시아와의 관계라고 미국의 사슬이 작동하지 않을 리가 없다. 한미동맹이 남북한의 통일을 자주적으로 해결하지 못하도록 규율하고 있는데 남북러 3각 협력을 가만히 놔둘 리가 어디 있겠는가. 한미동맹이라는 굴레는 남북한을 영구히 분단시키고 한일관계를 지배하며 한중관계를 오염시킴과 동시에 한러관계를 더 이상 성장하지 못하도록 억누르고 있는 것이다. "양철북"의 오스카가 나치의 확산이 초래하는 성인들의 추악한 현실을 거부하고자 지하 창고로 몸을 던져 성장을 멈추었듯이 한러관계는 한미동맹의 어둡고 습한 지하실에 갇혀 몸부림치며 헤어나려다가 스스로 포기하고 주저앉은 꼴이 되고 있는 것이다.

2018년 8월이면 남북의 통일 기운이 한반도 상공을 덮기 시작할 때였다. 그 두 달 전 트럼프와 김정은이 싱가포르에서 만나 정상회담을 가졌지 않은가. 그러나 북한에 대한 경제제재는 여전히 그대로였고 오히려 제재대상 기관과 기업이 계속 늘어가는 상황이었다. 제재는 유엔차원에서 결의되기도 했고 미국정부 독자적인 제재는 별도로 시행되고 있었다. 8월 21일 미국 재무부는 블라디보스토크에 본사를 둔 러시아 해운회사 구드존(Gudzon)과 화물선 세바스토폴을 제재목록에 올렸다. 선박 대 선박 방식으로 공해상에서 북한에 정제유 제품을 불법으로 전달함으로써 유엔 안보리 대북 제재 결의를 위반했다는 것이었다. 9월 29일 러시아 타스통신은 구드존 소속 세바스토폴이 부산항에서 출항 금지 통보를 받았다고 보도했다. 구드존 대표 겐나디 코노넨코는 "한국 당국이 23일 세바스토폴을 방문해 항해 관련 서류를 확인하고 선박을 검색했으며 선원들을 상대로 북한과의 거래에 대해 신문했는데, 당국은 선박이 북한에 입항한 적이 없으며 북한과 아무런 관련이 없다는 결론을 내린 바 있다"고 말하면서 이번 억류조치는 다분히 정치적인 것이라고 주장했다. 정확히 맞는 말이었다. 세바스토폴은 8월 13일 수리를 위해 부산항에 입항했다. 그러나 수리가 완료된 후에도 세바스토폴은 자체 사정으로 출항을 미뤄왔었다. 그 사이에 미국은 8월 21일 이 선박을 독자제재 대상으로 지정했고, 그로부터 한 달이 지나 한국정부는 관련 조사를 진행하다 9월 28일 출항 보류 조치를 취한 것이다. 한국 당국이 9월 23일 자체 조사한 결과 문제가 없다고 결론을 내렸으면 출항 보류 조치를 취하면 안 되었던 것이다. 러시아 정부는 10월 1일 주러시아 한국대사 유윤석(가명)을 불러 세바스토폴의 억류 해제를 요구하며 항의의 뜻을 표했다. 한국정부는 다음 날 세바스토폴의 출항 보류 조치를 해제했다. 그 후 10월 4일 러시아 타스통신은 구드존사 공보실을 인용하며 "한국 포항항만 수속 대행사 네 곳으로부터 우리 회사 소속의 모든 선박이 한국 당국의 블랙리스트에 올랐으며 모든 한국 항구로의 입항이 금지됐다는 통보를 받았다"고 보도했다. 이에 대해 한국 외무부는 10월 5일 사실이 아니라고 밝혔다. 또 구드존 대표 코노넨코도 같은 날 타스 통신에 "부산 주재 우리 총영사관에서 전화를 걸어와 입항 금지 조치는 없으며 우리 회사 선박들이 한국 항구로 입항할 수 있다고 알려왔다"고 밝혔다. 이 사건의 배후에는 물론 미국의 CIA가 있다. 에이전시는 때에 따라서는 구태여 한국 외무부나 대통령실을 통할 필요가 없이 해당 당국을 직접 접촉해 자기가 원하는 조처를 취하도록 "지시"할 수가 있다. 세바스토폴에 대한 조사 지시는 한국정부를 통해 취한 조치였다. 미국이 제재 목록에 올린 배가 지금 부산항에 있으니 조사하라는 지시였다. 미국으로서도 세바스토폴의 소재를 파악하는데 시간이 걸리다보니 뒤늦게 알고 한국정부를 움직였던 것이다. 그러나 혐의가 발견되지 않았는데도 CIA는 한국정부에 러시아 배를 계속 묶어두라고 지시한 것이다. 어떻게라도 꼬투리를 잡아보려는 심산이었다. 한국정부로서는 난처한 일이었다. 그러다가 러시아 정부의 항의를 듣자 한국정부는 CIA에 내가 당신 때문에 망신당하지 않았냐고 우는 소리를 하면서 억류 조치를 해제했던 것이다. 그 후 포항항만 수속 대행사 네 곳의 잘못된 얘기는 그들이 진짜 잘 못 알고 그런 말을 한 것이 아니었다. 그것은 CIA가 고용하는 다양한 채널의 하수인들이 목에 힘을 주고 다니면서 일선 업체들한테 고압적인 자세로 말하는 과정에서 탄생한 거짓 사실이었다. 하수인들은 이런 식으로 얘기하고 다녔을 것이다. "거 구드존 배들이 여기 들어올 수 없도록 미국이 벼르고 있는데 그거 해결하려면 당신들 나한테 뭘 해야 하는지 알고 있지 않나?" 한미동맹의 튼튼한 네트워크는 깡패 세계까지도 다 아우르는 폭넓은 세계인 것이다. 2019년 3월 포항항에서 미국의 제재목록에 오른 구드존 소속의 또 다른 화물선 파르티잔이 한국 업체들의 연료 공급 거부로 발이 묶였다가 출항하는 일도 있었다. 러시아에게 한국은 미국의 CIA에 휘둘리는 그런 나라다.

소심하다고 해서 반드시 우유부단한 것은 아니다. 라스콜리니코프가 우유부단했으면 노파를 죽이지 못했고 그랬으면 인류의 명작이 탄생하지도 않았을 것이다. 드미트리 카라마조프가 죄를 뒤집어쓰기로 결단을 내리지 못했다면 고통을 통해 스스로를 정화하려는 러시아인 특유의 정서가 그토록 아름답게 형상화되지도 않았을 것이다. 라스콜리니코프와 드미트리의 결단은 비록 그것이 충동적인 점이 있었다고 비판할 수는 있을지언정 그들의 생각과 믿음하고는 완전히 동떨어진 정신착란의 결과였다고 비난할 수는 없는 것이었다. 그들은 바람직하지 않은 인간으로 성장한 자신을 구원하고자 오랜 시간을 방황하고 고민하다가 드디어 결단을 내린 것이었다. 그 결단이 확신에 찬 것은 아니었지만 그 길밖에는 자신을 구원할 방법이 없다는 결론이 나온 다음이었다. 그들이 그런 엄청난 결단을 내렸다고 해서 그들의 소심함이 어디 다른 곳으로 간 것은 아니었다. 그들은 언제나 마음속으로 자신이 없었다. 무슨 행동을 하더라도 내가 과연 제대로 한 것인지 확신에 차 있는 것은 아니었다. 그러다가 결단을 못하기도 했지만 그렇다고 언제까지나 결단을 내리지 못하는 것도 아니었다. 뒤에 얘기할 조선에서의 우유부단은 전자의 사례였다. 소심해서 결단을 못 내린 것이다. 한 두 번의 경우 말고는 러시아의 행동이 대부분 후자의 경우에 해당된다. 수줍어하면서도 무서운 결단을 내리는 경우 말이다. 이때 러시아인의 소심함은 공격적 상황에 가려져 보이지 않게 된다. 1991년 소련에서 독립한 조지아가 2008년 러시아 영토를 침공하는 일이 벌어졌다. 비유하자면 분가한 아들놈이 애비의 집에 쳐들어온 꼴이었다. 녀석은 일단 일을 저지르면 친구가 무조건 도와줄 것으로 판단했다. 레닌에 이어 소련을 소련답게 만든 장본인이 위대한 조지아인 이오세브 주가슈빌리였다. 그는 청년시절에 강철이라는 의미를 가진 자신의 가명 "스탈린"을 본명으로 쓰기 시작했다. 스탈린이 소련의 지도자로 군림했고 나중에 조지아인 셰바르드나제가 1985년 고르바초프 정권 출범 후 소련 외교장관이 되기도 했지만, 조지아인의 마음은 늘 독립국 조지아를 세우는 일로 가득 차있었다. 그들은 소련의 속국으로 살고 러시아어를 공용어로 썼지만 그들에게는 조지아어와 조지아 문자가 따로 있었다. 1991년 12월 26일 소련 최고평의회의 선언으로 소련

연방이 공식적으로 해체되지만, 조지아는 그 이전인 4월에 이미 독립을 선언했다. 독립을 되찾은 조지아는 급격하게 친미로 방향을 정하고 매진하기 시작했다. 그리고 2008년 사고를 친다. 북쪽 러시아 국경 쪽에 조지아 영토 안으로 반달처럼 파인 남 오세티아라는 자치구역이 있다. 이곳은 예로부터 조지아하고 오세티아가 서로 영유권을 주장하는 분쟁지역이었다. 오세티아는 러시아의 자치령이었다. 소련의 붕괴 직전에 남 오세티아는 소련이 붕괴되면 조지아의 영향력에서 벗어나 독립할 채비를 차리고 있었다. 이에 1991년 1월 조지아군이 남 오세티아의 수도 츠힌발리를 침공하면서 전쟁이 일어났다. 소련이 붕괴한 후에도 전쟁은 이어졌다. 1992년 봄이 되면서 러시아가 전쟁에 개입하면서 상황이 격화되었다. 전쟁이 걷잡을 수 없게 커지자 과거 소련의 외교장관이던 셰바르드나제 대통령은 6월말 전쟁을 중단하기로 결정했다. 러시아는 남 오세티아에서 군대를 전면적으로 철수하면서 그 대신 유엔과 합의 하에 평화유지군으로 수십 명 수준의 병력을 남겨놓고 있었다. 2008년 8월 8일 조지아가 이곳을 병합해 버리려고 무력으로 침공하는 일이 일어난 것이다. 조지아는 일이 벌어지면 미국이 무조건 도와주리라고 믿고 일을 벌였다. 러시아가 조지아의 침공에 대규모 병력을 동원해 즉시 반격을 가하자 조지아 군은 사흘을 버티지 못하고 항복하고 만다. 조지아가 남 오세티아를 급습하는 날, 지구 반대편에서는 베이징 올림픽이 열리고 당시 러시아 총리 푸틴과 미국 대통령 부시가 개막식에 참석하고 있었다. 개회 식장에서 푸틴은 부시를 옆으로 불러내 조지아의 도발에 대해 러시아가 즉각 전쟁을 개시했다고 통보했다. 미국은 조지아를 도와줄 생각이 처음부터 없었다. 미국을 믿고 무모한 전쟁을 일으킨 조지아는 국제적인 웃음거리가 됐다. 러시아의 무서운 결단을 과소평가한 조지아였다. 조지아는 러시아가 미국의 눈치를 보면서 조지아에 손을 못 대겠거니 생각했다. 남 오세티아는 아직 국제적으로 완전히 승인받지는 못했지만 독립국이 되었다.

조지아의 영향권 아래에서 신음하던 남 오세티아를 구해준 것처럼 340여 년 전 러시아가 다른 민족을 구해준 일이 또 있었다. 우크라이나 태생 러시아 소설가인 니콜라이 고골리가 1835년에 출간한 소설 "대장 불리바"는 타라스와 그 두 아들이 적에 대항해 자신들의 종족을 지켜내기 위해 벌이는 투쟁을 그린 소설이다. 타라스의 종족은 지금의 우크라이나 땅에서 살던 소수 민족 코사크족(Cossacks)이다. 코사크는 러시아어로 카자끼라 하기 때문에 간혹 혼동이 생기는데, 지금 카자흐스탄 민족하고는 전혀 다른 사람들이다. 코사크족은 14세기 말부터 드네프르 강변에 모여들어 부락을 형성하거나 돈 강변에 군락을 형성하기 시작한 민족인데, 16세기 초경 그 세력이 크게 강해지면서 그 두 개 부락이 요새화되었다. 당시 우크라이나 지역은 16세기 중엽에 형성된 폴란드-리투아니아 연합 왕국의 관할권이었기 때문에, 드네프르 코사크족도 이 왕국의 지배를 받아야 했다. 그들은 용맹성을 인정받아 폴란드왕의 용병으로 혁혁한 공을 세우기도 했다. 하지만 "코사크"라는 말이 "얽매이지 않는 자들"이라는 뜻인 만큼 이들은 폴란드-리투아니아 연합 왕국에게 자치권과 귀족 지위를 요구한다. 폴란드-리투아니아 왕국은 이를 받아들이지 않고 오히려 코사크들을 복속시키려 했다. 그러나 전투를 남자의 의무이자 영광으로 여기는 이들로서는 순응이란 있을 수 없었다. 그리하여 드네프르 코사크를 복속시키려는 폴란드-리투아니아 왕국의 숫한 시도는 실패로 돌아가고, 코사크족은 17세기 중반부터 일으킨 일련의 반란을 거쳐 급기야 1654년에는 정식으로 폴란드-리투아니아 왕국의 관할로부터 벗어나 러시아 차르에 충성을 다짐하고 준독립적인 민족으로 살아간다. 폴란드는 1648년 우크라이나 지방에서 살던 코사크족이 반란을 일으키기 전까지는 유럽에서 가장 큰 영토와 인구를 가진 최강대국이었다. 오스만 터키와 스페인만이 폴란드와 견줄 수 있는 나라들이었다. 1648년 코사크 추장 흐멜니츠키 지휘 아래 코사크족과 우크라이나인들이 대대적인 봉기를 일으킨다. 흐멜니츠키가 바로 대장 불리바의 실제 모델이었다. 1651년 정부군은 코사크 봉기를 대부분 평정한다. 그러나 흐멜니츠키의 봉기를 러시아가

지원하자 코사크인들은 러시아를 받들기로 맹세한다. 그 후 1654년 러시아가 드네프르 코사크가 사는 지역을 러시아로 병합하자 폴란드와의 전쟁은 불가피한 것이 되었다. 13년의 전쟁이 이어졌고 결과는 러시아의 대승이었다. 당시 러시아 차르 알렉세이는 무슨 일이 있어도 드네프르 좌안 지역[26]의 병합을 사수한다는 단호한 자세를 취했다. 코사크족의 반란에서부터 러시아 전쟁이 끝날 때까지 20년 동안의 기간은 폴란드에 크나큰 국력손실을 가져왔다. 같은 시기에 스웨덴의 침공도 있었다. 유럽 최강이었던 폴란드는 우크라이나 지역의 반을 러시아한테 빼앗겼고, 인구는 전보다 1/3이 줄었다. 폴란드는 강대국으로서의 위상을 잃었고, 그 후 130년 동안 주변 국가들의 동네북 신세를 겪다가 결국 나라를 잃게 된다. 18세기 말 러시아가 주도한 삼차에 걸친 폴란드의 분할로 폴란드는 없어졌고 우크라이나 전체가 러시아의 수중에 떨어진 것이다. 러시아의 영토 확장에 대한 무서운 집념이었다. 한편 돈 강변에 군락을 형성한 돈 코사크는 16세기 말부터 러시아 차르국과 동맹을 맺고 러시아의 자치령으로 편입되며 그들의 일부는 극동의 시베리아로 이주해 러시아의 시베리아 정복에 협조했다. 그들이 17세기 중엽부터 청나라와 마찰을 빚게 된 나선인이었고, 조선과 청나라 연합군이 그들을 물리친 일이 있었다. 나선(羅禪)은 러시아를 한자로 음역한 것이었다. 그러니까 조선인이 처음 만난 러시아인은 지금 우크라이나에서 사는 코사크인들과 같은 사람들이었던 것이다. 2008년의 남 오세티아를 두고 벌인 조지아와의 일전 역시 러시아가 한 번 단단히 마음을 먹으면 얼마나 무서운지를 보여준 사건이었다. 그런 러시아에게는 미국도 함부로 할 수 없는 것이다. 그런 러시아에게 피라미 조지아가 덤벼들었다니 우습지도 않은 일이었다.

하지만 러시아에게는 소심해 결단을 못 내린 일이 조선 말고도 한 번 더 있었다. 러시아가 혁명을 거쳐 소련으로 거듭난 후의 일이었다. 폴란드가 소련의 도움을 더 이상 간절히 원할 수가 없었을 때 소련은 손길을 뻗어주지 않았다. 1939년 9월 1일 독일이 폴란드를 침공하면서 2차 세계대전이 시작됐다. 독일 기계화 부대와 압도적인 화력 앞에 폴란드는 미처 지휘계통을 추스를 겨를도 없이 무너져갔다. 한 달도 채 못 가 바르샤바와 대부분의 폴란드 지역이 점령되었다. 전쟁 직전에 체결된 독-소 불가침 조약에 따라 소련의 붉은 군대도 9월 17일 진격해서 폴란드 동북부 지역을 점령했다. 소련과 독일의 이런 협력은 2년 동안이었다. 공산주의를 원수로 아는 나치가 이제 본색을 드러내고 1941년 6월 소련을 전격적으로 공격하면서 2차 세계대전의 양상이 바뀌게 된다. 독일과 사이좋게 폴란드를 나누어 먹은 소련이 이제는 미국, 영국과 함께 독일에 맞서 싸우는 연합국이 된 것이다. 해가 갈수록 독일의 패색은 짙어져 갔다. 소련 침공이 실패로 돌아가고 미국이 가담한 연합군이 대대적으로 반격을 가해오면서 독일군은 모든 전선에서 수세로 몰린다. 1944년 7월 25일에는 소련군이 패주하는 독일군을 쫓아 바르샤바에서 100킬로 떨어진 푸와비 지역까지 밀고 온다. 소련군이 바르샤바로 진격하는 것은 시간 문제였다. 이 때 게릴라 활동을 하던 폴란드 군이 바르샤바로 속속 모여들어 자력으로 수도 탈환계획을 세운다. 런던에 소재한 폴란드 망명정부도 가세한다. 폴란드 독립이 눈앞에 보이는 듯 했다. 이제 폴란드 국민들이 "바르샤바 봉기"를 일으켜 독일군을 내몰아 버리기만 하면 되는 듯 했다. 그러나 망명정부의 계획은 치밀하지 못했다. 소련이나 연합군 측과 협상도 제대로 진행시키지 못했고 국내 게릴라 군과 체계적인 지휘 라인도 세우지 못한 상태였다. 이런 어설픈 상황에서 1944년 8월 1일 폴란드 국내군과 바르샤바 시민들이 자체적으로 봉기를 시작한다. 8월 1일 봉기에 참가한 사람은 국내군 2,500명을 포함해 총 4만여 명이었다. 하지만 체계적인 연락망이 제대로 갖추어져 있지 않았다. 거사 약속시간 2-3시간 전에 한 지역에서 천여 명이 먼저 공격을 개시하는 바람에 나머지 참가자들은 준비도 안 된 상태에서 부랴부랴 봉기를 앞당기게 되었다. 그래도 처음에는 봉기군이 우위에 서는 듯 했다. 바르샤바 거리의 모든 창문에서 독일군을 향해 총탄이 빗발쳤고 독일군 트럭과 장갑차에 화염병이 날아들었다. 독일군은 급작스런 공격에 당황했고 봉기 3시간 만에 바르샤바의 대부분이 봉기군 수중에 떨어졌다. 봉기군은 폴란드 국기를 상징하는 흰색과 붉은색이 그려진 완장을 차고 다녔다. 바르샤바 거리엔 며칠 동안 나치 깃발 대신 폴란드 국기가 펄럭였다. 하지만 이런 상황이 오래 가지는 못했다. 소련군의 바르샤바 진격에 대비해 1만 5천 명에서 4만 명으로 미리 병력과 무기를 보강시켰던 독일군은 기습적인 봉기가 시작된 나흘 뒤부터 전열을 가다듬어 대대적인 반격을 시작한다. 독일군의 무자비한 공격으로 첫날에만 38,000여명의 바르샤바 시민들이 목숨을 잃었다. 봉기군과 바르샤바 시민들에게 무차별적으로 총탄과 포탄이 퍼부어졌으며 독일 폭격기가 매일 엄청난 양의 포탄을 투하했다. 봉기군의 저항이 강한 시가전에서는 여자와 아이들을 전차에 묶어 인간방패로 썼고, 하수구로 피해 들어가 저항하는 봉기군에게는 휘발유와 화염 방사기로 공격을 했다. 8월의 더운 날씨에 시체들은 썩어 들어갔고, 아름답던 바르샤바 건물들은 전부 무너져 내렸다. 전기와 수도는 끊기고 전염병까지 나돌았다. 연합국과 소련군의 보급품 지원도 거의 없는 상황에서도 봉기군은 포기하지 않았다. 하지만 소총 하나로는 건물을 하나하나 폭파시키고 화염방사기로 지지고 들어오는 독일군에게 더 이상 버틸 수는 없었다. 소련군은 바르샤바 강 건너에 주둔하고 있었다. 봉기군은 지척에 있던 소련군이 바르샤바로 진격해 올 것으로 기대했었다. 그러나 소련은 폴란드인들의 처절한 죽음을 강 건너 불구경하듯 바라볼 뿐이었다. 바르샤바 봉기가 공산주의 확산에 별로 도움이 될 것 같지 않다고 판단해 끝까지 봉기군을 지원하지 않았다고는 하지만, 내가 볼 때 독일을 물리칠 자신이 없었던 것이다. 러시아인의 특징인 그 놈의 수줍음이 하필이면 그 때 고개를 바짝 쳐든 것이다. 10월 2일 마침내 봉기군이 무릎을 꿇는다. 바르샤바 봉기군은 독일 친위대장군 폰 뎀 바흐 앞에 항복한다. 봉기가 시작된 지 63일 만이었다. 폴란드인 20만 명이 목숨을 빼앗기고 바르샤바의 거의 모든 건물이 잿더미로 변한 뒤였다. 봉기군이 애타게 기다리던 소련군은 석 달이 지난 1945년 1월 7일 모든 건물이 무너진 인적 없는 바르샤바에 무혈 입성한다. 독일군은 이미 퇴각한 뒤였다. 그 이후로 폴란드는 러시아를 용서할 수 없는 철천지원수로 여긴다. 러시아는 너무도 단호하고 무자비하게 폴란드를 결단냈고, 같은 나라라는 것을 믿을 수 없을 만큼 너무 자신이 없어 수렁에 빠진 폴란드를 구해주지 못한 나라였다. 러시아의 두 상반된 얼굴을 이해하지 못한다면 러시아 외교는 망하고 만다. 뒤에 나오지만 러시아에서 근무하면서 러시아어를 공부하려고 시도하지도 않았던 사람을 러시아 주재 대사로 임명하는 정부에 과연 러시아 외교의 의사가 있었는지 도무지 알 길이 없다. 그 나라의 언어를 습득하려는 노력도 안 하는 자가 러시아 같은 복잡 미묘한 나라와 국민들의 마음을 어떻게 읽는다는 말인가. 그 인물이 내가 1장과 이 챕터의 서두에 언급한 그 당시의 외무차관이다.

   내가 경험하기로 러시아 사람들은 의외로 소심하고 수줍음을 많이 타며 지나칠 정도로 예의가 바르다. 의외인 이유는 우리가 러시아 사람은 그렇지 않을 것이라는 선입견을 가지고 있기 때문이다. 미국에 대립하는 나라의 사람을 무자비한 악인으로 그리려는 무의식 때문일 것이다. 그러나 러시아인은 진짜로 부끄러움을 많이 탄다. 국제회의장에 가보면 러시아 대표는 여간해서는 발언을 하지 않거니와 어쩔 수 없이 하게 되면 얼굴이 홍당무가 되고 목소리는 가늘게 떨리기 십상이다. 러시아 소설을 보면 주인공들이 전부 소심하고 착하기 짝이 없다. 라스콜리니코프는 파리 한 마리 죽이지 못하는 친구였다. 빈곤과 고독에 억눌린 그는 빈 방에 앉아 긴 사색 끝에 그만의 초월사상을 발전시킨다. 그는 인류가 나폴레옹과 같은 선악을 초월한 비범한 소수의 인간과 인습과 도덕에 얽매인 벼룩과 같은 다수의 인간으로 나뉘어 있다고 생각한다. 그리고 그는 자신이 전자에 속한다는 것을 스스로 입증하기 위해 한 마리의 벼룩에 불과한 비정한 고리대금업자 노파를 도끼로 살해한다. 수줍어하고 착하디착한 그였지만 초월자가 되기 위해서는 초인적인 단호함을 보인 그였다. 물론 그는 정신적으로 분열된 인간이었다. 그의 이름 속의 라스콜이라는 말이 분열이라는 의미를 가지고 있다. 그가 정신적인 분열상을 극복하고 다시 착한 모습으로 돌아오는 과정이 소설의 플롯이다. 드미트리 카라마조프는 아버지를 살해하지 않았지만 마음속에 아버지를 죽이고 싶은 생각이 있었음을 인정하고 흔쾌히 유죄 판결을 수용하고 시베리아 유형을 떠난다. 실제로 아버지를 죽인 자는 서자 스메르자코프였다. 간질 환자인 그는 집에서 하인으로 일하면서 아버지로부터 받는 구박 때문에 아버지를 증오하고 있었다. 그는 무신론자인 차남 이반에게 자신의 범행을 털어놓으며 이반이 늘 하던 말, "신만 없다면 모든 것이 허용된다"라는 말이 자신의 범행을 부추겼다고 말하고 자살한다. 막내아들 알료샤는 독실한 신앙인으로서 그의 순결한 마음은 항상 타인에 대한 무한한 사랑과 동정으로 가득 차있다. 러시아인의 소심함이 성격의 우유부단함으로 연결되는 것은 아니지만 조선인과의 첫 만남에서는 그 둘이 교묘하게 연결되고 있었다.

16세기 말 러시아는 극동 시베리아로 팽창을 시작했다. 앞서 간략히 언급했지만 이에 따라 자유로운 영혼의 소유자 코사크인들이 대거 동쪽으로 이주해 왔다. 드네프르 강과는 달리 원래부터 러시아 영토였던 돈 강 유역에서 살던 사람들이었다. 17세기 중엽에 이들이 청나라와의 국경 지역으로 진출하면서 마찰을 빚게 되었다. 1654년과 1658년 사이에 조선은 이들의 분쟁에 휘말린다. 청의 만주지방에 위치한 헤이룽장성 지역에서 조선군과 청나라 연합군이 나선인들을 물리쳤다. 그것이 조선과 러시아의 첫 만남이었다. 우리는 그것을 나선정벌이라 부른다. 조선 효종 때 일이었다. 그 후 1860년 청과 러시아가 조약을 맺고 러시아가 연해주 지방을 차지한 이후로 조선은 러시아와 국경을 마주하게 되었고 자연히 접촉이 빈번해졌다. 다른 유럽 국가들과는 달리 러시아는 조선에 불평등조약을 강요하지 않았다. 그들은 다른 나라들과 조선에서 경쟁할 수는 없다고 보았고 소박하게 조선과의 수교를 원하고 있었다. 그들에게는 극동 부동항을 통한 태평양 진출로 개척이 가장 큰 관심사였기 때문에 조선을 전략적으로 중요하게 생각하고 있었다. 그러니 그들은 조선이 다른 나라들과 수교하는 경우 조선에서 러시아가 그들 국가들과 충돌할 수밖에 없다고 생각하고 조선의 개방을 반대했다. 하지만 언제까지 막을 수는 없는 일이었다. 1870년대에 러시아가 신장지역을 병합하는 일이 일어나 청러관계가 극히 악화되었다. 청의 실력자 리훙장(李鴻章)은 일본에 있는 외교관 황쭌셴(黃遵憲)을 시켜 "조선책략"(朝鮮策略)이라는 보고서를 작성해 김홍집을 통해 조선정부에 전달하게 했다. 이는 조선에서 러시아를 엿 먹이기 위한 것이었다. 1880년의 일이었다. 보고서는 조선이 "친청국 결일본 연미국(親淸國 結日本 聯美國)"해야 하며 러시아가 조선을 침략하기 일보 직전에 있다고 경고했다. 이 보고서로 조선은 러시아를 경계하기 시작했다. 하지만 임오군란이 발발한 후 청이 조선의 내정에 지나치게 깊이 개입하자 조선의 러시아에 대한 인식은 바뀌기 시작했다. 임오군란은 조선이 진작 멸망했어야 한다는 것을 여실히 보여준 엉망진창의 난리였다. 일 년 넘게 봉급을 받지 못한 구식군대가 반란을 일으키자 실각했던 흥선대원군이 복직해 사태를 수습하려는데 민비가 청나라에 파병을 요청하고 청나라가 파병하자 일본도 병력을 보낸다. 청은 대원군을 체포해 톈진으로 압송하고 일본은 자국 재산의 피해를 구실로 제물포조약이라는 불평등 합의서를 강요해 맺는다. 조선에 양국 군대가 나란히 진주하기 시작했다. 1882년의 일이었다. 이어 청은 조선이 청의 속국임을 명문화하기까지 했고 조선에서는 반청의식이 고개를 들기 시작했다. 고종은 러시아와의 수교를 생각하기 시작했다. 임오군란 후에 사죄사절로 일본에 가 있던 김옥균과 박영효는 청나라의 내정 간섭을 깨기 위해서는 러시아와의 조약 체결이 필요하다고 생각해 일본에 있는 러시아 공사관을 방문해 그들의 생각을 러시아 정부에 전달해 달라고 부탁하기도 했다. 1884년 초 러시아 정부는 톈진주재 러시아영사 베베르에게 조선과 조약을 체결하도록 지시했다. 그리고 7월초 조선과 러시아는 수호통상조약을 체결했다. 그 해 말 김옥균과 박영효는 일본의 지원을 받아 쿠데타를 시도하지만 3일천하로 끝나고 만다. 그 직후 일본에 있던 후쿠자와 유키치가 실망감과 오만

함으로 뒤엉킨 인식론을 깔고 아시아 탈피론을 썼음은 앞에서 얘기했다. 이제 러시아는 조선의 정치무대에 청, 일본, 미국, 영국 등과 함께 당당히 서게 되었다. 하지만 조선에 나란히 군대를 주둔시킨 청과 일본의 무력충돌은 시간문제일 뿐이었다.

러시아와 관련해 한국인에게 가장 친숙한 사건이 그 12년 후에 일어난다. 1896년 고종 때 일어난 아관파천이라는 해괴한 일이었다. 아(俄)는 당시 러시아의 중국식 표기인 아라사(俄羅斯)의 머리글자다. 관(館)은 공사관(公使館), 지금으로 말하면 대사관을 말한다. 파천(播遷)이라는 단어는 임금이 도성을 떠나 난리를 피하는 일을 이르던 말이다. 그러나 고종은 한양 도성을 벗어나지는 않았다. 치외법권 지역인 외국 대사관으로 피난한 것이다. 정확히 말하자면 아관망명(俄館亡命)이다. 파천은 친일파들의 용어였다. 왕이 쥐새끼처럼 러시아 대사관에 숨었다는 뜻으로 쓰는 말이었다. 일본과 그 앞잡이 친일파들은 그 네 달 전 민비를 살해했다. 이 사건은 을미사변이라고 불린다. 1894년 청일전쟁에서 승리한 일본은 경복궁을 점령하고 조선정부에 친일내각을 앉혔다. 이에 그동안 러시아와 우호적인 관계를 유지해온 고종과 민비는 러시아를 통해 일본을 견제할 목적으로 러시아 공사 베베르를 자주 불러 양국의 협력을 논했다. 그들은 박영효 등의 친일내각을 축출하고 이완용을 중심으로 한 친러 관료들을 중용한 내각을 꾸렸다. 박영효는 민비를 암살할 계획을 세우고 일본의 도움을 요청했다. 그러나 동료 친일파 유길준이 이를 고종에게 밀고하면서 그는 일본으로 도주한다. 임오군란이나 갑신정변이나 그 전후 사건의 전개는 조선이 망하지 않으면 안 되는 최고 수준의 난맥상을 보여준다. 일본의 퇴역 육군 중장 미우라 고로가 새로이 공사로 부임하면서 사태가 급진전된다. 일본은 박영효의 계획을 실천에 옮기기로 마음을 먹었다. 1895년 10월 3일 일본 공사관 지하실에서 황후 암살 계획이 짜여졌다. 동원된 40여명의 낭인들은 몰락한 사무라이 출신자였다. 우범선과 이두황 등 조선인 군인들도 포섭됐다. 작전명은 "여우사냥", 10월 8일 새벽 시간이었다. 흥선대원군이 대기하고 있는 경복궁으로 암살대가 난입했다. 그리고 황후가 거처하는 건청궁을 향해 돌격했다. 불길한 낌새를 느낀 고종이 미국과 러시아 공관으로 사람을 보내 도움을 요청했다. 미국인 교관의 지휘를 받는 조선군 수비대가 암살대에 맞섰지만 순식간에 무너졌다. 우범선이 황후의 얼굴을 확인해주자 낭인들은 칼로 황후를 난자한다. 그들은 상처를 입은 황후를 알몸으로 만든 다음에 국부검사를 하고 기름을 뿌려 불을 붙였다. 아침 6시경이었다. 여우사냥이 완료된 것이다. 사건이 일어난 후 고종은 일본과 친일 세력에 의해 경복궁에 감금당한다. 언제 자신도 죽임을 당할지 모르는 일이었다. 그는 11월 말 미국 공사관으로 도망가려다 실패한다. 그로부터 한 달여 후에 성공한 도망이 아관망명이다. 1896년 2월 초 러시아 황제 니콜라이 2세가 조선왕실 보호를 위해 해군 파견을 승인한다. 이에 따라 인천항에 들어온 어드미럴 코르닐로프 호에서 2월 10일 중무장한 러시아 수병들이 상륙해 러시아 공사관을 경비하기 시작한다. 그 다음 날 러시아 해군의 호위 하에 고종과 그 아들이 여장을 하고 러시아 공사관으로 망명했다. 망명 첫날 고종은 총리 김홍집, 외교 김윤식, 내무 유길준 등 친일파를 해임하고 유길준 등을 체포하도록 명령했다. 유길준과 우범선은 일본으로 도주했다. 김홍집은 군중에게 살해되었다. 고종은 1896년 5월 말에 행해진 니콜라이 2세의 대관식에 민영환을 특사로 파견했다. 민영환은 니콜라이 2세를 알현하고 고종의 친서를 전달했다. 고종은 왕실 호위 목적의 러시아 군대 파견, 군사 훈련 교관 파견, 3백만 엔의 차관 제공, 양국간 육상 전신선 가설 등을 요구했다. 군대 파견 말고는 대부분 성사되는 일들이었다. 러시아는 조선의 요청에 따라 재정, 군사 고문단 파견과 조러은행 개설 등을 통해 조선에 대한 영향력을 키워나갔다. 대신 그들은 탄광 채굴권, 삼림 채벌권, 그리고 인프라 시설 설치권 등 이권을 따냈다. 고종은 궁궐을 방어할 호위군이 갖춰지자 1897년 2월 20일에 경운궁으로 환궁했다. 러시아 공사관에서 300미터도 안 되는 거리다. 지금은 덕수궁이다.

왜 러시아는 넝쿨째 굴러 들어온 호박을 제대로 차지하지 못했던 것일까? 러시아 입장에서 조선 왕과 왕세자가 스스로 자기의 공관으로 도망쳐 온 사건은 조선을 수중에 넣을 절호의 기회가 아닐 수 없었다. 그리고 그들은 해군 호위함까지 파견하면서 미리 준비해 고종을 망명하도록 돕지 않았는가. 그랬으면 고종이 공관에 기거하면서 국정을 본 일 년이라는 기간 동안 치밀하게 작업을 해 조선을 러시아의 식민지로 삼으려 했어야 하지 않았겠냐는 말이다. 그러나 러시아는 전혀 그런 시도를 하지 않았다. 그들은 고종이 하루라도 빨리 환궁하도록 등을 떠밀기까지 하는 모습을 보이고 있었다. 따져보자면 이유는 있었다. 러시아는 일본과의 사이에 신사협정이 있었다. 일본이 청을 무찌르고 전쟁에서 승리하고 시모노세키 조약을 체결해 요동반도를 차지한 일주일 후 러시아가 주동해 일본에 주재하고 있던 러시아, 프랑스, 독일의 대사들이 일본의 외무차관 다다스를 만나 요동의 반환을 요구했다. 일본은 혼자 세 나라와 대결할 수 없다고 생각하고 일단 그들의 요구를 받아들였다. 러시아는 삼국간섭의 대가로 청으로부터 만주 동청철도 부설권을 따냈다. 그리고 1898년에는 요동 반도 남단의 뤼순, 다롄의 조차에 성공했다. 삼국간섭으로 러시아에 앙심을 품은 일본은 언젠가는 본때를 보이겠다고 벼르고 있었지만, 속마음을 숨기고 러시아와 대화를 가졌다. 두 나라 사이에는 만주에서는 러시아의 우선권을 일본이 인정하고 조선에서는 일본의 우선권을 러시아가 인정한다는 식의 암묵적인 합의가 형성되었다. 그러다가 러시아가 사주한 고종의 망명사건이 일어나자 일본은 뒤통수를 맞았다고 생각하고 러시아를 가상의 적으로 간주하여 군비확장을 서두르기 시작했다. 두 나라 사이의 갈등은 언제 터져도 터질 일이었다. 고종이 러시아 공관에 들어간 후 러시아와 일본은 두 번에 걸쳐 비밀 합의를 보았다. 1896년 5월 중순 우선 조선에 있는 두 나라 공관의 공사끼리 각서를 체결한데 이어, 러시아 황제 니콜라이 2세의 대관식에 참석한 일본의 특사 야마가타 아리토모와 러시아 외상 로바노프가 다음 달 초 모스크바에서 의정서를 체결한 것이다. 두 나라는 조선에서 공동의 이익을 취한다는데 합의했다. 1897년 2월 고종이 환궁하고 그 해 말 러시아가 뤼순과 다롄 항을 강점하고 합법적인 조차권 확보를 추구하면서 러시아와 일본은 다시 한 번 상황을 정리할 필요성을 느꼈다. 그리하여 1898년 4월 25일 도쿄에서 주일 러시아 공사 로젠(Roman Romanovich Rosen)과 일본 외상 니시도쿠 지로(西德二郎)가 만나 협정을 체결했다. 협정을 통해 일본은 러시아로부터 조선에서 일본의 경제적 이해가 크다는 것을 인정받았고, 러시아는 일본으로부터 자국의 만주 진출에 대한 일본의 이해를 확보했다. 협정의 체결로 조선에서의 러일 대립은 종식되었다. 이후 일본은 조선에서의 독점적인 지위를 확립하기 시작한 것이다. 다시 처음의 질문이다. 러시아는 왜 넝쿨째 굴러들어온 호박을 제대로 차지하지 못했던 것일까? 일본이 요동반도를 차지했을 때 보여준 결기는 어디로 간 것이었을까? 러시아가 주도한 삼국간섭으로 일본을 납작하게 눌렀고 이어 고종의 망명으로 조선에서의 러시아 지위가 드높아졌다면, 때는 이 때다 조선을 복속하고 자기의 식민지로 삼아도 무리한 일이 아니었을 텐데 왜 그러지 못했느냐는 것이다. 물론 합리적이고 논리적인 설명은 얼마든지 있다. 한 마디로 조선이 러시아의 주된 관심이 아니었다는 얘기다. 사실 러시아는 1884년 조선과 수교한 이후 10여 년 동안 조선 문제에는 무관심한 모습을 보였었다. 당시 그들의 관심은 청과 협상을 통해 시베리아의 경제 상황을 개선시키는 데에 있었을 뿐이었다. 그리고 나중에 일본과의 합의를 통해 조선에서 일본의 우선권을 인정한 것 역시 러시아의 만주에 대한 우선권을 지키기 위한 것이었다. 러시아가 극동지역에까지 국력을 집중할 수 없는 여건에서 조선은 우선순위에 밀리는 지역이었다는 것이다. 나중에 일본과의 전쟁에서 패배하는 이유 역시 극동에 자원을 투입하기 어려운 상황에 기인하는 점이 컸다고 보는 것이다. 물론 그런 식의 논리가 틀리다는 것은 아니다. 하지만 석연치 않다는 것이 나의 지적이다. 고종의 아관망명은 어디까지나 이완용[27] 등의 친러파와 러시아 공사 베베르가 사전에 치밀하게 준비한 결과였다. 그렇게 해서 니콜라이 2세가 친히 어드미럴 코르닐로프 호위함을 보낸 것이었다. 그렇다면 앞뒤가 안 맞는다. 조선이 후순위이고 일본과 충돌할 염려를 했다면 호위함을 파견하면서까지 고종의 망명을 기획하지 말았어야 한다. 고종의 망명을 적극적으로 유도하고 지원했다면 일본과의 충돌 따위야 걱정 말고 조선에서 러시아의 우선권 확보를 위해 할 수 있는 모든 것을 했었어야 한다. 그러나 러시아는 기껏 자기들이 기획해 만들어 놓은 대마포획의 마지막 수순에서 집중력을 발휘하지 못하고 헛수를 두고 말았다. 일본과 세 차례에 걸쳐 합의를 해 조선에서 일본의 기득권을 인정하고 만 것이었다. 그럴 이유가 뭐가 있었다는 말인가. 나중에 전쟁을 할 값이더라도 그때에는 최대한으로 치고 나갔어야 할 것이 아니었겠는가. 그런데 러시아가 일본의 기득권을 허심탄회하게 인정한 것도 아니었다. 러시아는 39도선 이남에서만 일본의 우선권을 인정하는 것으로 입장을 바꾸었다. 조선에 관한 러시아의 생각은 일관성이 없었다. 이랬다저랬다 도무지 종잡을 수가 없었다. 1899년 청을 받들고 서양을 멸하자는 기치를 들고 일어난 의화단이 난을 일으키자 청이 이를 이용해 1900년 6월 서양에 선전포고를 했다. 무모한 전쟁이었지만 최후의 발악이라도 해야만 했던 청이었다. 의화단과 청의 공격에 맞서 일본과 러시아 그리고 영국이 주축이 되어 연합군이 결성되었다. 싸움은 상대가 되지 않는 것이었다. 다른 지역에서는 서로 치열하게 충돌하던 서구 제국들이 중국에서는 일치단결된 모습으로 청을 완전히 무릎 꿇게 만든 것이었다. 1901년 9월 외국군의 베이징 주둔을 허락한다는 내용으로 된 신축조약이 체결되면서 전쟁이 끝나자 청은 식민 상태로 진입한다. 일치단결해 청을 누른 열강들이 다른 지역에서는 이제 다시 본연의 마찰을 빚기 시작했다. 일본은 러시아에 대해 만주에서 러시아의 기득권을 인정하는 대신 한반도에서 일본의 우선권을 확실히 인정하라고 재차 요구하고 나섰다. 그러나 러시아는 과거의 로젠-니시도쿠 합의와는 다른 입장을 표명했다. 39도선 이북은 중립지대로 유지하자는 것이었다. 일본으로서는 받아들일 수 없는 제안이었다. 전쟁만이 해결책이라고 생각한 일본은 주도면밀하게 준비를 진행했다. 일본은 러시아가 전력은 일본보다 강하더라도 7000킬로나 먼 극동에까지 대규모로 파병할 여력까지는 안 될 것이라고 생각했고 그것은 옳은 판단이었다. 1904년 2월 6일 새벽 일본 해군이 부산항에 정박한 러시아 상선을 나포하고 이틀 후 제물포에서 양국이 처음으로 교전함으로써 시작된 러일전쟁은 이듬해 1905년 5월 27일 쓰시마 해전으로 러시아 최강의 발트함대가 괴멸함으로써 종결되었다. 아관망명에서 환궁한 고종은 광무개혁을 펼치며 마지막으로 나라를 보존할 안간힘을 기울였다. 나라 이름을 대한제국으로 고쳤다. 고종은 니콜라이 2세에게 친서를 보내 일본이 전쟁을 일으킨다면 서울을 기습적으로 점령할 테니 대비하라고 요청했다. 그는 1900년 3월말 블라디보스토크와 대한해협 사이의 자유 항해를 위해 마산을 러시아의 조차지로 제안하기도 했다. 하지만 러시아는 관심이 없었다. 의화단의 난이 평정된 이후 러시아는 일본이 조만간 전쟁을 걸어올 것임을 알고 있었다. 니콜라이 2세는 주위의 사람들에게 이렇게 말하곤 했다. "짐은 우리가 대한제국을 차지하는 걸 원하지는 않소. 하지만 그렇다고 해서 일본이 차지하도록 놔둘 생각도 없소. 그건 전쟁의 원인이 될 것이오." 고종은 광무개혁과 동시에 러시아와 공조해 일본의 침략을 막아내려 했다. 그러나 독립협회와 개화파 인사들은 대체적으로 친일 반러 성향이었다. 고종이 쓸 수 있는 인재도 한계가 있었다. 갑신정변, 갑오개혁, 아관망명 사건을 거치면서 온건 개화파들이 대부분 처형당하거나 숙청당했기 때문이었다. 기껏해야 고종이 미국 공사관으로 도망치려 했을 때 도왔던 이완용 같은 인물이 전부였던 것이다. 다시 러시아의 우유부단으로 초점을 맞춘다. 환궁한 고종이 의지할 데라곤 러시아밖에 없었다. 그는 니콜라이 2세에게 도움을 요청했고 마산을 러시아의 조차지로 내어주기까지 했다. 그러나 러시아는 대한제국을 차지하는 것을 원치 않았다. 일본이 차지하도록 놔두지 않겠다고 결연한 태도를 취하면서도 막상 자기가 차지할 생각은 없다고 꼬리를 내린 것이다. 전쟁을 각오할 만큼 일본에 강경한 입장이었다면 대한제국을 먹어버리고 싸운다고 달라질 것이 무엇이었단 말인가. 일본과 맞붙어 엄청난 국력을 쏟아 넣을 계산을 했다면 그까짓 대한제국쯤이야 힘 안 들이고 복속시킬 수 있었을 것이다. 고종은 러시아에게 손짓하고 있었다. 러시아가 조선을 취했다고 일본과의 전쟁에서 더 불리하게 작용하지도 않았을 것이다. 러시아는 왜 다 차려진 밥상을 받아먹지 못했던 것일까? 답은 하나밖에 없어 보인다. 다른데 신경 쓸 일이 많아 조선을 차지할 여력이 없었다는 얘기다. 물리적으로 힘에 부쳤다는 말이다. 그러나 내가 보기에 러시아는 물리적인 힘이 부족했던 것이 아니다. 정신적으로 나약했고 소심했다는 것이 내 판단이다. 한 마디로 배포가 없었다는 것이다. 패배자의 장고라고도 할 수 있다. 에이스 세 장을 들고도 상대의 배팅 기세에 눌려 카드를 엎어 던지는 옹졸함이요 무리수를 들고 나온 상대의 바둑 전략에 주눅이 들어 바둑돌을 던져버리는 진풍경이었던 셈이다. 러시아는 그들이 조선을 안 먹으면 일본이 전쟁을 일으키지 않을 수도 있다고 생각했다. 바보가 아니고서야 어찌 그런 패배주의적인 기대를 할 수 있다는 말인가. 고종의 환궁 직후 러시아의 외교장관 로바노프의 후임으로 무라비에프가 취임하면서 러시아의 조선정책은 좀 더 적극적인 것이 되었다. 같은 해 가을 신임 공사 슈페이에르가 부임한 후에는 조선에 대한 간섭이 더욱 강화되었다. 이에 조선에서는 러시아에 대한 비판이 고조되기도 했다. 독립협회는 1898년 3월 종로에서 만민공동회를 개최해 반러운동을 전개했다. 러시아는 이에 전격적으로 조선에 대한 지위를 축소시켰다. 러시아는 군사교관과 재정고문을 본국으로 불렀고 조러은행도 폐쇄했다. 그들은 극동 정책의 핵심 목표를 만주로 국한시키면서 조선 문제와 관련해 영국과 일본과의 갈등을 피했던 것이지만, 그 정도의 반러정서를 핑계로 조선을 포기한다는 것도 앞뒤가 맞지 않는 일이다. 그로부터 몇 년 뒤에 니콜라이 2세가 일본이 조선을 차지하도록 좌시하지 않겠다고 한 말 역시 갈팡질팡하는 러시아의 속내를 보여줄 뿐이다. 나는 러시아인들이 그렇게 오락가락했던 이유가 그들의 소심함에서 나온다고 본다. 남이 자기를 바라보는 시선을 지나치게 의식하다보면 생기는 것이 소심함이요 수줍음이다. 당당함과는 거리가 있는 자세다. 스스로에 대한 자신감이 부족한 상태를 소심함이라 한다면 19세기 말 조선에서 러시아가 보인 행보는 소심의 최상급이라고 할 수 있다. 그러니 결국 일본한테 호되게 당하고 만 것이다. 라스콜리니코프는 착하기는 하지만 스스로에 대한 자신감이 없는 인물이었다. 자신의 가치와 행동에 자신이 있었더라면 자기가 비범한 소수에 속하는 사람이라고 마음을 먹기만 하면 되는 일이었다. 굳이 노파를 살해함으로써 그것을 증명할 일이 아니었다. 그런다고 증명되지도 않을 일이었다. 드미트리 카라마조프 역시 마음속에 아버지를 죽이고 싶은 생각이 있었던 것 자체를 죄로 생각하고 실제 살해범의 벌을 대신 받는 착한 사람이었다. 하지만 그는 끊임없이 자신의 존재가치를 의심하는 수줍음 많은 청년이었던 것이다. 러시아인을 소심함이라는 특징으로 묘사하면 안 보이던 것이 보이기 시작할 것이다. 19세기 말 그 좋던 여건에서 그들이 조선을 덥석 차지하지 못했던 이유다. 그렇다고 러시아를 얕보면 큰일 난다. 러시아는 소심함과 함께 초인적인 결단력을 가지고 있는 나라다.

그렇다고 러시아를 두려워해야 한다는 말은 아니다. 러시아가 한국을 침공한다든가 북한을 조종해 전쟁을 감행할 거라는 말도 아니다. 중요한 것은 러시아가 강국이라는 엄연한 사실을 도외시해서는 안 된다는 점이다. 러시아는 양차 세계대전에서 도합 거의 3천만 명이 희생되었다. 승전국이었으면서도 누구보다도 값비싼 대가를 치렀던 것이다. 필요하다고 믿으면 뒤를 재지 않고 목숨을 던지는 전사들이었다. 그들은 1차 대전 말미에 인류 역사에서 처음으로 공산혁명을 성공시켰다. 모두가 다 잘 살 수 있는 사회를 건설해 보겠다는 전대미문의 용맹스러운 시도였다. 한 마디로 위대한 사람들이 사는 나라다. 그들이 가꾸어 온 문화와 문명 수준이 인류를 선도하고 있지 않은가. 음악이면 음악, 발레면 발레, 문학이면 문학, 어느 하나 다른 나라에 뒤지는 것이 어디에 있다는 말인가. 더군다나 러시아 두뇌들이 개발해 온 과학 기술의 성과들 역시 인류 문명의 앞잡이가 아니었던가. 1957년 최초의 인공위성 스푸트니크가 지구 궤도에 올랐으며 1961년 유리 가가린이 인류로서는 최초로 보스토크 호를 타고 우주 비행을 했다는 사실을 기억해야 할 것이다. 군사력 면에서도 러시아는 미국에 맞장 뜰 수 있는 능력을 갖추고 있는 나라다. 그런데 한국은 뭘 믿고 그토록 러시아를 경시하는 무모함을 감행하고 있는가. 17세기 초엽 조선의 광해군은 후금과 전쟁하는 명나라의 요구로 1만여 명의 병력을 울며 겨자 먹기로 보내야만 했지만, 강홍립 장군으로 하여금 후금의 전력이 강하다고 판단되면 적당히 싸우는 척 하다가 누루하치에 투항함으로써 후금의 원망을 사지 말라고 명했다는 대목을 상기할 필요가 있다. 미국만 믿고 있다가 러시아에게 호되게 되치기당한 조지아를 아울러 기억하는 것도 좋다. 러시아가 군사적으로 한국을 공격할 리는 없지만 공격이란 군사적인 방법만 있는 것은 아니다. 한국은 1990년 소련과 수교하면서 약 15억 달러의 경협차관을 제공했다. 그런데 소련이 해체되고 러시아로 거듭나는 과정에서 러시아는 차관을 상환할 재원이 고갈되었고 결국 할 수 없이 현물로 빚을 갚아야 하는 상황이 되었다. 그래서 탄생한 것이 한·러시아 불곰사업이다. 정식 명칭은 "대한민국 정부와 러시아연방 정부간의 군사기술분야.방산 및 군수협력에 관한 협정"이다. 그렇게 해서 러시아에서 한국으로 넘어 온 무기들이 T-80U 전차, BMP-3 보병전투차, 카모프 Ka-32 민수형 헬기, 일류신 Il-103 단거리인원수송/항공정찰/도로감시/훈련용 고정익 프로펠러기, 무레나 공기부양정(고속상륙수송정), 9K115-2 메티스-M반자동 유선 유도 대전차유도탄, 9K38 이글라 휴대용 견착식 지대공 미사일 같은 것들이다. 현물과 함께 기술이전도 따랐다. 불곰사업은 한국형 무기 개발과 생산에 획기적인 동력을 제공했다. 동맹이라는 구호만 들먹이면서 물건만 고가에 팔고 기술이전에는 극히 인색한 미국하고 비교하면 국익이 어디에 있는지 다시 한 번 생각하게 하는 대목이 아닐 수 없다. 방산 기술만 들어온 것이 아니다. 우리 우주사업의 핵심이라고 말할 수 있는 나로호 우주발사체의 성공은 러시아의 기술 조력이 없었으면 결코 가능하지 않은 것이었다. 러시아보다 훨씬 앞선 기술을 보유하고 있는 동맹국 미국은 한 번도 한국에 우주기술을 제공한 적이 없다. 2016년 한미 우주협력 협정("대한민국 정부와 미합중국 정부 간의 민간과 평화적 목적의 항공 및 대기권과 외기권의 탐사와 이용에서의 협력을 위한 기본협정")이라는 문서가 체결되기는 했지만 실질적인 내용은 거의 없다. 이것은 앞서 1장의 말미에서 소개한 한미 원자력 협정이 한국의 원자력 기술 개발에 전혀 도움이 되지 않는다는 것과도 다르지 않다. 한국과 러시아 간에는 액화천연가스 운반용 쇄빙선 건조 협력도 있었다. 수조 원에 달하는 물량이다. 그러나 러시아-우크라이나 전쟁 여파와 국제사회의 대러시아 경제 제재 공조 움직임에 따라 사업의 대부분이 현재 중단되고 있다. 예컨대 삼성중공업은 러시아 조선소와 계약한 운반선 15척(계약액 4조원) 중 10척의 선박 제작을 중단한 것으로 알려져 있다. 한편 불곰사업 협정에는 아주 특별한 조항이 설치되어 있다. 상호 동의 없이 제3국에 무기를 제공할 수 없다는 조항이다. 이는 러시아로서는 북한에 군수지원을 중단한다는 의미이며 한국으로서는 러시아의 적에게 무기를 수출할 수 없다는 의미다. 이를 어길 시에는 예컨대 러시아가 마음대로 북한에 첨단 무기를 제공할 수 있는 길이 열리는 것이다. 협정문은 물론 둘 사이에 불곰사업으로 진행되는 무기에 관해 그러한 조건이 적용되는 것으로 되어 있지만 협정의 정신으로는 다른 무기와 군수물자에까지도 적용되는 것으로 해석이 되고 있다. 그래서 1장 모두에서 소개했듯이 푸틴 대통령은 2022년 10월 27일 발다이 클럽에서 "우리는 한국이 우크라이나에 무기와 탄약을 공급하기로 결정했다는 사실을 알고 있다. 만일 한국이 우크라이나에 무기를 제공할 경우 우리의 관계는 파탄날 것"이라고 경고한 것이다. 그래서 한국은 교전중인 국가에 무기를 지원하지 않는다는 자체의 규정 외에도 불곰협정에 따른 러시아와의 합의를 의식하지 않을 수 없었던 것이다. 그래서 한국은 미국에 포탄을 수출하는 대신 미국이 자체 재고 포탄을 우크라이나에 공급하는 꾀돌이 방식으로 미국의 압력에 대처했던 것이다. 사실 미국은 한국 포탄을 우크라이나에 지원하고 있다. 그러니까 앞서 언급했듯이 2023년 말 워싱턴포스트가 한국이 모든 유럽 국가들을 합한 것보다 많은 포탄을 우크라이나에 공급하고 있다고 보도한 것이다. 러시아와 푸틴이 그걸 모르고 있을 리가 없다. 한국 포탄이 우크라이나로 들어갈지도 모르는 상황에서 푸틴이 우리의 관계가 파탄이 날 것이라고 직격탄을 날렸음에도 한국 정부는 한미동맹의 굴레에 매여 되지도 않는 꼼수를 쓸 수밖에 없었다. 러시아가 볼 때 참으로 애처로운 모습이 아닐 수 없었다. 처음에는 점잖게 조금은 수줍은 시선으로 노려보았다. 그러나 이제는 아니다. 소심함 속에 웅크리고 있던 러시아의 결단력이 서서히 고개를 들고 있다. 푸틴은 2024년 6월 평양을 방문해 김정은과 포괄적 전략 동반자 협정에 서명했다. 정상회담 직후에 북한은 러시아를 도와 우크라이나 전선에 특전사 부대를 파병하기로 결정했다. 한·러 불곰사업 협정에 따르면 러시아가 북한의 지원을 받는 것이 협정 위반사항은 아니다. 11월 초 최선희 외무상은 모스코바를 방문해 푸틴을 만났다. 앞으로 머지않아 김정은의 러시아 공식방문도 이루어질 것으로 전망되고 있다. 러시아가 결단의 조처들을 취하고 있다고 해서 한국과의 사이에 전운이 드리워지고 있다는 말은 아니다. 다만 한 때 그토록 단란

했던 두 나라 사이가 확연하게 금가고 있음을 부인할 수 없다. 사람 사이의 관계도 그러할진대 나라 사이의 관계 역시 한 번 금이 가면 회복하기까지 많은 시간과 노력이 필요하다. 한국은 한미동맹에 맹목적으로 매달리다 좋은 친구 여럿을 날리고 있다. 사실 한미동맹이 있다고 해서 모든 외교 사안에 있어 한국이 무조건 미국의 명령을 다 들어주어야 하는 것은 아니다. 문제는 한미동맹을 무슨 성경처럼 떠받드는 극단 원리주의자들의 숭미의식이다. 한국의 우파 정권들은 하나같이 그러한 숭미정권들이다. 숭미동맹이 날리고 있는 좋은 친구 여럿 가운데 중국과 러시아가 가장 중요하다는 것은 명백하다. 숭미동맹 나아가 앞으로 끊임없이 대두될 한미일 삼국동맹은 결국 미국의 동아시아 안보전략의 틀 속에 한국을 복속시킨다는 것을 뜻한다. 그것은 우리나라의 국익을 미국의 이익의 하류 카테고리로 전락시킨다는 의미이기도 하다. 다시 말해 한국은 미국의 이해관계에서 벗어나는 행동을 해서는 안 된다는 얘기다. 미국의 반도체 공급망 전략이나 "칩4"와 같은 틀은 결국 중국의 반도체 사업이 성장하지 못하도록 방해하는데 힘을 합한다는 얘기에 다름이 아니다. 미국이 일본이나 한국과 같은 똘마니를 앞세워 중국을 건드리는데, 중국 입장에서는 싸움의 주동자가 미국이기 때문에 앞잡이인 한국은 가만히 놔둘 것이라고 기대한다면 포복절도할 일이다. 현 정부가 추구하는 "경제안보"라는 개념은 미국의 경제적 이해를 충실히 대변하면서도 그 사이에서 약삭빠르게 떡고물이라도 취할 수도 있지 않느냐는 망상에 근거하고 있다. 떡고물을 챙길는지는 모르지만 그 대신 중국과 러시아가 우호적으로 제공할 수 있는 빅사이즈 "왕건"은 눈독도 들이지 말 일이다. 더군다나 중국과 대만과의 양안 문제에 한국이 무슨 중뿔이 났다고 끼어들겠다는 것인가. 그리고 가만히 있으면 될 일을 무슨 가치외교를 추구한답시고 우크라이나에 무기를 공급하고 있다는 말인가. 도대체 왜 우리가 미국의 안보와 경제의 전략 틀에다가 우리의 이해관계를 종속시켜야만 하는가. 그러다가 손해가 나면 미국이 보상이라도 해 준다는 말인가. 문제는 그렇게 하지 않으면 주인님께 혼이 난다고 생각하는 강박증이요 스스로 기면서 온갖 충성심을 죄다 보이려는 과잉 사대 심리다. 아니다. 그렇게 하지 않아도 된다. 우리가 독립 주권국이라고 생각한다면 말이다. 사실 러시아는 한국이 러시아에 대한 국제제재에 동참했어도 다른 서방국가들과는 달리 그다지 눈에 띠는 액션을 취하지 않고 있었다. 일본의 경우를 보면 러시아는 우크라이나를 옹호하고 러시아를 비난한 다수의 일본 정치인들을 입국 금지하고 있다. 그만큼 아직 러시아가 한국에 대해서는 고유의 점잖음을 발휘하고 있었다는 말이다. 하지만 지난해 6월 푸틴의 김정은과의 정상회담을 기점으로 러시아는 한국에 대해 싸늘한 결단을 준비해 가고 있는 것으로 보였다. 아니 이미 결단은 내려져 있었을 것이다. 그런데 윤석열 정부의 붕괴를 앞두고 러시아는 2025년 1월 24일 다시 매우 점잖고 품격 있는 담화문을 발표했다. 20년째 러시아 외교장관에 재직 중인 세르게이 라브로프는 외교부 홈페이지에 "한국이 겪는 전례 없는 내부 정치적 위기 상황에서, 러시아와 관계 정상화에 관심 있는 합법적인 당국과 한반도 긴장 완화 문제를 포함해 대화할 확고한 준비가 됐음을 재확인한다"고 말했다. 그는 이어 "한국이 러시아에 대한 비우호적 노선의 오류를 깨달아 대러 외교 정책을 수정한다는 조건 하에 한러 관계의 완전한 붕괴를 막고 그동안 양국이 정치·경제·인도주의 분야에서 협력하며 축적한 탄탄한 관계를 보존할 것을 촉구한다"고 했다. 곱씹으며 새겨들어야 할 대목이 아닐 수 없다. 윤정부 말고 새로 들어설 신정부와의 협력에 대한 기대감을 일찌감치 표명하고 있는 것이다. 그리고 트럼프가 김정은에게 손을 내밀고 있는 상황에서 러시아가 한국에 옛정을 상기시키고 있는 것이다. 강대국이지만 의외로 점잖고 소심한데다 수줍은 면까지 있는 러시아를 존중하지 않으면 안 된다. 그리고 그렇게 하지 못하게 하는 굴레 는 하루라도 빨리 벗어 내던질 일이다.

5. 천박한 몸짓으로
예술도 철학도 빈곤한 자의 허튼소리

지금까지는 숭미동맹의 모습과 직접적인 외연에 관한 얘기였다. 다시 말해 데니스 와일더라는 자의 언사로 대변되는 미국과 한국의 주인-노예 관계의 실상과 그로 인해 불가피하게 엮이고 얽힌 주변 국가들과의 일그러진 관계에 대한 관찰이었다. 이에 비해 5장과 6장은 숭미동맹의 직접적인 간섭이 아니라 그 파생적인 영향력으로 인해 펼쳐진 대외관계에 초점을 맞추고 있다. 미국 대통령 루스벨트는 1930년대 말 니카라과의 독재자 소모사 내지는 도미니카 공화국의 폭군 트루히요를 욕하는 보좌관들의 말에 이렇게 응수했다고 한다. "그래 그 자가 개새끼일테지만, 우리의 개새끼 아닌가."(He may be a son of a bitch, but he's our son of a bitch.) 미국은 중남미의 공산화를 막기 위해 반공을 기치로 삼으면 독재자든 양아치든 뒤를 봐주고 있던 시절이었다. 그런데 잘 생각해 보면 이 말은 미국 정부가 한국의 반공 보수 독재자들을 상대로도 했음직한 언사였을 것 같다. 이승만, 박정희, 전두환으로 이어지는 독재자와 양아치는 미국의 입장에서는 그들의 개새끼들이었던 것이다. 그들은 미국의 요구에 순응하는 대신 국내적인 폭압을 지속할 수 있었다. 박정희가 은밀히 자체 핵무기 개발을 추진하는 등 때때로 미국에 "엉기는" 행태를 보이기도 한 것은 사실이지만 그렇다고 그가 미국 의존의 틀에서 벗어났던 것은 아니다. 이승만은 남한만의 단독 정부를 수립한 후에 친일 부역자들을 고위직에 등용함으로써 민족에 대해 정신적인 테러를 가했고 국민들의 가치관을 붕괴시켰다. 아무리 나쁜 짓을 해도 장관직에 오르기만 한다면 묻지도 따지지도 말고 사회적으로 성공한 삶이 된다는 식의 허탈한 인식도 자리를 잡았다. 박정희가 한국의 경제를 살린 것은 부정할 수 없다. 그러나 그 과정에서 자행되거나 묵인된 인권침해와 반민주 행태들은 "말죽거리 잔혹사"가 시사하는 전 사회의 폭력화와 패거리화를 낳았다. 그리고 광주학살을 자행하고도 대통령 자리에 오른 전두환을 바라보기만 했던 한국민은 그를 막아낼 결기와 용기가 없었다는 자괴감에 한동안 시달려야 했다. 한국의 외교관들은 그런 정부를 대외적으로 자랑스럽게 홍보해야만 했다. 상대가 볼 때 한편으로는 우스우면서도 다른 한편으로는 가련한 생각이 들지 않을 수 없었다. 한 나라가 식민화되면 그 나라 국민들은 세 부류로 전락한다. 하나는 묵묵한 노동자들이다. 새로운 사회체제 안에서 주어진 일을 하면서 말없이 살아가는 대다수의 사람들이다. 둘째는 부역자들이다. 대체로 지식인들이 부역자로 종주국에 아첨하며 권세를 누린다. 마지막은 건달들 내지는 양아치들이다. 이들은 주인님 나라에서 던져주는 빵부스러기를 주워 먹으며 헤죽헤죽 웃기나 할 뿐 아무 생각 없이 시키는 일을 하면서 살아가는 인간들이다. CIA 돈을 받아 북한을 향해 풍선이나 날리고 숭미찬양 집회나 여는 일부 소위 태극기파들이 그들인 셈이다.

일제 강점기 36년 동안 조선에서는 두 번째나 세 번째 부류는 고사하고 일반 백성들 거의 대다수가 일본에 동화되어 가고 있었다. 해방 후 미군에 의한 식민통치 3년을 거쳐 탄생한 숭미정권과 한미동맹 굴레가 씌워진지 지금 70년이 넘었다. 일제 강점기 기간의 두 배다. 내가 볼 때 한국민의 대다수가 자발적으로 미국의 노예가 되어가고 있다. 문화적으로 보아도 한국 것은 거의 찾아볼 수 없다. 케이팝은 미국 문화의 모방품이거나 변종일 뿐이다. 한국이 숭미사회로 전환하면서 노정된 일그러짐과 가치도착이 대외적으로 또 외교적으로 표출되는 모습이 5장의 주요 내용이다. 한편 미국에 의존한 생존방식과 숭미적 가치관은 미국 아니면 아무것도 중요하지 않다는 사고방식을 정착시켰다. 그 결과 한국에게는 미국 아니면 미국과 직결된 몇몇 나라들을 제외하면 아무런 관심의 대상이 아니다. 과거 한국이 유엔에 가입하기 전 남북한 간에 투표 대결을 펼칠 경우에만 아프리카와 중남미 국가들이 중요했지 그들이 우리 삶에 얼마나 큰 행복지수를 더해 줄 것인가에 대해서는 일말의 관심도 없었고 지금도 여전하다. 하지만 한국이 외교적으로 뭔가 가치 있는 성과를 거둘 수 있는 곳은 바로 그곳들이다. 내가 직접 경험하면서 터득한 제3 세계를 바라보는 시선에 관한 얘기가 6장이다.

2019년 11월 20일 저녁 8시 프랑스 파리 한복판에서 파리코리아센터(Centre Culturel Coréen)가 문을 열었다. 원래 에펠탑 맞은편 트로카데로 광장에 있었던 한국문화원을 이전해 다섯 배로 확장한 것이다. 개원식에는 프랑스 전 문화장관 플뢰르 펠르랭, 상원의원 비베트 로페즈, 하원의원 조아킴 손포르제, 한국 문화체육관광부 장관 박양우, 주프랑스 한국대사 차은종(가명), 영화배우 배두나 등이 참석했다. 펠르랭은 "최근 몇 년간 한국영화와 케이팝은 물론 패션 한식 화장품 등 한국문화에 대한 프랑스인들의 관심이 매우 크게 증가했다"며 센터의 개원으로 "프랑스인들이 한국문화를 더 잘 이해하는 계기가 될 것"이라고 말했다. 그런데 파리코리아센터의 확대 개원이 한국 문화가 프랑스에서 선풍을 일으키고 있다는 식으로 해석되어서는 안 된다. 펠르랭의 말을 잘 새겨들어야 한다. 어디까지나 케이팝이나 한국 영화 같은 대중문화 상품이 프랑스에서 인기를 끌고 있다는 정도의 얘기다. 센터장 정해순(가명)은 센터의 개원으로 프랑스에서 한국 문화가 일본과 견주는 수준으로 발전할 수 있을 것이라고 말했다. 하지만 내가 볼 때 턱도 없는 소리다. 프랑스에서 인기를 끌고 있는 한국 문화란 젊은이들이 한 때 열광하는 유행 현상에 불과하다. 지식인들의 가슴에 조용히 침투해 매혹시키는 깊은 맛이란 찾아볼 수 없는 천박한 겉모습에 불과하다. 기껏해야 양키 문화를 흉내 내는 동양인들의 신기한 몸짓일 뿐이다. 수준 높은 문화의 매력은 사람을 감탄시키고 고개를 숙이게 한다. 당신이 나보다 한 수 위라는 것을 암묵적으로 인정하게 한다. 하지만 한국의 팝문화는 그런 것하고는 거리가 멀다. 1990년대 중반 프랑스를 강타한 리키 마틴이 푸에르토리코의 문화를 상징하는 것이 아니듯 방탄소년단과 블랙핑크의 인기가 한국 문화를 대표하는 것은 아니다. 진짜 깊은 맛을 가진 한국 문화는, 예컨대 가야금 산조라든가 승무라든가 시나위라든가 조정래의 "태백산맥"이라든가 하는 것들이지만, 아직 프랑스에서 제대로 알려지지 않았다. 프랑스에서 중국이나 일본의 문화가 깊고 넓게 뿌리를 뻗고 있는 것과는 질적으로 다르다. 프랑스 지식인층에서 한국 문화란 아직 얄팍한 유행에 지나지 않는다. 프랑스인들의 문화적인 깊이는 사람에 대한 이해로부터 시작한다. 똘레랑스(tolérance)다. 미국에서는 사람 위에 법이 있다. 그런데 프랑스에서는 법 위에 사람이 있는 것이다. 미국에서는 경찰에 대들면 바로 총 맞는다. 프랑스에서는 시민들의 얘기가 정당하다면 경찰은 고개를 숙인다. 내가 원하는 것이 있다면 남이 원하는 것도 있는 법이다. 내가 인간인 것처럼 남도 똑 같은 인간이고 위대한 생명체다. 좁은 일방통행 길에 차를 세우고 빌딩 안으로 잠시 일을 보러 올라가도 뒤에 막혀 있는 차는 경적을 울리지 않고 조용히 기다려 준다. 다음에 내가 그런 상황을 당하게 되면 뒤에 있는 사람이 양해해 줄 것이기 때문이다. 미국에서 탈러런스(tolerance)는 참을 필요가 없는 것을 내가 선심 써서 참아주는 것이라면 프랑스에서 똘레랑스는 인간이라면 당연히 행해야 하는 인간의 필수 덕목이다. 중국이나 일본의 문화는 바로 그러한 인간 상호 간의 존중과 이해에 기반을 둔 것들이다. 프랑스인들이 느끼는 것이 그렇다는 얘기다. 문학이 그렇고 음악이 그렇고 음식이 그렇다. 그만큼 중국과 일본 문화는 격조가 있는 것들을 중심으로 프랑스에 퍼져 있다. 그에 비해 케이팝으로 대변되는 한국 문화란 말초적인 흥분으로 점철된 청소년들을 위한 상품에 불과한 것이다. 게다가 공격적인 자본주의 마케팅으로 소비자를 윽박지르는 모습을 보인다. 이것 모르면 넌 사람이 아니라는 식의 강압이다. 이렇게 좋은 것을 어떻게 즐기지 않을 수 있냐는 무언의 압력이다. 한국 기자들은 프랑스 젊은이들이 케이팝을 들으며 열광하는 모습에서 한국 문화가 세계를 제패하고야 말았다는 뿌듯한 거짓 자부심을 느끼며 흥분한다. 1990년대 중반부터 12년 동안 프랑스 대통령이었던 자크 시라크는 자타가 공인하는 일본 문화 마니아였다. 그는 스모 경기에 흠뻑 빠져 있었고 일본의 고대와 중세 문학 그리고 미술에 조예가 깊었다. 프랑스에는 일본과 중국 문화에 심취한 사회 지도자들이 부지기수다. 팰랭은 문화 장관 시절 텔레비전 방송에서 프랑스의 노벨 문학상 수상 작가인 파트리크 모디아노의 작품 중 어떤 것을 좋아하냐는 질문에 바빠서 읽지 못했다고 대답했다. 프랑스 지식인들은 그녀를 연일 비난하기 시작했다. 문화부 장관이라는 자가 프랑스 노벨 문학상 작가의 작품 하나를 읽어보지도 않았다면 문제가 너무도 크다는 얘기였다. 2014년 8월에 문화장관에 취임한 그녀는 실제로 국민들의 비판에 직면해 1년 반 만에 장관직을 사퇴했다. 2017년 6월 서울에 온 펠르랭은 조선일보가 인터뷰 내내 그녀에게 한국인 입양아로서 한국에 은혜를 알아야 하지 않느냐는 식의 질문을 늘어놓는 것을 참고 들어야 했다. 그녀가 자기는 뼛속까지 프랑스인이라고 말한데 대한 훈계였던 셈이다. 그녀에게 한국이란 자기를 생후 3-4일 만에 길거리에 버린 나라였을 뿐이다. 그렇다고 그녀가 원한을 품고 있었던 것은 아니었지만, 한국인의 피를 물려받았다는 사실 하나만으로 한국인으로서의 은혜 어쩌고 하는 소리는 그야말로 허접스럽기 이를 데 없는 허위의식인 것이다. 그녀를 포함한 프랑스 지식인들이 느끼는 한국 문화는 정신적으로 천박하기 그지없는 자들의 허튼소리 밖에는 안 된다.

2005년 5월 20일 한국 정부는 프랑스 정부에 사과의 뜻을 밝혔다. 26년 전에 파리에서 일어난 살인 사건에 한국 정부가 간여했다는 이유에서였다. 그로부터 일주일 후 "국가정보원 과거사건 진실규명위원회"는 김형욱 실종사건에 대한 중간조사 결과 발표에서 박정희 정부가 김형욱 전 중앙정보부장을 살해했다고 발표했다. 김재규 당시 정보부장이 주불 한국 대사관의 중앙정보부 파견 공사 이상열에게 지시해 김형욱을 처리했다는 것이었다. 박정희 정부는 회유와 협박 등 모든 수단을 동원해 김형욱이 회고록을 출판하려는 것을 막으려고 안간 힘을 다 쓰고 있었다. 김형욱은 혼자 1979년 10월 1일 파리에 도착한 이후 10월 7일 저녁 파리 시내 카지노에서 마지막으로 목격되었었다. 이상열은 10월 1일 한국으로 급거 귀국해 김재규를 두 번 만나고 다음날 파리로 돌아왔다. 실제 일은 당시 파리에서 어학 연수중이던 중앙정보부 요원 신현진이 맡았다. 물론 가명이다. 이상열은 신현진에게 "김형욱이 곧 파리에 온다. 중정부장을 지낸 사람이 거액의 외화를 빼돌려 카지노에서 탕진하고 국가기밀을 폭로한다. 이런 사람을 그냥 둬서는 안 된다. 김재규 부장님 지시다. 적극적으로 해 달라"고 말했다. 이에 신현진은 "보내겠습니다. 그 대신 모든 것은 나의 주도로 하겠습니다"라고 답했다. 그는 평소 알고 지내던 우크라이나인 주먹 둘을 10만 달러에 포섭했다. 돈은 이공사가 제공했다. 10월 7일 김형욱으로부터 이공사에게 전화가 걸려왔다. 돈을 빌려달라는 것이었다. 이공사는 돈을 가진 사람을 소개시켜 주겠다면서 샹젤리제에서 만나기로 약속하고는 신현진에게 연락했다. 약속장소에서 이공사와 신현진을 만난 김형욱은 이공사의 푸조 604 관용차에 올라탔다. 뒷자리에 외국인들이 있었지만 돈 문제를 논의하러 카페로 가는 줄 알았다. 이공사는 약속이 있다면서 운전대를 잡는 신현진에게 잘 모시라고 말하고는 사라졌다. 승용차가 파리 페리페리크 순환도로에 접근하고 있을 때 뒷좌석의 우크라이나 주먹이 김형욱의 머리를 가격해 실신시켰다. 땅거미가 내려앉기 시작했다. 얼마 후 그들은 불로뉴 숲의 인적이 드문 구석에 도착했다. 신현진과 우크라이나인 둘은 아직 깨어나지 않은 김형욱을 숲속으로 끌고 갔다. 청부요원들은 소련제 소음권총으로 김형욱의 머리에 7발을 박아 넣은 후 늘어진 시체를 두껍게 쌓인 낙엽으로 덮었다. 일을 끝낸 신현진은 이상열의 관저로 전화해 결과를 보고했다. 이공사는 그에게 김형욱의 여권과 지갑만 수습하고 나머지 소지품은 철저히 인멸한 뒤 귀국하라고 지시했다. 그는 바로 귀국해 10월 13일 정보부장 김재규를 직접 만나 결과를 보고했다. 김재규는 300만원이 든 봉투를 쥐어주면서 앞으로도 계속 뒤를 밀어주겠다고 약속했다. 10월 18일 이상열도 은밀히 귀국해 김재규를 만난 뒤 다음 날 파리로 돌아왔다. 이것이 진실규명위원회가 밝힌 중간조사 결과였다. 그러나 김형욱의 시체는 어디에서도 발견되지 않았다. 낙엽으로만 덮어둔 시신이 흔적도 없이 사라진 것이다. 한참 후에 김형욱의 실종을 알게 된 파리 경찰이 수사를 벌였지만 어디에서도 시체는 나오지 않았고 누구도 살아 있는 김형욱을 봤다는 증언도 없었다. 진실규명위원회가 밝힌 중간조사 결과에 수긍하지 않는 사람들이 많다. 수많은 다른 가설과 설명들이 존재한다. 김형욱을 몰래 프랑스에서 서울로 빼내와 박정희가 직접 총살했다는 얘기도 있고, 직접 자기가 죽여 양계장의 모이로 갈아버렸다는 자의 폭로도 있었다. 아직도 전부 풀리지 않은 사건이다. 하지만 공식적으로는 노무현 정부 시절에 발표된 진실규명위원회의 중간조사 결과가 전부다. 그리고 한국 정부는 프랑스에 사과할 수밖에 없었다. 남의 나라 땅에서 한국의 정보기관이 범죄행위를 저질렀기 때문이다. 이에 프랑스 정부는 알겠다는 말밖에는 할 수 없었다. 자체적으로 수사한 결과 아무것도 나오지 않았었기 때문이다. 어찌 보면 한국의 중간조사 결과 통보가 프랑스로서는 당혹스러운 일이기도 했다. 그들이 전혀 인지하지도 못한 일이 실제로 일어났다고 얘기하니까. 그것은 마치 그 때 왜 너희들은 그것을 알지도 못했냐고 비웃는 것과 크게 다르지 않다. 너희 안방에서 내가 사람을 죽였는데도 너희는 전혀 눈치도 못 채고 있었으니 나라가 그래서 되겠느냐는 비아냥거림처럼 들리기도 하는 것이다. 문제는 증거가 전혀 없었다는 데에 있었다. 그래서 아직도 풀리지 않은 미스터리이자 "실종" 사건인 것이다. 살인 사건이 아니다. 그리고 중간조사 결과일 뿐 최종 결과도 아니다. 1973년 8월 8일 오후 1시경 일본 도쿄의 그랜드팰리스 호텔 2210호실에서 중앙정보부 요원들에 의해 납치되어 현해탄에서 물고기 밥으로 던져지기 직전에 미국 CIA가 개입해 목숨을 건진 김대중의 케이스와는 전혀 다른 사건인 것이다. 김대중 납치는 남의 나라에서 범죄를 저지른 것이 명백한 증거를 남겼을 뿐만 아니라 제3의 목격자가 있었던 사건이었다. 그러니 김대중 사건은 한일 간에 무거운 외교문제로 비화되었던 것이다. 김형욱은 1963년부터 6년이 넘게 중앙정보부장을 지내면서 박정희에게 충성했다. 박정희의 3선 개헌을 성공시키기 위해 개처럼 뛰기도 했다. 그러나 1969년 3선 개헌이 통과되자 그는 정보부장 자리에서 잘리고 말았다. 하지만 그는 1971년에 민주공화당 전국구 국회의원으로 당선되었다. 그러나 1972년 10월 유신이 선포되자 의원직을 상실했다. 이어 그는 1973년 3월 대통령이 지명하는 유정회 명단에서 제외되고 말았다. 중정부장에서 경질된 후 김대중과 비밀리에 접촉하며 대화해온 것 때문이었다. 그는 그 일로 몇 번씩 청와대로 불려가 추궁 당하기도 했었다. 결국 유정회 국회의원 명단에서 떨어지는 수모를 당한 것이다. 그 이후 그는 박정희에게 원한을 품게 되었다. 그리고 망명을 결심했다. 1973년 4월 그는 중화민국 학술원으로부터 명예박사학위를 받는다는 핑계로 대만으로 출국한 후 미국으로 망명했다. 원한을 품은 그가 무슨 일을 벌일지 모른다고 생각한 박정희는 그를 설득하기 위해 정일권, 김종필, 김동조 같은 고위급 인사들을 미국으로 보내 그를 만나게 했다. 하지만 그는 설득과 회유를 거부했다. 1977년 6월 2일에는 뉴욕타임스와 인터뷰를 갖고 박정희 정권의 내부비리를 까발렸다. 나아가 그는 그로부터 20일 후 미 의회 하원의 프레이저 청문회에 나가 박정희 정부의 비밀을 거침없이 폭로했다. 그 전해 10월 말 워싱턴 포스트가 10면에 걸쳐 박정희 정부의 미 의회를 상대로 한 박동선의 뇌물 로비 사건을 보도한 후 소위 "코리아게이트"가 미국의 정가를 휘어 감는 스캔들이 되어 있었다. 하원은 "프레이저 위원회"를 구성해서 청문회를 열고 있었다. 인권 외교를 표방하면서 한국의 유신체제에 비판적인 입장을 취해오던 대선 후보 지미 카터는 1976년 선거 캠페인 당시 대통령에 당선되면 1977년 안에 주한미군을 철수시키겠다는 공약까지 했었다. 이제 대통령이 된 카터는 코리아게이트를 지켜보면서 박정희에 대한 혐오감을 쌓아갔다. 그러나 그의 뜻대로 주한미군 철수가 이루어지지는 않았다. 1979년 6월말 서울에서 열린 한미정상회담에서 인권 문제 비판 등 내정 간섭에 불만이 쌓였던 박정희는 45분 동안 카터 행정부의 전략적 실패를 비판했다. 대부분의 사람들이 1970년대에 한미동맹이 심각하게 훼손되었다고 말하고 있지만, 나는 그나마 박정희가 미국에 할 말은 했던 마지막 사람이라고 본다. 물론 그것은 국내적으로 독재체제를 굳히려다 보니 미국이든 그 할아비든 눈에 들어오지 않았던 것이다. 실제로 미국의 압박은 박정희의 독재 체제를 강화하는 명분으로 활용됐다. 코리아게이트 사건이 나자 박정희는 당시 중앙정보부장 신직수를 해임하고 김재규를 임명했다. 중정부장에 취임한 김재규가 제일 먼저 해야 할 일은 김형욱을 처리하는 것이었다. 중앙정보부 해외담당차장 윤일균은 1979년 9월말 미국에서 김형욱을 만났다. 정보부에서 마련한 거금을 들고 김형욱을 만나 그의 회고록 원고와 맞바꾼 것이다. 그는 김형욱에게 파리로 가면 더 큰 돈이 기다리고 있을 거라면서 김형욱의 등을 밀었다. 김형욱 실종 사건은 조선일보가 최초로 터뜨린 특종이었다. 1979년 10월 16일자 신문 1면에 실린 "김형욱씨 파리서 행방불명, 1주일 째 호텔에 안 나타나" 라는 제목의 박스기사였다. 보도가 나가자 국내 여러 신문의 파리 특파원들이 김형욱의 호텔 숙소에 찾아가면서 후속 기사가 보도되었다. 또 한국 경찰이 프랑스 경찰에 연락하기 시작했다. 그러다가 느닷없이 한국에서 엄청난 사건이 터지면서 김형욱 실종 사건은 사람들의 관심에서 멀어졌다. 10월 26일 박정희가 김재규의 총에 맞은 것이다. 김재규는 박정희의 천적을 파리에서 죽인 후에 다시 김형욱의 원수를 서울에서 죽인 것이다. 그리고 그는 목에 올가미가 묶인 채로 교수대에 선다. 쿠엔틴 타란티노의 "저수지의 개들" 못지않은 플롯이었다. 프랑스 입장에서는 국가정보원 과거사건 진실규명위원회의 중간수사 결과가 사실이라면 이만저만한 망신이 아닐 수 없다. 사람이 죽어 가는데 막지 못했을 뿐만 아니라 낙엽으로 덮어놓은 시신도 찾지 못했기 때문이다. 치안 시스템이든 수사 능력이든 엉망이라는 평가를 받아도 할 말이 없다. 그런데 중간수사 결과가 사실이 아니라면 정확히 무슨 일이 일어났던 것인지 역시 프랑스 수사당국이 풀어야 했던 문제였지만 그러지 못하고 말았다. 이래저래 프랑스는 한국 최고위급 갱들의 저열한 암살 행각의 와중에 애매하게 스타일을 구겨버린 피해자가 되어버렸다. 그나마 다행이었다면 박정희가 살해됨으로써 프랑스 정부의 무능이 더 이상 드러나지 않아도 되었다는 것이었다. 하지만 26년이 흘러 한국 정부가 사건의 결말을 공식적으로 발표하면서 프랑스 정부에 사과의 뜻을 표시했을 때 프랑스는 한국 정부가 굳이 사과하지 않아도 될 일을 하면서 새삼스럽게 프랑스의 상처를 건드리는데 불쾌하지 않을 수 없었다. 그렇다고 내색할 수도 없는 일, 할 수 있는 말이라곤 이해한다는 코멘트 정도였던 것이다. 독재국가 한국 정부의 저열한 갱스터 행각은 이번이 처음은 아니었다.

그로부터 12년 전 일이었다. 1967년 7월 8일, 한국 중앙정보부는 서유럽에 거주하는 한국 교민과 유학생 194명이 동베를린 북한 대사관과 평양을 들락거리며 간첩 활동을 했다고 발표했다. 동베를린, 한자로 동백림(東伯林) 사건이다. 당시 중정부장 김형욱이 조작한 간첩사건이었다. 독일에서 활동하고 있던 음악가 윤이상과 프랑스에 거주하던 화가 이응노와 서울에 있는 시인 천상병이 이 사건에 연루되어 체포되고 고문을 당했다. 해외에 거주하던 사람들은 서독의 본과 프랑스 파리에 있던 중정 요원들이 납치해서 서울로 연행했다. 이응노는 협박을 받고 자진 귀국했다. 사건에 앞서 제일 먼저 임석진의 자수가 있었다. 그는 서울대 정치학과를 졸업한 후 서독 프랑크푸르트대에서 헤겔 철학으로 1961년 박사학위를 받고 1966년 귀국해 1967년 초부터 명지대 철학과 교수로 재직하고 있었다. 그 해 4월 중순 서독 주재 조선일보 특파원 이기양이 체코 프라하에서 열린 세계 여자농구 선수권대회 취재차 체코에 입국한 뒤 실종된 사건이 발생했다. 한 달 뒤 이기자의 실종사건이 국내신문에 보도되자 임석진은 북한이 그를 납치한 것으로 확신했다. 사실 이기양의 행방은 아직까지도 밝혀지지 않은 채로 남아 있다. 여하간 임석진은 북한이 자신도 납치할지 모른다는 생각에 불안해하기 시작했다. 이기양은 같은 시기에 독일에서 유학을 하던 그의 가까운 친구였고, 그 때 그가 이기양을 북한하고 연결해 주기도 했었기 때문이었다. 그러니 임석진은 북한이 이기양을 납치함으로써 자신에 대한 위협 신호를 보내고 있다고 생각한 것이다. 임석진은 동베를린에서 북한 대사관을 수시로 접촉해 생활비를 타 썼고 평양에도 두 번이나 다녀온 데다 노동당 입당 원서까지 제출했던 사람이었다. 그러니 임석진은 북한이 자기가 그들을 배신하고 돌연 한국으로 귀국한 것에 이를 갈고 있다고 생각했다. 그는 또 독일에서 그가 북한과 수시로 교류했었다는 사실이 한국에서 탄로날까봐 두려움에 시달렸다. 결국 그는 자수하기로 결심하고 독일 유학 때 알고 지내던 홍세표에게 연락해 정부 인사와의 면담을 주선해 달라고 부탁했다. 한국 한국은행에 근무하고 있던 홍세표는 박정희의 처형인 육인순의 장남이었다. 그러니 고위층과의 네트워킹에는 문제가 없었다. 그의 둘째 누이동생 홍소자는 나중에 한승수와 결혼한다. 홍세표는 박정희를 직접 만나 사실을 알렸다. 그리고 5월 17일 임석진을 청와대로 안내했다. 그는 두 시간 동안 박정희에게 유럽 유학생들의 북한 접촉상황을 설명했다. 박정희는 임석진에게 신변에 불이익이 없도록 하겠다면서 중정 수사에 협조하라고 이르고 자세한 내용을 서면으로 작성해 제출하라고 지시했다. 이에 임석진은 5월 22일 원고지 200매 분량의 글을 작성해 홍세표를 통해 박정희에게 제출했다. 박정희는 김형욱을 불러 사건을 수사하도록 지시했다. 정치적으로 써먹을 수 있는 기막힌 사건이 아닐 수 없었다. 코드명 "V-318" 공작이었다. 중정은 6월초 국내외 관련자 40여명을 대상으로 한 공작을 기획하고 6월 7일에는 해외 혐의자 23명을 체포해 국내로 강제 압송하기 위한 계획도 수립했다. 이에 따라 6월 5일부터 국내에 있는 관련자를 연행하기 시작했고 6월 20일부터 해외에서 혐의자를 소환하기 시작했다. 박정희는 1967년 5월 재선에 성공했지만 1971년에는 정권을 내놓아야 하는 상황이었다. 장기집권을 위해서는 3선이 가능하도록 헌법을 고쳐야 했다. 그래서 한 달 후 국회의원 선거에서는 개헌이 가능한 2/3 이상의 의석을 획득하는 것이 절박한 과제였다. 결국 박정희 정권은 6·8 부정선거를 통해 목적을 달성했다. 이에 야당과 학생들이 연일 대규모 규탄시위를 벌이자 정부는 6월 중순 30개 대학과 148개 고등학교를 임시 휴업시키는 강수를 두면서 국민들과 맞섰다. 이제 그동안 준비해온 공작을 국민들에게 선보일 시간이 다가왔다. 중정은 7월 8일부터 열흘간 7차례에 걸쳐 동베를린을 거점으로 한 북괴의 대남 적화 간첩단에 대한 수사 결과를 발표했다. 중정은 사건 관계자들이 1958년 9월부터 동베를린의 북한 대사관을 왕래하면서 이적활동을 했고 일부는 북한에 들어가 노동당에 입당하고 국내에 잠입해 간첩활동을 해왔다고 주장했다. 사건 재판을 완료한 결과 사형 2명을 포함해 실형 15명, 집행유예 15명, 선고유예 1명, 형 면제 3명으로 선고되었다. 서베를린의 윤이상은 징역 10년, 파리의 이응노는 집행유예, 서울의 천상병은 선고유예를 받았다. 윤이상은 먼저 1969년 2월 25일 대통령 특사로 석방되었다. 실형을 선고받은 다른 사람들은 1970년 광복절에 잔형을 면제받고 사형수를 포함해 모두 석방되었다. 서독과 프랑스와의 외교마찰을 해소하기 위한 조치였지만, 이제 걱정할 일이 없었다. 3선 개헌은 이미 확정되어 있었다. 1969년 10월 17일 국민투표에서 총 유권자의 65% 이상이 찬성표를 던졌다. 윤이상은 1971년에 서독에 귀화했다. 이응노는 1983년에 프랑스 국적을 취득했다. 천상병은 북한 대사관을 접촉한 일도 평양을 다녀온 일도 없었지만, 징역 10년을 선고받은 친구 서울상대 동기생 강빈구로부터 막걸리 값으로 5백 원, 천 원을 받은 것이 북의 공작금이라고 엮여 최종 선고유예 판결이 나기까지 전기고문을 받고 6개월 동안 감방살이를 하면서 형편없이 몸이 망가진 상태로 석방되었다. "국가정보원 과거사건 진실규명위원회"는 2005년 5월 김형욱 실종사건에 대한 중간조사 결과를 발표한 이후 2006년 1월 동백림 사건이 완전히 조작된 것이었다고 발표하면서 정부에 국가 기관에 의한 불법 연행과 가혹행위 등에 대해 당시 해당자들에게 사과하라고 권고했다. 사건 조작 당시 유학생과 교민들의 강제연행은 당연히 외교마찰을 불렀다. 서독과 프랑스 정부는 영토주권의 침해라고 강력히 항의하고 원상회복을 요구했다. 서독은 한국과 단교하겠다고 박정희를 압박했다. 서독에서 일의 실행을 주도했던 자는 주서독 한국대사 최덕신이었다. 1961년 10월부터 일 년 반 동안 외무장관을 지내고 독일로 나온 그였다. 그는 6.25 전쟁 당시인 1951년 2월에 한국군 11사단의 사단장으로서 거창군 신원면 일대의 민간인을 무차별 학살한 장본인이었다. 하지만 그는 이승만의 비호로 처벌을 받지 않았고 박정희 정권에서도 승승장구한 인물이었다. 그러나 동백림 사건이 국제적 외교 문제로 비화되며 국제적인 비난에 처하게 되자 박정희는 그를 해임해 버렸다. 야인이 된 그는 점점 반정부 성향을 보이기 시작하더니 급기야는 친북 활동을 벌이기 시작했다. 1976년 2월 미국으로 이민한 그는 수시로 북한을 방문하고 공개적으로 6.25 전쟁 북침설을 주장하기도 했다. 1986년에는 아예 북한으로 망명해 버렸다. 북한이 그런 자를 받아준 이유는 물론 정치적인 유용성이었다. 남한 최고위직에 있던 월북자였기 때문이었다. 서독의 강경한 항의에 비해 프랑스 정부는 소극적으로 사건에 임했다. 한국 정부에 진상규명을 요구하기는 했지만 서독의 대응을 지켜보는 수준을 벗어나지 않았다. 프랑스에서 강제 연행된 8명 중에서 5명이 석방되자 프랑스 정부는 더욱 소극적인 자세를 보였다. 자진 귀국의 형식으로 한국에 들어간 이응로에 대해서는 귀환을 요구하기 어렵다고 생각했다. 그러나 프랑스 시민사회는 정부와는 달리 탄원서와 성명서를 연이어 한국 정부에 보내며 동백림 사건 재판이 종료될 때까지 항의를 이어갔다. 그들은 한국이라는 나라를 쿠데타와 독재정치나 펼치면서 국민을 탄압하는 미개한 나라, 해외에서까지 자국인을 강제로 납치해 연행하는 무법 갱스터, 돈 때문에 베트남에 용병이나 파병하는 미국의 똘마니로 생각하지 않을 수 없었다. 그들에게는 북한이 훨씬 점잖고 개명한 주권국가였다. 사실 당시 한국은 세계 최빈국이었고 북한은 한국보다 형편이 훨씬 나은 상황이었다. 동베를린의 북한 대사관 직원들은 한국에서 온 유학생들을 따뜻하게 대해줬다. 유학생들은 밥 한 끼 얻어먹는 것이 별일이라고는 생각하지 않았다. 프랑스 인들은 그런 최빈국이 10년도 안 돼 프랑스 에어버스 A300을 구매할 능력이 되리라고는 꿈에도 생각하지 못했다. 그리고 한국의 프랑스제 비행기 구입이 에어버스가 보잉과 어깨를 견주는 기업으로 성장하는 절호의 동력을 제공하게 된다는 것은 더더욱 예견할 수 없는 것이었다.

미국의 조야에서 박정희의 유신독재와 국민탄압에 대한 비난의 목소리가 높아지고 있을 때 한국 정부는 미국에 대함 미사일 하푼의 구매의사를 밝혔다. 그러나 미국은 한국의 요청을 거부했다. 김대중 납치사건의 여운이 가시지 않은 상황에서 미국 의회는 한국에 대한 첨단 무기 판매에 부정적이었다. 이에 한국은 프랑스의 엑조세 미사일로 눈을 돌렸다. 그러나 프랑스도 처음에는 미국의 눈치를 보면서 선뜻 나서지 않았다. 한국 정부는 비장의 카드를 꺼냈다. 엑조세를 판매하면 A300 여객기를 함께 구매하겠다는 것이었다. 프랑스로서는 거부할 수 없는 제안이었다. 설립한지 얼마 안 된 에어버스는 아직 인지도가 낮고 고객도 적은 시절이었다. 결국 한국 해군은 1974년부터 고속정에 엑조세를 탑재했다. 또 1976년에 대한항공은 4대의 A300을 수입했고 88 서울올림픽 전후로 36대를 추가로 수입했다. 그 공로로 대한항공의 조중훈 회장은 1990년 프랑스 정부로부터 레지옹 도뇌르 훈장 중 2등급인 그랑도피시에를 받았다. 최상위급 훈장인 그랑크루아 등급은 프랑스 대통령에게만 수여된다는 점에서 조중훈이 받은 그랑도피시에는 레지옹 도뇌르 훈장 중 사실상 가장 높은 등급이다. 1970년대 중반 한국이 프랑스의 엑조세를 도입하고 A300을 들여오면서부터 한불관계가 제대로 모양을 갖추기 시작한 셈이다. 그런데 가만히 들여다보면 한불관계는 한미관계라는 괴생명체가 파동을 겪으면서 파생시킨 결과물이었음을 알 수 있다. 박정희가 베트남전에 파병했던 것처럼 미국에 고분고분했더라면 한미관계가 긴장 국면을 맞이하지 않았을 것이고, 그랬다면 한국이 원하는 하푼을 한국 해군이 장착할 수 있었을 것이며, 그랬다면 프랑스에서 엑조세를 들여올 일이 없었을 것이고, 그랬다면 A300도 수입할 일이 없었을 것이다. 박정희는 숭미주의자는 아니었다. 아니 그럴 수 없었다. 박정희가 숭미주의자였다면 미국의 말을 따라 6·8 부정선거를 행하지 않았을 것이고, 동백림 사건을 조작하지 않았을 것이며, 3선 개헌을 하지 않았을 것이고, 유신헌법도 추구하지 않았을 것이며, 김대중을 납치할 일도 없었고, 김형욱을 죽일 일도 없었을 것이며, 자신이 김재규의 총에 맞는 일도 없었을 것이다. 1960년대와 1970년대에는 한국에 외교라는 것이 없었다. 나는 한국에 외교가 없는 이유로 미국의 속국이라는 측면을 강조해왔다. 7장에서 좀 더 상세히 논할 것이다. 그런데 박정희 정권 시절에 한국에 외교가 없었다는 말은 국내 깡패정치의 연장선에서 외교가 활용되고 있었다는 측면을 강조하고자 하는 것이다. 박정희는 정권유지와 독재연장을 위해서라면 종주국인 미국조차도 이따금 머리로 치받아버리는 일을 서슴지 않았다. 그것을 주체적으로 독립주권을 지키려 했다는 의미로 받아들일 수는 없다. 그는 갱스터 패거리의 두목으로서 조직 내에서의 실권 장악에 혈안이 되어 있었을 뿐이다. 그리고 그 때 외교는 두목의 장기집권을 위한 해외 공작이었을 뿐이었다. 박정희의 무엄한 행동에 열 받은 미국이 한국 정부를 당분간 소외시키려 하면서 한국의 외교에는 새로운 지평이 열리기 시작했다. 그것이 한불관계다. 앞으로 서술하겠지만 한독관계는 미국이 독일에 한국을 돌보라는 의무를 지워줌으로써 시작했다면, 한불관계는 미국이 한국에 등을 돌림으로써 본격적으로 시작됐다. 한편 한국이 프랑스제 미사일과 여객기를 사들이자 봉을 놓칠지도 모른다는 생각이 든 미국은 갑자기 태도를 바꿔서 1975년에 하푼 판매를 허가했고 한국 해군은 1977년부터 하푼을 도입했다.

1976년 A300 4대를 들여온 한국은 서울올림픽을 계기로 36대를 추가로 도입했다. 이어 한국은 프랑스의 고속철도를 도입할 의향을 내비치고 있었다. 프랑스로서는 다시 큰 거래가 이루어진다는 기대감을 가지지 않을 수 없었다. 1993년 9월 중순 프랑스 대통령 미테랑이 방한해 김영삼과 정상회담을 가졌다. 미테랑은 9월 14일 오후에 청와대에서 열린 회담에서 프랑스가 보유하고 있는 외규장각 도서를 영구임대나 영구전시등 문화교류 형식으로 한국에 반환하되 그 상징적 조치로 도서 2권을 먼저 이튿날 한국에 돌려주겠다고 김영삼에게 약속했다. 그리고 실제로 그는 다음날 저녁 청와대를 다시 방문해 전날 약속했던 외규장각 도서 중 2권을 김영삼에게 직접 전달했다. 도서는 오후 일찍 특별기편으로 한국에 도착해 있었다. 그런데 미테랑을 수행해 한국에 왔던 프랑스 국립도서관 사서 2명이 숙소인 롯데호텔 객실에서 농성하면서 문제의 책 2권을 껴안고 울며 항의하는 바람에 저녁에야 전달식을 할 수 있었던 것이다. 미테랑이 조선으로부터 약탈한 도서를 반환하기로 결심한 배경에는 역시 경제적인 이익이 깔려있었다. 한국은 1992년부터 고속철도 사업을 시작하면서 프랑스의 알스톰, 일본의 컨소시엄, 독일의 지멘스가 경합했다. 이 중에서 한국은 가장 유리한 조건을 제시한 알스톰을 우선사업자로 선정했다. 알스톰으로서는 유럽 밖으로 고속철을 수출하는 것은 한국이 처음인 일이었다. 프랑스는 한국을 위시해 아시아 전역으로의 수출 확대를 기대할 수 있다고 보고 한국과의 거래에 최선을 다 했다. 그러니 미테랑이 방한한 시점은 한국이 이미 프랑스 고속철을 수입하기로 마음을 먹은 후였다. 정확히 말하자면 외규장각 도서 반환과 고속철 사업이 연계되어 있다고 말할 수는 없었다.

그러나 그렇게 큰 사업이 전개되고 있는데 프랑스로서는 한국의 마음이 변하지 않도록 한 술 더 뜰 필요가 있었다. 미테랑이 약속한 외규장각 도서 전체의 영구임대 방식의 반환은 그로부터 18년이 더 걸리는 협상과정을 거쳐 2011년 5월말 297권 전체가 환수되어 국립중앙박물관에 소장되었다. 조선에서 무력으로 탈취된 서적이 145년 만에 고향으로 돌아온 것이다. 약탈의 배경은 1866년 병인양요라는 사건이었다. 그 사건이 일어나기 전에 프랑스 선교사들의 순교가 있었다. 병인박해라는 사건이었다. 그 해 2월 프랑스인 사제 12명 중 9명이 체포되어 순교했다. 살아남은 3명 중의 하나가 청으로 탈출해 톈진에 주재하는 프랑스 함대 사령관 피에르 귀스타브 로즈에게 사건 전모를 밝혔다. 본국에 보고하고 조선 공격 명령을 받은 로즈는 그 해 11월 강화도를 침공해 한 달 동안 점거하면서 모조리 파괴하고 외규장각 도서 등 대량의 서적, 무기, 금은괴 등을 약탈해 청으로 철수했다. 프랑스군이 조선에 출정한 것은 자국 사제들의 죽음에 보복한다는 것 외에 조선의 문호개방을 추구했던 것이었지만 두 나라의 수교는 그로부터 20년 후에야 성사된다. 1886년에 조불수호통상 조약이 체결되었고 그 이후로는 천주교 선교가 자유로워졌다. 그렇다고 가톨릭이 정식으로 공인된 것은 아니었다. 그것은 1895년 8월말 천주교 조선교구 교구장이자 프랑스 사람인 뮈텔 주교가 고종을 알현함으로써 성사된다. 이때 고종은 1866년 병인박해에 대하여 유감의 뜻을 표하며 뮈텔 주교에게 친선을 제의했다. 한 달 여 후에 을미사변이 벌어졌고 그 열흘 후 고종은 뮈텔을 다시 불렀다. 이 때 고종은 뮈텔에게 도와달라고 애원했다. 그 이후 뮈텔은 조선의 고위직들을 자유롭게 만나면서 조선 조야의 주요 인물로 부상했다. 고종은 프랑스인 신부들에게 "여아대(如我待)"라는 특별 증표를 지급했다. 나(고종)처럼 신부들을 대하라는 말이었다. 그 때부터 프랑스 신부들의 막가파식 작태가 시작된다. 썩어빠진 관리들과 결탁해 이득을 챙겼고 주먹패들과 어울리면서 더러운 짓을 자행하고 다녔다. 천주교 교인임을 빙자한 깡패들이 들끓었고 성당으로 도망한 범죄인은 관리라도 잡아 끌어낼 수가 없었다. 프랑스 신부들이 그들을 신자라고 감쌌기 때문이었다. 천주교인은 이제 백주대천에 여자를 겁탈해도 아무런 문제가 안 되는 호시절을 만난 것이다. 이런 배경에서 제주도에서 난리가 났다. 1901년 2월부터의 일이었다. 도민들은 이재수를 지휘자로 받들고 제주 성으로 쳐들어갈 계획을 세웠다. 5월말 이들은 성을 함락시키고 가리지 않고 천주교도들을 참수하기 시작했다. 제주에서 선교하고 있던 프랑스 신부 마르셀 라크루는 서울에 있는 뮈텔 주교에 연락해 인천 앞바다에 입항해 있던 프랑스 함대의 도움을 요청했다. 결국 5월 31일 프랑스 군함 두 척이 제주 앞바다로 진입했다. 프랑스 군함과 함께 일본 군함도 따라왔다.

일본은 조선의 내정에 간섭하면 가만히 있지 않겠다고 으름장을 놓았다. 이재수는 프랑스와 일전을 불사하겠다고 벼르는 도민들을 설득해 해산시키고 자신도 자수했다. 선량한 희생자가 나오는 것을 염려했기 때문이었다. 6월 중순 프랑스 군함은 라크루 신부와 40여 명의 교인을 데리고 제물포로 귀환했다. 이재수와 난리 주동자들은 서울로 압송되었다. 조선에 주재하던 프랑스 공사 빅토르 플랑시는 조선정부에 서울로 압송된 자들의 처벌과 함께 천주교도들이 입은 피해에 대한 배상금을 요구했다. 그리고 10월초 이재수는 교수형 판결을 받고 처형됐다. 그리고 조선 정부는 3년 후 배상금 지급을 완료함으로써 조불관계도 일단락되었다. 병인박해로부터 약 35년간 이어져온 천주교를 둘러싼 조선과 프랑스 간의 악연이 정리된 것이었다. 박해받던 프랑스 선교사들이 조선인을 박해하는 당사자로 입장이 바뀐 괴상한 상황에서 한국과 프랑스는 그렇게 다소 더럽게 관계를 시작했다.

독일과의 인연은 좀 더 더러운 일로부터 시작됐다. 독일인이 저지른 도굴 사건이었다. 오페르트라는 유대인 상인이 저지른 일이었다. 에른스트 오페르트는 프로이센 함부르크의 부유한 유대인 집안에서 태어났다. 그는 1851년 열아홉의 나이에 홍콩에서 사업을 시작했다. 그러나 사업은 녹녹치 않았고 사업지를 상하이로 옮겼지만 결국 10여년 만에 파산 위기에 처했다. 그러자 그는 조선으로 관심을 돌렸다. 그리하여 그는 1866년 3월과 8월 두 번에 걸쳐 조선에 들어와 관리들을 만나면서 교역의 물꼬를 트려고 애를 썼다. 하지만 조선의 쇄국정책은 굳건한 것이었다. 조선과의 통상교섭에 실패한 오페르트는 기회를 노리고 있었다. 그러다가 1868년 5월 그에게 묘안이 떠올랐다. 목표가 정해지면 물불이든 오줌똥이든 가리지 않는 유대인다운 야비함도 함께 고개를 들었다. 그는 조선과의 통상을 열어 일확천금을 하자는 감언이설로 미국인 모험가 프레더릭 젠킨스를 꾀어 물주로 삼았다. 배를 구하고 인부들을 모집했다. 그리고 그는 아주 중요한 프랑스인 조력자를 찾아냈다. 병인박해 때 살아남은 프랑스 신부 3명 중 하나인 스타니슬라스 페롱이었다. 오페르트의 사특한 묘안이란 조선의 실력자 흥선대원군의 아버지인 이구(남연군)의 묘를 발굴해 시체와 부장품을 흔들며 대원군과 조선의 문호개방을 흥정하자는 것이었다. 이제 그와 조력자 그리고 인부 등 100여 명을 실은 두 척의 배는 상하이를 떠나 우선 나가사키에 도착해 소총과 도굴용 장비를 구입해 싣고는 5월 10일 서해를 거쳐 충청남도 행담도를 지나 삽교천을 거슬러 구만포에 도착했다. 상륙한 그들은 마을 주민들에게 자기들이 러시아인이라면서 남연군 묘로 안내해 줄 것을 요청했다. 그들은 조선인들이 러시아인에 대해서는 거부감이 없을 것이라고 생각했다. 도굴단은 서두르면 작업을 일찍 끝내고 바로 돌아갈 수 있을 거라고 오판했다. 밤에 착수한 삽질은 다섯 시간을 넘겨도 목표물에 다다르지 못했다. 묘지가 견고해 여간해서는 파헤쳐지지 않는 토질이었다. 새벽이 다가오자 그들은 도굴을 단념하고 철수할 수밖에 없었다. 삽교천 물이 빠지면 배를 띄울 수 없을 것이기 때문이었다. 그렇게 되면 조선 관리들한테 붙잡히고 말 것이 뻔한 일이었다. 결국 그들의 도굴은 미수로 끝나고 말았다. 이후 페롱은 프랑스 정부로부터 소환당해 귀국했다. 그리고 이 사건으로 흥선대원군은 쇄국정책을 더욱 강화했다. 그는 오페르트가 사실은 프로이센 사람이라는 것도 알 수 없었다. 오페르트 때문에 러시아만 애매하게 부정적인 선입견 속에 박혀버렸다. 대원군이 1870년대 초에 민비에 밀려 실각하지 않았더라면 1884년 조로수호통상조약이 체결되지 않을 뻔 했다. 그랬더라면 1895년의 을미사변도 1896년의 아관망명도 없을 뻔 했다. 한국의 서유럽 국가들과의 첫 만남은 19세기 후반 조선에 접근하고 있던 러시아와 묘하게 연결되어 있었다.

그리고 한국과 전후 독일의 만남은 한불관계처럼 한미관계의 종속변수로 성사되었다. 1963년 12월 16일 한국노동청과 독일탄광협회 간의 협정으로 시작된 한국 광부 파견은 한편으로는 독일의 광부인력 부족현상을 해소하고 다른 한편으로는 미국이 전후에 독일에게 의무 지웠던 한국 재건지원이라는 약속을 이행하는 것이었다. 물론 그러한 독일정부의 의도와 실업난 해결과 외화획득을 원했던 한국정부의 이해가 맞아떨어진 결과였다. 미국 요인을 크게 볼 수는 없다고 생각할 수도 있다. 왜냐면 전후 20년이 다 되는 시점에 이루어진 것이었을 뿐만 아니라 한국에서는 이승만 숭미정권이 막을 내리고 군사 쿠데타로 박정희가 정권을 잡아 미국이 독일에 요구했던 원래시점의 상황과는 크게 달랐기 때문이다. 그러나 미국은 서독에 과거의 약속을 다시 상기시키며 한국에 대한 지원을 요구했다. 이승만이 하야한 이후 미국은 총리 장면의 뒤에서 막후통치를 한다는 것이 원래의 계획이었었다. 그러던 참에 5·16 쿠데타가 났으니 처음에는 공식적으로 반대한다는 성명을 발표할 정도였다. 그러나 사회 상황이 안정적으로 변하고 박정희가 적극적으로 친미 노선을 표방하자 미국은 신정권을 승인한다는 성명을 발표했다. 한편 1950년대 말 미국 경제가 처음으로 무역적자를 기록하면서 난국에 처하자 아이젠하워 행정부는 동맹국에 대한 무상원조를 삭감하고 권역별 선진국들이 대신 동맹국들을 지원하도록 요구하고 나섰다. 이에 따라 박정희는 경제개발 5개년 계획의 첫 단계에 독일과 이탈리아를 참여시키면서 해외 투자를 유치하기 위해 노력했고 미국이 이를 적극적으로 지원하고 나섰던 것이다. 서독으로의 광부와 간호사 파견은 이러한 상황에서 나온 정책이었다. 1963년 말부터 1977년까지 파견된 이들은 광부 약 8,000명에 간호사 약 11,000명에 이르렀다. 물론 독일 내에서는 아무도 하지 않으려 하는 일이었으므로 사회적인 지위가 아주 낮은 직업이었다. 그들은 독일인들의 냉대와 차별 속에서도 이를 악물고 묵묵히 일했다. 계약기간 이후에도 대다수 파독 근로자들은 계약을 연장하고 독일에 남았다. 광부들의 60%는 독일 교민이 되었다. 그들 중의 삼분의 일은 후에 미국으로 이민했다. 박정희는 1964년 12월 6일 국빈자격으로 서독을 방문했다. 독일에서 일하는 광부와 간호사들도 만나 격려했다. 그는 독일로부터 약 4천만 달러의 차관을 받아 귀국했다. 그리고 금속, 기계, 화학과 같은 중공업에 대한 기술전수를 약속받았다. 포항제철의 초기 계획이 만들진 것이었다. 12월 10일 박정희는 독일 뒤스부르크의 함보른 탄광회사에 방문해 한인 광부 300여명과 간호원 50여명이 모인 강당에서 연설했다. 그는 이렇게 말했다. "... 여러분 난 지금 몹시 부끄럽고 가슴이 아픕니다. 대한민국 대통령으로서 무엇을 했나 가슴에 손을 얹고 반성합니다. 나에게 시간을 주십시오. 우리 후손만큼은 결코 이렇게 타국에 팔려나오지 않도록 하겠습니다. 반드시. 정말 반드시." 그로부터 3년이 지나지 않아 중앙정보부는 동백림 사건을 발표했다. 파독 광부를 포함해 재독 동포 194명이 강제로 연행되어 서울로 끌려왔다. 파독광부 중에 3명은 간첩 혐의로 기소되었다. 서베를린 시장 자격으로 박정희의 독일 방문을 맞았던 빌리 브란트는 이제 서독의 외교장관

겸 부총리로서 한국을 비난하고 나섰다. 사건 발생 초기 서독의 대통령 뤼케는 아시아에서 가장 친독적인 한국과의 우의를 손상시킬 수는 없다는 입장을 취했다. 그러나 그 해 말 1심 선고공판에서 서독에서 연행된 사람들 중에 34명이 유죄판결을 받자 서독정부의 입장은 강경해질 수밖에 없었다. 서독은 영남화력발전 건설을 위한 차관을 취소하고 경제 원조를 전면적으로 중단하며 주한 대사 소환조치 그리고 한국과의 단교 등으로 순차적인 조치를 취하겠다고 엄포를 놓으며 박정희를 압박했다. 박정희는 눈 하나 깜짝하지 않았다. 하지만 마음속으로는 큰 부담을 느끼지 않을 수 없었다. 결과적으로 서독이 보복조치를 구체적으로 취한 것은 없었지만 양국 간의 외교적인 긴장은 1970년 12월에 서독에 거주했던 관련자들이 모두 석방될 때까지 지속되었다. 독일 시민들은 서독 정부보다 더 격렬하게 한국 정부에 항의하면서 체포된 사람들의 구명활동을 벌였다. 그 중에서도 윤이상에 대한 구명 탄원은 특히 눈에 띄는 것이었다. 1967년 10월 그가 감방에서 완성한 오페라 "나비의 미망인"이 뉘른베르크에서 1969년 2월 23일 초연되자 그의 구명을 위한 국제 여론이 확산되었다. 200여명의 유럽 음악가들이 한국 정부에 공동으로 탄원서를 제출했는데 여기에는 이고르 스트라빈스키, 헤르베르트 폰 카라얀, 오토 클렘페러, 한스 베르너 헨체, 볼프강 포르트너, 보리스 블라허 같은 쟁쟁한 음악인들이 망라되어 있었다. 스트라빈스키는 공산주의라면 이를 가는 사람이었고 윤이상을 공산주의자로 생각했음에도 탄원서에 이름을 올렸다. 공교롭게도 그의 석방은 뉘른베르크 초연이 있는 뒤 이틀 만에 이루어졌다. 대통령 특사로 그는 1969년 2월 25일 석방됐다. 윤이상은 사실 북한에 대단히 호의적인 인물이었다. 다만 그가 간첩 행위를 한 것은 없었다는 것이다. 그는 동백림 사건 전에도 북한을 수차례 다녀왔었지만 석방되어 서독으로 돌아온 후에는 매년 평양을 방문해 북한 지도자들과 교류했다. 동백림 사건으로 한국 정부에 앙심을 품고 일부러라도 북한과 가까워지려고 한 반항심의 발로이기도 했다. 그는 2년 후 서독으로 국적을 바꿨다. 한국 정부는 그가 죽을 때까지 그의 입국을 금지했다. 그가 작곡한 음악의 연주도 금지했다. 북한에서는 1982년부터 매년 윤이상 음악제가 개최되었다. 같은 해 한국에서도 그의 음악이 해금되었다. 그가 서독인이 된 후 1970년대 중반 독일의 유명한 여류작가 루이제 린저가 전 남편 카를 오르프의 소개로 윤이상을 알게 되었다. 그녀는 자유로운 영혼 윤이상에 매료되었고 그가 칭송하는 북한에 대해 관심을 가지기 시작했다. 그녀는 1980년부터 10년 동안 북한에 여러 차례 들어가 김일성을 만났다. 한국에서 1988년 "또 하나의 조국"이라는 제목으로 출판된 그녀의 1981년 작 "북한 방문기"에서 그녀는 북한 체제를 "인간의 얼굴을 가진 사회주의"라고 높이 평가했다. 그리고 그녀는 김일성에 대해 "그보다 더 자연스럽고 부드럽고 겸손한 정치가를 본 적이 없다"고 칭찬하면서 북한의 사회주의는 서구가 깊이 연구해야 할 대상이라고 찬양했다. 반면에 그녀의 한국에 대한 평가는 반민주적이고 종속적인 독재체제라는 것이었다. 직접적으로는 전두환 체제를 가리키는 말이었지만 박정희가 살아있었더라도 달라지지 않았을 그녀의 평가였다. 윤이상과 같은 고매한 예술인을 납치 해다가 가두고 그의 입국을 막고 그의 작품의 공연을 금지하는 미개하고 무례한 나라가 한국이다. 루이제 린저가 서독 지식인 사회를 대변하는 사람은 아니었지만 동백림 사건을 거치면서 독일인의 의식 속에 한국이라는 나라의 이미지는 매우 부정적인 것으로 각인되었다. 예술도 철학도 빈곤한 자들이 이끌어가는 나라 한국이었던 것이다.

동백림 사건이 발표되기 네 달 전인 1967년 3월초 박정희의 초청을 받은 서독 대통령 뤼케가 한국을 방문했다. 그는 한국의 제2차 경제개발 5개년 계획을 적극적으로 지원할 것이며 독일 기업의 대한투자를 장려하겠다고 약속했다. 또 영남화력발전소 건설을 위한 차관 제공 의향도 밝혔다. 그러나 동백림 사건이 터진 후 이러한 독일의 선의는 수년 동안 유보될 수밖에 없었다. 1950년대 말 미국경제의 침체로 인해 미국이 독일에 한국을 지원해 줄 것을 요구함으로써 시작된 한독 경제협력이 위기에 처하는 듯 했다. 그러나 결과적으로는 약 2년간의 보류기간이었을 뿐 양국의 협력은 1970년 초부터 다시 재개되기 시작했다. 한국에게 독일은 미국과 일본 다음으로 중요한 협력 파트너가 되었다. 그러나 10년이 안 가 독일인의 뇌리 속에 박혀있던 미개한 나라 한국이라는 이미지가 다시 소환되는 일이 벌어졌다. 서독의 제1공영TV 방송 도쿄 지국 특파원 위르겐 힌츠페터는 1980년 5월 19일 오전 일본 언론에서 계엄령하의 광주에서 시민과 계엄군이 충돌하고 있다는 짤막한 뉴스를 들었다. 이것은 당시 마침 한국에 있었던 NHK 소속 피디 와타리 마사오가 취재한 것이었으며 5·18 상황을 해외에 알린 세계 최초의 외신 보도였다. 힌츠페터는 당장 짐을 꾸려 그날 오후 서울로 향했다. 조선호텔에 투숙한 그는 다음날 아침 택시를 타고 광주로 잠입했다. 당시 외국 기자들은 국가홍보원에 신고해야 취재할 수 있었지만 그러면 허가가 나지 않을 것이라 생각하고 몰래 들어간 것이다. 그 결과 광주 항쟁 진압의 참상이 고스란히 그의 카메라에 잡혔다. 광주 시민군은 그를 환영했다. 그는 하루 꼬박 취재하고 21일 오후 검문을 뚫고 광주를 빠져나와 서울에서 밤 비행기를 타고 나리타공항에 도착해 필름을 독일로 곧장 보냈다. 함부르크의 뉴스센터에 전달된 영상은 서독에서 수차례 방송되었고, 외국의 다른 언론들도 이 영상을 받아 보도함으로써 5·18 광주 민주화 운동이 전 세계에 알려지게 되었다. 힌츠페터는 23일 다시 광주로 잠입해 시민 자치하의 광주의 모습을 추가로 촬영했다. 그는 나중에 기자로서 당시의 광주처럼 끔찍하고 참혹한 현장은 처음 봤으며 영상을 찍다가도 몇 번이나 눈물이 터져 나와 촬영을 중단했다고 말했다. 방송된 광주 참상을 보는 독일인들은 눈을 믿을 수 없었다. 자국의 선량한 시민을 무자비하게 살육하는 한국의 집권자가 과연 인간인지를 의심하지 않을 수 없었다. 해외에 있는 자국민을 무단으로 납치해 감방에 가두고 인권을 유린하던 박정희에 이어 이제는 무고한 시민을 학살해 정권을 잡으려는 전두환 같은 인간만 배출해내는 한국을 멸시하지 않을 수 없었다. 독일인들의 한국에 대한 인식은 이처럼 매우 부정적인 바탕 위에 서 있다. 특히 지식인들의 한국관은 더욱 부정적이다. 파독광부나 간호사에 대한 인식도 별로 긍정적인 것이 아니었다. 그들은 독일인들의 경멸과 냉대를 참고 견뎌야 했다. 세계에서 제일 가난한 나라에서 온 불쌍한 사람들 정도가 그나마 가장 호의적으로 바라본 시선이었다. 그러다가 박정희가 간첩단 사건을 조작하고 윤이상이나 이응로나 천상병 같은 예술인을 탄압하자 한국 정부에 대해서는 그 꼴에 그 수준이라는 식으로 낙인을 찍었다. 그러다가 광주 학살 현장을 독일인이 직접 촬영해 보여주자 그들은 한국을 극악무도한 미개국으로 평가절하 해버린 것이다. 나중에는 루이제 린저가 김일성을 찬양하고 한국을 최저 수준으로 폄하한 것이 전혀 편견이나 과장이 아니라는 생각도 들게 된다. 물론 독일인의 한국 인식이 전적으로 부정적인 것으로만 이루어진 것은 아니다. 그들에게는 우선 한국에 대한 "기특지심(奇特之心)"[28]이라는 것이 있다. 독일의 라인강의 기적을 본받아 독일이 베풀어준 경제협력에 힘입어 한국인들이 한강의 기적을 일구고 있음을 기특하게 생각하는 마음이다. 그러한 마음을 깔고 독일인들이 좋아하는 한국인이 둘 있다. 1978년부터 1989년까지 독일에서 뛰어난 활약상을 보인 차범근과 2009년부터 6년간 독일에서 선수생활을 한 손흥민이다. 특히 함부르크에서 축구 유학을 한 손흥민에 대해서는 자기들이 키운 선수라는 자부심까지 가지고 있다. 하지만 그런 긍정적인 측면을 과장해 독일인들의 진정한 한국 의식을 왜곡해서 보면 안 된다. 제대로 된 외교란 상대방에 대한 존중과 함께 상대가 나를 어떻게 생각하는지에 대한 정확한 판단도 동반해야 하는 법이다. 서희가 소손녕이 고려를 어떻게 생각하는지 감을 잡지 못했더라면 그와의 협상이 성공할 수 없었다. 거란은 고려를 속으로 존경하고 있었다. 다만 혹시 고려가 송과 연합해 거란을 압박할지 몰라 불안하게 생각하고 있었을 뿐이었다. 이제 서희는 여진족이 점령하고 있는 압록강변의 영토를 생각해내고 소손녕에게 그럴듯한 제안을 던졌던 것이다. 상대가 나를 어떻게 생각하는지 알아야 하는 것은 서희의 해법과 같은 빅 픽처를 만들기 위해서만은 아니다. 소소한 곳에도 감동은 있는 법이다. 감동이 있으면 상대는 나를 다시보고 존경심을 품기 시작한다. 그렇게 되면 많은 일이 술술 풀리기 시작하는 것이 인간사다. 상대가 나를 멸시하고 있음을 알지도 못하고 기고만장해 경거망동하면 상대는 더한층 나를 멸시하는 법이다. 하지만 나를 경멸하고 있는 상대에게 내가 그걸 알고 있음을 내비치면서 그럼에도 내가 상대의 생각을 존중한다는 기색을 한다면 상대는 무척 큰 감동을 받을 것이다.

독일이 한국을 우습게 보는 또 하나의 중요한 이유가 있다. 남북한 관계에 있어 한국이 자주적으로 움직이지 못하는 모양만 보이기 때문이다. 한국의 대통령들은 남북한 문제에 관한 제안을 걸핏하면 독일에 와서 풀어놓곤 했다. 그것은 분단 독일의 통일이라는 역사적 사건의 현장에서 분단 한반도의 미래를 제시한다는 상징적인 몸짓이긴 했지만, 그 결과가 항상 자주적인 것으로 이어지지 못했다는 측면에서 전부 기껏해야 정치적인 레토릭에 불과했다. 독일인들의 시각에서는 못난 한국인들이 아닐 수 없다. 한국의 세 대통령이 독일에서 북한을 향해 외쳤다. 처음에 김대중이었다. 2000년 3월 9일 김대중은 베를린 자유대학에서 한반도 평화 정착을 위한 선언을 했다. 베를린 선언이라고도 한다. 그는 지구상에 마지막으로 남아 있는 한반도 냉전구조를 해체하고 항구적인 평화와 남북간의 화해·협력을 이루고자 한다며 북한 측에 네 가지 원칙을 제시했다. 정부 차원에서의 경제협력, 진정한 화해와 협력의 정신으로 북한 지원, 이산가족 문제 해결을 위한 북한의 호응, 그리고 남북한 당국 간의 대화 추진이었다. 북한이 긍정적으로 반응했다. 그리하여 김대중은 세 달 후인 6월 13일부터 15일까지 평양을 방문해 김정일과 정상회담을 가졌다. 그리고 두 정상은 6·15 남북공동선언을 발표했다. 그 첫 번째 조항은 "남과 북은 나라의 통일문제를 그 주인인 우리 민족끼리 힘을 합쳐 자주적으로 해결해 나가기로 하였다"였다. 분위기는 노무현 정부로 이어졌다. 노무현은 2007년 평양을 방문해 김정일을 만났고 둘은 10·4 공동선언문을 발표했다. 그 첫째 조항은 "남과 북은 6·15 남북 공동선언을 고수하고 적극 구현해 나간다"였다. 그러나 김대중과 노무현의 한반도 구상은 미국의 훼방과 국내 정권교체로 결국은 성사되지 못했다. 두 번째로 독일에서 북한에 외친 자가 박근혜다. 2014년 3월 28일 드레스덴 공과대학에서 발표한 선언이고 드레스덴 구상이라고도 부른다. 여기에는 우리 민족끼리 자주적으로 통일문제를 해결한다는 말이 없다. 조선로동당의 기관지인 로동신문은 기사에서 "드레스덴 구상은 남조선 주도의 흡수 통일을 하려는 대결 선언"이라고 평가했다. 나는 2014년 4월 중순에 앙골라에 부임했다. 그리고 6월 초에 중국 대사가 주최한 리셉션에서 북한 대사 김현일을 처음 조우했는데, 나와 동갑인 김현일은 다짜고짜 드레스덴 선언을 지칭하면서 이렇게 말했다. "남조선에서 거 해외에 나와 같은 동족들 욕이나 하고 돌아다니면 안 되지. 듣기도 안 좋고, 북조선에서 다들 아주 기분 나빠하고 있어." 그는 나를 보자 두 달여 전의 일을 거론하며 반말로 한국을 비난한 것이었다. 나라고 가만히 있을 수는 없는 일이었다. 해서 내가 "아 그게 왜 동족을 욕하는 건가? 우리가 앞으로 통일해야 한다는 얘기 아냐?"라고 대꾸했다. 김현일은 수초 간 말을 못 잇다가 "그게 그런가? 여하간 아주 듣기 안 좋아. 그런 얘기 하지 말라고 본국에 얘기하고 하세요. 밖에까지 나와 우리를 욕하고 뭐가 어떻다는 둥 그러고 다니면 안 됩니다"라고 말했다. 그가 말을 놓다가 갑자기 높임말을 쓰기에 나도 존댓말로 다시 말했다. "서울 평양의 일은 거기서 하는 거고, 여기서 우리들이라도 잘 지내고 하면 좋은 일 생길 겁니다. 여기서 우리 둘이 말다툼할 일이 아니지요. 아 이명산 부상도 여기 와서 앙골라하고 장래 사업 구상도 하고 갔는데, 이런 데서 남북한이 함께 그런 사업도 하면 좋은 거 아닙니까?" 이명산은 북한의 무역장관이었다. 북한은 드레스덴 구상을 미친 자의 헛소리라고 치부하고 있었다. 내가 볼 때도 통일 대박이니 어젠다 포 휴매니티니 주워섬기는 박근혜는 정상적인 정신 상태는 아니었다. 우리민족의 역사를 하나도 모르는 천치의 헛소리였을 뿐이다. 그러니 그런 헛소리는 처음부터 아예 성사여부를 논할 필요도 없는 것이었다. 세 번째가 문재인이다. 2017년 7월 6일 문재인은 쾨르버 재단의 초청을 받아 베를린 알테스 슈타트하우스에서 행한 연설로 한반도 평화 구상을 밝혔다. 베를린 구상이라고도 부른다. 한반도 평화체제 구축을 위해 북한이 핵을 포기하고 대신 국제사회가 북한 체제 안정을 보장해준다는 내용이 골자였다. 북한은 9일 후 로동신문 논평을 통해 문재인의 구상에 대답했다. 논평은 "이 평화구상에 6·15공동선언과 10·4선언에 대한 존중과 이행을 다짐하는 등 선임자들과는 다른 일련의 입장들이 담겨져 있는 것은 그나마 다행스러운 일"이라고 운을 떼고는, 그러나 "평화의 미명하에 늘어놓은 전반적인 내용에는 외세에 빌붙어 동족을 압살하려는 대결의 저의가 깔려있다"고 비판했다. 신문은 다시 "우리 민족 자신이 주인이 돼 풀어나가야 할 그처럼 중대한 문제를 피부색도 다르고 언어도 통하지 않는 다른 나라 사람들 앞에서 늘어놓는 것 자체가 황당하기 그지없다"고 비난하면서 "핵을 폐기시켜 보겠다고 무모하게 놀아댈 것이 아니라 미제의 천만부당한 핵전쟁위협을 종식시키고 온갖 침략 장비들을 남조선에서 철폐하도록 용기 있게 주장해야 비로소 온 겨레의 호응과 박수를 받을 수 있다는 것이 우리가 주는 선의의 충고"라고 말했다. 그러면서 북한은 "남조선당국은 겨레의 지향과 대세의 흐름에 역행해 외세의존의 길을 고집할 것이 아니라 동족이 내민 손을 잡고 북남관계개선과 자주통일을 위한 올바른 길에 들어서야 할 것"이라고 결론지으며 앞으로 한국 정부의 움직임을 지켜보겠다는 암시를 깔았다. 이는 결국 2018년 2월의 평창 동계 올림픽으로부터 시작해 2019년 2월말 하노이 북미 정상회담까지 이어지는 1년 동안의 불꽃같이 찬란한 남북한 간의 희망과 기대의 시기로 이어졌다. 김정은이 두 번씩 남으로 내려왔고, 문재인이 15만 명의 평양시민으로 가득한 능라도 경기장에서 우리끼리 해 보자고 소리쳤고, 트럼프와 김정은이 싱가포르에 이어 하노이 그리고 판문점에서 세 번이나 만나는 기가 막힌 일이 벌어졌었다. 그러나 2019년 2월말 하노이 회담에서 트럼프가 회담이 결렬되었다고 선언한 이후의 판문점 회동은 별 의미가 없는 것이었다. 분위기는 급격히 냉각되었고 1년도 안 돼 모든 것이 허사로 되면서 원점으로 회귀하고 말았다. 이유는 김대중과 노무현의 구상이 물거품이 된 것과 동일하다. 미국의 훼방과 압력을 밀어내고 우리끼리 해 보겠다는 진정한 의지와 용기가 없었기 때문이다. 베를린에서 시작된 두 번의 호기는 없었던 일이 되고 말았다. 독일인들의 대부분은 한국이 자기들처럼 꿋꿋하게 동포와 합쳐 나가지 못하는 모습을 보면서 안타까워했겠지만, 동시에 한국 정부의 종속성과 한국인들의 의지박약을 비웃지 않을 수 없었다.

임석진은 2000년 월간조선 기자 조갑제와 인터뷰를 갖고 33년 전의 상황에 대해 털어놓았다. 1967년 5월 17일 수요일 오후 3시 정각에 홍세표를 따라 청와대 1층 서재로 들어

온 임석진에게 박정희는 악수를 청하며 이렇게 말했다. "임 선생, 고심이 많았겠습니다." 임석진은 이렇게 회고했다. "박 대통령의 그 한 마디는 진심에서 나오는 위로의 말이었습니다. 멀찍감치서 본 적은 있지만 가까이서 보니 단단한 분, 속으로 아주 당찬 분이란 느낌을 받았습니다." 그는 이어서 "그 분에 대해서는 독일 유학 시절에 홍세표씨로부터 들은 바가 있었습니다. 가난 속에서 대구사범을 나왔으며 만주 군관학교와 일본 육사를 졸업하면서 메달을 받았고 한때는 남로당원으로 옥고도 치렀다는 내용이었지요. 1964년 12월 박대통령 부부가 독일을 방문했을 때 저는 유학생으로 초청받아 만찬장에서 그 분을 뵌 적도 있었습니다. 그 무렵 나의 가슴 속 깊이 박대통령이 각인되는 이야기를 들었습니다. 박대통령 일행이 라인 강가를 차를 타고 달리다가 돌산을 개간해 포도농장을 만든 곳에 이르자 박대통령은 차를 세우게 한 뒤 산기슭에 올라 맨손으로 흙을 파보고는 진짜 바위산이었음을 확인하더란 겁니다. 그러면서 바위산을 이런 옥토로 만들 수 있다는 자신감을 안고 산을 내려왔다는 이야기가 교민 사회에 퍼지고 있었습니다. 국토개발에 전심전력을 기울이는 진짜 지도자가 우리 앞에 나타났다는 감격이요 희망이었습니다." 헤겔은 예나에 도착한 나폴레옹을 보면서 인류를 구원할 초인이 나타났다고 감탄하며 환호했다. 그가 친구에게 보낸 편지에서 헤겔은 이렇게 말했다. "나는 황제가, 그 세계

영혼이, 도시 외곽에서 말을 타고 정찰하는 모습을 보았네." 임석진은 직접 보지는 못했지만 소문을 듣고 한국을 구원할 초인이 나타났다고 감동한 것이다. 헤겔 철학 전공자다운 감격이었을까. 임석진의 회상은 이어졌다. "나의 목표는 청와대가 아니라 어떻게 하면 이 사건을 제대로 처리할 수 있을까 하는 점이었습니다. 곳곳에 북한의 손길이 닿아 있었다고 본 저는 막무가내 식으로 수사를 하다가는 지식인들의 반감을 사게 되어 결과적으로 북한을 이롭게 할 것이라 보았습니다. 김형욱 정보부장에 대한 평을 듣고 있었던 차에 그에게 말해 봐야 알아듣지도 못할 것 같아 박대통령에게 운명을 걸어야 했습니다." 그가 두 번째로 평양을 들어간 1966년 6월 5일 대남공작 총책인 중앙당 부위원장 이효순과 연락국장 임춘추 등 거물급 간부들이 마중을 나왔다. 임석진은 일주일간 초대소에 머무르면서 그들과 술을 마시며 임석진의 한국 귀국에 관해 얘기를 나눴다. 임석진은 귀국하겠다고 주장했고 북한 인사들은 말렸다. 너무 위험하다는 것이었고 만약 문제가 생기면 해결책이 없을 거라는 말이었다. 그들은 계속 생활비를 대줄 테니 일단 스위스나 네덜란드 아니면 벨기에로 이사를 하라고 권했다. 임석진은 잘못하다가는 북한에서 빠져나올 수가 없다고 생각하고 그들의 권유를 받아들이는 척 하면서 이효순이 건네주는 2000달러를 받아들고 서독으로 돌아온다. 그는 그들에게서 윤이상과 함께 주서독 한국대사 최덕신도 자기들과 밀접한 관계가 있으니 무슨 일이 있으면 도움을 요청할 수도 있을 것이라는 말도 들었다. 임석진의 회고다. "한 국가의 외무장관을 지낸 사람까지 연결되었다니 큰일이다 싶었습니다. 빨리 돌아가지 않으면 내가 더 큰 죄를 짓게 될 것 같았지요." 그는 부인과 함께 서독으로 돌아온 다음날 이삿짐을 서울로 발송하고 빈손으로 암스테르담으로 가서 서울행 비행기를 탔다. 그러면서 그는 이효순 앞으로 한 통의 편지를 보냈다. "내가 당신들로부터 이탈 행위를 하지만 통일에는 장애가 되거나 역효과가 되는 일은 절대 하지 않을 것입니다." 그는 분명히 북한하고 깊숙이 연결되어 있었다. 북한 인사들이 그가 귀국하면 무슨 일이 벌어질까봐, 보안 당국에 잡힐게 될지도 모른다며 노심초사까지 하는 인물이었다. 그러니 그는 그들을 배신하고 몰래 한국으로 귀국한 사람이다. 그의 박정희에 대한 인상이니 라인강변의 일화니 하는 것들은 나중에 그의 뇌리에서 형성된 스토리에 불과하다. 하지만 그의 친구 이기양이 실종된 사건이 보도되었을 때 그가 느꼈던 두려움은 이해할 수 있는 것이기는 하다. 배신을 당한 북한이 그를 가만히 두지 않을 거라는 생각은 자연스러운 것이기도 하니까. 하지만 그가 현대 철학의 최고점에 있는 헤겔 철학으로 박사학위를 받은 지식인이었다는 점을 생각하면 그가 북한과 그토록 밀접하게 관계하다가 느닷없이 한국으로 귀국하겠다고 변심하는 장면은 선뜻 납득이 안 된다. 헤겔 철학의 본령이란 인간이 나약함을 극복하고 가장 고귀한 존재로 거듭나려면 끊임없이 자기 자신을 부정하고 계발하는 과정을 거치면서 궁극적으로는 최고수준의 세계정신과 국가정신을 나의 의식 속에 녹여내는 것이 아니었던가. 그가 북한에 간 이유는 거기서 시대정신을 보았기 때문이고 거기서 세계정신을 보았기 때문이었을 것이다. 그는 북한에서 김일성을 바라보면서 헤겔이 나폴레옹을 바라보던 장면을 떠올렸을 것이다. 한민족의 구원자요 전 인류의 지도자가 아니런가. 북한은 그런 그의 최고수준에 달한 지성과 학식을 이용해 한국 사회를 변화시키기 원했을 것이다. 물론 그도 그런 그들의 희망을 잘 알았을 뿐만 아니라 그런 역할을 한다는 자신의 모습에 자부심도 느꼈을 것이다. 그러나 그의 포부는 함량미달이었던 그의 내공으로 인해 점점 쪼그라들고 말았다. 그의 부인이 졸랐을 지도 모른다. 그러나 역시 그의 소심함이 그의 발목을 잡았을 것이다. 도망치듯 한국으로 귀국하면서 그는 북한 동지들한테 자기가 북한의 통일 작업에는 방해가 되지 않겠다고 약속한다. 그러니 너무 앙심을 품지 말라는 뜻이렷다. 그의 작은 심장은 얼마 못 가 이기양의 실종과 함께 완전히 쪼그라들었다. 그리고는 자기만 살기 위한 또 한 번의 배신행위를 저지르기 시작한 것이다. 나는 임석진의 배신과 자수라는 행위 자체를 비판하는 것은 아니다. 내가 비판하고자 하는 것은 헤겔 철학을 전공했다는 그가 가장 기초적인 헤겔의 가르침, 끊임없는 자기부정의 첫 단계마저 제대로 실천하지 못했다면 과연 그는 평생 뭘 공부했냐는 것이다. 끊임없이 제대로 부정하다 보니까 저리 갔다가 이리로 다시 온 것이었을까? 끊임없는 자기부정이란 노선의 변경을 의미하는 것이 아니다. 그것은 자기 정신의 차원을 한없이 끌어올리는 초월의 과정이다. 남북의 진영논리에 얽매이지 않고 한반도와 한민족 전체를 통섭하는 정신세계를 만드는 일이다. 그것은 그가 배신하지 말고 북한으로 가서 붙었어야 한다는 말하고는 다른 것이다. 한국으로 돌아왔다 하더라도 그가 북한 인사들과 교류하며 깨달은 헤겔식의 변증법적 한반도 해법을 그 단초나마 생각해 내고 실천했더라면 내가 그를 비난할 일은 없는 것이다. 하지만 그는 그런 수준에는 턱없이 못 미친 사람이었다. 기껏 한다는 일이라곤 서독에 있으면서 북한에 다녀온 사람들 고해바치는 일이었다. 공부 따로 실천 따로, 뭐 못할 거는 없는 일이다. 하지만 그런 그가 죽을 때까지 한국에서 헤겔 철학의 대가라는 평가를 받으며 살았다는 점은 아무래도 곧이곧대로 인정하고 싶지 않은 대목인 것이다. 알량하고 천박하고 빈곤하기 짝이 없는 지식장사꾼의 전형적인 모습이 그가 아니었던가 하는 것이 나의 임석진에 대한 평가다. 황장엽이 아무리 주체사상을 확립한 장본인인지는 모르지만 그가 망명한 것은 그의 철학의 빈곤함을 반증하는 것이라고 내가 평가하는 것과 다르지 않다. 외무장관을 지내고 주서독 대사를 하면서 동백림 사건의 조작과 납치로 연일 비난을 토해내는 독일 정부와 시민들의 화난 얼굴에 대고 박정희를 옹호하던 최덕신과 외무부에 대해서는 굳이 평가를 하고 싶지도 않다. 한국의 외무부는 원래 그런 일이나 하는 조직이었다. 다른 부처라고 크게 다를 것도 없었지만 외무부는 항상 이승만이나 박정희 같은 저질 인간들이 싸지른 오물이나 치우는 곳이었다. 그러다보니 그 안에 최덕신 같은 버러지 인간들이 득실대기도 했던 것이다. 독재자와 인권파괴자와 갱스터 두목이 막무가내로 저질러대는 인간 이하의 행위에 관해 외교가 할 일은 사실 하나도 없다. 임석진만 빈곤한 철학으로 비난받을 일이 아니다. 천박한 몸짓을 일삼는 한국 정부 전체가 까맣게 화살을 맞아야 할 일인 것이다.

2016년 7월 중순 주영국 북한 대사관의 공사 태영호가 망명했다. 그 과정에 관한 언론의 보도는 전혀 믿을 만한 것이 못된다. 영국 전투기가 호위하는 특별기가 독일을 거쳐 태영호 가족을 한국으로 빼돌렸다는 얘기는 말도 안 된다. 영국의 "선데이 익스프레스"가 그해 8월 하순에 그런 식의 첩보영화와 같은 시나리오를 만들어 진짜인 것처럼 보도했지만 내가 볼 때 전부 가짜다. 이 신문은 근거도 없이 기사를 만들어내는 3류 언론에 불과한 매체다. 그런 신문의 기사를 인용한 국내 언론의 보도 역시 당연히 가짜다. 하지만 태영호의 한국 망명은 처음에 냄새를 맡은 중앙일보의 8월 16일자 기사로부터 확인되기 시작했다. 한국 통일부는 이튿날 긴급 기자회견을 열고 "태영호 공사가 최근 부인, 자녀 등과 함께 입국했다"고 확인했다. 과정은 밝히지 않았다. 한국 입국 날짜도 밝히지 않았다. 하지만 7월 중순에 입국했을 것으로 보는 것이 타당하다는 것이 대다수 관찰이었다. 중앙일보는 또 태영호 가족이 강남의 고급 주택가에 머물며 미국 CIA의 조사를 받고 있다고 보도했다. 거기에 대한 정부 당국자의 논평은 없었다. 한국 국정원과 CIA의 공동 조사 형식을 띄었겠지만 CIA가 단독으로 조사하겠다고 할 때는 국정원이 자리를 비켜줄 수밖에 없었다. 처음 런던에서부터 CIA가 간여했을 것이다. 한국의 국정원, 영국의 정보청 보안부(MI5), 그리고 CIA가 정보를 공유하며 협력했겠지만, 기본적으로 작전은 CIA가 주도했을 것이다. 맨 처음에 태영호가 누구와 접촉했는지는 중요하지 않다. 태영호는 그 누구와도 접촉할 만한 위치에 있었다. 왜냐하면 그에게는 언론인과의 만남이 중요한 업무의 하나였기 때문이다. 내가 볼 때 그는 자주 만나는 믿을 만한 기자에게 비밀리에 CIA 요원과의 접선을 부탁했을 것이다. 그 기자가 폭로할 위험은 있었겠지만 그가 직접 CIA하고 접촉하다가 발각될 위험보다는 작다고 보았을 것이다. CIA 요원이 처음에 그를 한두 번 만나면서 그의 정보가치를 저울질 했을 것이다. 그의 망명을 받으려면 그만큼 가치가 있어야 하는 것이니까. 하지만 CIA가 볼 때 태영호는 그다지 구미가 당기는 인물은 아니었다. 1997년 8월에 미국으로 망명한 주이집트 북한 대사 장승길에 비하면 피라미에 불과한 인물이었다. CIA가 국정원에 태영호를 넘겼다. 필요하면 데려가라는 얘기였다. 국정원이 실익을 따져보니 쓸 만한 인물이었다. 우선 북한 외교관으로서는 최고위급 인사라는 점이었다. 그의 부인 오혜선이 항일 독립투사의 후손이라는 점도 마음에 들었다. 그리고 무엇보다 당시 한국의 상황이 이런 인물의 한국 망명이라는 사건을 기다리고 있었다. 그해 1월초 북한은 4차 핵실험으로 수소탄의 성공적인 실험을 대대적으로 떠들고 있었고, 대통령 박근혜는 그 다음 달 개성공단의 폐쇄를 결정한데다가 7월초에는 사드 도입을 공식화하고 있었지 않은가. 국정원이 볼 때 태영호 망명은 히트를 칠 수 있는 건이었다. 결국 국정원은 태영호 일가의 한국 귀국을 성사시켰다. 태영호는 처음에 미국으로의 망명을 생각했었지만 CIA의 노골적인 무관심에 마음을 일찍 접고 한국행을 받아들였다. 7월 중순 이들을 데리고 들어온 국정원은 강남 주택가에 위치한 안가에 이들을 투숙시키고 거의 한 달에 가까운 기간 동안 세세한 조사 작업을 벌였다. 태영호가 과연 무엇을 어디까지 알고 있는지를 알아내는 것이 가장 중요한 핵심이었다. CIA는 그를 미국으로 데려갈 만큼 대단하지는 않다고 봤지만 그래도 자세하게 조사해보면 혹시 의외의 가치가 있을 수도 있다고 생각했다. 조사하다보니 CIA는 태영호가 진짜 의외의 가치를 가진 인물임을 알아챘다. 하지만 그렇다고 미국으로 다시 방향을 틀수는 없는 일이었다. 그러나 그들은 이 인물을 다른 방식으로 써먹을 수 있는 아이디어를 생각하기 시작했다. 사실 태영호가 진짜로 최고의 가치를 가졌다고 판단했다면 CIA는 무슨 수를 쓰더라도 그를 미국으로 데려갔을 것이다. 주이집트 대사 장승길은 원래 한국행을 원했었다. 그러나 CIA는 그를 협박하고 설득해 결국 미국행을 받아들이게 했었다. 태영호는 그 정도는 아니었지만 당초에 생각했던 것 보다는 훨씬 양호한 친구였다. 다른 측면에서 CIA는 그의 진면목을 발견하고 있었다. 그의 스파이 능력이었다. 해서 CIA는 국정원 요원을 물리치고 태영호를 단독으로 조사하는 척 하면서 그를 CIA의 숨은 요원으로 포섭했다. 에이전시가 후원해 줄 테니 한국에서 출세하되 한국의 고급 정보를 CIA로 수시로 넘겨달라는 얘기였다. 2020년 2월말 미래통합당 공천관리위원회는 서울 강남갑 선거구에 태영호 전 영국 주재 북한공사를 우선 추천하기로 했다고 발표했다. 물론 CIA가 당에 압력을 넣은 결과였다. 4월 16일 새벽 그는 한국의 대표적 부촌인 강남갑 지역구에서 국회의원으로 당선됐다. 유권자 10명 중 6명이 그에게 표를 던진 결과였다. 다섯 달 후인 9월 16일 장충동 신라

호텔에서 열린 세계지식포럼 개막식장에서 영국의 전 총리 테레사 메이가 태영호를 만났다. 메이는 "당신을 이곳 한국에서 보게 돼 너무 반갑습니다"라고 말하며 반색했다. 태영호 망명 당시 메이는 현직 총리였다. 그녀는 MI5를 통해 그의 망명 과정을 지원하고 있었다. 당시 그녀는 태영호가 미국으로 갈 것으로 생각하고 있었다. 그것이 MI5의 보고였다. 그러나 그녀는 CIA가 태영호의 미국 망명을 받아들이지 않았다는 보고를 받으며 미소를 지었었다. CIA는 분명히 다른 꿍꿍이가 있을 거라는 생각에서였다. 런던에서 태영호 작전을 주도한 CIA 요원은 영국 MI5의 친구에게 넌지시 암시했다. 저 정도면 미국으로 데려가는 것보다 한국에 놓고 쓰는 것이 더 나을 거라는 얘기였다. 메이는 서울에서 태영호를 만나면서 그가 결국 "한국에서" "활약"하고 있는 모습에 다시 한 번 크게 웃었다. 그녀의 눈은 주한 미국대사 해리 해리스와 마주치면서 빛났다. 이런 나라에서 해외 첩보활동 하는 것도 보통 재미가 아니지요? 한국의 정보기관이 CIA의 수족이 되어 움직이니 더더욱 재미날 겁니다. 내 그럴 줄 알았다니까. 하하하. 내 상상이었다.

약 130년 전에 영국이 조선 알기를 발톱에 낀 때만큼으로도 여기지 않고 무단으로 조선 영토를 점령한 사건이 있었다. 거문도 점령사건이다. 거문도는 지금 행정구역상 전남 여수시에 편입되어 있는 섬으로 여수와 제주도 중간 정도에 위치하고 있다. 영국이 조선을 무시했지만 조선인을 거칠게 다루지는 않았다. 1885년 4월부터 1887년 2월까지 거의 2년을 점령한 영국은 그러나 현지 주민들과는 관계가 좋았다. 영국은 의료봉사도 해주었고 노동에 대해 보수도 지급했다. 영국군이 그곳에 있을 때는 조선이 주민들에게 세금도 못 걷어가니 주민들 입장에서는 좋기도 했다. 영국군이 떠나고 난 다음에는 조선이 밀린 2년 치 세금을 걷어가는 바람에 주민들의 원성이 자자했다. 이런 인연으로 거문도 주민들은 영국군에 대한 호의를 갖고 있었고 그곳에 주둔하다가 죽은 세 명의 영국군 묘지를 관리해 주었다. 나중에 주한 영국 대사관은 이에 대한 보답으로 2005년부터 2015년까지 거문도 학생에게 장학금을 수여했다. 2015년 7월 초 연합뉴스는 이와 관련해 거문도와 영국의 아름다운 인연이라는 요지로 기사를 보도했다. 그러나 영국의 거문도 점령은 전혀 아름답지 않은 사건이었다. 사건은 당시 영국과 러시아의 그레이트 게임(The Great Game)이라는 헤게모니 쟁탈전의 와중에서 벌어졌다. 러시아는 1884년 지금의 중앙아시아 전역인 투르키스탄을 합병하고 이제 아프가니스탄으로 세력 확장을 도모하고 있었다. 영국은 아시아 경영의 핵심인 인도를 지키기 위해 어떻게든 아프가니스탄을 장악해야 했다. 그런 상황에서 1885년 3월말 러시아 군대가 당시 아프가니스탄의 펜제, 현재 투르크메니스탄의 남쪽 국경에 위치한 세르헤타바트를 공격해 영국군의 훈련을 받은 600명의 아프가니스탄 부대를 궤멸시키는 사건이 발생했다. 뉴스를 들은 영국 정부는 러시아와의 전쟁을 불사하고 준비에 들어갔다. 그러나 러시아가 타협의 의사를 밝히고 영국도 러시아에게 펜제를 내주는 선에서 더 이상의 남하는 허용하지 않는다는 조건으로 양국은 절충점을 찾기 시작했다. 최종적인 타결은 1887년 2월에 도출되지만 약 2년의 기간 동안 영국과 러시아는 중앙아시아에서 일촉즉발의 긴장국면을 맞고 있었다. 바로 이 기간이 거의 정확히 영국의 거문도 점령과 일치한다. 러시아와 영국은 모두 해군의 요충지로서 거문도에 눈독을 들이고 있었다. 영국이 먼저 1845년부터 조사단을 파견해 거문도 일대를 조사한 끝에 지도까지 제작했다. 러시아 역시 마찬가지였다. 1854년 러시아 황제의 특별 임무를 받은 푸차친 제독이 거문도에서 열흘 이상 머무르면서 지형을 조사하고 주민의 성향을 파악하기도 했다. 러시아와 영국이 똑같이 거문도에 관심을 가진 이유는 거문도의 지정학적인 위치 때문이었다. 블라디보스토크를 출발하는 러시아 함대가 중앙아시아로 가기 위해 반드시 거쳐야 하는 길목에 거문도가 있었던 것이다. 영국의 입장에서는 그러한 러시아 함대를 거기서 막아설 수 있다는 것이었다. 펜제 사건이 발생한 후 2주일여가 지난 후 1885년 4월 27일 영국은 기습적으로 거문도를 점령했다. 조선과 사전 협의를 거치지 않았고 그럴 필요도 없다고 생각했다. 왜냐면 조선은 청의 속국이니까 영국으로서는 조선과 직접 교섭할 이유가 없다고 생각했기 때문이었다. 청은 영국의 거문도 점거 계획을 미리 알고 있었다. 1882년 7월 임오군란을 계기로 청은 조선에 위안스카이의 군대를 상주시키고 황해 해안선을 따라 제독 정여창의 북양함대를 배치하고 있었기 때문이다. 더군다나 1884년 12월에 일어난 갑신정변의 실패로 조선은 실질적으로 청의 속국으로 전락해 있었다. 그런 상황에서 조선은 청의 영향력을 축소하기 위해 은밀히 러시아와 비밀 교섭을 진행하고 있었다. 고종의 의사가 반영된 것이었다. 당시 조선의 외무협판, 지금의 외무차관이었던 독일인 묄렌도르프가 교섭을 맡았지만 탄로가 났고, 영국의 거문도 점령이 그 직후에 감행된 것이었다. 묄렌도르프는 원래 주톈진 독일영사였다가 청의 실권자 리훙장을 만나 그의 수하가 된 사람으로, 리훙장의 천거를 받은 고종은 묄렌도르프를 외무차관으로 임명했다. 그는 1883년 말부터 1885년 7월까지 조선의 외교뿐만 아니라 재무까지 주무르면서 세력을 행사했다. 1885년 5월 중순경에야 영국의 거문도 점령 사실을 안 조선은 묄렌도르프를 거문도로 파견했다. 그는 영국 해군 사령관을 만나 영국군의 철군을 요구했으나 영국군은 들은 척 만 척 할 뿐이었다. 이에 당시 외무장관이던 김윤식은 조선에 주재하는 영국총영사와 직접 교섭하면서 청, 일본, 독일, 미국 등 조선과 우호조약을 맺은 여러 강대국의 협조를 얻어 영국을 압박하고 나섰다. 영국은 애초에 속국 조선이 과연 무엇을 하겠느냐며 안이하게 생각했지만 이제 상황이 당초 예상과는 다르게 꼬여가고 있음을 직감했다. 영국은 정식으로 거문도 임대를 하겠다면서 년 임대료 5,000파운드를 제시했다. 지금의 가치로는 35억 원 정도의 금액이었다. 하지만 조선 정부는 단호하게 거부했다. 김윤식은 거문도를 영국에 떼어주면 다른 열강들이 조선을 찢어먹으려 달려들 것으로 내다봤다. 영국은 조선과 단독으로 협상하면서 청이 러시아와 영국 간의 이해를 중재해 줄 것을 요구했다. 그러는 와중에 펜제 사건에 대한 영국과 러시아의 타협의 방향이 1885년 9월에 합의되었다. 그러다보니 영국으로서는 러시아를 방어한다는 명분으로 점령한 거문도에 더 이상 주둔하는 것을 정당화하기 어려워졌다. 그러나 영국은 거문도에서 철수하면 러시아가 조선의 영토를 점령할 가능성을 우려했다. 해서 영국은 청의 중재로 러시아로부터 조선을 침략하지 않겠다는 것을 보장받기 원했다. 영국의 요청을 받은 리훙장은 1886년 하반기에 북경에 주재하는 러시아 대리공사 라디젠스키와 협상을 진행했다. 그 결과 영국은 거문도에서 철수하고 러시아는 조선의 영토를 취하지 않는다는 합의에 도달했다. 영국 정부는 1886년 12월 거문도에서 철군하기로 결정했다. 사건이 발생한 지 약 2년 만의 일이었다. 영국에게는 처음부터 끝까지 조선이라는 나라는 안중에 없었다. 거문도와 영국의 아름다운 인연? 영화 "피아니스트"에서 독일군 대위 호젠펠트가 폐허가 된 바르샤바의 건물더미 속에 숨어있는 슈필만의 피아노 연주에 감명을 받아 생명을 구해준 것은 둘 사이의 아름다운 인연이었다. 독일과 바르샤바의 아름다운 인연은 아니잖아. 거문도 주민과 영국 해군의 교감이 과연 어느 정도였는지 모르나 그래 아름다운 인연이었다 하자. 하지만 그것이 영국과 거문도의 아름다운 인연은 아니잖아? 영국의 눈에 조선은 내가 내키는 대로 하면 그만이고 상대할 가치조차 없었던 그런 저급한 식민지였을 뿐이었다.

그러나 조선과 한 영국인의 진짜 아름다운 인연이 있었다. 어네스트 베델, 한국식 이름은 배설(裵說)이었다. 그는 1872년 영국 서남부 해안도시 브리스톨에서 태어나 16살에 일본 고베로 이주해 장사를 시작했다. 그러나 사업은 그다지 성공적이지는 못했다. 결국 사업을 포기한 그는 1904년 3월 러일전쟁이 발발하자 런던 데일리 크로니클의 특파원으로 자원하여 한국으로 건너왔다. 그의 나이 서른둘이었다. 아내와 어린 아들이 있었다. 러일전쟁 취재를 위한 한국 입국이었지만 그의 눈에는 일본의 횡포에 고통을 받는 조선인들만 들어왔다. 그는 일본의 한국 침탈에 관한 기사를 써 본사로 보냈다. 하지만 그의 회사는 일본을 지지하는 입장이었기 때문에 그의 기사는 항상 퇴짜를 맞아야만 했다. 그는 런던 데

일리 크로니클에 사직서를 냈다. 그리고 7월 중순 한국인 친구 양기탁과 대한매일신보를 창간해 일제의 침략상을 고발하기 시작했다. 그는 자신이 일본으로부터는 치외법권에 있는 인물이라는 점을 이용해 자신을 신문의 발행인으로 등록했다. 그래야 일본이 함부로 건드릴 수 없다고 생각했기 때문이다. 이듬해인 1905년 8월부터는 영문판 코리아 데일리 뉴스를 별도로 발행했다. 한글판과 합친 발행부수는 1만 부를 넘는 최대신문이 되었다. 신채호, 박은식과 같은 민족주의 운동가들이 치외법권에 있는 대한매일신보에 모여 일본제국에 항거하는 글을 썼다. 1905년 11월 을사늑약이 체결되자 신문사 입구에는 "개와 일본인의 출입을 금한다"는 간판이 세워졌다. 신문은 연일 을사늑약의 불법성과 무효를 주장하는 기사를 보도해 신문사는 일본의 간접적인 위해와 감시가 삼엄하던 때였다. 황성신문 주필 장지연의 시일야방성대곡이 대한매일신보에 사설로 게재된 것도 이 때였다. 장지연은 10년도 안 가 친일로 변절하는데, 훗날 기미독립선언서를 쓴 최남선이 변절한 것과 같이 보면, 그들의 글이라는 것을 우리가 굳이 들여다볼 무슨 이유가 있는 것인지 의문을 가지지 않을 수 없다. 여하간 을사늑약 체결 당시 영국과 일본은 동맹관계를 맺고 있었다. 일본은 동맹국인 영국에 요구해 대한매일신보의 발행인 베델에 대해 조치를 취해줄 것을 요구했다. 결국 베델은 1907년 10월과 이듬해 6

월 두 차례에 걸쳐 재판정에 서야했다. 두 번째 재판에서 그는 3주간 금고형을 선고받았다. 상하이로 호송되어 금고생활을 마친 그는 1908년 7월 경성으로 돌아왔다. 그는 대한매일신보 사장직을 자신의 비서였던 마넘에게 맡기고 이전의 반일 활동을 재개했다. 허나 그는 재판과 구금 과정에서 건강이 나빠져 1909년 5월 1일 37세의 나이에 심근비대증으로 사망했다. 그는 죽으면서 양기탁의 손을 잡고 "나는 죽을지라도 신보는 영생케 하여 한국 동포를 구하라"고 유언했다. 배설은 진심으로 한국을 마음속에 담았던 영국인이었다. 한국인들이 대거 친일로 넘어가고 있을 때 한국의 독립을 위해 지조를 지킨 몇 안 되는 사람 중의 하나가 외국인이었던 것이다. 그의 시신은 양화진 외인 묘지에 안장되었다. 그의 죽음에 고종도 애통해 했다. 1909년 10월말 안중근이 하얼빈에서 이토 히로부미를 사살했을 때 양기탁은 신문사 건물에서 태연하게 대놓고 성대한 잔치를 열었다. 그러나 신문은 1910년 5월 통감부의 기관지가 된 후 1910년 8월말 한일병합 후에는 조선총독부의 기관지 매일신보로 바뀌었다. 해방 이후에는 서울신문으로 바뀌었다. 배설의 부인 메리 게일은 남편이 죽자 아들 허버트를 데리고 결혼 전에 그녀가 살았던 영국 런던으로 돌아갔다. 배설이 일본에서 사업으로 모은 재산 대부분을 대한매일신보 발간에 쏟아 부었기 때문에 영국에서의 삶은 힘들었다. 정부 보조금에 의지해 살아가야 했다. 이웃들은 자신과 가족을 희생해 가며 아무 이해관계도 없던 한국을 도운 그녀의 남편을 이해하지 못했다. 하지만 메리 여사는 그런 남편을 자랑스러워하며 홀로 아이를 키웠다. 1968년 한국 정부는 배설에게 건국훈장 대통령장을 추서했다. 2016년 8월 16일 광복 71년을 맞아 배설의 후손인 손자 토머스 오언 베델과 손녀 수전 제인 블랙 그리고 증손녀 메건 베델이 한국을 방문했다. 2018년 12월 국가보훈청은 영국 스폴딩에 위치한 배설의 손녀 수전이 거주하는 저택에 독립유공자 명패를 달아주면서 배설의 유품을 전달해주었다. 2023년 2월초 보훈처장 박민식은 영국을 방문하고 배설의 손자 토머스 오언을 만나 전 해에 발행된 배설 기념우표집을 증정하고 배설 기념사업 계획을 밝혔다.

프랑스, 독일 그리고 영국과 한국의 외교관계는 일견 양호해 보인다. 그러나 속을 들여다보면 텅 빈 상태라는 것을 금방 확인할 수 있다. 그 이유는 상대가 한국을 그다지 높이 평가하지 않기 때문이다. 정부도 그렇고 국민들도 한국이라는 나라나 한국인에 대해 그다지 좋은 인상을 갖고 있지 않다. 내가 별로 좋아하지 않는 상대와 깊은 얘기를 나눌 수는 없는 법이다. 그래서 얘기가 겉돌고 허한 뒷맛만 남는 것이다. 프랑스하고는 조선의 프랑스인 신부 살해 사건으로부터 관계가 시작됐다. 그 후 약 100년이 지나 동백림 간첩단 조작사건 그리고 김형욱 암살사건이 일어났다. 프랑스에게 한국은 국민을 죽이고 학대하는 야만국으로 각인되었다. 다만 빠른 경제성장으로 프랑스가 스스로 자랑하는 무기와 비행기 그리고 고속철을 구매하는 고객으로서의 가치는 인정하지 않을 수 없다. 하지만 천박한 지성과 얄팍한 양키 문화로 치장한 한국이 세계 문화의 중심이라고 자처하는 프랑스인들을 사로잡았다고 뻐개고 있음에 프랑스는 소리 없이 웃고 있을 뿐이다. 독일과는 도굴사건으로 악연을 시작했다. 이차대전의 패배로 미국의 지시를 받아야 하는 상황에서 독일은 한국의 경제개발을 도왔다. 그러나 역시 동백림 사건과 광주학살의 여파로 독일인은 한국을 경멸하게 되었다. 역대 한국 대통령들이 독일에 와서 실천하지도 못하는 한반도 비전을 제시하는 모습을 보면서 독일인들은 한국을 존경할 수 없다. 영국은 세계제국으로서 조선에 접근했다. 조선과의 일대일 관계는 필요 없었다. 조선은 나라도 아닌 것으로 보았기 때문이다. 그러니 거문도쯤이야 그냥 점령하면 그만이었다. 미국이 세계의 패권을 쥔 후에는 같은 동족으로서 영국 또한 한국을 미국처럼 지그시 내려다보면 되는 일이었다. 이들 세 나라의 한국을 향한 시선이 그러하다면 그들에 대한 한국의 시선은 어떠한가? 묻지마 식의 선망이고 존경이다. 처음에는 당당하고 대등하게 시작했었다. 엑소세 도입을 위한 협상에서 그랬고 한독 경협을 위한 대화 때에도 그랬으며 조선의 섬을 무단 점령한 영국군을 상대할 때도 그랬다. 그러나 지금의 상황은 전혀 다르다. 한국에서 미국이 한국의 종주국으로 명실상부하게 자리매김함에 따라 한국인들은 미국뿐만 아니라 서구 전체에 대해 한결같은 열등의식을 노정하고 있다. 미국인을 닮았다면 우선 무조건 머리를 조아리고 보는 것이다. 프랑스는 차원이 다른 문화의 선진국으로, 독일은 과학과 철학의 선도국으로, 영국은 우리 주인나라의 형제국으로 아예 처음부터 무릎을 꿇고 쳐다보는 것이다. 상대의 멸시와 나의 비굴이 만나면 건강한 관계가 형성될 수가 없다. 기껏해야 케이팝이 유럽을 정복했다는 식의 일그러지고 비틀린 허위의식만 남는 것이다. 허하고 텅 빈 것이다. 케이팝이라는 용어는 서구 팝음악을 마스터했다는 허황된 생각을 했던 일본이 1990년대에 지어낸 제이팝(J-Pop)이라는 말과 사고방식을 그대로 본뜬 것이기도 하다. 케이팝이나 케이컬쳐에 관한 자기기만에 대해서는 7장에서 좀 더 자세히 다룰 생각이다. 과거에 잘 못 시작된 인연 때문에, 또는 숭미동맹의 파생 관계로 탄생한 것이기 때문에 한국과 유럽 세 나라와의 관계가 이류 수준에 머물러야 한다거나 한미관계의 종속변수로 계속 남아 있어야 할 이유는 없다. 그리고 이들 나라들과 우리가 상호존중이라는 측면에 있어 현재 비대칭적인 상태에 있는 것은 맞지만, 그렇다 해서 우리가 그들로부터 진정한 존경을 받지 못 할 태생적인 문제가 있는 것도 아니다. 또 지금 케이팝이니 하는 일시적인 유행병을 마치 한국 문화의 세계 정복인 양 자아도취에 빠져서도 안 되지만, 우리에겐 케이팝보다 훨씬 풍부하고 다양한 문화적 자산이 있음을 잊어서도 안 된다. 한강의 노벨 문학상 수상은 그런 점에서 매우 다행스러운 일이기도 하다. 비록 그녀의 작품이 세계 일류급에는 미치지 못하더라도 앞으로 세계인들이 한국의 문학과 문화를 좀 더 깊숙이 들여다볼 동인을 제공할 것이라고 생각하기 때문이다. 요는 주체적인 자각이요 주체적인 상대존중이다. 우리는 우리에 대해 제대로 알아야 한다. 우리의 독자적 문화에 대한 제대로 된 지식도 중요하고 아직 완전히 주권을 갖추지 못한 우리의 현실도 직시해야 한다. 그런 다음에 상대를 바라보라. 프랑스는 미국의 대용품이 아니다. 독일은 미국의 하수인이 아니다. 영국은 미국의 형제국도 아니다. 그들은 미국에 비해서는 작고 약한 나라들이지만 한 때 세계를 호령했던 자긍심을 안고 지금의 국제무대를 나름대로 휘어잡고 있는 국가들이다. 그러니 그들을 대하는 우리의 시선은 열등의식에 찌든 것일 필요도 없고 미국을 우러르는 종교적 찬양일 이유도 없다. 그들을 진정으로 존중하는 방법은 그들에게 진정으로 관심을 가지는 일이다. 지금 한국 외무부에는 미국통, 일본통은 있을지언정 프랑스통, 영국통, 독일통이라는 것은 용어조차 없다. 프랑스, 독일, 영국 주재 대사로 임명되는 사람들은 그 나라하고 인연이나 네트워크가 있어서가 아니라 인사 순환의 일환으로써 그곳에 배당되는 경우가 대부분이다. 외무부에 프랑스어나 독일어를 능통하게 하는 사람도 거의 없다. 전부 미국만 바라보면서 살아왔기 때문이다. 그렇다고 영어를 제대로 하는 것도 아니지만 말이다. 현재 유럽과 같은 선진국들과의 관계가 허하고 텅 빈 것이라면 아프리카나 중동 그리고 동남아에서의 한국 외교는 실하고 꽉 찬 것일까? 글쎄올시다. 다음 장의 얘기다.

6. 시선의 역전, 그러나 심지어 아프리카의 한국 멸시

1931년 영화 "퍼제스트"(Possessed)에 이런 장면이 나온다. 공장 여공인 마리안이 건널목에서 아주 천천히 지나가는 열차 안을 들여다보고 있다. 객실마다 멋진 장면이 영화 필름의 프레임처럼 하나씩 펼쳐지며 지나간다. 값비싼 옷과 장신구로 치장한 부유한 남녀들이 부러운 삶을 구가하고 있다. 열차가 잠시 멎는다. 마리안의 얼굴 앞에 돈이 많아 보이는 중년의 남자가 기차 발코니에서 밖을 내다보다가 마리안의 눈과 마주친다. 그가 마리안에게 샴페인을 권하며 말한다. "밖에서 들여다보시나요? 방향이 잘못 되었네요. 올라타고 밖을 내다봐야지요." 이 챕터에서 나는 아프리카와 중앙아시아 그리고 중동에서 겪은 일을 중심으로 서술할 것이다. 내 무용담이요 자랑이라고 생각할 수도 있다. 하지만 자랑에 앞서 쓸쓸한 현실이 그 배경에 펼쳐져 있다. 주관이 개입해 있겠지만 내가 직접 경험한 구체적인 사례들을 소개한다. 아프리카의 앙골라이고 중앙아시아의 키르기스스탄이며 중동의 팔레스타인이다. 대다수 외무부 사람들이 가기를 꺼려하는 곳들이다. 그리고 대통령실은 고사하고 외무부 자체로서도 아무런 관심을 가지고 있지 않은 곳들이다. 나는 2014년 4월부터 2016년 2월까지 앙골라에서 대사로 지냈고, 2007년 9월부터 2008년 10월까지 키르기스스탄에서 대사대리[29]로 근무했으며, 팔레스타인[30]에서는 1999년 2월부터 2000년 8월까지 일등서기관으로 일했다. 내가 원해서 간 임지였고 그랬던 만큼 보람도 있었지만 실망도 큰 경험이었다. 나는 밖에서 안을 들여다보지만 말고 올라타서 밖을 내다보고 싶었다. 그들의 시선으로 한국을 바라보고 싶었고 그렇게 함으로써 우리가 무엇을 어떻게 해야 할는지를 좀 더 심층적으로 파악하고 싶었다. 후진국이고 오지라고 수동적으로 끌려다닐 것이 아니라 내가 주체가 되어 그들과 능동적으로 동화되고자 노력했다.

지금이라고 다르지는 않겠지만 과거 한국 외무부 직원들은 아프리카라면 지옥으로 생각했다. 자원해서 가겠다는 사람이 있었다면 거짓말일 것이다. 나 역시 앙골라를 스스로 골라 간 것은 아니다. 앙골라는 누구도 안 골라 가는 곳이다. 하지만 조직에서 그 자리를 제시했을 때 나는 두말 하지 않고 덥석 받았다. 이것이 조직이 나를 보는 수준이겠거니 생각했고 우물쭈물하는 내 모습을 보이는 것이 구차하다는 생각에, 나는 마치 내가 원하고 있었다는 듯이 제안을 받았다. 앙골라 콜! 내 마음속에 한동안 잠자고 있던 도전정신이 고개를 쳐들기 시작한다는 느낌이 확 온몸으로 퍼지는 것 같았다. 그것은 내가 워싱턴 생활을 박차고 키르기스스탄으로 갈 때 느꼈던 스릴이었고, 그 전에 이스라엘에서 팔레스타인 업무에 에너지를 쏟아 부을 때 느꼈던 열정이었다. 나는 베트남 하노이에서 근무하다가 느닷없이 워싱턴으로 끌려갔다.

끌려갔다고 말한 것은 내가 원하지 않았기 때문이었다. 당시 나를 워싱턴으로 보낸 사람이 통상교섭조정관 오종현이었다. 2005년 5월 어느 날 아침 나는 하노이 한국대사관 내 사무실에서 오종현의 전화를 받았다. 그는 먼저 나에게 어떻게 지내냐고 묻더니 난데없이 워싱턴 대사관에서 참사관 한 사람이 귀국할 예정이라고 말했다. 나는 아무 말도 안 하고 그가 말을 잇기를 기다리고 있었다. 그랬더니 오종현이 뭐 생각 키워지는 것이 없냐는 것이었다. 나는 별 생각 없다고 말했다. 그랬더니 하는 말이 당신이 그 후임으로 워싱턴에 가고 싶은 생각이 안 드냐는 것이었다. 나는 하노이 온지 1년 반 밖에 안 됐는데 여기가 너무 좋다고 대답했다. 그러자 오종현은 베트남에서 1년 반 놀았으면 되지 않았냐면서 약간 언성을 올리는 것이었다. 나는 원래 어느 임지에서건 1년 반 놀고 1년 반 일하는 것이라고 받아쳤다. 그랬더니 전화가 갑자기 뚝하고 끊어졌다. 다음 날 아침에 다시 전화가 왔다. 내가 전화를 받자마자 오종현은 다짜고짜 명령이니 워싱턴으로 가라면서 전화를 끊어버렸다. 졸지에 당한 것이었다. 그렇게 나는 하노이에서 워싱턴으로 끌려갔다. 그리고 나는 마지못해 워싱턴으로 끌려간 전무후무한 외무부 직원이 되었다. 다들 서로 가겠다고 머리 터지게 싸우는 워싱턴 대사관이라는 곳을 나는 안 가겠다고 버티다가 할 수 없이 간 이상한 사람이었다. 사실 나는 하노이에서의 삶에 너무도 매료되어 있었다. 나는 베트남 사람들의 위대함을 존경하고 있었고 그들과 함께 벌여나가는 일이 최고 수준의 환상적인 작업임에 눈물을 흘릴 정도로 감격해 하고 있었다. 나에게는 네 명의 베트남 의형제들이 있었고 우리는 마음으로 서로를 신명나게 존중하고 있었다. 같이 하면 되지 않을 일이 없을 것 같았다. 나는 1년 반 더 일을 같이 한다면 한국과 베트남의 관계를 몇 차원 끌어올릴 수 있을 것이라고 확신하고 있었다. 나는 외무부 직원들이 왜 굳이 워싱턴에 서로 가겠다고 피를 튀기며 싸우는지 가소롭게 생각해 왔다. 베트남 같은 곳에서 자기 능력을 발휘하며 하나하나 일을 성취하는 것보다 더 중요한 것이 워싱턴에 기다리고 있다는 말인가? 나는 결코 그렇지 않을 것이라고 생각했다. 그렇지만 솔직히 말하자면 내 마음속에 일종의 허위의식과 반항심이 숨어 있었다는 것을 완전히 부정할 수는 없다. 무슨 말인고 하니 외무부의 성골[31]이나 진골 직원만 갈 수 있다는 워싱턴 같은 그림의 떡을 바라보면서 부러워하는 대신, 나는 그런데 가라고 해도 안 간다는 배짱과 자존심으로 똘똘 뭉쳐 있었다는 말이다. 사실 가라는 말이 없어서 그렇지 진짜 가라는데 나라고 진짜로 끝까지 거부할 마음까지는 없었을 것이다. 내키지 않는다는 시늉만 낸 것인지도 모른다. 여하간 나는 그렇게 다른 직원들의 부러움을 사며 워싱턴 대사관으로 부임했다. 2005년 8월의 일이었다. 그로부터 2년이 채 안 돼 나는 다시 외무부의 기록을 썼다. 임기도 되기 전에 자발적으로 워싱턴을 떠난 최초의 인물이 된 것이었다. 그 과정은 1장 말미에 이미 기술했다. 한미 FTA에 대한 환멸과 공무원으로서의 자괴감으로 나는 사표를 던졌다가 거부되고 중앙아시아의 초원으로 날아갔다. 역시 나는 차라리 하노이에서 1년 반을 더 일했어야 했다. 그것이 나의 스타일이고 나의 행복이었으며 결국 나라에 더 도움이 되는 일이었을 것이다. 여하간 내가 앙골라를 직접은 안 골랐지만 조직에서 제시하는 것을 주저하지 않고 접수하면서 나는 하노이와 키르기스스탄의 내 고향을 생각하고 있었다. 그곳에서 나의 리비도와 이드는 자유롭게 춤을 추었었다. 내 마음대로 멋대로 굴었다는 말은 아니다. 내가 원해서 하는 일이 내가 해야 하는 일이었고 내가 해야 하는 일이 내가 원해서 하는 일이었다는 말이다. 한마디로 신나게 일했다는 말이다.

나는 앙골라에서 다시 한 번 불꽃을 일으켜보고 싶었다. 영어식의 표현법으로 말하자면 큰 물바람을 일구고 싶었다. 하지만 나중에 알게 된 것이었지만 그것은 전혀 가당치 않은 생각이었다. 유배지에 떨어진 사람은 불꽃이나 물바람을 일으킬 생각을 하면 안 되는 법이다. 아무 소리 말고 주어진 시간 동안 가만히 살다가 돌아오는 것이 최선임을 왜 어찌 몰랐단 말이냐. 앙골라를 유배지와 정확히 비유하는 것은 아니다. 하지만 앙골라나 다른 대부분의 아프리카 국가들에 대해서 한국 외무부에는 단 한 개의 관심조각도 없다. 그곳은 그들의 의식세계에서 쓸모없는 영역이고 그래서 버려진 땅이며 항상 그렇게 머물러 있어야 하는 구역일 뿐이다. 그곳에 새삼스레 태극기를 날릴 일이 어디 있겠냐만 설사 그런 일이 보인다 하더라도 얼른 눈을 돌릴 일이지 굳이 일을 만들어 모두를 성가시게 할 생각은 하지 말아야 하리. 그래도 그대가 한사코 일을 벌여야겠거든 그대 혼자서 알아서 할 일, 본부는 가만히 놔두는 것이 지난 수십 년 동안의 관행이었음을 그대는 알아야 할 것이니.

나는 2014년 4월 18일 오후에 앙골라의 수도 루안다에 착륙했다. 금요일이었다. 생각보다 엄청나게 덥지는 않다고 생각했다. 가족은 서울에 놔두고 홀로 부임할 수밖에 없었다. 아이들 교육문제 때문이었다. 대사관은 도심에서 한 시간 이상 떨어진 교외의 탈라토나라고 하는 신도시에 있었다. 그리고 대사관저는 대사관으로부터 10분 거리에 위치한 고급 빌라 단지 안에 있었다. 대사관으로 쓰는 건물도 주택단지 안에 있는 주거용 건물 한 동이었다. 얼른 들어가 둘러보니 2층으로 된 작은 집이었는데 한 층이 30평 안팎 밖에는 안 되는 협소한 공간이었다. 2층의 내 집무실은 책상 말고는 제대로 된 응접세트 하나 제대로 놓을 수 없는 크기였다. 들어보니 이런 집에 한 달에 3만 달러 정도의 임차료를 내고 있다고 한다. 나는 실망한 내색을 안 하고 내려와 밖에서 심호흡을 했다. 할 일이 많을 것 같았다. 관저로 갔다. 단지는 제법 쓸 만하게 조성되어 있었고 관리도 그럭저럭 괜찮다고 보였다. 그런데 한국대사의 관저로 임차하고 있는 건물이 단지 내에서 하필이면 제일 낙후된 겉모양을 갖추고 있었다. 겉모양이 그런데 내부라고 다를 리가 없었다. 들어가 보니 아니나 다를까. 나는 다시 한숨을 내쉬었다. 그러면서 어금니를 물었다. 대사관이나 대사관저가 이 모양이면 업무는 보지 않아도 뻔할 뻔자가 아니겠는가. 스르르 마음속에서 울컥하는 분노가 올라왔다. 그러면서 투지도 같이 솟구쳤다. 나는 그 날 텅 빈 집에서 홀로 잠자리에 들며 주먹을 불끈 쥐었다. 한 번 해 보자! 이튿날 나의 아내가 서울에서 선발한 주방장이 도착했다. 이제 나에게 밥을 지어줄 은인이 생긴 것이다. 이제 나는 건강관리나 잘하면서 일만 하면 되었다. 부임 후 첫 월요일에 나는 첫 출근을 했다. 대사관 인원은 정규직원 세 명에 비정규직 다섯 명으로 구성되어 있었다. 정규직원 세 명 중에 하나는 국정원에서 파견된 정보요원이었다. 비정규 직원 다섯 중에 셋은 앙골라 국민이었고 둘은 한국인이었는데 하나는 포르투갈어 통역 요원이었고 다른 하나는 대사관의 여러 행정 업무를 처리하는 계약 직원이었다. 나는 우선 전임 대사가 적어놓고 갔다고 하는 업무 인계인수서[32]를 들여다보았다. 전임대사가 직접 적어놓은 것은 아니었다. 직원한테 시켜 작성한 성의 없는 내용에 서명만 했을 뿐인 문건이었다. 한마디로 아무런 쓸모가 없는 서류였다는 말이다. 실망감이 치밀어 올랐다. 대사들 간에 주고받는 중요한 문서가 이 정도로 허술하게 작성되었다는 것을 이해할 수 없었다. 나는 사무관 시절부터 업무 인계인수서 만큼은 후임자가 업무를 이어받음에 있어 가장 먼저 참고하고 의지할 수 있는 내용으로 항상 충실하게 작성해 왔었다. 그런데 떠나는 대사의 인계인수서가 이런 쓰레기일 수도 있구나 하는 사실에 놀랐고 오히려 받아든 내가 부끄럽기까지 했다. 나로서는 처음 받아보는 대사의 인계인수서였다. 그 전에 내가 마지막으로 받은 것은 워싱턴에서 참사관끼리 받은 인계인수서였다. 그 때 나는 전임자가 준 한 페이지짜리 문서 수령을 거부하면서 더 상세히 보완해서 달라고 요구했었다. 그러나 그는 내 요구를 무시하고 임지를 떠났다. 나중에 차관까지 지냈던 노성돈(가명)이라는 사람이었다. 사실 나는 앙골라에서 제대로 된 인계인수서를 받으리라고 기대하지는 않았었다. 하지만 내가 받아든 것은 너무도 황당한 것이었다. 그런데 가만히 생각해보면 워싱턴 참사관 노성돈이나 앙골라의 전임대사를 욕할 일이 아닐 수도 있다. 그들도 전임자한테 제대로 된 문건을 받지 못했을 것이고 그러다보니 후임자한테 제대로 된 문건을 넘겨주어야 한다는 의식도 없었을 것이다. 사실 나도 한 번도 제대로 된 서류를 받은 적이 없었던 것이 사실이다. 그런데 나는 그럴수록 내가 후임자한테 넘겨줄 문건에 나의 최선을 불어넣었다. 그러면서 나는 아주 깐깐한 아재가 되어갔는지 모른다. 노성돈이나 전임대사의 잘못이 아니라면 누구의 잘못인가? 첫째는 외무부라는 조직의 잘못이다. 그런 식으로 대충 살아도 아무런 문제가 안 되는 조직문화가 문제인 것이다. 자기 인사권을 쥐고 있는 상관한테는 밑구멍이라도 핥아줄 시늉을 하면서도 자기하고 직접적인 상관이 없겠다 싶으면 나 몰라라 팽개치는 것이 한국 외무부의 문화가 아니런가. 그리고 둘째는 내 책임이다. 그렇게 빡빡하게 굴 것 없잖아? 그리고 앙골라 같은 오지에 와서 고생하다가 가는 사람한테 그렇게 인색해서 되겠는가. 어차피 당신도 지내다 보면 알게 될 거야. 인계인수서니 나발이니 다 귀찮고 넌더리가 날 거거든.[33] 두 번째로 나는 차석 직원인 참사관 손정철(가명)에게 대사관에서 상대하는 앙골라 정부와 민간 부문의 주요한 인사 명단을 달라고 했다. 아니나 다를까 그런 것은 없었다. 세 번째로 나는 대사관에서 구득하는 앙골라 정세와 뉴스에 관한 매체가 어떤 것들인지 살펴보았다. 현지 신문이 하나 있었고 영자로 된 신문도 하나 있었는데 영자지는 소식이 너무 느렸고 내용이 빈약한 것이었다. 통신사에서 운영하는 영문으로 된 현지 뉴스는 너무 비싸서 구독하지 못하고 있었다. 나는 영문 통신을 구독하기 위한 예산을 확보하기까지 우선 통역요원을 활용해 현지 신문의 주요 기사를 요약시키는 업무를 지시했다. 그런데 머지않아 알게 된 것이었지만 포르투갈어 통역 요원으로 채용한 계약 직원의 언어실력이 그것을 감당할 능력이 안 된다는 것이었다. 웃음이 나왔다. 하지만 하루에도 수도 없이 속으로 되뇌기 시작했다. 천천히 가자.

4월 중순에 부임한 나였지만 대사는 당장 마음대로 활동할 수 없게 되어 있다. 그러기 위해서는 신임장을 제정하는 절차가 있어야 한다. 신임장이란 나를 임명한 한국의 대통령이 앙골라 대통령한테 쓴 편지 형식의 문서다. 나를 한국 대통령의 분신으로 생각하고 대우해 달라는 것이 요지다. 그 신임장을 앙골라 대통령한테 제정 즉 제출을 해야 비로소 나는 앙골라에서 한국대사로서 공식적으로 활동할 수가 있게 되는 것이다. 그런데 언제 신임장을 제정하게 될는지는 알 수 없는 노릇이었다. 다른 나라 대사들을 만나면서 물어보니 앙골라에서는 보통 세 달은 걸린다는 것이었다. 그런데 정식으로 신임장을 제정하기 전에 먼저 행해지는 절차가 따로 있다. 뭐냐면 신임장의 사본을 그 나라의 외교장관한테 제출하는 것이다. 보통 신임 대사가 공항에 도착하면 그 나라 외교부 의전 직원이 공항에 나와 안내를 하는 것부터 공식적인 접수가 시작된다. 내 경우에도 물론 의전과 직원의 영접을 받았다. 그런데 부임한 지 한 달이 넘어가는데도 아직 외교부에서는 신임장 사본을 제출할 날짜도 잡지 않고 있었다. 나는 직원들을 닦달해보아야 아무런 효과가 없을 것이라고 생각했다. 앙골라 외교부의 중요한 인사들하고 제대로 된 네트워크 하나 구축해 놓은 사람이 없었으니까. 나는 앙골라에 오기 전에 서울에서 만났던 주한 앙골라 대사 멀룽구에게 전화해서 상황을 설명하고 이건 좀 상식에서 벗어난 처사가 아니냐는 식으로 말하면서 필요한 조치를 요청했다. 그 때가 5월 30일 금요일이었다. 멀룽구대사는 정치인 출신으로 앙골라 대통령 산투스의 측근이었던 사람이며 콴자주 주지사를 지내고 주한 대사로 나온 인물로서 아직 영향력이 상당했다. 내가 전화한 지 몇 시간 지나지 않아 그로부터 답이 왔다. 다음 주 월요일에 당장 외교장관 치코티가 나를 만난다고 했으니 그리 알라는 것이었다. 나는 그 후에도 멀룽구대사의 도움을 여러 번 받았다. 물론 나도 그에게 도움을 주었다. 외교는 기브앤드테이크인 법이다. 나는 진짜로 6월 2일 월요일 오후에 외교장관 치코티를 만나 신임장 사본을 전달하고 앞으로의 협조를 당부했다. 치코티는 신임장 원본 제출까지는 시간이 좀 더 걸릴 수 있겠지만 앙골라 정부의 차관 이상의 인사를 만나는 것이 아니라면 적절히 자유롭게 활동해도 좋다는 말을 했다. 해서 나는 부임한 지 한 달 반 만에 비로소 운신의 공간을 어느 정도 확보할 수 있게 되었다. 그리고 부임한 지 딱 세 달이 되는 날 드디어 앙골라의 산투스 대통령에게 신임장 원본을 제정했다.

    내가 차례차례 주안점을 두고 시작한 일은 크게 대여섯

가지로 대별된다. 첫째, 인적 네트워크를 구축하는 문제였다. 전임자들도 앙골라 정부나 업계의 인사들을 만나기는 했을 테지만 네트워크라 부를 만한 그 무엇도 없었다. 나는 주한대사 멀룽구와 명예대사 프레이타스를 활용해 나의 네트워크를 하나씩 구축해 나갔다. 프레이타스라는 사람은 백인 포르투갈 인으로 조상 대대로 앙골라에서 살아오던 사람이었다. 그는 현대자동차 독점 딜러십을 가지고 앙골라에서 꽤 크게 사업을 하고 있었는데, 그로서도 한국대사의 도움을 필요로 하는 경우가 많을 것이기 때문에 우리는 바로 가까운 사이가 되었다. 둘째, 실탄을 확보하는 일이었다. 실탄이란 재정적인 수단을 말한다. 후진국에서 활동하다 보면 주머니에 실탄을 많이 가지고 있어야 한다. 구체적으로 말하자면 원조자금을 말하며 세분해서 말하자면 저리융자금인 경제협력개발기금(EDCF)과 코이카의 무상원조 사업이다. 거기다가 하나 추가하자면 대사관이 벌이는 행사에서 비교적 자유롭게 쓸 수 있는 예산을 확보하는 것이었다. 그것은 외무부 본부에서 얻어낼 수도 있고 다른 부처나 기관에서 얻어낼 수도 있다. 나는 농림수산부 차관을 마치고 당시 농수산식품유통공사 사장을 하고 있던 김재수하고 가까웠던 사이라 매년 거의 삼천오백만 원 정도의 예산을 약속받았다. 그는 내가 워싱턴 대사관에서 근무할 때 대사관의 농림수산 주재관으로 활약했었다. 셋째, 서울에서 고위직 관료 내지 기업인들이 되도록 많이 앙골라를 방문하도록 하는 일이었다. 내가 가서 보니 지난 2년 동안 차관보급 공무원이 딱 한 번 다녀간 것 외에는 본국에서 아무도 이곳에 관심을 가지고 있지 않았던 것이다. 넷째, 포르투갈어 통역을 확보하는 일이었다. 사실 통역요원을 제외하고는 나를 포함해 대사관에 포르투갈어를 하는 한국 직원이 하나도 없었다. 그런데 통역요원의 실력은 앞에서 이미 말한 바와 같았다. 나는 부임한 후 며칠 후부터 포르투갈어 수업을 받기 시작했지만 한두 달 안에 유창해지기는 어려운 일이었다. 다섯째, 대사관하고 관저를 새로 구하는 일이었다. 나는 명예영사 프레이타스로부터 같거나 더 낮은 예산으로도 얼마든지 근사한 건물을 임차할 수 있다는 것을 알아냈다. 시간만 때우고 간다는 생각을 하는 사람이라면 그런 귀찮은 일을 뭐 하러 벌이겠는가. 그러나 나로서는 그토록 허름한 건물을 대사관이요 관저랍시고 태극기를 걸어놓는다는 것이 보통 부끄러운 일이 아니었다. 그리고 국민의 세금을 함부로 낭비하는 일이 아닐 수 없었다. 앙골라는 세계에서 가장 물가가 비싼 나라다. 특히 외국인한테는 더욱 그렇다. 임차료가 한 달에 3천만 원씩 하는 건물이면 다른 나라라면 10층 빌딩도 빌릴 수 있을 것이다. 일 년이 아니라 한 달 임차료였다. 손바닥만 한 건물에 그런 큰돈을 퍼붓고 있으면서도 어떻게 그렇게 다들 태연스럽게 살아왔는지 도무지 이해할 수 없는 일이었다. 여섯째, 행정의 정비였다. 대사관은 그야말로 엉망으로 운영되고 있었다. 외무부에서 파견된 행정 직원은 임시직으로 뽑은 행정원에게 일을 전부 맡겨 놓는가 하면, 이 행정원이 대사관 운영을 좌지우지하고 대사관의 차량을 자기의 전유물인 것처럼 쓰고 있는 것이었다. 말도 안 되는 작태가 벌어지고 있었던 것인데 도대체 다른 외무부 직원은 뭘 하고 있었으며 전임자는 뭘 하고 있었다는 얘긴지 한숨만 나오는 광경이었다. 게다가 앙골라 현지 직원들이 임시 행정원에게 쥐여지내면서 불만이 극에 달하고 있는 상황이었다. 전면적으로 또 즉각적으로 시정하지 않으면 안 될 사항이었다. 나는 여기서 이러한 여섯 가지 과제들을 내가 그 후 어떻게 처리했는지를 설명하려고 하는 것이 아니라는 것을 예민한 독자라면 짐작할 것이라고 생각한다. 그것은 이 글의 초점과는 다른 얘기다. 나의 초점은 한국 외무부라는 조직과 그 구성원들이 얼마나 엉성하고 엉망인지 그리고 특히 아프리카 공관의 경우에는 그 정도가 얼마나 한심한지를 드러내는 데에 있다. 사실 아프리카뿐만이 아니다. 중남미, 동남아시아, 중동에 있는 대사관들도 다 마찬가지다. 선진국에 있는 공관이라고 크게 다르지도 않다. 프랑스나 미국에 있는 대사관이라고 선진적인 모습일 거라고 기대해서는 안 된다. 다들 근근이 하루 벌어 하루 먹는 수준을 벗어나지 않는다. 그런데 앙골라 여기는 정말이지 가관이었다. 알량하겠지만 내 양심과 사명감으로는 도저히 그냥 놔둘 수는 없었다. 결과만 얘기하자면 나는 내가 생각했던 것을 다 이루어냈다. 앙골라 주요 인물들과의 네트워킹을 매일 하나씩이라도 확장해 나갔고, 앙골라 치안 시스템을 위한 EDCF 차관사업을 성사시켰으며, 수산분야에 코이카의 무상원조를 끌어왔고, 농수산식품유통공사로부터 예산을 받아 한국 농산물을 들여와 개천절 행사와 엮어 홍보를 했으며, 외무부 실장급 공무원 방문에 이어 우리 국회의원 방문단을 실현시켰고, 조금은 나은 포르투갈 통역 요원을 데려오기 시작했으며, 같은 가격에 훨씬 나은 관저를 새로 구했고, 마찬가지로 새로운 대사관을 물색했으며[34], 대사관 행정체계를 바로잡아 놓았던 것이다. 마음먹고 하면 안 되는 일이 없는 법이다. 나는 여기서 내 무용담이나 늘어놓으려고 이 챕터를 쓰고 있는 것이 아니다. 이제부터 본론이 시작된다. 두 가지 기막힌 얘기다.

2015년 9월 중순 본부로부터 감사관이 앙골라 대사관 감사를 하러 나온다는 연락이 왔다. 여러 가지가 얽힌 복잡한 얘기지만 이 글의 초점과 관련된 핵심적인 부분만 추려 요약한다. 결론부터 말하자면 외무부 감사를 앙골라로 파견하는 이유는 내가 대통령 박근혜를 조롱했다는 것과 반미발언을 했다는 것이 주된 이유였다. 당시 민정수석이었던 유병우가 외무부에 지시한 것이었는데 감사관을 보내 상황을 파악하라는 것이었다. 나는 처음에 단순한 업무 감사인 줄로만 알았다. 그렇다면 자랑할 일이 많으니 더 잘 됐고 이 기회에 앙골라를 본부에 더 잘 알려야겠다고 나는 순진하게 생각하고 있었다. 그러나 그것이 아니었다. 감사를 나온 감사관은 내가 천진난만하게 업무를 브리핑하자 다른 직원들한테 나가 있으라 한 다음 내게 사실을 말해 주었다. 청와대 지시로 나왔으며 대사관의 국정원 파견관이 나에 대해 청와대에 제보해 문제가 되었다는 것이었다. 국정원 파견관 홍성섭(가명)은 내가 자기를 서울로 소환할 지도 모른다는 두려움에 일종의 선제공격으로 나의 언행을 본부에 보고했고 이를 청와대에서 심각하게 받아들인 것이었다. 감사관이 가져온 질문서에서 집중적으로 제기하는 사항은 셋이었다. 첫째, 내가 대통령 박근혜를 "누님"이라고 호칭한 이유가 뭐냐는 것이었다. 사실 그랬다. 나는 본부에 있는 지역통상국장 이준수(가명)와 전화할 때 박근혜를 가리켜 누님이라고 호칭했다. 앞에서 얘기한 농수산식품유통공사로부터 확보해 놓은 예산을 이준수가 박근혜의 방미 행사 예산으로 돌린다는 얘기를 듣고 이 국장한테 전화해 항의를 하는 와중에 나온 얘기였다. 그러나 "누님"이라는 것은 외무부 사람들이 전화할 때 통상적으로 쓰는 은어였다. 우리는 보통 대통령을 전화상으로는 "회장님" 또는 "대빵"으로 불러왔고 박근혜의 경우는 누님으로 부르는 경우가 많았다. 전혀 이상할 것이 없는 호칭이었다. 나는 박근혜한테 신임장을 받았다. 그렇다 해서 내가 박근혜를 존경한다는 말은 아니다. 반대다. 엄청나게 혐오한다. 그렇다 해서 내가 박근혜를 누님으로 호칭하면서 조롱한 것은 아니었다. 누님은 보통 호감어린 어휘일수는 있어도 조롱의 단어는 아니다. 둘째, 내가 주앙골라 미국대사를 "그년"이라고 불렀다는 것이었다. 사실이었다. 미국대사 헬렌 라리메는 나하고 같은 날 신임장을 제정했다. 앙골라에 주재하는 대사들은 서로 아주 가깝게 지냈다. 그런데 미국대사는 자기 핸드폰 번호를 다른 대사들한테 주는 법이 없었다. 그러니 외교단 내에서 미국대사에 대한 평가가 아주 안 좋았고 다들 건방진 여자라고 손가락질을 했다. 나는 이런저런 기회에 그녀를 만날 때마다 핸드폰 번호를 요청했는데 결국은 거절당하고 말았다. 내가 이런 얘기를 홍성섭한테 해주었었는데 하루는 홍서기관이 나한테 미국대사를 만나 마음을 풀라고 하는 얘기를 하는 것이었다. 이에 내가 "그년이 나를 찾아온다면 몰라도 내가 찾아갈 일은 없지"라고 말한 것이다. 그것은 나와 홍서기관 둘 사이의 대화에서 나온 얘기였다. 내가 그년이라고 못할 이유가 무엇인가. 그런데 내가 미국대사를 그년이라고 불렀든 개년이라고 불렀든 그것이 왜 문제가 되어야 하는지 참으로 한심한 노릇이었다. 속국 주민은 종주국 개년을 그년이라고 불러도 안 되는 법인가. 하기야 욕은커녕 이름 하나 제대로 못 부르는 숭미정권이고 보면 말 다했다. 다른 정권이지만 초록이 동색인 대통령 윤석열은 2022

년 9월 미국을 방문해 글로벌 펀드 재정기여 회의에 참석하고 나오다가 박진 외무장관과 대화한 내용이 언론에 보도되었다. "국회에서 이 새끼들이 승인 안 해주면 바이든이 쪽팔려서 어떻게 하나?"라고 들리는 내용이었다. 한국의 대통령실은 발언이 보도된 다음날 윤석열의 말은 "(한국) 국회에서 이 새끼들이 (야당이 오늘 약속한 공여금을) 승인 안 해주고 (예산안을) '날리면' (내가) 쪽팔려서 어떡하나"였다고 해명했다. 홍보수석 김은혜는 기자들 앞에서 "(야당의 음해 때문에) 대한민국이 하루아침에 70년 가까이 함께한 동맹국을 조롱하는 나라로 전락했다"고 비판했다. 요는 한국은 국내 의원들에게 막말은 할 수 있을지언정 미국에 대해서는 감히 어떠한 무례한 언사를 발설해서도, 대통령 이름을 함부로 불러서도 안 되고 그러지도 않는다는 얘기다. 정말 웃기는 얘기가 아닐 수 없다. 그런 생각을 가진 자들한테 미국 대사를 "그년"이라고 호칭한 나는 중범죄자일 수밖에 없다. 셋째, 내가 앙골라를 방문한 국회의원들 앞에서 박근혜 정부의 아프리카 정책을 공격했다는 것이었다. 나는 외무부 직원으로서 외무부의 아프리카에 대한 관심을 촉구하려는 취지의 발언을 했을 뿐이다. 2015년 7월말 국회의 한-앙골라 친선 의원단 3명이 앙골라를 방문했다. 이학재, 이찬열, 진선미 의원이었다. 나는 이들을 관저로 초청해 만찬을 같이 하면서 앙골라 내지 아프리카 외교의 중요성에 관해 얘기를 나누었다. 그 과정에서 이곳 외교를 하면서 제일 어려운 것이 역시 본부의 무관심과 무성의가 아닌가 싶다면서 우리 외무부 고위 인사들이 너무 안 온다는 말을 했고, 우리가 아프리카에 중요성을 둔다면 이런 방식으로는 어려우니 우리 의원님들이 국정감사를 한다든지 개별적으로 외무부 고위 인사 만날 때 좀 더 신경 쓸 필요가 있다는 식의 얘기를 하시고, 좀 더 관심을 가지도록 지적하고 푸시해 달라고 말했었다. 2015년 4월 서울에서 열린 재외공관장 회의 계기에 차려진 장관과 험지 공관장간 간담회시에 나는 이렇게 발언하기도 했었다. "이런 자리를 마련한 것은 장관님께서 저희들한테 미안한 마음을 갖고 있어서이기도 할 것 같은데, 다른 아프리카 공관장분들은 어떨는지 모르지만 저는 앙골라를 험지라고 생각하지 않기 때문에 미안해하실 필요가 없다. 하지만 한 가지 진짜 미안해하실 일이 있는데, 그건 뭐냐면 장차관님들이 너무도 아프리카에 안 온다는 것이다. 그게 가장 큰 애로사항이다." 그것이 박근혜 정부의 아프리카 정책에 대한 공격인가? 공격을 통해 박근혜 정부를 전복시켜 가나에서 온 샘 오취리를 다음 대통령으로 삼자는 얘기였던가? 공격을 비판이라는 순한 말로 바꾼다면, 외교관이 내부적으로 좀 더 잘해보자고 비판하는데 그것마저 해서는 안 된다고 나무라는 것인가? 나는 감사관이 건네준 질문서에 담담하게 사실과 함께 내 생각을 적었다. 그러면서 나는 마음속으로 외무부 생활을 정리할 생각을 하고 있었다. 답변서를 다 쓴 나는 감사관과 저녁자리로 가는 차 안에서 이제 옷을 벗어야 하지 않겠냐고 물었다. 그랬더니 감사관은 펄쩍 뛰면서 여러 상황과 나의 답변서를 볼 때 그런 것까지 아니라고 본다면서 장관의 주의나 경고 정도일 것이라고 말했다. 하지만 나는 처벌의 경중을 떠나 대사로서의 앙골라 생활을 더 이상 하고 싶지 않다는 생각을 굳히고 있었다. 다들 회피하려는 아프리카 오지 공관에 흔쾌히 나와 신명을 바쳐 일하고 있는 마당에 어처구니없고 합당하지도 않는 이유로 감사까지 받는 상황에서 무슨 미련을 가지고 여기에 붙어 있어야 하나 하는 자괴감이 들지 않을 수 없었다. 나는 아무도 오지 않으려 하는 곳에 또라이처럼 도전했고 누구도 일을 벌이여 하지 않는 곳에서 의욕적으로 꿈틀대다가 결국 전임자들의 "지혜"를 통감한 사람이었다. 내 마음속에서는 예전부터 가지고 있던 외무부 사직에 대한 욕구가 이 일로 다시금 고개를 번쩍 쳐들고 있었다. 결국은 사직은 못했지만 앙골라는 떠나야 한다는 생각은 굳혔다. 한 달 후 외무장관 윤병세 명의로 나에게 경고장이 발급되었다. 언행에 각별히 주의하라는 얘기였다. 나는 이튿날 본부에 귀국 희망 의사를 표시했다.

2016년 1월 6일이었다. 북한이 4차 핵실험을 했다. 수소탄이었다. 이에 본부에서 앙골라에 데마르슈[35]를 하라는 지시가 왔다. 유엔 안보리 결의를 위반한 북한의 도발에 대한

국제적 규탄과 제재에 동참해달라는 요지의 의사를 전달하라는 말이었다. 나는 당장 앙골라 외교차관 아우구스투에게 전화해서 면담 약속을 잡았다. 다음날 오전에 보기로 했다. 이튿날 나는 자료를 준비해서 외교부 건물로 향했다. 차관과의 면담은 외교부 부속건물 2층에 위치한 회의장이었다. 나는 약속시간에 맞추어 회의장으로 이르는 계단을 걸어오르기 시작했다. 중간쯤 올랐을까 위에서 누가 내려오는데 낯이 익었다. 북한대사 김현일이었다. 둘이 딱 마주쳤다. 서로 눈인사만 하고 지나쳤다. 하지만 왜 거기서 둘이 마주쳤는지는 프로들끼리 당장 감을 잡을 수 있는 얘기였다. 아우구스투가 남북한 사람을 앞뒤로 나란히 면담 일정을 잡은 것이었다. 아마도 일부러 그렇게 했을 거라는 생각이 들었다. 한국 잘 보라고 말이다. 앙골라가 북한하고 얼마나 가깝게 지내는지 잘 보라는 얘기였을 것이다. 북한도 수소탄 쏴놓고 앙골라한테 데마르슈하러 온 것이었다. 물론 핵실험의 당위성에 대한 얘기였을 것이고 앙골라가 북한 편이 되 달라 그런 얘기였을 것이다. 그러니까 앙골라는 김현일을 만나 북한의 얘기를 먼저 들어 준 것이다. 그런 다음 나를 만난 것이고. 그렇게 양쪽 얘기를 들으면서 아우구스투 이 친구가 어떻게 했을까? 둘 다한테 공감한다, 이해한다는 표정을 지으면서 어느 쪽으로도 확답을 안 했을 것이다. 그래야 양쪽으로부터 선심 공세를 다 받을 수 있으니까. 양다리 작전인 셈이다. 나는 속이 뒤집어졌다. 아우구스투나 앙골라가 미워서가 아니라, 우리가 못나서 우리가 분단되어서 우리가 합치질 못해서 이런 나라들한테까지 동시에 이용을 당하고 있다는 사실에 눈이 충혈되고 있었다. 우리가 지난 60년이 넘도록 이렇게 당하고 살아왔다는 생각에 참으로 깊은 자괴감이 들었다. 언제까지 이렇게 살 것인가 이렇게 당하면서? 난 김현일도 그런 생각을 했을 거라고 확신한다. 그 친구 눈에 그렇게 쓰여 있었던 것을 난 봤다고 생각한다. 그 계단 위에서. 내가 아프리카를 폄하하는 것은 아니지만 우리는 심지어 아프리카 사람들한테까지 멸시를 당하고 있다. 그것도 남북한 둘 다 말이다.

1장에서 말했던 것처럼 나는 가족들을 경악시키면서 워싱턴을 떠나기로 결심한데 이어 키르기스스탄이라는 나라를 제시한 본부의 제안을 기꺼이 수락했다. 열두 살이었던 큰딸은 느닷없이 친구들과 헤어져야 하는 이유를 받아들이지 못했다. 하지만 나는 중앙아시아에서 펼쳐질 나의 새로운 세상을 상상하는데 여념이 없었다. 그것이 내가 가족들한테 고통을 안긴 처음이자 마지막 사건은 아니었다. 지금 생각하면 나는 참으로 나쁜 아빠이자 남편이었다. 나는 키르기스스탄이라는 나라의 이름을 그 전에는 들어보지 못했었다. 인터넷으로 들어가 보니 진짜 그런 나라가 있는 것을 보고 아주 신기한 일이라고 생각했다. 나는 워싱턴을 떠나기 전에 키르기스스탄 대사관을 찾아보았다. 그런데 정말 신기하게도 키르기스스탄 대사관은 한국 대사관에서 몇 집 건너에 늘 있어왔던 건물이었다. 나는 약속을 잡고 그곳 대사관 차석을 만나러 갔다. 대사관 문을 열고 들어섰을 때 나는 다시 한 번 놀랍도록 신기한 경험을 했다. 안에서 나를 맞아주는 직원이 바로 나였기 때문이었다. 그는 한국인하고 똑같이 생긴 사람이었다. 나는 서울에 들러 가족을 남겨놓고 일단 홀로 임지로 떠났다. 내 임무는 키르기스스탄에 대사관을 차리는 일이었다. 외무부 인사국장 이형순(가명)은 대사관을 창설하고 나면 적절한 때에 나를 정식 대사로 임명해 줄 것이라고 말했다. 대사관을 창설하는 작업은 완전히 무에서 출발해 맨땅에 헤딩하며 유를 창조하는 것이었다. 그렇다고 진짜 완전히 무는 아니었다. 본부와 연락할 전화기는 있었고 돈도 있었다. 나는 우선 나를 도와줄 사람을 구했다. 마침 그곳에 적임자가 있었다. 카자흐스탄 대사관에서 행정원으로 일했던 여성의 남편이었다. 그들은 카자흐스탄에서 살다가 얼마 전 선교 목적으로 키르기스스탄으로 이주했는데 벌이가 없어 고생하던 차에 대사관 창설 소식을 듣고 내가 오기를 기다리고 있었다. 나는 2007년 9월 10일에 카자흐스탄 알마티를 경유해 육로로 키르기스스탄의 수도 비슈케크로 입국했다. 월요일이었다. 국경에는 트럭과 승용차와 오토바이가 길게 줄을 서 있었다. 영화 "바그다드 카페"에 나오는 간이 휴

게소 같은 느낌을 주는 풍경이었다. 흙먼지가 날리고 있었다. 나는 국경 밖에서 국경 안쪽을 들여다보고 있었다. 멀리서 내가 탄 차를 향해 손을 흔드는 한국인이 있었다. 그가 앞으로 나를 도울 사람이었다. 나보다 열 살도 더 적은 젊은이였지만 아이를 벌써 셋이나 낳은 가장이었다. 그가 어떤 조치를 취했는지 아니면 내 외교관 여권이 마술을 부렸는지 나를 실은 카자흐스탄 한국대사관의 공용차는 특별한 입구를 통해 입국절차를 밟았다. 사실 나는 공식적으로는 주카자흐스탄 한국대사관의 공사이면서 주키르기스스탄 한국대사관의 대사대리라는 긴 대외 직명을 달고 있었다. 아직 대사관이라는 건물은 없었지만 내가 국경을 넘어서면서부터 한국의 대사대리는 임무가 시작된 것이었다. 나는 나를 도울 젊은이에게 실장이라는 직책을 주었다. 대사관 창설 실무 총괄 실장이라는 의미였다. 그와 함께 또 한 명의 한국인이 나를 반갑게 맞았다. 교육부에서 비슈케크에 설립한 한국 교육원의 원장이었다. 5년 전에 설립된 교육원은 2만 명이 넘는 고려인들을 포함한 현지인들의 한국어 교육과 한국 문화 홍보를 맡고 있다고 했다. 키르기스스탄에 도착하자마자 벌써 나는 두 명의 조력자를 얻었다. 못할 일이 무엇이 있을쏘냐. 나는 나도 모르게 얼굴에 미소가 번지는 것을 느꼈다. 멀리 눈 덮인 봉우리의 높은 산이 내 눈에 들어왔다. 나중에 알게 되지만 알라아르차 산이었다. 해발고도 4천 미터가 넘는 산이다. 시에서 벗어나 반시간 차를 몰면 도착할 수 있는 곳이다. 키르기스스탄의 동쪽에는 중국과의 자연 국경을 형성하는 천산산맥이 웅장하게 솟아 있다. 해발고도 7천 미터 급 봉우리들이 즐비한 산맥이다. 천산산맥의 줄기가 새끼를 쳐서 흩어놓은 산들 중에 하나가 알라아르차다. 나는 워싱턴에서 매 주말 산행을 하던 셰넌도어를 생각했다. 천산산맥은커녕 알라아르차에 비해도 언덕으로밖에는 볼 수 없는 초라한 지세였다. 나는 태고의 자연 속으로 들어온 것이었다. FTA니 동맹이니 전문직 비자니 징징 짜는 소리나 늘어놓고, 데니스 와일더 같은 양아치들의 멸시어린 눈길만 받고 살던 미국이라는 천박한 나라에서 나는 이제 우리은하와 환웅과 단군과 마나스가 어울려 살았던 거대한 스케일의 땅과 하늘로 건너온 것이었다. 그렇다. 한민족과 키르기스 족은 3천 년 전까지 함께 어울려 살던 생명체들이었다. 키르기스인들은 베트남 사람들보다 훨씬 더 한국인하고 닮았다. 엉덩이 반점 정도 가지고 비슷함을 비교하려는 것은 너무 진부한 방식이다. 그들의 "마나스" 서사시는 우리 단군신화의 후속편이다. 환웅이 하늘에서 내려온 곳에 신단수가 있었다. 마나스 서사시에도 신단수가 나온다. 키르기스스탄 정 가운데 있는 제주도 두 배 크기의 짠물 호수 이식쿨 호변에 마나스의 신단수가 있다. 단군신화가 처음으로 활자화된 것은 13세기 말엽이었다. 보각국사 일연, 속명 전견명이 나이 일흔 다섯 즈음해서 지은 삼국유사에 처음 나온다. 마나스가 완성된 것도 비슷한 시기였다. 조선족으로 중국에서 태어나 북한으로 들어가 북한인이 되었다가, 해외로 나가 레바논인도 되었다가, 마지막으로 한국인이 된 깐수 정수일은 마나스의 기록을 근거로 신단수의 위치를 이식쿨 호수의 어느 지점일 것이라고 비정했다. 먼 옛날 한민족과 키르기스 족속이 바이칼 호숫가에서 같이 살면서 같은 이야기를 공유했다. 두 민족은 각각 자기들이 정착한 새로운 땅으로 신단수를 가지고 갔다. 키르기스라는 말은 그들의 언어로 "우리는 40"이라는 뜻이다. 서기 840년 아직 시베리아에서 살던 키르기스인들은 위구르의 지배에 항거해 40개 부족이 뭉쳐 위구르를 물리치고, 점차 지금의 신장지역으로 서진했다. 그리고 약 100년에 걸쳐 그들은 천산을 넘어 지금의 땅으로 이주해 정착했다. 키르기스인의 자랑이요 세계에서 가장 긴 서사시인 마나스는 수백 년 동안 구전으로만 전해내려 오다가 20세기에 들어와서야 문자로 기록되었다. 총 50만 행으로 이루어진 마나스는 호머의 일리아드와 오디세이를 합친 것보다 20배 더 길다. 산스크리트어로 된 인도의 서사시 마하바라타보다도 두 배 반 더 길다. 키르기스인의 영웅 마나스와 그의 아들 세메테이 또 그의 아들 세이탁의 무용담과 영광을 노래한다. 마나스를 암송하는 전문가를 마나스치라 한다. 한국어에서 "치"는 사람을 낮잡아 이르는 말이지만 여기서는 아니다. 마나스치의 마나스 암송은 대단히 다이내믹하다. 엄청난 속도에다가 다양한 리듬에 실려 마나스는 암송된다. 한국의 판소리에 비해 예술적 감각은 덜하지만 리듬감은 태양계 최고다. 한국의 판소리는 한 마당을 완창 하는데 길게는 여덟 시간 정도 걸린다. 마나스 완창에는 하루 여덟 시간씩 한 달 걸린다. 나는 거대한 스케일의 땅으로 들어선 것이다. 그리고 그곳에는 우리가 있었다. 그렇다면 나는 무엇을 해야 할까? 그렇다. 나는 이곳에 한국을 만들기로 마음을 먹었다.

중급호텔에 정한 숙소에서 별이 쏟아지는 모습을 보면서 첫날밤을 지새우다시피 한 나는 다음 날부터 실장과 뛰어다니기 시작했다. 우선 사무실을 구하는 것이 급선무였다. 교육원장 이 고려인협회장을 소개했다. 고려인 3세로 키르기스스탄에서 크게 성공한 사람이었다. 사업으로 큰돈을 벌었고 정치에 입문해 국회의원에 당선돼 3선 의원으로 활약하고 있던 상 보리스라는 사람이었다. 나보다 열 살 정도는 위였다. 고려인들은 극동 러시아에 살다가 처음에 1937년 9월에서 10월까지 중앙아시아로 이주했다. 17만 명이 넘는 고려인들은 스탈린의 계획적인 이주 정책에 따라 강제로 열차에 실려 이곳으로 옮겨졌다. 최종적으로 약 10만 명이 카자흐스탄에, 약 7만 명이 우즈베키스탄에 떨구어졌다. 그리고 1950년대 이후 그곳에 살던 고려인들의 일부가 다시 키르기스스탄이나 타지키스탄 같은 곳으로 삶의 터전을 옮겼다. 상보리스 회장은 이주 고려인 3세대다. 그들의 할아버지와 할머니가 처음 중앙아시아로 억지로 밀려왔고, 그들이 낳은 아들딸들이 키르기스스탄으로 건너와 후손을 낳은 것이다. 그러면서 고려인들은 점차 고국의 말을 잊어 갔고 인종적으로 섞이면서 디엔에이도 바뀌어 갔다. 상회장의 눈동자는 옅은 회색에 가까웠다. 상회장은 자기 조상이 원래 평택에 살았었다고 말했다. 내가 조사한 바로는 평택 상씨는 없다. 평택 바로 아래에 위치한 천안의 목천읍이 상씨의 본관이다. 역사서에 보면 상진이라는 사람이 16세기 중반 조선 중종에서 명종까지의 시기에 형조판서, 대사헌, 한성부판윤, 공조판서, 병조판서, 이조판서, 우의정, 좌의정에 이어 영의정에 올라 20년 이상 조선의 고위 관리로 국정을 운영하였다는 기록이 나온다. 나는 그가 상회장의 조상일수도 있겠다고 생각했다. 거의 5백 년 전에 조선을 주름잡았던 상진의 후손들이 서울 서초구 일대에 많이 살고 있다. 영의정 상진이 죽자 상씨 문중은 명종이 위토로 하사한 약 20만 평의 땅, 지금 서초구에 위치한 땅의 일부에 선산을 조성했다. 1968년 서초구 일대가 도시계획에 포함되어 도로가 뚫리게 되자 목천 상씨 문중은 선산을 지키기 위해 이곳에 상문고등학교를 건립했다. 상보리스 회장의 조상은 평택에서 서울로 올라가 눌러앉지 않고 일제강점기에 함경도로 이주했다가 두만강을 건너 간도로 북상했다가 다시 연해주로 살길을 찾아 나섰던 것으로 추측된다. 상회장 본인이 가족사의 자세한 내막을 알고 있지 못하기 때문에 나는 추측할 수밖에 없었다. 여하간 요는 내가 그로부터 큰 도움을 받았다는 것이다. 그래서 그의 조상까지 내가 추측해 준 것이다. 고려인협회는 상회장의 든든한 후원으로 꽤 건실하고 건강하게 운영되고 있었다. 상회장은 나에게 협회 건물의 일부를 임시 대사관으로 쓰라면서 내주었다. 생각하지 못한 호의였다. 냉큼 받았다. 사무실이 있으니 직원이 있어야 했다. 고려인협회 총무를 보던 류드밀라 최가 사람을 소개해 줬다. 카샤라는 여인이었다. 키가 훤칠하고 아름다운 고려인이었다. 놀라운 것은 그녀가 한국어를 한다는 것이었다. 당장 채용했다. 이제 차량이 필요했다. 산악지형이 많은 나라인 만큼 사륜구동 산타페를 행정차로 결정하고 가장 빠른 시일 안에 도착할 수 있도록 조치했다. 차가 도착할 때까지 한 달 정도 시간이 걸렸지만 운전수는 먼저 뽑았다. 빅토르라는 고려인 청년이었다. 차가 올 때까지는 이런저런 심부름을 시켰는데 아주 성실한 친구였다. 그리고 독실한 기독교인이었다. 집안 사정은 극도로 빈곤한 것 같았지만 항상 얼굴에 미소를 잃지 않는 젊은이였다. 상회장은 카지노로 돈을 많이 번 사람이었다. 그리고 그는 식당도 운영하고 있었는데 메뉴에 육개장이 있었다. 놀라운 음식이었다. 나는 하루 일과를 마치고 그 식당에서 육개장을 먹고 호텔로 퇴근하거나 먼저 퇴근한 다음에 실장에게 부탁해 육개장을 호텔로 공수해서 먹었다. 잠자리에 들기 전에 나는 호텔 로비에서 생맥주를 마시며 가족들하고 전화통화로 그리움을 달랬다. 이제 제법 차가운 바람이 불기 시작했다. 일은 하나씩 둘씩 진행되고 있었다. 대사관 건물과 관저를 물색하는 일도 진전을 보이기 시작했다. 그러면서 키르기스스탄 정부 인사들과의 네트워킹은 그것대로 진행하고 있었다. 그곳 한인 동포들과의 교류도 또 그것대로 진행했다. 키르기스스탄에는 한인 교민이 약 천 명 정도 있었다. 그 절반이 선교사 가족이었고 다른 절반은 비즈니스 하는 사람들이었다. 그리고 한국을 피해 세상의 끝으로 도망쳐 나온 수배자들도 있었다. 비즈니스 하는 사람들 중에 제일 크게 하는 사람이 잘아티스라는 회사의 회장 구창모였다. 그는 1980년대 한국의 가요계를 평정하다가 갑자기 사라져버린 스타였다. 처음에 카자흐스탄에서 중고차 딜러를 하면서 큰돈을 벌었다. 하지만 카지노에 다니면서 그 돈을 전부 날렸고 권토중래를 노리고 2000년대 초반 키르기스스탄으로 넘어왔다. 그가 하는 사업은 최고급 아파트를 건설해 판매하는 것이었다. 한국에서 온 약 100명 정도의 기술자들이 그의 건설현장에서 일하고 있었다. 굉장히 큰 사업이었다. 나는 총리실의 외교수석보좌관인 이사코프와 각별한 관계를 만들었다. 나보다 한 열 살 정도 어린 사람이었지만 키르기스 정부의 다른 공무원들과는 달리 아주 청렴하고 정직하며 신의가 있는 친구였다. 나는 그에게 조그마한 선물이든 코이카 연수 프로그램이든 내가 해 줄 수 있는 것은 뭐든지 제공했다. 가장 큰 것은 그가 모시는 총리를 내가 한국에 갈 수 있도록 본부를 움직여 일정을 마련한 것이었다. 알마즈벡 아탐바예프 총리는 내가 보기에 대통령인 쿠르만벡 바키에프와는 질적으로 다른 사람이었다. 바키에프가 탐욕스럽고 부패한 정치인이라면 아탐바예프는 국민을 생각할 줄 아는 순수한 인간이었다. 그런 인물이니 그 아래 이사코프와 같은 양질의 부하가 있을 수 있었을 것이다. 외교부 차관 이브라이모프 역시 나하고 언제든 전화할 수 있는 사이로 만들었다. 물론 이 둘이 내가 일하는데 있어 나를 직접적으로 도와줄 키르기스 공무원들이었지만 나의 인적 네트워킹은 훨씬 더 광범위한 것이었다. 나는 모든 장관들을 전부 만났고 총리에 이어 대통령도 만났다. 또 기업인들도 만났고 경찰도 만났고 깡패들까지 만났다. 키르기스 경찰은 정부 부처 중에서 가장 부패한 조직이었다. 돈 백만 원이면 외국인에게 경찰관 배지를 만들어 주고 이백만 원이면 권총까지 지급했다. 한국인 둘이 그렇게 키르기스 경찰 행세를 하며 교민사회를 휘젓고 다녔다. 말하자면 둘은 태촌파와 양은이파의 두목이었다. 나는 둘을 동등하게 대우해 주어야 했다. 드디어 대사관 건물을 구해서 임차계약을 마쳤다. 11월 말이었다. 가구니 집기니 온갖 필수 물품을 전부 갖추고 난 다음에 대문 옆에 대사관 명패를 붙이고 태극기를 올렸다. 그리고 대사관에 두꺼운 철문을 붙인 암호실을 만들고 본부에서 온 전문가가 그 안에 암호통신 시설을 설치하니 이제 그럭저럭 대사관이라고 말할 수 있는 모습이 갖추어졌다. 나는 첫 공문서를 내가 만든 대사관에서 송신하며 나를 "본직"이라고 호칭했다. 전두환이 자신을 "본인"이라 칭했듯 외무부의 대사들은 그보다 훨씬 전부터 자신들을 본직이라 칭했던 것이다. 외무부 사람들은 황제 전용 일인칭 대명사 짐(朕)은 왜 놔두고 안 썼을까. 나는 다들 하는 대로 잔뜩 목에 힘을 주어봤다. 호칭에서 오는 감흥은 별 것 없었다. 하지만 맨땅에서 일군 대사관이 비로소 우뚝 섰다는 사실은 분명히 감동적인 것이었다. 대사관과 함께 관저도 구했다. 이제 서울에서 가족을 불러도 될 때가 왔다. 부임한지 네 달이 안 되어 나는 가장 중요한 인프라를 완성했다. 그리고 12월 하순에 가족이 도착했다. 큰 딸은 미국 학교에 다녀와서는 엄청난 실망감을 분출했다. 하지만 그 학교밖에는 없었다.

태촌이도 왔고 양은이도 대사관을 방문했다. 그들은 따로따로 왔다. 그들 손가방 속에는 권총이 들어 있었다. 대사관 대문 앞에서 경비가 그들의 무기를 따로 보관하고 그들을 들여보냈다. 그들은 각각 나를 자기들 편으로 삼으려고 머리를 썼다. 그러다가 그들은 내가 별로 겁이 없는 사람이라는 것을 눈치 채고는 당초의 작전을 포기했다. 나는 그들을 빤히 쳐다보며 빙긋이 웃었다. 그들 중의 하나는 수배자였다. 나는 그 중 한 놈이 겁도 없이 한국에 입국했을 때 공항에서 체포되도록 조치했다. 다른 놈은 내 앞에 다시는 나타나지 않았다. 수많은 사기꾼들도 있었다. 한국인이 한국인에게 사기를 쳤고 많은 경우에 내가 해결사 아니면 터미네이터가 되었다. 나는 우라늄 광산 탐사권리를 채굴 권리로 잘못 알고 3억 원을 지불한 여성투자자 이재숙의 돈을 되찾아주었고, 한국 사기업체로부터 뇌물을 먹은 외교차관 이브라이모프의 거짓말을 밝혀 내 앞에 무릎을 꿇렸다. 그는 특별기를 띄워 대통령 아들을 서울로 데려가 구워삶은 다음 크게 한판을 벌이려 한 풍산건설이라는 사기업체를 위해 특별기에 영부인이 타고 있다고 나한테 거짓말을 했다. 나는 주변 모든 공관들을 전부 연락한 끝에 영부인이 어디에서도 한국 비자를 받은 사실이 없음을 증명해 이브라이모프를 궁지에 몰았다. 결국 특별기의 한국 착륙은 최종적으로 허락했지만 특별한 대우는 받을 수 없도록 조치한 다음이었다. 풍산건설이라는 유령회사는 돈만 날리고 말았다. 특별기에는 바키에프 대통령의 막내아들 막심이 타고 있었다. 그는 나중에 아버지 앞에서 삼촌하고 언쟁하다가 총을 발사했는데 삼촌 대신 아버지가 총에 맞아 스페인으로 후송되는 일이 벌어지기도 했다. 완전 콩가루 대통령 집안이었고 불효막심한 아들이었다. 구창모의 사업은 꽤 잘 진척되고 있었다. 그렇지만 그럴수록 부패한 관리들이 파리 떼처럼 사업장에 달라붙었다. 그들은 사사건건 시비를 걸며 뜯어먹을 궁리만 했다. 그런 것이 후진국에서의 사업인 법이다. 하루는 노동부에서 한국 기술자 100여명을 버스에 실어 구금해버리는 일이 일어났다. 노동허가증이 없다는 이유에서였다. 괜한 시비였다. 나는 바로 이사코프에게 연락해 그들을 몇 시간 안에 전부 석방시켰다. 그리고는 구회장에게 절대로 노동부에 돈을 먹이지 말라고 당부했다. 하지만 나중에 알고 보니 그는 좋은 게 좋다는 식으로 결국 약을 썼노라고 나에게 고백했다. 2008년 봄이 되었고 나는 구창모를 포함해 교민 몇을 초청해 관저에서 만찬을 같이 했다. 식사가 끝나고 구창모가 밥값을 하겠다며 리사이틀을 자청했다. 관저 지하에는 교육원에서 빌려온 구닥다리 노래방 기계가 있었다. "희나리"가 흘렀고 "모두 다 사랑하리"가 퍼졌다. 그런데 구창모를 알 리가 없는 우리 딸아이와 아들 녀석이 슬그머니 지하로 내려왔다. 아내는 아이들한테 한국 가요계의 큰 별이 우리 집에 온다고 얘기해 주었다. 나는 녀석들이 왕년의 스타를 보려고 그러는 줄 알았다. 그게 아니었다. 일주일 후 구회장이 대사관을 찾아와 내 앞에 작은 꾸러미를 내려놓았다. 따님이 부탁한 것이라 했다. 그것은 딸아이의 아이돌 밴드 동방신기의 비매품 씨디 앨범 두 개였다. 동방신기 멤버 다섯이 씨디 재킷에 한 사람씩 모두 서명하고 하나는 딸아이를 다른 하나는 아들 녀석의 이름을 써 놓은 것이었다. 아하, 그 때 녀석들이 지하로 내려온 이유가 이것이었던 것이렷다. 구창모는 딸아이의 부탁을 듣고 서울에 있는 배철수에게 연락했고 배철수는 일본에 있는 동방신기 매니저한테 연락해 일주일 만에 물건이 비슈케크에 도착한 것이다. 퇴근하면서 구창모 아저씨의 선물이라며 물건을 내놓자 딸아이는 환호성을 지르며 뒤로 넘어가고 말았다. 그것은 내가 외교관으로서 가족한테 해준 제일 잘한 일이었다.

대사관 식구도 늘었다. 본부에서 정식 직원 둘을 보냈고 현지 직원도 셋을 더 채용했다. 키르기스스탄 정부도 서울에 대사관을 열었다. 내 비서로 일하고 있던 고려인 여인 카샤는 서울로 가야한다고 했다. 주한 키르기스스탄 대사관으로 부임하는 직원 중 하나가 그녀의 남편이었던 것이다. 2008년 초에는 미국 영주권자인 한승덕이라는 자가 어마어마한 사기극을 벌이려하는 것을 내가 잡아냈다. 한국경제신문은 1월초 일면 전면에 걸쳐 한승덕이 대표하는 서니랜드라는 회사가 키르기스스탄에서 40조원에 달하는 대형 인프라 건설 사업을 진행한다면서 희망하는 한국 업체들의 투자를 모집한다고 보도했다. 사실 나는 진작 그런 첩보를 입수하고 키르기스 정부의 여러 부처 장관들을 만나며 그것이 사실이 아님을 이미 파악하고 있었다. 본부에서는 신문기사를 근거로 사실 확인을 요청해 왔다. 나는 내가 미리 파악해 놓앉던 것에 추가해 다시 관련 부처들을 돌며 재확인 작업을 벌였다. 역시 사실무근이었다. 결과를 본부에 보고하니 우리 업계에서는 난리가 났다. 그럴 리가 없다는 것이었고 그래서도 안 된다는 것이었다. 한승덕과 서니랜드는 나에게 전화로 협박을 가해왔다. 목숨이 아까우면 닥치고 가만히 있으라는 것이었다. 그런 위협에 굴할 내가 아니었다. 그렇지만 한국 업체들은 그 후로도 약 6개월 이상 내 말을 믿지 못하고 한승덕에 끌려 다녔다. 서니랜드는 봄에 키르기스스탄 어느 산골에서 가짜 사업 착공식을 갖기도 했다. 그렇지만 사기는 사기일 뿐이었다. 밖에서 들여다보면 온갖 환상이 다 펼쳐진다. 그러나 실제로 올라타고 밖을 보면 더한 환상도 있고 추한 진실도 보이고 더 아름다운 실제도 눈앞에 펼쳐지는 법이다. 그것들은 안에서 밖을 보려는 자만 누릴 수 있는 특권이다. 대사관을 창설하고 인적 네트워크를 구축한 나는 이제 본격적으로 키르기스스탄에 작은 한국을 건설하는 작업에 착수했다. 첫째, 한국 업체의 농업 투자 진출이었다. 키르기스스탄의 비옥한 토지와 풍부한 수량을 이용해 한국식 농업을 이곳에 확산시키는 것이었다. 전통적으로 유목민인 키르기스인들은 농업에 관해서는 거의 무지한 상태였다. 둘째, 한국 정부의 원조자금을 대규모로 이 나라에 투자하는 것이었다. 인프라를 깔고 기술 인력을 기르고 시장제도를 만듦에 있어 한국의 자금과 경험을 이 나라에 투입하는 것이다. 셋째, 관광분야에 대한 투자였다. 한국인들은 세계 곳곳에 안 다닌 곳이 없을 정도가 되었지만 키르기스스탄과 같은 태고적 자연과 청정 환경은 아직 많이 알려지지 않은 상황이었다. 한국인들을 이곳으로 오게 만드는 사업이 필요했다. 넷째, 한국인들이 대거 이곳으로 오도록 직항로를 열어야 했다. 내 계획은 그랬다. 그리고 그런 청사진은 허황된 것이 아니었다. 구창모는 관광 투자에 큰 관심을 보이고 있었다. 8월말에는 국회부의장 이윤성이 비슈케크를 방문했다. 그는 키르기스 국회의장 타가예프 그리고 대통령 바키에프를 만나 내가 만들어준 말씀자료에 따라 투자와 직항로 개설 문제를 거론했다. 하나씩 풀어 가면 앞으로 2년 정도면 꽤 근사한 그림이 그려질 것이었다. 그러나 나에게는 거기까지였다. 본부는 곧 대사관에 정식 대사를 임명할 계획이라고 나에게 통보했다. 그것은 내가 아니었다. 인사국장은 이형순에서 민일영(가명)이라는 사람으로 바뀌어 있었다. 대사관을 창설하고 나면 나를 대사로 임명할 것이라고 말한 사람이 자리를 떴기 때문에 내가 제외된 것은 아니었다. 그가 있었더라도 마찬가지였었을 것이다. 요는 제법 근사하게 대사관이 만들어지고 내가 벌이고 있는 사업들이 영양가가 있어 보이니까 조직은 그 자리를 인사의 카드로 이용할 생각을 한 것이다. 대상자는 주오스트리아 대사관의 공사 서철수(가명)였다. 본부는 그 사람에게 다른 좋은 자리는 주기 아깝고 나를 대사로 승격시키자니 선임자들에 대한 인사를 소화하기 어려우니까 내가 애써 일구어놓은 개척지를 홀랑 남한테 팔아먹으려는 것이었다. 앞서 말했지만 외무부는 앙골라든 키르기스스탄이든 하등의 관심도 없다. 그런 나라들은 오로지 직원 인사의 대상지로서만 가치를 가지는 것이다. 나는 항의하지 않았다. 그런 것이 외무부의 인사 행태라는 것을 모르는 내가 아니지 않은가. 다만 나는 한 가지만 요구했다. 신임 대사가 부임하기 전에 내가 키르기스스탄을 떠나게 해 달라는 것이었다. 지난 일 년을 일인자로 살아왔고 키르기스 정부를 포함해서 모두가 나를 대사라고 불러온 상황이었는데 신임 대사가 부임해 내가 느닷없이 이인자로 내려앉는 것은 보기에 좋지 않을 것이라고 했다. 나 개인적인 수치를 떠나 한국 정부 입장에서도 부끄러운 일일 것이었다. 저 나라는 어떻게 저런 처사를 한단 말인가. 그러나 본부는 신임대사 부임 후 일주일만 같이 있으면서 업무 안내만 하고 떠나라고 했다. 그러나 대사 서철수는 건강검진을 이유로 부임을 열흘 정도 연기했다. 그리고 나는 그를 굳이 볼 필요 없이 나의 새 임지로 떠났다. 폴란드였다. 나는 키르기스스탄이라는 열차에서 내려 뒤를 돌아보지 않고 미련 없이 비슈케크를 떠났다. 하지만 내 마음은 여전히 열차 안에서 밖을 내다보고 있었다. 대사 서철수는 부임하자마자 엄청나게 실망한 것 같았다. 그는 오래 되지 않아 비슈케크를 떠나면서 그곳은 대사대리 정도로 운영할 대사관이라는 의견을 본부에 제시했다. 그리하여 대사관은 다시 대사대리 체제로 강등되었다. 밖에서 안을 보는 마음자세냐 안에서 밖을 바라보는 마음이냐에 따라 우주만물은 완전히 달라지는 법이다.

2012년 3월부터 다시 대사체제로 복귀한 한국대사관은 지금까지 6명의 대사가 부임했고 동시에 한·키 관계 역시 꾸준히 발전해 왔다. 아탐바예프는 총리 시절인 2007년 11월에 방한한데 이어 2013년 11월 대통령으로서 재차 한국을 방문했다. 현직 대통령으로서 두 번째로 한국을 방문한 키르기스스탄 대통령은 사디르 자파로프였다. 그는 2024년 12월 3일 오전 11시 한국 대통령 윤석열과 정상회담을 갖고 양국 포괄적 동반자 관계 수립에 관한 공동성명을 발표했다. 회담 후 정상 오찬을 가진 자파로프 대통령은 그 날 오후 한국 국회의장을 예방했다. 이튿날 오전 롯데호텔에서 한·키 투자 다이알로그가 열렸고 자파로프는 한국의 산업부장관을 대신한 통상교섭본부장과 면담하고 양국간 경제협력 문제를 협의한 후 한국을 떠났다. 그는 정상회담과 오찬의 카운터파트가 10시간이 지나기도 전에 비상계엄을 선포하는 상황을 직접 목도하는 독특한 경험을 할 수 있었던 외국의 유일한 정상이었다.

2004년 봄 미국의 CIA가 북한과 시리아 간에 오간 수 차례의 통신을 도청한 결과, 이스라엘의 군 정보기관인 아만(Aman)의 추정이 근거가 있다는 정황을 포착했다. 2001년으로 거슬러 올라간다. 당시 새로 취임한 시리아의 아사드 대통령 시절이다. 북한의 고위 관료들이 아사드 정부와 빈번히 교류하고 있었다. 아만은 이를 핵무기에 관한 것으로 추정했었다. 당시 이스라엘의 정보기관 모사드(Mossad)는 아만의 정보를 믿지 않았다. 시리아는 알키바르(Al-Kibar)에서 북한과 통신을 했다. 다시 2004년이다. 이스라엘의 암호통신 부대인 Unit 8200이 이 지역을 집중적으로 감시했다. 그 직후에 룡천 폭발이 일어난다. 질산암모늄을 실은 화물열차에는 핵물질을 실은 밀봉된 칸이 하나 있었고, 바로 그 옆 칸에 스무 명이 넘는 시리아의 핵 기술자들이 타고 있었다. 이를 모사드가 이미 알고 있었다. 시리아 인들은 화차가 룡천을 떠나 남포항에 도착하면 핵물질을 회수해 귀국할 예정이었다. 물론 계획은 물거품이 되었다. 룡천 폭발로 이들이 모두 사망했기 때문이다. 사건 직후에 시리아 항공기가 평양에 착륙했다. 구호물자 수송을 위한 것으로 알려져 있지만 사실은 폭발 사건으로 죽은 시리아인들의 사체를 후송하기 위한 것이었다. 북한 정부는 현장을 수일간 폐쇄했다. 모사드는 그들이 현장에서 무기급 플루토늄을 수습한 것으로 단정했다. 그리고 모사드는 사건 직후에 다수의 시리아 관료와 과학자들이 열 번 이상 평양을 방문해 북한의 고위급 인사들과 면담한 사실을 추적해냈다. 2004년 4월 22일 낮 1시 경이었다. 북한 룡천 역에 진입해 주차 정리 중이던 유조열차가 질산암모늄을 실은 화물열차와 충돌했다. 옆에 서 있던 고압 전신주가 넘어지고 고압선이 유조열차에 닿으면서 불똥이 일어나 화재가 발생했다. 유조열차에서 흘러나온 기름이 질산암모늄이 실린 화차에 유입되면서 순식간에 연쇄폭발로 이어졌다. 룡천 역은 산산이 부서지고 인근 룡천 소학교도 크게 파괴되었다. 54명이 사망하고 1249명이 부상을 당했다. 북한 정부는 다음 날 유엔에 긴급구호를 요청했다. 적십자사에서 구호대를 급파했다. 폭발이 있기 수 시간 전에 중국 방문을 마치고 귀국하는 김정일을 실은 특별 열차가 이곳을 통과했다. 2006년 12월이다. 모사드 요원이 런던의 한 호텔에 투숙한 시리아인 오쓰만을 감시했다. 시리아 원자력 연구소장이었다. 오쓰만이 외출한 틈을 타 방에 침입한 모사드 요원은 오쓰만의 랩톱 컴퓨터에서 수 백 장의 알키바르 핵시설 정밀 사진과 북한의 영변 핵과학 연구소 선임연구원인 전치부 박사와 찍은 사진을 발견했다. 중요한 자료원을 확보했다고 판단한 모사드는 원래 오쓰만을 암살하려던 계획을 수정하고 오쓰만의 컴퓨터에 원격 전송장치를 심어 놓고 오쓰만을 살려두었다. 2007년 1월 전치부 박사가 다마스쿠스에서 오쓰만과 관광을 하다가 찍은 사진이 다시 모사드로 전송되어 왔다. 2007년 9월 3일이다. 이스라엘이 알키바르를 폭격하기 3일 전이었다. 시멘트라고 적시된 1700톤의 물건을 싣고 남포항을 떠난 북한 화물선 알하메드가 시리아 항구 타르투스에 도착했다. 하역작업을 모사드 요원이 멀리서 카메라에 담았다. 핵물질인 것으로 추정되는 물건이었다. 미 CIA 국장 헤이든과 모사드 다간 국장간 비밀 협의가 이어졌다. 기습공격 추진 여부에 관한 대화였다. 이스라엘 올머트 총리가 부시 대통령한테 공습 승인을 요청한다. 부시가 거부한다. 당초 이스라엘은 두 달 전 기습 공격을 검토하고 있었다. 라이스 국무장관이 반대의사를 표했다. 그러나 북한에서 핵물질이 대거 유입되는 상황에서 이제 더 이상 늦출 수 없는 일이었다. 단독으로 가는 것이다. 2007년 9월 6일이다. 모사드의 배후 조종으로 이스라엘 공군이 시리아를 공습했다. 과수원 작전(Operation Orchard)이라는 습격이었다. 공습의 이유는 시리아가 핵무기를 개발한다는 것이었다. 그래서 이스라엘이 시리아의 핵 의심 시설이 있는 동쪽 이락 국경지역의 데이르에조르(Deir ez-Zor) 주 소재 사막지역 알키바르를 초토화시킨 사건이었다. 2007년 9월 27일부터 10월 3일까지 6자 회담 마지막 회담, 공식적으로는 제6차 회담 2단계 회담이 열렸다. 6자 회담은 2003년 8월부터 2007년 10월까지 중국 베이징 조어대 국빈관에서는 총 열 번에 걸쳐 열렸다. 북한 비핵화 회담이었다. 마지막 회담에는 미국의 힐 국무부 차관보, 북한의 김계관 외무성 부상, 한국의 천영우 외무부 차관보, 중국의 우다웨이 외교부 부부장이 참석했다. 같은 달 초 이스라엘이 시리아를 공습한 직후라 미북간 양자회담에서 당연히 북한의 시리아 핵개발 지원 문제가 이슈화되었다. 그리고 당연히 북한은 그러한 의구심을 일축했다. 10월 3일 채택된 6자회담 합의서는 시리아와 관련된 언급 없이 북조선의 일반적인 핵 비확산 약속을 문서화했다. 10월 17일 국제원자력기구의 엘바라데이 사무총장은 이스라엘의 시리아 핵시설 폭격으로 증거가 인멸되는 바람에 2007년 7월부터 해오던 북조선 영변 핵시설 불능화와 핵물질 해외 반출 검증 작업이 어려워져 버렸다면서 이스라엘을 비난했다. 2007년 10월 3일 김정일과 노무현은 하루 종일 평양 백화원 영빈관에서 대화를 나누었다. 김정일은 오전 회의 중간에 김계관 부상을 회담장으로 불러들여 노무현에게 최근 6자회담의 결과를 브리핑하게 했다. 베이징 6자회담의 공동선언은 그 직후에 발표됐다. 9월 30일 합의된 문안을 미국 대표가 본국으로 가져가 국무장관과 부시의 승인을 받는 시간이 필요했던 것이다. 최종 선언문에는 미국의 요구대로 2007년 12월 31일까지 북조선과 미국이 해야 할 의무를 담고 있었다. 북한은 핵시설의 신고 및 불능화, 미국은 북한을 테러지원국 명단에서 삭제하고 북한에 적성국과의 거래 조항을 적용시키지 않는 것을 포함하고 있었다. 선언문의 승인여부를 두고 체니 부통령이 북한의 시리아 핵확산을 이유로 반대했으나 찬성파인 라이스의 의견을 존중한 부시가 합의안을 최종 승인했다. 사실 이스라엘은 알키바르를 파괴하고도 공격목표물에 관해 자세한 내용은 밝히지 않았었다. 시리아 대통령 아사드는 언론 인터뷰에서 "핵시설이라고 하는데, 사막의 공개된 장소에서 위성에 노출된 핵시설이라는 것은 어불성설"이라고 말했다. 핵시설이냐 여부, 북한이 지원한 것이 사실이냐 여부에 대한 증거는 없다. 여하간 베이징 6자회담의 합의는 결국 결실을 보지 못하고 파기되기에 이르렀다. 영변 핵시설의 냉각탑이 폭파되었고 북조선을 테러지원국 리스트에서 해제한다는 공식발표도 있었지만 결국은 모든 것들이 원점으로 돌아갔다.

나는 모사드의 감시를 받으며 팔레스타인 친구들을 만들었다. 나는 1999년 2월에 이스라엘에 부임해 2000년 8월까지 근무했다. 당시에는 모든 대사관들이 텔아비브에 있었다.[36] 예루살렘은 이스라엘의 수도라고 국제적으로 인정되지 않았다. 미국 대사관이 예루살렘으로 이전했다고 해도 달라진 것은 없다. 팔레스타인 역시 예루살렘을 그들의 수도라고 주장하지만 인정되지는 않고 있다. 나는 프랑스에서 이스라엘로 근무지를 옮기며 이스라엘에서 팔레스타인 업무를 맡기 희망했다. 그 때까지 나는 팔레스타인 사람을 직접 경험해 본 적은 없었다. 유대인은 내가 필라델피아 유펜에서 유학할 때 몇하고 알고 지낸 적이 있다. 말하자면 그다지 호감이 가는 사람들은 아니라는 기억을 가지고 있었다. 자기 잘난 체가 심하고 자기밖에는 모르는 좀 얄미운 인간들이라는 기억이었다. 한국인들에게는 팔레스타인이 국제 테러단체인 것처럼 인식되어 있지만 나는 약자인 그들에게 왠지 정이 갔다. 나는 그들의 이야기를 직접 듣고 싶었고 그들과 정을 나누고 싶다는 생각을 했다. 다시 비유를 들자면 나는 그들 안으로 들어가 밖을 내다보고 싶었다. 밖에서 건성으로 안을 들여다보는 정도로는 그들을 제대로 이해할 수 없다고 생각했다. 내가 이스라엘 대사관에 자리 잡고 보니 내가 원하지 않는다고 해도 팔레스타인은 내가 해야 할 업무 중의 하나였다. 어찌 보면 사실 좀 이상한 일이었다. 이스라엘에서 그들의 적하고 내통하는 일을 맡은 것이니까. 한국으로 치면 어느 나라가 서울 대사관에서 북한을 드나들며 북한 업무를 담당하고 있는 것과 다르지 않다. 실제로 그렇게 하는 나라가 있다. 그리고 이스라엘에서는 그렇게 하는 나라가 많다. 이스라엘은 그러한 것에 불만을 제기한 적도 없고 대사관들의 업무에 간여하는 것도 없다. 그들은 자신이 있다. 누구든 얼마든지 팔레스타인하고 접촉하더라도 문제가 될 것은 전혀 없다는 자신감을 가지고 있다. 이유는 모사드다. 모사드는 모든 것을 파악하고 있다. 그들은 내가 라말라를 가든 가자를 가든 나의 동선을 전부 주시하고 있었다. 내가 누구를 만나 무슨 얘기를 하는지도 다 알고 있었다. 그래

봤자 그들의 안보에 해가 될 것은 전혀 없다고 그들은 판단했다. 어느 나라든지 외국의 외교관을 감시하는 일은 정보기관의 기본적인 임무다. 이스라엘 모사드만 하는 일이 아니다. 베트남도 하고 한국도 그렇게 한다. 요는 그 감시가 어느 정도 효율적인 것이냐의 문제고 그들이 파악하는 정보가 얼마나 정확하냐의 문제일 뿐이다. 모사드가 파악하는 정보는 굉장히 정확하다. 그들은 외교관을 감시하기 전에 이미 팔레스타인 사람들을 하나씩 전부 감시하고 있기 때문이다. 말하자면 이스라엘에게 팔레스타인은 전체가 영화 "트루먼 쇼"의 무대와 같다. 그렇다면 나는 팔레스타인 업무를 하면서 모사드가 전부 들여다보고 있다는 사실을 몰랐다는 말인가? 아니다. 알고 있었다. 그 정도는 제대로 된 외교관이라면 당연히 짐작하고 있어야 하는 사안이다. 이스라엘이 아니라 어디를 가든 외교관은 감시의 대상이다. 왜냐면 그의 행동과 동선에 중요한 정보가 깔려 있기 때문이다. 그걸 피하려고 활동을 중단할 수는 없다. 그럴 필요도 없다. 진짜 숨겨야 할 일이 아니라면 알려진다고 나쁠 것도 없다. 내가 대사관에서 팔레스타인 문서 파일을 들여다보니 아니나 다를까 피상적으로 팔레스타인을 접촉해 온 것 밖에는 없었다. 나는 안으로 좀 더 들어가고 싶었다. 그러려면 인사이더와의 네트워킹이 필요했다. 당시 대사 역시 팔레스타인 안으로 행동 영역을 넓히고 있었다. 그가 다니는 카지노가 팔레스타인의 도시 제리코 시내에 있었다. 그는 내가 구축하는 팔레스타인과의 인적 네트워킹에 한 번도 제동을 걸지 않았다. 그는 내가 하는 일들이 의미 있는 것이라고 평가해 주었다. 지금은 고인이지만 나는 그에게 감사한 마음을 가지고 있다. 왈리드 시암, 미국 시민이자 팔레스타인 사람으로 팔레스타인 자치정부의 외교부 아태 차관보 직책을 맡고 있었다. 1952년에 가자에서 태어난 그는 일곱 살 나던 해 전 가족이 미국 텍사스로 이주해서 그의 아버지가 제법 큰 재산을 모은 덕택에 상당히 유복하게 성장했다. 그는 법률가로 교육을 받아 법조계에서 십년 이상 일하다가 팔레스타인의 완전한 독립국 수립의 꿈을 이루기 위해 1996년 고향으로 돌아왔다. 나는 1999년 6월 중순 요단강 서안 라말라 시에 소재한 경제개발재건위원회의 해외원조 담당 국장 할레드 니짐을 만나러 갔다가 그와 처음으로 마주쳤다. 그리고 순간적으로 나는 알았다. 그가 나의 중요한 파트너가 되리라는 것을. 그의 사무실은 가자 지구에 있었다. 그의 가족과 집도 그랬다. 내가 당시 경제개발재건위원회와 추진하고 있었던 일은 한국 코이카의 원조사업이었다. 라말라에 수도 공급시설을 확충하기 위한 약 오백만 달러에 상당하는 꽤 큰 규모의 프로젝트였다. 실무적인 협상은 완료되었다. 조만간 코이카 이사장이 이곳에 와서 위원장과 협약서에 서명하는 것으로 프로젝트는 가동될 것이었다. 시암차관보는 가자로 나를 초청했다. 자기 집이 아니라 니짐의 집이었다. 그는 자기 밑에서 일하는 국장을 데리고 나왔다. 국장 야시르 나자르였다. 그렇게 나와 시암, 니짐, 그리고 나자르의 우정이 시작되었다. 우리는 그날 일종의 도원결의를 했다. 알코올은 한 방울도 없었지만 우리는 제법 흥분해 있었다. 나는 그들에게 내가 코이카를 설립한 장본인이라면서 앞으로 어마어마한 원조 사업이 벌어질 것이라고 허세를 부렸다. 내가 코이카를 설립했다는 말은 거짓이 아니다. 실제로 나는 1989년 외무부 본부에서 코이카 설립 작업을 맡았었다. 그들은 내 말을 진지하게 들어주는 척하며 한국 인사들과 팔레스타인 고위직과의 만남은 언제든지 자기들이 책임지겠노라고 과장을 섞어 다짐했다. 그들의 다짐은 허풍은 아니었다. 대사와 나는 팔레스타인 정부 수반 아라파트를 만났고 숱한 장관들을 만났다. 서울에서 오는 손님들도 헛걸음 하는 일은 없었다.

1972년 뮌헨 올림픽이 막바지로 접어든 9월 5일 팔레스타인의 검은구월단이 이스라엘 선수단원 열한 명을 납치해 죽이는 사건이 벌어졌다. 이스라엘 총리 골다마이어는 즉각 검은구월단 지도부 인사들에 대한 보복 사살을 다짐했다. 그리하여 모사드에 전담부서가 만들어지고 일명 "신의 분노" 작전이 전개되었다. 레바논 베이루트에 표적 여러 명이 잠복하고 있다는 정보가 포착되고 기관 요원들이 잠입했다. 목표물 중의 하나가 유세프 알나자르였다. 1973년 4월 7일 모사드 요원들을 보강하기 위해 야간을 틈타 고무보트를 타고 본국에서 정예 요원들이 당도했다. 국방부 소속 269부대 요원들이었다. 고무보트에는 나중에 이스라엘 총리로 당선되는 에후드 바락 대위가 여장을 하고 앉아 있었다. 암살단은 지체 없이 알나자르 집에 도착해 벽을 넘어 침실을 급습했다. 암살단은 자고 있던 알나자르와 부인을 우지 기관총으로 갈겨 살해했다. 그 모습을 어린 아들이 두려움에 떨며 전부 목도했다. 고아가 된 그 아들을 요르단의 후세인 국왕이 양자로 입적했다. 이름뿐이었지만 그런 식으로 후세인 국왕의 양자가 된 가엾은 아이들이 서른 명 이상이었다. 스필버그의 2005년 영화 "뮌헨"에 이스라엘 암살단이 유세프 알나자르 부부의 침실을 급습해 사살할 때 어린 아들이 문 옆에서 두려움에 벌벌 떨며 지켜보는 장면이 나온다. 나는 워싱턴에서 영화를 보며 6년 전의 가자에서의 모임을 상기했다. 영화 속의 꼬마가 누구냐면 바로 야시르 나자르 국장이었다. 1997년 모사드는 팔레스타인의 무장조직 하마스의 의장 할레드 마샬을 암살하려다 실패했다. 1997년 9월 25일 캐나다 관광객으로 위장한 모사드 요원들은 요르단의 암만에서 사무실에 출근하는 그를 급습해 왼쪽 귀에 독극물을 주사하고는 도주하다가 마샬 의장의 경호원들한테 전부 붙잡혔다. 마샬은 정신을 잃고 킹후세인 의료센터로 후송되었고 암살 용의자들은 요르단 경찰에 넘겨졌다. 요르단 정부에서는 후세인 국왕이 나서 이스라엘의 네타냐후 총리에게 해독제를 급파하지 않아 마샬이 죽게 되면 양국 관계는 끝장이라고 으름장을 놓았다. 꿈쩍도 않는 네타냐후였지만 미국 클린턴 대통령이 이 사건에 개입하면서 일이 급진전 되었다. 모사드 국장 다니 야톰이 직접 해독제를 들고 암만을 방문해 요르단 정부에 넘겼다. 해독제를 맞은 마샬 의장은 며칠간의 혼수상태에서 깨어났다. 이 사건은 모사드의 가장 수치스러운 실패 사례의 하나로 기록되어 있다. 그 후 요르단 정부는 하마스의 암만 사무실을 폐쇄하고 지도자들을 추방할 움직임을 보였다. 해서 마샬 의장은 하마스를 카타르로 옮겼다. 요르단에서 마샬을 보좌하던 그는 팔레스타인 가자로 돌아왔다. 그리고 경제개발재건위원회 해외원조 담당 국장직을 맡았다. 그의 이름은 할레드 니짐이었다. 시암, 나자르, 니짐은 나에게는 최고의 파트너들이었다.

시암은 먼저 대사와 아라파트의 면담을 주선했다. 나는 그를 근거리에서 처음 보았다. 그런데 일흔밖에는 안 된 사람 같지는 않게 훨씬 더 늙어보였다. 평생 조국을 위해 투쟁했지만 결과적으로 아직까지는 완전한 독립국이라고 말할 수 없는 나라를 만든 것이 고작이라는 데서 오는 자괴감이 그를 괴롭히는 것이었을까. 사람들은 그가 오래 전부터 병환으로 시달려 왔다고 했지만 구체적으로 그의 질병이 무엇인지는 아무도 알지 못했다. 이스라엘 외교부 아시아국의 한국 담당 과장 일란 마오르는 아라파트를 가리켜 인류 역사상 가장 오랜 기간 죽어가고 있는 인간이라고 비아냥거리곤 했었다. 대사는 아라파트를 만나기 전에 아라파트를 한국에 초청하는 문제에 관해 본부의 허락을 받았다. 총리 명의로 초청 의사를 전달해도 좋다는 것이었다. 아라파트는 김일성이 살아 있을 때 북한을 몇 번 방문했었다. 그렇지만 한국에는 아직 가 본 일이 없었다. 한국 정부는 미국의 압력 내지는 알아서 기는 정책에 따라 유엔에서 이스라엘 또는 팔레스타인 문제에 관해 투표할 경우에는 거의 대부분을 기권해 왔다. 그렇지만 미국과 그 하수인들을 제외한 국제사회는 항상 이스라엘의 정착촌 건설 사업이라든가 팔레스타인 주민 정책에 대해 비판적인 자세를 견지하고 있었다. 유엔 회원국들은 한국의 투표에 대해 항상 조롱 섞인 비웃음을 던졌다. 자기 스스로 생각을 할 줄도 모르고 생각했더라도 행동을 할 줄 모르는 너절한 나라라는 것이 그들 비웃음의 이유였다. 그러나 한국에 아라파트가 간다면 그러한 조롱의 상당 부분을 불식시킬 수 있는 계기가 될 것이라고 대사는 생각했다. 옳은 판단이었다. 한국 정부가 최소한 팔레스타인 주민들의 삶을 개선시키려는 인도주의적인 노력을 기울이고 있다는 평가는 받을 수 있을 테니까. 면담하면서 보니까 아라파트는 분명히 한국을 방문하는 것에 큰 관심을 보였다. 사실 그가 북한하고 가까운 관계를 유지해 오기는 했지만 실질적으로 북한으로부터 얻는 것은 거의 없었다는 생각도 들었을 것이다. 그러나 지난 수년간 한국으로부터 받는 원조의 혜택은 사소한 것이라고 치부할 수 없는 것들이었다. 도로를 놓고 배전망 시스템을 새로 깔고 이제 라말라에 상수도 확충 사업을 벌이는 등 전부 민생과 관련된 프로젝트들이 한 둘이 아니지 않은가. 하지만 그는 선뜻 가겠다는 말을 하지는 않았다. 내가 볼 때 역시 건강문제였다. 서너 달 후에 우리는 다시 아라파트를 만났다. 1999년 10월이었다. 이번에는 가나안 농군학교의 교장 김범일 일행과 동석했다. 가나안 농군학교는 팔레스타인에 농업학교를 건설한다는 계획을 가지고 있었다. 팔레스타인이 무상으로 토지만 제공하면 모든 것을 농군학교에서 진행한다는 것이었다. 면담에는 팔레스타인 농업장관 히크만 자이드도 자리를 같이 했다. 김범일은 자이드 장관을 한국으로 초청한다고 말했다. 원주에 있는 농군학교도 둘러보고 한국에서 구체적인 협상을 진행하자는 얘기였다. 아라파트는 손을 마주잡으며 좋다는 의사를 표시한 후 자이드에게 누군가와 같이 한국에 가라고 지시했다. 나중에 알고 보니 북한에 주재하는 팔레스타인 대사 샤헤르 아부이야데를 말하는 것이었다. 주북한 대사와 농업장관 방한이 무슨 관계가 있어 보이지는 않았다. 다만 우리는 그가 아라파트 수반의 신뢰를 받는 최측근 인사라는 점은 짐작할 수 있었다. 11월 말에 대사는 아부이아데 대사를 텔아비브에서 만났다. 그는 평양 외교단의 단장을 맡고 있다고 했다. 그것은 그가 평양에 주재한 외국 대사들 가운데 가장 장기간 근무하고 있음을 의미하는 것이었다. 그는 생필품 구입을 위해 매년 서너 번씩 베이징에 나온다고 했다. 그의 가족은 파리에 거주하고 있으며 그는 일 년에 한두 번 가자에 있는 본가를 방문한다고도 했다. 나는 이러한 사실을 대사관에 있는 국정원 파견관에게 알렸다. 그는 이미 알고 있다는 표정이었다. 그리고 아부이아데 대사는 국정원의 북한 정보 소스라는 사실을 나에게 귀띔했다. 그가 베이징에 나올 때마다 국정원 요원하고 접촉하고 있다는 것이었다. 나는 그제야 아라파트의 지시를 이해할 수 있었다. 한국대사를 만난 주북한 팔레스타인 대사 아부이아데는 곧 농업장관 자이드와 함께 한국으로 들어갔다. 11월 30일부터 일주일간의 방한 일정 동안 아부이아데는 자이드 장관의 특별보좌관으로 행세했다. 그러나 그는 자신만의 별도 일정도 가졌다. 물론 국정원 요원과의 만남이었다. 이스라엘에서 국정원 파견관은 모사드와의 정보협력에 크게 정성을 기울인다. 미국 CIA의 종속 기관이기도 한 국정원이 CIA하고 호형호제하는 모사드에 당연히 존경심을 표해야 할 일이기도 했거니와 국정원으로서는 모사드가 가지고 있는 북한 네트워킹을 활용하고 싶은 측면도 있었다. 아부이아데는 내가 볼 때 모사드의 끄나풀이었다. 그리고 모사드의 소개로 국정원은 아부이아데와 네트워킹을 구축했다. 그러니까 아부이아데나 팔레스타인 입장에서는 국정원과의 협력을 통해 모종의 대가를 챙길 수 있었을 것이다. 이스라엘의 외교단에서는 팔레스타인 전체가 모사드의 통제 하에 있다는 얘기가 공공연히 거론되고 있었다. 팔레스타인 인사들 중에서 모사드 요원이 아닌 사람을 찾기 어렵다는 얘기였다. 나는 그것이 터무니없는 얘기라고 생각하지 않는다. 그리고 그것이 과도하게 부풀려졌다고도 생각하지 않는다. 그 이유는 한국의 요로에 미국 CIA의 요원들이 부지기수로 숨어 있다는 것을 내가 알기 때문이다. 누구는 30만이라고 하고 다른 누구는 50만이 넘는다고도 한다. 그리고 대부분은 자발적으로 미국을 위해 봉사하는 사람들이다. 팔레스타인은 인구가 고작 500만 밖에는 안 되는 나라다. 게다가 내가 보기에 민족적인 결집이라는 것이 그다지 강력하지 못하다. 나만 잘 먹고 편하면 됐지 나라를 생각할 필요가 뭐 있겠느냐 라는 생각이 광범위하게 퍼져 있다. 그런 사회라면 모사드가 파고들기에 그다지 어렵지 않은 환경이다. 그리고 실제로 거의 다 장악했다는 얘기다. 그러니 누가 아라파트를 만나든 어느 나라가 아라파트를 초청하든 이스라엘이 상관할 일이 뭐가 있겠는가. 기껏해야 삼장법사 손바닥을 벗어나지 못하는 손오공일 뿐이다. 내가 이스라엘에 근무할 때는 팔레스타인이 아직 완전히 국가로서 인정받지는 못하고 있었다. 유엔 총회에는 옵서버 "단체"로 참여하고 있었지만 국가는 아니었다.

그러다가 2012년 11월 말에 유엔 총회 옵서버 국가로 승격됨으로써 팔레스타인은 이전까지의 "자치정부"에서 팔레스타인국(Dawlat Filasṭīn: دولة فلسطين)으로 국호를 정하고 독립했다. 현재 미국과 이스라엘 등 몇 나라를 제외하고는 한국을 포함한 대부분의 국가들이 팔레스타인국을 승인하고 있다. 라말라가 행정 수도지만 가자 지구가 정치·사회·문화의 중심지라고 할 수 있다. 가자를 실질적으로 통치하는 주체는 이슬람 정당이자 군사조직인 하마스인데 미국, 유럽 등은 이를 테러단체라고 규정하고 있다. 2023년 10월 하마스가 이스라엘의 압제에 대항해 로켓공격을 감행함으로써 하마스-이스라엘 전쟁이 시작되었고 레바논 거점의 이란 후원 조직인 헤즈볼라가 하마스 편에서 싸웠지만, 하마스와 헤즈볼라는 막강한 화력과 공군력을 가진 이스라엘의 적수가 될 수는 없었다. 이스라엘은 지상군을 투입해 일방적인 살상과 파괴를 벌여 2025년 1월 19일 휴전에 이르기까지 10만 이상의 사망자와 10만 이상의 부상자를 초래했고 3만 이상을 체포했으며 200만 명에 육박하는 이재민을 발생시켰다. 팔레스타인 총 인구 500만 명의 거의 절반이 비참한 나락으로 밀어 처넣어진 것이다. 하마스의 도발에 수백 배로 보복한 이스라엘이다. 상세하게 따져보자면 긴 글이 될 것이지만 이 책의 초점이 아니므로 간략히 말하자면, 나는 유대인들이 평화로운 미래를 담보받기 위해서는 팔레스타인을 포함한 주변 국가들과의 화해와 협력이 긴요하다고 생각한다. 그리고 그 첫째 단계가 팔레스타인국과의 상호 존중과 공존이어야 한다고 믿는다.

과거로 돌아가 2000년 4월 중순 나는 대사를 호송해 서울로 들어가야 했다. 그의 도박이 문제가 된 것이었고 본부는 일단 그를 서울로 불러 경고하고자 했던 것이다. 나는 그를 강남 인터컨티넨털 호텔에서 기다리고 있는 그의 외무부 동기들에게 넘기고 나의 비밀 숙소로 갔다. 외무차관 반기문과 경제조정관 정의용이 대사의 동기였다. 나는 평창동 북악파크호텔에 묵으면서 부모님께도 귀국 사실을 알리지 못했다. 나는 비밀 작전을 수행하고 있었다. 아직 국내 언론에는 보도되지 않은 사건이었다. 모든 것은 없던 것처럼 원래 모습대로 돌려놓아야 했다. 서울에 다녀온 대사가 가장 먼저 해결해야 하는 일은 오아시스 카지노의 고리대금업자를 만나는 것이었다. 대사는 서울에서 재산 일부를 처분해 3만 달러를 현금으로 만들었다. 내가 그 돈을 들고 이스라엘로 돌아온 것이다. 물론 대사와 함께 복귀했다. 대사는 기사가 운전하는 차를 타고 제리코로 향했다. 예루살렘을 지나면 길은 구불구불 내리막이다. 약 삼십분에 걸쳐 해발 마이너스 400 미터를 넘게 내려가면 왼쪽에 제리코가 있다. 인구가 이만 명도 안 되는 작은 도시다. 지구상에서 가장 오래된 도시다. 기원전 9000년 전에 세워졌다는 고고학적 증거가 있다. 주변에 예수가 세례를 받았다고 알려진 요단강 지점과 예수가 사탄의 집요한 유혹을 견뎌냈다고 하는 광야의 언덕배기가 있다. 제리코를 지나 십오 분 정도 계속 진행하면 사해가 나온다. 오아시스 카지노에 들어서자마자 어떻게 알았는지 빚쟁이가 대사에게 다가왔다. 깜짝 놀랄 만큼 잘 생긴 사내였다. 그는 대사가 자필로 써준 차용증을 내밀었다. 대사는 3만 달러가 담긴 봉투를 사내에게 주었다. 제리코와 오아시스 호텔이 법적으로는 팔레스타인 정부가 관할하는 곳이기는 하지만 실상은 겉모습과 사뭇 다르다. 이스라엘은 1967년부터 1994년까지 삼십년 가까이 제리코를 점령했었다. 그 전 십팔 년 동안은 제리코가 요르단에 병합되었던 적도 있다. 그래서 제리코는 팔레스타인인, 유태인, 요르단 인들이 섞여서 산다. 말하자면 작은 국제도시인 격이다. 여기에 2000년 초에 오성급 호텔인 오아시스가 세워졌다. 투자금의 대부분이 유대계 자본이라는 것은 상상하기 어렵지 않다. 사실상 유대인이 운영하는 카지노에 팔레스타인 사람들이 붙어서 먹고사는 것이다. 대사는 당분간 자중했다. 그러나 대사는 열흘을 넘기지 못하는 목마름으로 괴로워했다. 서울에 다녀온 후 그의 정신은 더욱 피폐해져 가고 있는 듯했다. 그의 친구들은 그를 위로하고 용기를 북돋우려 했지만, 안 그래도 자신이 뒤처지고 있다고 생각하던 처지가 이번 일로 더 고약해져 버렸다는 생각만 들었다. 그의 우울은 서울에 가기 전보다 훨씬 심각해져 갔다. 그러다가 그는 삼십대 초반의 김 모라는 젊은 한인 회장을 생각해 냈다. 녀석은 그를 무척이나 따랐다. 금요일 오후 일찍감치 퇴근한 대사는 관저에 미리 도착해 기다리고 있는 김회장의 차를 타고 제리코로 향했다. 알고 보니 김회장 역시 오아시스 호텔이 개장한 직후부터 그곳에서 가끔 심심풀이를 해왔던 모양이었다. 그 날 둘은 호텔에 도착해 식사를 같이 한 후 밤새도록 블랙잭을 즐겼다. 대사는 오랜만에 가슴이 뻥 뚫리는 쾌감을 맛보았다. 갬블 성적은 중요치 않았다. 다음 날 아침 그가 텔아비브 관저로 돌아왔을 때 한국의 언론은 전날 그의 도박 행적을 속보로 다루고 있었다. 그 다음 주 월요일 본부는 신속히 그의 소환을 결정하고 하루 이틀 안으로 그가 귀국할 것을 명령했다. 처음 내가 대사를 호송해 서울로 들어가기 며칠 전 텔아비브 한국 대사관 밖에는 심각한 얼굴을 하고 서성대는 낯선 자들이 있었다. 대사한테 노름빚을 대준 사람의 일행이었다. 국정원 파견관은 모사드 요원을 접촉했다. 돈 문제는 곧 해결할 테니 저 사람들이 대사관 주변에서 물러가게 해 달라는 얘기였다. 그들은 곧 사라졌다. 오아시스 카지노에서 대사에게 다가온 그 빚쟁이는 얼굴에서 웃음기를 잃지 않았다. 지난 한 2주 동안 한 순간도 빚을 떼일까봐 걱정한 일은 없었다는 표정이었다. 그가 모사드하고 어떻게 연결되어 있는지는 아무도 확인할 길이 없었다. 후임자로 부임한 대사 조민수는 이스라엘 대사관에서 팔레스타인 업무를 담당한다는 것이 적절한 것은 아니라는 의견을 제시했다. 나는 2000년 8월 마지막 날 이스라엘을 떠났다. 아니 팔레스타인과 이별했다. 그로부터 5년 후 2005년 11월에 주이스라엘 한국 대사관 안에 팔레스타인 대표사무소가 설치되었다. 그리고 팔레스타인이 독립국으로 승인된 이후인 2014년 10월에는 라말라에 주팔레스타인 한국 상주대표사무소가 개설되었다. 그곳은 내가 그 15년 전에 시암차관보와 니짐국장을 만나던 곳이었다.

7. 한국에도 외교가 있나?
외교란 무엇인가?

프롤로그에서 제기한 질문하고는 크게 다른 질문이다. "도"라는 글자가 추가되었기 때문이다. 앞의 질문은 우리끼리 던지는 질문이었다. 그런데 이것은 턱짓으로 한국 외교관을 가리키면서 남들이 서로 던지는 질문이다. 아니 한국이란 나라에 무슨 외교가 있단 말이냐며 비웃음을 머금은 눈빛에 한쪽 입가가 위쪽으로 비스듬히 올라간 표정을 짓는 모습이 연상된다. 한국의 외교관이 해외에서 종종 마주치는 눈빛이다. 예민하지 않은 사람이라면 느끼지 못할 수도 있다. 상대방은 세심하게 주의를 기울여 너무 노골적으로 자기 생각이 드러나지 않을 만큼만 미묘하게 경멸의 시그널을 보낼 것이다. 뱀을 마주치면 반사적으로 움츠러들듯 인간이라면 대부분 혐오하는 대상물에 대해 자연 발생적으로 싫은 표시를 하게 되어 있는 법이다. 상대방이 그 나라의 외교관이라면 그 시그널은 더욱 섬세한 솜털로 가려져 있을 것이다. 그러더라도 그걸 눈치 채지 못할 만큼 예민하지 못하다면 외교관 자질이 충분하다고 말하기는 곤란할 것이다. 함량이 높은 외교관은 영화 "스토커"에 나오는 인디아처럼 남들이 듣지 못하는 걸 들을 수 있어야 하고 사람들이 어지간해서는 볼 수 없는 것도 볼 수 있어야 한다. 필요한 경우라면 그래 놓고도 듣지 않은 것처럼 보지 않은 것처럼 연기도 할 줄도 알아야 한다. 한국 외교관이 외국에서 종종 마주치는 멸시의 눈빛은 다양한 이유와 배경에서 탄생한 파장이다.

첫째, 한국이 미국의 속국이라는 부정할 수 없는 사실이 상대방한테는 일단 정신적인 우위를 점하게 한다. 나는 이 글에서 둘을 엄밀히 구분하지 않고 쓰지만, 속국 또는 종속국은 식민지하고는 다르다. 식민지는 전적으로 종주국의 통치를 받는데 비해 속국은 일정 부분 자치를 인정받은 나라다. 조선은 한 때 청의 속국이었고 고려는 한 때 원의 속국이었다. 한국이 미국의 속국이라는 법적인 근거는 없다. 그런데 속국이 되는 것은 반드시 문서나 법에 의존하는 것은 아니다. 고려나 조선이 법적인 문서로 속국이 된 것도 아니었다. 중요한 것은 속국은 종주국이 하라는 대로 따라야 한다는 것이다. 대한민국의 탄생 배경이나 그 이후 한국과 미국의 관계는 자발적이라는 형식을 갖추었을 뿐 여느 속국과 다를 바가 하나도 없었다. 한국은 미국이 시키는 대로 움직이는 나라였고 미국의 외교 어젠다에 철저하게 얽매인 국가였다. 과거형으로 썼지만 현재도 달라진 것은 전혀 없다. 김대중이나 노무현 그리고 문재인의 좌파 성향의 정부 시절에도 본질은 하나도 바뀌지 않았다. 다른 나라 사람들이 이것을 모를지도 모른다고 생각하면 큰 오산이다. 외교의 세계는 생각할 수 있는 모든 면에서 상대와 나를 견주어 그 결과로 취할 수 있는 이득이 있다면 냉혹하게 움켜쥐는 곳이다. 사람을 만나는 것으로 말하자면 만나기 전에 상대방에 관한 정보를 샅샅이 뒤져 약점을 찾아내려 눈에 불을 켜는 것이다. 내가 상대방을 지그시 내려다볼 수 있는 입장이라면 그만큼 위엄을 갖추고 상대를 압박할 수도 있다. 외교는 겉으로는 점잔은 다 빼면서 뒤로는 어떤 야비한 짓도 서슴지 않는 씨름판과도 같다. 한국의 정치인들에게는 아주 익숙한 공간일 것이다. 외교관은 국제무대에서의 정치인이다. 그렇다고 외무부 직원들이 알량한 정치 행위를 해야 한다는 말은 아니다. 나중에 자세히 다루겠지만 외무부 직원들 중에 국내 정치판을 기웃거리며 힘센 놈에 선을 대고 출세하는데 이용하려고 혈안이 되어 있는 자들이 상당수다. 진짜 정치적인 감각과 기량을 발휘해야 하는 곳에서나 제대로 할 일이다. 그러니 제대로 배운 다른 나라 외교관들이라면 한국의 속국으로서의 정체쯤은 빤하게 알고 있는 것이다. 선진국들만 그런 것이 아니다. 어줍지도 않게 우리가 아래로 깔아보는 아프리카의 국가들도 식자층이라면 어김없이 마음속에 한국을 얕잡아보는 생각이 자리하고 있을 것이다. 미국의 속국인 주제에 별로 부끄럽지도 않은 얼굴이네요, 그들은 그렇게 눈으로 말할 것이다. 선진국 대사관에서 주최한 리셉션이나 파티에 가보면 한국인을 바라보는 냉랭한 시선을 여실히 느낄 수 있다. 코가 큰 녀석들은 자기들끼리 모여 서 있다가 한국인이 지나가면 그들만의 신호체계로 조소의 몸동작을 취한다. 윤석열이 국제행사에 나갔다가 꾸어다 놓은 보리자루처럼 어색하게 혼자 멀뚱멀뚱 배회한 이유는 그런 보이지는 않지만 몸으로 느껴지는 싸한 기운 때문이다. 그들은 한국인이 접근하면 제법 친절한 몸짓으로 자기들의 대화에 초대하겠지만, 한국인이 별로 할 말이 없다는 것을 확인하는 순간 다시 그들만의 대화를 시작해 한국인이 굴욕감을 안고 스스로 비틀비틀 떠나는 모습을 비웃음을 머금고 바라볼 것이다. 그러니 그런 자리에서 사람대접을 받으려면 평소에 피나는 노력을 하지 않으면 안 된다. 그럴듯한 화제를 언제든지 꺼내서 대화를 주도할 수 있도록 연습을 해야 하고, 어떠한 상황에서도 자신감 있는 목소리로 자기 견해를 즉흥적으로 밝힐 수 있도록 공부를 해야 하며, 평소에 친구를 많이 만들어 어색한 상황이 오지 않도록 미리 준비해야 하는 것이다. 말하자면 나라가 그 모양이니 개인기로 메우는 수밖에 없는 셈이다. 윤석열 같이 개인기가 안 된다면 고스란히 냉랭한 시선을 받는 수밖에 무슨 방법이 있겠는가. 2024년 12월 3일 밤 윤석열이 친위 쿠데타를 일으켜 헌정질서를 파괴하는 모습을 생중계로 지켜보면서 세계인들은 경악을 금치 못했다. 선진 민주국가라고 선망해오던 나라가 사실은 별것도 아닌 후진국임을 확인한 그들은 이제 한국과 한국인에 대해 조롱 섞인 시선을 던지고 있다. 더욱이 내란을 일으킨 범죄자를 단박에 구속하지도 못하고 탄핵심판 또한 단시간 안에는 불가한 상황에서 한국인들의 상당수가 성조기를 앞세운 채 윤석열의 체포를 막아서고 심지어는 법원까지 점거하는 폭동의 장면이란 세계인들의 눈에는 한국이 미개한 국가임을 여실히 증명하고 있는 것이다. 한국은 자주독립국이기는커녕 스스로 헌정질서를 유지할 변변한 능력도 갖추지 못한 나라가 아닌가. 이런 여건에서 한국의 외교관이 받아야 하는 외국인의 눈길이란 뻔한 것일 수밖에 없다. 북한의 외교관이라면 상황이 많이 다르다. 내가 예민하게 관찰하기로는 북한 외교관에게는 한국인에게 던지는 류의 방자한 시선을 보내는 일이 없다. 그것은 물론 북한이라는 나라의 당당함과 주인의식을 높이 사기 때문이다. 그러니 북한 사람은 편안하고 차분하고 여유가 넘친다. 굳이 억지로 개인기로 상황을 타파할 이유도 없다. 그러나 인간이란 옳고 그름의 잣대로만 사람들을 대하는 생명체는 아니다. 그것 말고 자기에게 이득이 되느냐 아니냐의 여부 역시 사람과의 관계를 어떻게 설정할 것이냐에 중요한 기준점이 되는 것이다. 예컨대 미국에 굽실거리는 종의 나라에서 온 한국인이 왠지 싫은 것은 맞는데, 저자가 가지고 있는 정보라든가 자본력이라든가 콘텐츠를 생각하면 마냥 내칠 수는 없는 것이다. 천박하게 비유를 하자면 한국인과 북한인은 돈 많은 종의 자식과 가난한 양반의 자식과 같다. 세상 사람들은 많은 경우에 부자인 종놈하고 사귀기를 원할 것이다. 비즈니스도 그렇고 외교에서도 마찬가지다. 그러니 한국 외교관은 두둑한 돈주머니를 차고 사뭇 뻐기는 몸짓으로 남들이 던지는 차가운 첫 눈초리를 모르는

체 견딜 수 있다. 그가 개인기까지 갖추었다면 태생이 종이라는 사실은 친교를 막을 정도로 심각한 걸림돌은 되지 않을 것이다. 반대로 북한 외교관은 존중의 첫 눈인사가 끝나면 상대가 별로 할 말을 못 찾는 모습을 볼 수밖에 없다. 서로 주고받을 일이 없기 때문이다. 그렇다면 한국이 미국의 속국이건 아니건 국제사회에서는 별로 중요하지 않다는 말일까? 그렇지 않다. 한 나라의 주권 보유 여부는 대단히 중요한 문제다. 저런 나라하고 상대를 할 것인지 말 것인지를 판단하는데 결정적인 고려요인 중의 하나다. 별로 상관이 없는 경우가 있기는 하다. 1990년대를 풍미한 라틴 팝스타 리키 마틴이 푸에르토리코 사람이든 미국인이든 팬들한테는 별 상관이 없다. BTS가 종속국 한국 출신이든 주권국 한국 출신이든 별로 상관이 없는 것과도 같다. 여기서 그런 논의를 하자는 것은 아니다. 나는 지금 한국 외교관이 외국에서 종종 마주치는 얼음장 눈빛이 탄생한 이유와 배경을 설명하고 있다.

둘째 이유는 남북한 문제다. 첫 번째 이유하고 밀접하게 연결되어 있다. 외국인들은 형제끼리 갈라져서 피터지게 싸우는 모습을 보면서 한국에 냉소적인 시선을 던진다. 북한이 아니라 한국을 비난한다. 왜냐면 남한이 잘못한 것이 훨씬 크다고 판단하기 때문이다. 1980년대 중반까지 한국은 국제무대에서 기를 펴지 못했다. 역사적으로 논리적으로 그리고 정치적으로 떳떳한 것이 없어서였다. 일본으로부터 해방

된 다음에 한반도 전체를 아우르는 국가를 건설하려고 노력하는 대신 미국에 빌붙어 남한만의 반쪽짜리 정부를 수립한 것이 한국이다. 남들이 보기에도 이승만은 자기 이익을 위해 민족을 배신하고 친일 정부를 수립했다. 그것도 주권국가도 아니고 미국에 종속된 형태로 말이다. 그러니 국제무대에서 남북 간에 표 대결을 하자면 한국은 판판이 졌다. 더군다나 남한의 정권은 반민주에 반인권으로 비난받는 독재체제였지 않은가. 1980년 광주 민중항쟁을 총칼로 진압하고 정권을 잡은 전두환 치하의 한국은 그야말로 세상의 조롱거리였다. 국제사회는 저런 살인마를 지도자로 용인하고 있는 한국인들에 손가락질을 했다. 군사 쿠데타정권은 틈만 나면 아무 상관이 없는 북한만 잡으려 들었다. 광주항쟁만 해도 북한의 스파이가 야기한 소란이라고 하지 않았는가. 그러나 외국인들은 객관적으로 상황을 보고 있었다. 한국이 탄생한 과정도 그렇고 미국의 속국으로 커나가는 과정도 그렇고 보잘 것 없는 국내 정치과정도 그랬다. 잘못 탄생한 나라는 항상 그 모양 그 꼴이었다. 반대로 북한은 정치적으로나 경제적으로 당당하고 탄탄한 길을 걷고 있었다. 그러니 남북 대결에서 북한이 항상 우위를 점한 것은 물론이요 차가운 시선은 항상 남한을 향하고 있었던 것이다. 1980년대 중후반부터 상황이 달라졌다. 외국인들이 한국을 조금은 달리 보기 시작한 것이다. 거기에는 학생들이 흘린 피가 한국을 서서히 민주화로 이끌었다는 측면이 매우 크게 작용했다. 그들은 한국인들이 스스로 정치적 민주화를 이루어낼 수 있는 역량을 가지고 있다는 데 놀랐다. 존중의 얼굴이 여기저기서 눈에 띄기 시작했다. 그런 정치적 측면과 함께 경제적인 성공도 저들의 비난을 누그러뜨리는데 한몫 했다. 1988년 서울 올림픽은 한국의 정치경제적인 발전을 세계에 각인시키는 계기가 되었다. 사람들은 잘못 태어난 국가에다가 미국의 종속국인 한국이 어떻게 이렇게 성공하게 되었는지 어리둥절했다. 그리고 그들은 서서히 한국과 한국인을 구분해서 생각하기 시작했다. 한국은 참으로 보잘 것 없는 나라임에도 불구하고 한국인은 다시 쳐다볼만한 국민이라는 인식이 형성된 것이다. 그리고 여러 나라들이 주로 경제적인 측면에서 한국과의 관계를 중시하게 되면서 남북의 대결은 승패의 추가 한국 쪽으로 기울기 시작했다. 그렇다고 사람들이 한반도 문제의 책임이 남한과 미국의 도발이 아니라 북한의 공격성 때문이라고 보기 시작했다는 말은 아니다. 다만 사람들의 인식과 관심이 예전과는 많이 달라진 것뿐이다. 먹고사는 문제가 국가관계의 최우선 의제가 된 마당에 역사적 잘잘못을 따지는 것에는 이제 관심이 적어진 것이다. 교체된 젊은 세대는 더더욱 옛날 얘기에 관심이 없다. 그렇다고 오해하면 안 된다. 돈이 얼마나 많은지 모르지만 상대가 종의 자식임을 잊지 않는 사람들은 기회만 생기면 옛 기억을 끄집어내는 법이다. 그게 자기한테 이익이 된다고 생각한다면 말이다.

셋째, 외국인들이 한국 외교관에게 디폴트 모드로 깔보는 시선을 품고 있는 이유는 한국인이 기본적으로 무례하기 때문이다. 무례하다는 것이 처음 만난 사람한테 말을 함부로 한다든가 자리에 앉아 발을 탁자 위에 올린다는 뜻은 아니다. 그것은 상대방에 대한 존중의 문제다. 그럴 듯한 말로 상대방을 기분 좋게 하는 입발림을 존중이라고 하지는 않을 것이다. 존중이란 제일 먼저 상대방이 나하고 다를 수 있다는 것을 인정하는 데서 시작된다. 한국인은 그런 기초적인 점을 무시한다. 잘 못 배워먹어서 그렇다. 이승만이 민족을 배신하고 반쪽짜리 나라를 세우고 일본 부역자를 장관직에 가져다 앉히고, 박정희가 권력을 사유화하고 종신독재를 꿈꾸고, 전두환이 국민을 죽이면서 정권을 잡고, 그 어느 하나 제대로 배울 것이 있었던가. 누구 하나 반듯한 자가 없으니 사람들의 가치관은 형편없이 왜곡되어 남을 존중하는 기본예절도 간 곳이 없게 되었다. 사회의 고위직에 있는 자들이 하나같이 나쁜 놈들이라고 생각하면서도 높은 자리에 앉은 자들에게 굽실거려야 하니 이중적인 사고방식이 자연스럽게 몸에 녹아 있다. 나도 그들처럼 언젠가는 어깨에 힘주고 호령할 날이 올 것이다. 술을 마시더라도 남한테 기죽지 않으려면 말술이 기본이다. 그러면서 한국인들은 서로가 똑같은 인간이 되었고 나하고 다른 남을 인정하지 않는 사람이 된 것이다. 자연에 생물 다양성이 사라지면 건강한 에코시스템이 무너지듯이 한국 사회는 인간 다양성이 무시되면서 건강한 사회 시스템이 썩어가고 있다. 그런 사고방식과 태도가 해외에서 버젓이 발현되다 보니까 외국인들은 한국인을 대할 때 불편함을 느낄 수밖에 없다. 구체적으로 말하면 한국인의 무례함은 상대방에게 무엇인가를 부탁해야 하는 경우에 적나라하게 드러난다. 한국인은 부탁을 부탁 같지 않게 한다. 상대는 당연히 내가 요구하는 대로 따라 주어야만 한다. 이 나라의 관습과 행동방식으로는 그렇게는 안 된다고 말해도 아랑곳하지 않는다. 한국에서는 이런 식으로 일을 처리하니 여기서도 의당 같은 식이어야 하지 않느냐면서 오히려 역정을 내기 일쑤다. 대통령이 외국을 방문하는 경우에 의전과 경호팀이 사전에 답사를 하면서 대통령을 잘 모시기 위한 준비를 하게 된다. 이 때 한국인들은 그 나라의 관행을 무시하고 모터케이드[37] 안에 터무니없이 많은 차량을 넣어달라고 떼를 쓰는 것이 보통이다. 또 대통령을 따라 입국하는 근접 경호원들이 그 나라의 원칙을 깨고 실탄을 장전한 권총을 휴대해야겠다고 통보하는 식이다. 이런 무리한 요구가 관철되는 경우도 있고 끝끝내 거절되는 경우도 있다. 요는 상대방을 존중하지 않는 한국인들의 사고방식이요 정도를 벗어난 무례함이다. 2009년 10월 한국의 국회는 "국가 유공자 예우 및 지원에 관한 법률" 개정안을 논의하고 있었다. 개정안에는 월남(베트남) 전쟁에 참전한 사람도 유공자에 포함시키는 내용이 들어 있었다. 문제는 월남전 참전자가 세계 평화 유지를 위해 참전한 것으로 기술된 구절이었다. 어떻게 알았는지 베트남 정부가 이것을 문제 삼았다. 베트남 정부는 베트남전을 미제국주의자 등 외세를 배격한 통일전쟁으로 규정하고 있는 마당에 한국의 법률안대로라면 그 통일전쟁이 세계 평화를 교란한 사건이 되어야 하는 것이었다. 도저히 받아들일 수 없는 일임은 물론이다. 베트남 정부는 이미 우리 대사관을 통해 문제점을 지적하고 시정해 주기를 요청했었다. 그런데 당시 한국 대사의 촉수가 그다지 예민하지 못했다. 별거 아니라고 보았고 과거를 문제 삼지 않는[38] 베트남 사람들의 큰 배포라면 더욱 아무 일도 아닐 거라고 생각했다. 그러다 보니 본국에 상황보고도 늦었고 상처가 곪아터질 때라야 모두가 정신을 차리기 시작했다. 10월 하순 이명박이 베트남을 방문하기로 예정되어 있는 상황에서 결국 일이 터졌다. 법률 개정안 문제가 해결이 안 되면 이명박의 방문은 없는 일로 하자고 베트남 정부가 통보해 왔다. 이명박 방문 일주일 전이었다. 그제야 앗 뜨거워라 외무장관 유명환이 하노이로 달려와 법률 개정안에서 "베트남 전쟁"이라는 단어를 삭제하기로 약속하고 그 선에서 문제를 봉합하기로 합의를 한 것이다. 한국인이 베트남 사람을 무시하고 인간 이하의 무례함으로 한 베트남 관계를 위기에 몰아넣을 수 있었던 일이 둘이 더 있다. 하나는 2004년 7월 하노이에 모여 있던 468명의 탈북자를 비행기 두 대에 태워 집단 입국시킨 일이었다. 베트남 정부는 양국 관계를 고려해서 이를 특별히 허락하지만, 베트남과 북한 간의 관계가 있기 때문에 이 일은 절대적으로 외부에 알려져서는 안 되는 만큼, 한국 정부가 이에 단단히 약속하라는 것이었다. 한국은 물론 약속했다. 그러나 사흘 후 당시 외무장관인 반기문은 베트남이 그토록 부탁했던 비밀유지를 기탄없이 깨버리고 신문기자들한테 사건의 자초지종을 상세히 흘렸다. 다른 하나는 그 3년 후에 일어난 일이었다. 한국의 농촌 마을 어귀마다 국제결혼에 관한 광고용 현수막이 내걸렸다. 그 중에 어떤 것은 "베트남 신부는 절대로 도망가지 않는다"라는 문장을 박아 넣은 것이었다. 베트남 공산당 여성위원회가 이를 보고 한국 대사관을 통해 문제를 제기했다. 신속한 조치는 아니었지만 한국 정부가 나서 현수막 철거조치를 취하고 재발 방지를 약속함으로써 사건은 일단락되었다. 비록 결혼 알선을 하는 민간인이 야기한 문제였다고는 해도 그런 무례함과 상대무시의 태도가 어디 가는 것은 아니다. 시간 순으로 탈북자 사건, 현수막 사건, 그리고 국가 유공자 법률 개정안 사건이 2000년대 베트남과의 관계에서만 일어난 3대 무례함의 사례지만, 전체적으로 따지자면 유사한 실례는 셀 수 없을 정도로 많다. 그런데 아주 재미나는 측면이 있다. 그게 뭐냐면 한국인의 무례함은 종주국인 미국에게는 여간해서는 행해지지 않는다는 것이다. 의전 팀이든 경호 팀이든 미국의 국무부 담당자가 하라는 대로 언제나 다소곳이 따른다. 누구도 토를 다는 경우를 나는 보지 못했다. 미국과의 약속을 깨고 비밀 사항을 언론에 흘린다는 것은 죽었다 깨어나도 상상할 수 없는 일일 것이다. 미국한테만은 한국인이 무례함을 삼간다는 것은 그나마 다행이라고나 할까.

크게 보아 세 가지 이유로 탄생한 외국인들의 한국인에 대한 냉소적인 시선은 한국 외교관이 노정하는 한국 외교의 관심사를 보면서 더욱 강해진다. 그 얘기를 하기 전에 외국에서 한국 외교관이 매일 하는 일이 무엇인지 살펴보자. 물론 담당하는 분야별로 다르다. 예컨대 경제 담당이라면 교역이나 투자 그리고 경제원조에 관한 사무를 관장할 것이다. 그런 일과 관련해 본국에서 오가는 사람이 있을 수 있고 그 나라에서 한국으로 가고 오는 사람도 있을 수 있다. 특히 고위급 정부 인사가 오가는 경우에는 주의를 기울일 필요가 있다. 왜냐면 큰일은 대부분 그런 계기에 이루어지는 법이기 때문이다. 그것은 또 왜 그런가 하면 높은 자리에 있는 자들은 안 된다는 말을 가급적 안 하려고 하기 때문이다. 자기는 안 되는 일을 되게끔 하는 능력자여야 한다. 그러니 안 된다는 말은 아랫것들이 하게 되어 있다. 상관들이 만나기 전에 사전작업을 하는 것이다. 만약 아랫것들이 다 정리해 보았더니 윗선에서 모양 좋게 주고받을 것이 별로 없는 상황이라면 고위층들이 서로 만날 일은 없는 것이다. 이왕 베트남 예를 몇 개 들었으니 이 대목에서도 하나만 더 하자. 2004년 초부터 베트남은 세계무역기구(WTO) 가입을 반드시 관철시키겠다고 다짐하고 본격적으로 노력을 기울이기 시작했다. 1995년에 가입 신청을 한 지 거의 10년의 세월이 흘렀지만 진도가 거의 나가지 않았던 것이다. WTO에 새로 가입하기 위해서는 두 가지 협상을 진행해야 한다. 하나는 주요 교역국들하고 하나씩 양자 협상을 진행해 타결해야 한다. 베트남의 상대국들은 베트남의 교역 환경, 관세라든지 무역장벽과 같은 여건을 자기 나라에 유리한 방향으로 베트남이 개선한다고 약속해야 협상이 타결되었노라고 선언할 것이다. 다른 하나는 제네바에서 WTO 회원국들이 베트남 주위에 둘러 앉아 함께 모여 협상을 진행하는 것이다. 이런 다자 협상은 그다지 중요하지 않다. 왜냐면 주요 교역 상대국들과 양자적으로 협상이 타결되어 있다면 그들이 다자협상의 장에서 베트남을 지지하고 나설 것이기 때문이다. 베트남은 한국을 포함해 스무 개 정도의 나라들과 양자협상을 벌여야 했다. 역시 가장 중요한 어젠다는 관세 문제였다. 베트남으로서는 민감한 품목에 대해 관세율을 높게 유지하려고 할 것이고 그 품목을 수출하려는 나라 입장에서는 관세를 낮추기 원할 것이다. 한국과 베트남의 양자협상은 당시 경제참사관이었던 내가 건의해서 시작되었고 내가 한국 대표단의 부수석대표를 맡았다. 나는 경제학을 전공한 배경도 있고 외무부에 들어와 주로 경제통상 분야에서 일했기 때문에 이런 협상이 돌아가는 원리를 잘 이해하고 있었다. 베트남은 한국에 형제애를 기대하고 있었다. 1992년에 수교한 이래 두 나라의 경제 관계는 최상위급이었다. 교역량이나 투자액 측면에서 10년 남짓한 기간에 베트남 최대의 협력국이 된 것이었다. 베트남이 원하는 형제애란 남들 하듯이 품목별 관세율이나 베트남의 무역 제도를 가지고 너무 빡세게 밀어붙이지 말아달라는 뜻이었다. 그리고 그것은 내가 볼 때 베트남이 요구하지 않더라도 한국이 먼저 그렇게 자세를 잡아야 할 문제였다. 왜 그러냐 하면, 이게 WTO 가입 협상의 미묘한 측면이기도 한데, 한국이 그런 문제를 빡세게 몰아치지 않더라도 다른 나라들이 그럴 것이기 때문이다. 굳이 한국이 나서서 미운털이 박힐 이유가 어디 있겠는가. 특히 미국은 베트남과의 양자협상을 통해 한몫을 챙기겠다고 벼르고 있던 터라, 그리고 미국이 원하는 관세 인하가 이루어지면 미국이 수출하는 품목과 한국의 그것이 많이 겹치므로 한국한테도 그 결과가 똑같이 적용되기 때문에, 더욱이 우리가 나서서 베트남을 밀어붙일 필요가 없는 것이었다. 물론 그렇다고 공짜는 없는 법이다. 관세율이나 무역제도 측면에서 한국은 베트남이 원하는 바를 수용하는 대신, 우리는 다른 분야에서 우리가 원하는 것을 얻는다면 서로 좋은 거래가 아니겠는가. 예컨대 당시 호치민시에서 진행되고 있었던 주상복합 건축 사업을 한국 업체가 수주한다든지, 버스 조립공장을 건설하는 프로젝트를 한국이 맡는다든지 하는 대가를 받는 것 말이다. 그런데 실무자의 입장에서는 자기 부처가 관할하는 문제에 대해서는 양보해 주고 다른 부처의 소관 사항에 관해 이익을 얻는 큰 그림에 선뜻 동의하기는 쉽지 않다. 그래서 부처 간에 협의가 있고 고위직들의 대화가 필요한 것이다. 그리고 마침 2004년 하노이에서 개최되는 아셈 정상회의 계기에 노무현 대통령이 베트남을 방문하기로 되어 있었다. 결국 일은 나의 구상대로 흘러갔다. 누가 봐도 우리의 이익이었던 것이다. 양국 정상은 경제 협력 문제에 관해 서로 만족할만한 대화를 나눌 수 있었다. 한국과 베트남 간의 WTO 양자협상은 이듬해 중순에 최종적으로 타결되어 문서화되었지만 실질적인 합의는 2004년 말에 이미 이루어졌던 것이다. 그리고 베트남은 다른 나라들과의 양자협상을 전부 마치고 2006년 말에 WTO 가입에 성공했다. 한국이 이른 시기에 양자협상을 타결해 준 것이 베트남에 용기를 준 것임은 물론 양자협상을 진행하는 나라들한테도 얼른 타결하라고 채근하는 신호를 준 측면이 있었을 것이다. 당시 나는 베트남의 협상 대표인 카잉 무역국장과 절친한 친구가 되었고 나중에는 의형제로 형제애를 나누는 사이로 발전했다.

　경제를 담당하는 외교관이 하는 일을 예시로 들어보았다. 이런 성공사례를 얘기하자면 외국인들이 한국 외교관에게 부정적인 시선을 보낸다는 말은 맥락이 맞지 않는 지적일 수밖에 없다. 그런데 앞에 예를 든 얘기를 거꾸로 생각하면 내가 진짜 하고자 하는 얘기가 나오게 된다. 그리고 그것이 보통 한국 외교관이 상대방한테 하는 얘기다. 우선 외교라는 행위가 무엇인지 이 대목의 맥락에서 정리하자면 외교란 정부 대 정부의 교섭행위다. 여기서 정부란 정부 전체를 말하는 것이지 특정 부처를 말하지 않는다. 그러니 정부 대 정부가 협상을 하려면 정부 전체의 입장이 있어야 한다. 개별 부처의 이해관계를 종합해 하나의 정부 입장을 만드는 과정이 외교교섭 이전에 이루어져야 한다. 제대로 된 외무부라면 그 과정에서 중요한 역할을 할 수가 있어야 한다. 그러려면 상대방 정부가 원하는 것이 무엇이고 그걸 만족시켜줄 때 우리가 얻을 것이 무엇인지에 관해 가급적 많은 정보를 가질수록 부처들을 설득하는데 유리할 것이다. 그런데 한국 외무부는 그런 역할을 할 능력이 거의 없다. 왜냐면 그런 역할을 할 수 있는 외교관이 없기 때문이다. 왜냐면 한국 외교관은 그런 역할을 맡겠다고 노력하는 사람이 없기 때문이다. 왜냐면 다른 식으로 외교관 생활을 즐기는 것이 낫고, 그런 거 해봤자 고생스럽기만 하지 승진이나 출세에 별 도움이 안 된다고 생각하기 때문이다. 그러다보니 한국 외교관들의 행태는 쓴 것은 아예 손을 대지 않으려 하고 오로지 단 것만 삼키려는 모습을 보인다. 소위 "뺀질이"가 되는 것이다. 손 안 대고 코를 풀고, 똥 묻은 것 같은 공은 얼른 남한테 차버리며, 빛나겠다 싶은 일이면 득달같이 자기가 차지하는 얄미운 인간을 말한다. 한국 외무부 직원들이 어떤 류의 인간들인지는 다음 장에서 더 자세히 들여다볼 것이다. 다른 부처들의 의견을 통합해 단일 입장을 만들지 못한 외무부나 외교관이라면 상대방 정부하고 진지하게 협상을 벌일 수 없다. 상대는 단일한 입장을 이미 마련해 놓은 정부일 것이다. 그렇다면 한국 외교관은 각 부처가 주장하는 입장을 중구난방으로 되풀이할 수밖에 없다. 상대가 보기로는 이것도 달라 하고 저것도 달라하는 것이다. 그래 가지고야 합의에 도달할 가망성은 없다. 애초부터 나라도 종속인데다 남북한끼리 치고받거나 하는 놈들이라고 얕봤던 놈들이었는데, 다시 코웃음을 치고 싶어지는 것이다. 외교관이 제대로 외교를 할 만한 국내적인 기초 작업을 못했으니 비웃음을 사도 싼 것이다. 상대의 비난을 부르는데 이런 정부 대표성 확보 실패 말고 또 다른 중요한 측면이 또 있다. 여기서도 경제적인 사례를 든다면 한국은 거의 예외 없이 미국이 끼지 못하는 아시아만의 모임에 참석하기를 극히 꺼려한다는 것이다. "우리들의 일그러진 영웅"의 병태처럼 석대의 허락 없이는 다른 친구들과 어울릴 수 없는 것이다. 석대가 허락하고 자시고 할 일도 없다. 병태가 스스로 알아서 놀지 않겠다고 결심할 뿐이다. 사실 이런 측면은 어찌 보면 한국보다 일본이 더 심하게 드러낸다. 1990년 말 말레이시아의 마하티르 총리는 동아시아 국가들만의 경제 협력체인 "동아시아 경제 코커스"(EAEC: East Aisa Economic Caucus)라는 기구를 만들자고 제안했다. 아세안 10개국과 한국, 중국, 일본 세 나라가 자유무역 지대를 만들어보자는 얘기였다. 한 해 전에 아세안의 여섯 나라와 미국, 캐나다, 호주, 뉴질랜드, 한국, 일본 등 열두 개 국가들이 "아시아 태평양 경제협력체"(APEC)를 출범시킨 직후였다. 에이펙의 탄생은 호주의 밥 호크 총리가 앞장을 서 이루어진 일이었지만 미국과 사전에 협의가 있었음은 물론이다. EAEC 구상은 마하티르 총리가 집권[39]하고 있던 1990년대 내내 동아시아의 중요한 어젠다였다. 이 구상에 대해 석대를 대신해 나선 병태는 일본이었다. 노골적으로 말했다. 미국을 제외한 지역 경제협력에 참여할 수는 없다고 했고, 이미 에이펙이 있는 마당에 다른 조직은 필요치 않다고 말했다. 사실상 EAEC 구상이 현실화되기 어렵다는 것이 확인되는 순간이었다. 한국은 1991년 중반에 아세안과 완전 대화상대국 관계를 맺은 후 지속적으로 EAEC 구상에 대한 입장을 요청받았다. 그러나 한 번도 제대로 된 답을 내놓지 않았다. 일본이 이미 밝힌 입장에 동조한다는 눈표정만 지을 뿐이었다.

중국은 진작 찬성했었다. 마하티르 총리가 이 구상을 내놓은 것이 중국의 리펑 총리와 대화하면서였다. 한국은 처음부터 아예 이 제안을 검토하지도 않았다. 이미 일본이 미국과 대화한 다음 부정적인 분위기를 잡은 마당에 한국이 어느 안전이라고 다른 소리를 할 수도 없는 상황이기도 했다. 2장에서 상세하게 얘기했지만 일본은 미국에 관한 한 세계에서 가장 숭미적인 국가다. 한국을 주권이 없는 나라라고 본다면 일본 역시 주권국가로 볼 수 없다. 나는 한국과 마찬가지로 일본도 미국의 식민지에 불과하다고 본다. 미일동맹 조약, 즉 미일 안전보장 조약은 한국전쟁의 와중인 1952년에 발효되었다. 조약은 1960년에 체결된 신 조약으로 대체되었다. 구 조약에는 한미동맹 조약과 같은 조항이 들어 있다. 미합중국의 육군, 해군과 공군을 일본의 영토 내와 그 부근에 배치하는 권리를 일본은 이를 허여(許與)하고 미합중국은 이를 수락한다고 되어 있다. 더군다나 여기에는 일본에서 내란이 일어나는 경우에도 군대를 동원할 수 있게 되어 있다. 그리고 형식적이나마 "상호적 합의에 의하여"라는 말도 없다. 그러니 한국보다 일본은 더 심한 종속국이었던 셈이다. 그리고 그런 문장을 차용해 한미동맹 조약의 조항들이 탄생한 것이었다. 1960년에 개정된 신 조약은 내란 문구를 삭제하고, 미국의 육해공군에 일본의 시설과 영역을 사용할 권한을 부여한다고만 규정하는 한편, 상호적인 의무조항이 포함되어 일방적인 노예계약서라는 느낌은 주지 않는다. 그렇기는 하지만 전범으로서의 벌칙으로 군대를 보유할 수 없는 속박에 추가해 일본은 자기가 원해 외국 군대를 자국 영토 안에 들임으로써 스스로 종속국임을 자인하고 만 셈이다. 결국 동아시아는 중국에 대항해 한국과 일본이 미국의 속국으로 수청을 들고 있는 형국이라 할 수 있다. 이 대목에서 내가 하고자 하는 얘기는 미국을 의식해 우물쭈물하는 모습을 보이거나 아예 입장 자체를 가지지도 않는 한국을 보면서 상대방은 멸시의 시선을 강화한다는 것이다. 일본처럼 묻자마자 당당하게 미국을 편드는 것보다 더 얄미운 행태가 아무런 답도 없이 뭉개는 행동이다. 아이들은 석대의 꼬붕인 거 다 아는 병태가 마치 아닌 것처럼 묵묵히 자기들하고 어울리지 않는 모습을 보면서 녀석을 더 미워하는 것이다.[40]

나는 지금 한국 외교관이 하는 일을 예로 들면서 외국인들이 한국인을 우습게 보는 태도가 어떻게 탄생하고 강화되는지 설명하고 있다. 앞에서는 경제를 담당하는 외교관의 사례를 보였다. 외교 협상을 하면서 우리 정부를 대표하지도 못하고 그러려고 노력하지도 않는다. 상대가 제안하는 일이 왠지 미국이 언짢아 할 것 같으면 상대에게 아예 대꾸를 안 해 버린다. 그렇다면 정무를 담당하는 외교관의 경우라면 어떤가? 다를 것이 무어냐고 짐작한다면 대단히 정확한 답이다. 외무부 본부에는 지역의 명칭으로 된 부서가 있고 경제, 문화, 영사처럼 기능의 명칭으로 된 부서가 있다. 정무라 함은 지역 명칭의 부서에서 하는 일이라고 보면 쉽다. 북미국, 아세안국, 북미1과, 동남아1과 하는 곳이다. 정무를 정치적인 의미가 있는 업무라고 풀어볼 수도 있겠지만, 이어 정치적이라는 말이 뭐냐고 물으면 안보나 군사 그리고 양국 사이의 천년대계에 관한 사항을 말한다고 대답할 것이고, 앞서 거론한 동아시아 경제협력의 구상들이 안보나 군사 그리고 천년대계에 관한 것하고 동떨어진 것이 아니라고 본다면, 그다지 만족할 만한 설명이 될 수 없다. 그래서 지역 명칭의 부서에서 하는 정무라는 일이 뭐냐면, 기능 명칭의 부서에서 하지 않는 일 전부를 말한다고 보면 쉽다. 그러니까 정무란 전체 업무 빼기 경제, 빼기 문화, 빼기 영사, 빼기 엑스 하는 식이다. 기능부서의 업무가 전문적이라면 정무는 일반적이다. 또 기능부서의 업무가 인간 사회가 고도화되면서 발생한 최근의 영역이라면 정무는 기능이 분화되기 전부터 있었던 원초적인 외교업무다. 태초에 정무가 있었고 정무가 갈라져 어떤 것은 기능이 된 것이다. 정무는 외교관계를 총체적으로 다루는 업무인데 비해 기능은 부분별로 나누어 들여다보는 업무라고도 할 수 있다. 내가 입부한 1985년의 외무부 조직도와 최근의 것을 비교하면 지역부서보다 기능부서가 훨씬 많이 증가한 것을 볼 수 있다. 외무부 사람들은 보통

지역 부서의 정무 업무야말로 진정한 외교업무라고 생각하는 경향이 있다. 형체도 없는 덩어리를 만져 아담을 빚어내는 조물주의 마음을 이해해서일까? 아니다. 나중에 외무부 사람들 얘기 하면서 상세히 다루겠지만 여기서 간단히 말하자면, 북미국에서 일하고 주미 대사관에 나가 정무 담당 참사관을 하거나, 동북아2과에서 일하고 중국 대사관에 나가 정무 공사를 해야 남들 부럽지 않게 출세한다고 생각하기 때문이다. 여기서는 이 정도로 끊고, 그렇다면 외국에서 경제 담당 외교관과 정무 담당 외교관의 일이 어떻게 다른지 살펴보자. 한마디로 말하자면 다른 것은 하나도 없다. 그가 만나는 사람이 다르고 하는 얘기가 다를 뿐이지 본질은 다 똑같다. 본질이란 그가 그렇게 행동하는 이유와 배경을 말한다. 경제, 정무, 문화 담당이 다를 것이 없고 서기관과 참사관 그리고 대사가 하는 일이 다를 것이 없다. 대사는 높은 상대를 만날 뿐이고 이미 직원들이 해 놓은 일 위에서 가감첨삭을 할 뿐이다. 정무 외교관이 만나는 사람은 그 나라의 정무 담당관들이다. 외교부일수도 있고 의회일 수도 있고 대통령실일 수도 있다. 한국의 정무 담당 외교관이 가장 많이 하는 업무가 뭐냐면 상대에게 물어보는 일이다. 사람 사는 일에 묻는 일이 빠질 수 없는 법이다. 묻는 과정에서 새로운 사실이 확인되기도 하고 몰랐던 일을 알게 되기도 한다. 외교관계에서도 묻는 일이 그 자체로 잘못된 것은 아니다. 물음을 통해 얻을 수 있는 것이 많다. 다만 한국 외교관은 잘못된 방식으로 묻는다는 것이다. 첫째, 안 물어도 될 일을 묻고, 둘째, 물으면 안 되는 것을 묻는다. 외무부가 해외에 있는 공관에 지시하는 일 중에서 제일 많은 부분을 차지하는 것이 뭐냐면 이런저런 일에 대해 상대국에 물어서 알아보라는 것이다. 예를 들어보자. 1994년 7월 방콕에서 아세안 지역 포럼(ARF: ASEAN Regional Forum) 창립회의가 개최되었다. ARF는 동아시아의 안보와 신뢰구축 문제를 토의하기 위한 장이다. 동아시아의 주요국은 물론이고 미국, 러시아와 북한까지 참석하는 회의로 발전하게 된다. 첫 회의에는 북한이 참석하지 않았다. 창립회의를 주최하는 태국은 사전에 참가 대상국에 초청 편지를 보냈다. 외교장관이 일차적인 초청 대상이었다. 이 때 한국은 참석 여부를 결정하기 전에 무조건 관련국들한테 물어본다. 그 나라에서는 누가 참석하느냐는 것이다. 그러면 미국, 러시아 등등에 있는 정무 담당 외교관들이 자기의 상대를 찾아가 물어본다. 많은 경우에 상대도 아직 결정을 내리지 않은 경우가 많다. 외교장관의 국내 일정이 아직 확정되지 않았을 수도 있고 긴급한 다른 일이 아직 마무리되지 않았을 수도 있다. 보통 다른 나라의 경우에는 다른 불가피한 일이 없다면 참석할 회의의 성격과 거기서 그들이 무엇을 얻을 수 있을지를 검토해서 참석 여부를 결정한다. 그러면 된다. 나는 다른 나라 외교관이 우리처럼 묻는 경우를 한 번도 본 적이 없다. 그런데 한국은 다른 나라에서는 누가 오는지 알아본 다음에야 내가 참석할지 말지를 결정하는 것이다. 많은 경우에 장관이 알아보라고 지시하는 것은 아니다. 실무선에서 미리 알아본다. 왜냐면 알아보지 않고 장관한테 건의하면 거의 반드시 어디에서는 누가 오는지 알아봤냐고 물을 것이 뻔하기 때문이다. 왜냐면 지난 수십 년 동안 외무부는 일을 그런 식으로 해왔기 때문이다. 어느 어느 나라에서 장관이 온다고 하니 나도 가겠다면서 대통령한테 결재를 올려야 혹시 모를 핀잔을 피할 수 있다고 생각하는 것이다. 그 회의가 어떤 회의이고 거기서 내가 어떻게 무슨 말을 함으로써 우리나라의 입장에 관해 상대를 설복할 수 있는지 아닌지를 따지는 것은 뒷전이다. 만약 그런 계산이 있다면 굳이 다른 나라에서 누가 오든지 상관할 것 없이 참석을 결정하면 된다. 그것이 아니라면 안 가면 된다. 물론 나중에 보니 러시아에서도 장관이 온다고 한다면 더욱 좋은 일이다. 그런데 아무 생각도 없이 너희는 참석하느냐 아니냐, 한다면 누가 오느냐, 이런 것을 다짜고짜 물으면 상대가 나를 깔보기 시작한다. 반대로 만약 내가 가기로 마음을 정하고 회의에서 이런 방향으로 말하겠다는 구상을 가지고 있다면, 정무 외교관이 그 나라 상대를 만나 우리는 장관이 올 것이고 회의에서 이런 언급을 할 생각인데 당신들 참고하라고 말하는 상황을 상상해볼 필요가 있다. 상대는 감동을 받을 것이다. 요는 그러한 불필요한 물음이 수도 없이 되풀이된다는 것이다. 지금 아세안 지역 포럼을 예를 들었을 뿐, 어떤 회의든 어떤 파티든 어떤 모임이든 거의 모든 경우에 그런 행태가 버릇처럼 반복된다. 크고 작은 모임의 경우뿐만이 아니다. 온갖 것을 다 물어 본다. 2005년에 한승수 전 외무장관이 오이시디 사무총장에 출마했고 워싱턴을 방문해 미국 정부를 상대로 지지를 호소했다. 당시 미국은 앙헬 구리아라는 멕시코 후보를 밀고 있었고 이는 외교가에 잘 알려진 사실이었다. 그럼에도 불구하고 미국에 직접 어필해 보는 것이 잘못된 일은 아니다. 문제는 그러고 나서 그가 귀국한 후에 외무부는 대사관 직원에게 미국 측의 반응이 어떤지 물어보라고 지시했다. 그 직원이 나였다. 나는 한승수 후보를 안내해 국무부 차관보와 대통령 비서실 보좌관을 만나도록 도왔었다. 내가 미국 실무자를 만나 반응을 물어보니 그는 대답 대신 나를 거의 경멸에 가까운 눈초리로 쏘아보았다. 무슨 그런 것을 다 물으러 여길 왔냐는 의미였다. 내가 얼굴에 철판을 깔고 마주 쳐다보니 그가 말을 돌려가며 대답을 하기는 했다. 한마디로 턱도 없는 얘기라는 것이었고 헛수고 하지 말라는 뜻이었다. 나는 물론 그대로 본부에 보고했다. 얼마 지나지 않아 한승수는 후보를 사퇴했다. 물어보기 민감한 것도 마구 물어 본다. 외국에서 지진이나 비행기 추락사고가 나면 한국 외교관이 당국을 찾아 대뜸 물어보는 것이 한국인 사상자 명단이 있냐는 것이다. 안 그래도 정신이 없고 황망하고 비통한 상황인데도 상대에 대한 배려는 전혀 없다. 앞서 말한 무례함의 극치다. 절대 물어보면 안 되는 것도 아랑곳 하지 않는다. 그 나라가 북한하고 친한 관계라면, 예컨대 최근에 북한 외무상이 방문한 결과를 공유해 달라고 요구한다. 황당하고 당황스러운 요구가 아닐 수 없다. 내가 누구랑 만나 무슨 얘기를 했든, 그 사람이 당신하고 사이가 안 좋은 사람이라면 더욱, 내가 당신한테 말해 주기 곤란한 것 아닌가. 그런데 여기서 재미나는 측면이 있다. 그런 거 알아내라고 대사관에 두는 사람들이 있다. 스파이다. 정보요원이라고 한다. 한국의 경우라면 국정원 직원이다. 거의 모든 대사관에 다 있다. 이들이 정식 외교관이 하기 어려운 일을 하는 사람들이다. 그 나라의 정보 부처 사람들과 만나서 정보를 교환하기도 하고 상대국 몰래 어딘가 심어놓은 끄나풀을 통해 정보를 캐내기도 한다. 그래서 무슨 말이냐면 한국 외교관들이 해서는 안 되는 질문을 하고 막무가내로 상대를 당황케 하는 이유는 우리 스파이들이 할 일을 잘 못하거나 아니면 외무부와 정보를 공유하지 않기 때문이다. 선진국들의 경우를 보면 외교부와 정보기관 사이의 협력이 아주 잘 된다. 우리보다 못하다고 우리가 생각하는 후진국들도 그런 경우가 꽤 있다. 특히 베트남이나 중국 같은 나라들은 우리보다 정보기관의 실력이 월등한 나라들이다. 그러니 이들 국가의 외교관들은 거칠지 않고 우아하며, 무례하지 않고 상식적인 것이다. 스파이라고 해서 아무 질문이나 마구 해서는 상대가 얕잡아 본다. 그 정도도 파악을 못해서야 어디 스파이라고 행세할 수 있겠느냐는 반응만 얻고 말 수 있다. 세상에는 만만한 일이 없는 법이다. 한국의 국정원은 실력은 고사하고 스파이 기관으로서 지켜야 할 기본적인 자세조차도 제대로 되어 있지 않은 그야말로 엉망인 조직이다. 2007년 여름 탈레반에 인질로 잡힌 샘물교회 교인들을 석방시킨 것 까지는 봐줄만했던 국정원은 귀국길에 원장인 김만복이 교인들과 함께 사진을 찍어 언론에 뿌려대면서 전 세계 정보기관들의 손가락질을 받았다. 다음해 총선출마를 노리고 있던 김만복이 자기 본분을 망각하고 벌인 추태였지만, 원래 국정원이라는 기관은 검찰청과 마찬가지로 국내 정치판에서 항상 "떠 보려고" 안달인 곳이다. 해외 스파이 업무를 맡기기에는 함량 제로라 할 수 있다.

정무 담당자의 예를 들어 엉뚱한 질문이나 하고 상대방 미간을 찌푸리게 하는 언사를 일삼는 한국 외교관의 실태를 보였다. 앞서 암시했지만 이러한 실태는 해당 외교관 개인의 잘못이라기보다는 한국 외무부라는 조직의 구조적인 결함에 기인하는 것이다. 앞으로 이러한 얘기를 계속 해 나가겠지만 한 마디로 한국의 외무부는 국가와 국민의 발전과 행복을 위해 외교를 하겠다는 생각이 없는 곳이다. 미국이 국방을 하고 중요한 모든 외교 사안은 미국이 결정하는 나라가 외교를 한다 한들 무엇을 할 수 있다는 말인가. 초대 외무장관이 하지의 미군정 하에서 수도경찰청장을 지냈고, 일제 강점기 시절에 일본에 부역해 경찰을 하던 놈들을 하지의 생각대로 다시 한국의 경찰로 등용한 장택상이고 보면, 숭미가 처음부터 한국 외무부의 기본 노선이었음을 능히 짐작할 수 있는 것이다. 하기야 이승만의 정부 전체가 숭미에 기초한 것이었으니 외무부라고 다를 수가 있었겠는가. 그렇게 시작한 외무부에 무슨 외교적 사명감이라는 것이 있을 수 있을까. 어떤 조직이든 다 그렇듯 조직이란 그 조직을 구성하는 개인들의 집합체다. 장택상으로부터 시작한 외무부는 이승만의 수하인 임병직으로 해서 대대로 고만고만한 사람들이 장관을 맡았고, 그 아래 직원들 역시 일본 부역자를 포함해 어중이떠중이들의 집합체였다. 그런 사람들이 무슨 외교를 생각할 수 있었겠는가. 직원들은 높은 놈들 비위 맞추기 바빴고 높은 놈들은 이승만 비위 맞추기 바빴을 뿐이었다. 사실 외무부만 그런 것은 아니었다. 정부 전체가 그러했고 나라 전체가 그러했다. 태어나서는 안 되는 나라가 태어났으니 어느 하나가 제대로인 것이 있었겠는가. 그렇지만 외무부가 가장 엉성했고 미국으로서는 가지고 놀기에 딱 안성맞춤이었던 조직이었다. 더군다나 1947년 중앙정보국을 창설한 미국은 주한 대사관에 여럿의 스파이들을 배속시켜 외무부를 비롯한 정부 전체의 움직임을 감시하고 조종하기 시작했다. 사람들은 그들을 그냥 에이전시 또는 회사 직원이라고 불렀다. 한국의 에이전시는 세계에서 가장 성공한 CIA의 지부다. 그들은 한국 정부를 완전하게 장악했을 뿐만 아니라 자발적으로 그들에게 봉사하는 한국인 요원을 충분하고도 남을 만큼 확보했다.[41] 조직의 결함은 구성원들의 사명감 상실과 무능으로 이어진다. 이런 여건에서 제대로 된 외교관이 탄생한다는 것은 거의 불가능한 일이었다. 앞에서 나는 해당 외교관 개인의 잘못보다는 한국 외무부의 구조적인 결함이 더 문제라고 말했지만, 그렇다고 개개인들이 문제가 없다고는 말하지 않았다. 문제가 많다. 나라와 국민을 먼저 생각하는 외교관은 백에 하나 정도일까. 오로지 나 하나가 중요하고 나의 출세만이 내가 외무부에서 일하는 이유다. 그러니 본부에서 시키면 시키는 대로 아무 생각 없이 쓸데없는 것이나 물어보고 받아써서 본부에 보고하면 그만인 것이다. 본부에서 지시하는 자들도 마찬가지다. 무슨 얼어 죽을 외교를 생각하랴, 혹시 상관한테서 이런 거는 알아봤어 하는 얘기가 나올까봐 미리 선수 쳐서 면피하려는 목적으로 그런 상투적인 지시만 내리는 것이다. 말 같지도 않은 것을 질문하기에 바쁜 한국 외교관들을 바라보면서 외국인들은 헛웃음을 친다. 그러나 외국인들이 보기에 가장 가관인 것은 따로 있다. 그것이 뭐냐면 역시 몸을 바쳐 미국을 보필하는 일편단심이다. 그중에서도 두드러지는 것이 한국군의 해외 파병이다. 지금 레바논, 아랍

에미리트, 남수단, 소말리아에 주둔하고 있는 병력에 추가해 과거의 경우까지 더하면 한국은 십여 차례 해외 파병을 단행했다. 모든 파병은 당연히 미국의 직간접적인 간여에 의한 것이지만, 미국이 명시적으로 요구하고 강요해서 이루어진 케이스는 과거 베트남전, 이라크전, 그리고 아프간 재건을 위한 경우 등 세 번이었다. 베트남전 파병은 박정희가 돈을 받고 단행한 것이었다. 한국군은 미국의 용병으로서 참전해 싸웠고 그들이 귀국하면서 받아들이고 온 작지 않은 보수와 상여금은 어려운 살림에 꽤 보탬이 되었다. 박정희의 파병 결정을 두둔하고 싶지는 않지만, 베트남전 파병은 결과적으로 최소한 단기적으로는 우리가 얻은 것이 있었다는 점에서 역사의 한 챕터로 인정하고자 한다. 그리고 2010년부터 4년간 아프간에 파견된 오쉬노 부대는 한국 대사관을 호위하는 임무도 겸해 한국기업의 아프간 사업을 경호하는 역할을 했던 만큼 크게 비난하고 싶지는 않다. 그러나 2004년 중반부터 4년 남짓한 기간 동안 이라크에 파병된 자이툰 부대는 오로지 미국의 이익을 위해 많은 것을 희생한 케이스였다. 노무현은 국내 정치나 대북 문제에 있어서는 좌파였는지 몰라도 미국과의 관계에 있어서는 그의 말과는 달리 누구보다도 더 미국에 굴종하는 인간이었다. 사람들이 그를 반미주의자라고 불렀던 것은 그를 잘 모르고 하는 소리였다. 그가 국내 우파들을 껴안기 위해 스스로와 타협한 것인지는 몰라도 그는 세 가지의 크나큰 선물을 미국에 안겼다. 하나는 이라크에 전투부대를 파병한 일이었고, 둘은 우리 예산으로 용산기지를 평택으로 이전해주기로 결정한 일이었으며, 셋은 한미 FTA를 체결하겠다고 결정한 것이었다. 자이툰 부대는 오쉬노 부대하고는 달리 실제 전투를 수행하도록 임무가 부여된 병력이었다. 베트남전에 파견된 부대와 같은 전투임무였다. 이라크나 아랍 사람들이 한국에 무슨 해코지를 한 일이 있었다고 그들을 죽이러 군대를 파병한다는 말인가. 그렇다고 베트남 파병 때처럼 미국한테 큰돈을 받는 것도 아니고 말이다. 한국의 전투부대가 이라크에 파병된다는 소식에 이슬람 무장 단체인 "유일신과 성전"이 5월 말에 김선일을 납치했다. 그들은 한국이 파병을 즉각 중단하고 이미 존재하는 부대[42]의 철수를 요구했다. 그러나 노무현이 파병을 강행하기로 했다는 소식에 그들은 6월 말 김선일을 참수해버렸다. 미국은 노무현의 결정을 높이 칭찬했다. 그해 10월 국방장관 럼스펠드가 자이툰 부대를 방문해 장병들을 격려했다. 두 달 후 노무현이 부대를 방문해 "여러분의 존재가 대한민국의 외교에 큰 힘이 된다"고 말했다. 그가 말하는 외교란 미국에 대한 굴종 외에는 아무것도 아닌 것이었다. 한국의 이라크 파병으로 한국의 세계적인 위상이 드높아졌는가? 아랍에서의 한국 이미지가 더욱 우호적으로 변하게 되었던가? 그렇다면 노무현은 무슨 외교에 자이툰이 기여했다고 말했던 것일까.

나는 노무현을 지지했던 사람이지만 그의 숭미 행각에 대해서는 냉정하게 비판하지 않을 수 없다.

파병 문제는 한국 외교관이 외국에서 떠들고 다니는 일은 아니다. 그런데 외국인들은 그들 앞에 앉아 있는 외교관의 언행 때문에만 그를 멸시하는 것은 아니다. 그가 대표하는 나라에서 벌어지는 온갖 일들이 그들의 판단에 영향을 미친다. 한국 국회가 파병을 결정하는 순간, 아니 그러한 논의를 정부에서 시작하는 순간, 관련 있는 나라와 사람들이 한국 결정의 배경과 대미종속성을 이미 간파하게 되는 것이다. 지금 세상에는 언론이 있고 그보다 빠르고 다양한 인터넷 소식통들이 있다. 한국 외교관이 직접 발설한 말이 아니더라도 그의 생각을 짐작하게 하는 수도 없는 정보들이 오픈되어 있다. 2024년 12월 3일의 친위 쿠데타 시도의 전말과 윤석열 내란 수괴 혐의자의 체포 무산 장면들, 그리고 탄핵심판 과정에서 해괴하고 저질적인 변론의 모습들이 낱낱이 해외로 생중계되지 않는가. 2022년 9월 하순 미국을 방문 중에 터진 윤석열의 소위 "날리면" 발언의 전말은 한국 외교관이 미국의 상대에게 설명해 주지 않아도 다 아는 것이다. 주한 대사관이 있고 CIA가 있다. 6장에서 언급했지만 한국의 대통령실은 발언이 보도된 다음날 윤석열의 말은 한국 국회 새끼들을 가리킨 것이라고 해명했다. 이어 홍보수석은 잘못된 보도와 야당의 음해로 대한민국이 미국을 조롱하는 나라로 전락했다고 한탄했다. 한국은 미국에 절대로 무례한 언행을 하면 안 되는 나라라는 말이다. 한국 외무부는 이 발언 사건에 관해 미국 정부에 어떻게 대처했을까? 내가 볼 때 대사관의 정무 공사가 그의 국무부 상대를 만나 가볍게 설명하면서 눈치를 살피는 과정은 있었을 것이다. 이미 한국내 언론 보도 내용과 대통령실의 반응을 상세히 알고 있던 미국 정부 담당자는 고개를 끄덕이며 별 일이 아니라는 시늉을 했을 것이다. 그런데 만약 한국이 먼저 고개를 조아리고 설명을 해오지 않았더라면 미국은 상황을 보다가 교육이 필요하다고 여겼을 시엔 해명하도록 요구했을 것이다. 그들은 한국을 어떻게 가지고 놀아야 하는지 잘 알고 있다. 만약 미국이 윤석열 발언에 못마땅해 하는 표정을 지었다면 한국 정부는 완전히 뒤집어졌을 것이다. 그러나 현 정부의 숭미적인 자세를 너무도 높이 칭찬하는 미국이 그랬을 개연성은 거의 없었다고 보아야 할 것이다. 그런데 주권국가의 입장에서 본다면 윤석열의 발언이 "날리면"이 아니라 "바이든"이라고 정확하게 들렸다 하더라도 그거 농담으로 한 얘기였다고 말하면 그만인 일이었다. 내가 어이쿠 감히 그렇게 말한 적이 있네 없네 요란을 떨 일이 무엇이란 말인가. 바로 이런 것, 노예가 주인을 속으로라도 어떻게 욕했겠냐며 눈물을 흘리며 손바닥을 비비는 이런 자세가, 외국인들이 한국 외교관을 보면서 은연중에 던지는 멸시의 시선을 더욱 강하고 자신 만만하게 만드는 것이다. 그러니 이란이 시비를 거는 것이다.[43] 그리고 많은 나라들이 우리 눈에 보이지 않게 한국을 향해 눈을 흘기는 것이다. 그러면서 그들은 말한다. 한국에도 외교가 있어?

지금까지 경제와 정무 담당 한국 외교관의 업무 그리고 한국 정부 인사들의 언행을 예로 들어 외국인들의 부정적인 시각을 설명했는데, 경제와 정무 말고 다른 분야에서도 같은 상황이 벌어지나? 물론이다. 사실 경제든 정무든 문화든 영사든 외교관의 업무란 전부 연결되어 있는 것이다. 설명하기 쉽게 내가 나누어서 얘기할 뿐이다. 외국인들이 한국은 경제 분야 외교는 잘 하는데 정무는 엉망이라든지 그 반대라든지 그런 식으로 인식하지는 않는다. 통으로 인식하는 것이다. 저놈의 나라는 왜 저 모양이야 하면서 손가락질하는 것이다. 물론 외국인들이 한국에 항상 업신여김의 시선만 던지는 것은 아니다. 또 한국 외교관이 진상만 떨고 다니는 것도 아니다. 그러나 나는 지금 한국 외교의 문제와 외무부 직원들의 문제점을 파헤치고 있는 마당이니 부정적인 측면에 초점을 맞출 수밖에 없다. 문화 방면의 얘기 하나만 더 하자. 많은 사람들이 한국 외교관은 케이컬쳐의 유행과 더불어 정신없는 나날을 보내고 있을 것으로 생각할 것이다. 사실이다. 그런데 과연 케이컬쳐가 우리들이 기대하는 것처럼 외국인들의 일상생활에 깊숙이 침투해 그들의 삶의 방식을 바꾸고 있을까? 그렇다고 생각한다면 큰 오산이다. 심각한 국뽕이다. 1950년대 주한 미군을 따라 들어온 양키컬쳐는 한국인들의 의식과 삶을 근본적으로 바꾸어 놓았다. 지금 세계적으로 일부 유행하고 있는 케이컬쳐는 그것과 비교할 수 없다. 한국에서의 양키컬쳐는 음악이든 춤이든 영화든 음식이든 옷이든 모든 것에서 미국은 최고라는 의식을 자아냈다. 한국인은 처음 경험하는 미국 것들에서 천상의 세계를 맛보았다. 그리고 그것들은 한국인이 추구해 나아가야 할 이정표를 제시했다. 미국은 한국을 구해준 구세주였고 미국의 모든 것은 하늘에서 내려온 선물이었다. 그리고 양키컬쳐는 바로 한국이 추구하는 문화의 방향이 되어버렸다. 케이컬쳐는 세계인들이 추구하는 문화의 방향과는 거리가 멀다. 일시적인 유행에 불과할 뿐이다. 그런 것을 국뽕의 허위의식이 마치 세계가 케이컬쳐로 들끓고 있는 것처럼 지어내고 있는 것이다. 전혀 그렇지 않다. 케이컬쳐라는 용어도 허황된 것이다. 자기폄하가 아니다. 냉정하게 바라보아야 한다. 국뽕을 뺀다면 손흥민이 월드클래스에는 미치지 못한다는 것을 솔직히 인정해야 하는 것과도 같다. 내가 여기서 하고자 하는 얘기는 두 가지다. 하나는 케이컬쳐라는 것이 과연 한국의 것이냐는 질문이고, 둘째는 한국 외교관이 과연 그런 케이컬쳐를 진작하러 다니면서 흥분하는 것이 제대로 된 일이냐는 질문이다. 먼저 케이컬쳐는 보통 케이팝, 케이드라마, 케이영화, 케이댄스와 같은 것을 말하는데, 이런 용어들이 지칭하는 대상물은 하나같이 진짜 한국적인 것은 하나도 없다. 1970년대 세계를 강타한 스웨덴의 팝밴드 아바(ABBA)를 에스팝이라 칭한 적이 없다. 팬들도 그들이 스웨덴 밴드인지 스위스 밴드인지 신경 쓴 적도 없다. 그냥 음악이 좋아서 흥얼거리며 따라 불렀을 뿐이다. 마찬가지로 같은 시기에 이소룡이 나오는 새로운 방식의 무협영화를 홍콩영화라고만 했지 홍콩이 영국의 식민지인지 중국의 자치정부인지 묻지도 따지지도 않았다는 것이다. 그냥 이소룡의 괴성이 섞인 발차기와 현란한 쌍절곤 기술에 넋이 나가기만 하면 되는 일이었다. 무엇이 더 필요하랴. 이게 무슨 소리냐면 어차피 팝은 그 출신 국가나 정치적 경계를 상관하지 않는다는 말이다. 아바에 빠진 광팬들이라면 그들이 어느 나라 출신이고 어떻게 자라났는지를 샅샅이 찾아보겠지만 보통 팬들은 그다지 관심이 없는 일이다. 그리고 광팬이라 해서 그런 세세한 정보를 알아내 마음이야 풍족할지는 몰라도 그것은 그가 아바의 음악을 좋아하는 것과는 아무런 상관이 없는 것임을 스스로 잘 알고 있다. 아바가 스웨덴이면 어떻고 스위스면 어떻단 말인가. 이소룡이 홍콩계 미국인이든 중국인이든 무슨 상관이 있냐는 말이다. 마찬가지로 BTS가 한국인이든 필리핀 사람이든 팬들은 아무 상관이 없다. 블랙핑크에 태국인 멤버가 끼어 있건 나머지 3인이 한국인이건 역시 아무런 상관이 없다. 또 앞서 말했지만 라틴 팝스타 리키 마틴이 푸에르토리코 사람이든 미국인이든 누가 상관을 한단 말인가. 그런 정보들은 부차적인 것일 뿐이다. 요는 BTS하고 블랙핑크의 노래와 춤과 뮤직비디오가 환상적으로 멋지다는 것이요, 그들의 공연을 보고 있으면 행복감을 느낀다는 것이다. 팝컬쳐의 세계는 개방적인 공간이다. 전 세계가 디지털로 연결된 지금의 세계에서는 더욱 그러하다. 마이클 잭슨의 공연을 보면서 역시 미국인이라서 저렇게 잘한다고 생각한 사람은 거의 없었을 것이다. 영화, 춤, 드라마도 다 마찬가지다. 박찬욱의 "스토커"는 한국인 감독이 만든 작품이기 전에 인류가 만든 작품이다. 한국 비보이들이 경연대회에서 우승하면 그들이 한국인임을 기억하기보다는 그들의 이름을 기억하려 애쓴다. "오징어게임"이 한국 드라마라는 것을 아는 사람이 "종이의 집"이 스페인 드라마임을 아는 사람보다 많지는 않을 것이다. 사람들은 신경을 안 쓴다. 재미있고 멋있으면 그만이다. 자 이제부터 내가 하고 싶은 얘기다. 이런 케이컬쳐의 어느 부분이 한국적인 것일까? 한국인이 주인공이라는 점이나 한국의 풍광이 나온다는 점을 제외하고는 한국하고는 별로 상관이 없다. 음악이나 춤이나 영화나 드라마나 다 양키컬쳐의 변형일 뿐이다. 좋든 싫든 세상 사람들은 양키컬쳐의 변형체에 길들여져 왔고 그것을 재미있다고 생각한다. 그들이 소통하는 언어수단인 영어도 미국이나 영국의 공용어가 아니라 인류 공통의 언어다. 케이컬쳐든 에스컬쳐든 푸에르토리코 컬쳐든 인도 컬쳐든 양키컬쳐의 일부분일 뿐이다. 세상 사람들은 양키컬쳐를 공유하는 것이다. 그러니 케이컬쳐라고 우리가 아무리 떠들어도 사람들은 그러거나 말거나 자기들이 좋아하는 상품을 즐기는 것으로 그만이다. 리키 마틴이 푸에르토리코 사람이라고 누가 소리치면 같이 함성을 질러주고 돌아서 친구와 춤을 추면 그만이다. 블랙핑크가 한국 밴드건 태국 출신이건 내가 지금 즐기는 것은 팝 음악인 것이다. 그러나저러나 케이컬쳐 확산을 담당하는 한국 외교관은 몰려드는 팬들의 문의에 대답하고 공연 티켓을 살포하느라 눈코 뜰 새가 없다. 외국 팬들은 한국 외교관이 그런 일까지 하고 있다는데 놀라워한다. 그렇다. 그들이 놀라워하는 이유는 한국 정부가 하지 않아도 될 일을 하고 있기 때문이다. 그것은 정부가 할 일이 아니라 민간 부문의 일이다. 정부가 할 문화 외교차원의 일은 따로 있다. 진정한 한국의 멋과 맛을 알리는 일이다. 양키컬쳐의 일부분인 케이컬쳐를 죽어라 홍보할 필요가 없다. 한 나라가 식민화되면 종주국의 문화가 토착문화를 미개한 것으로 몰아내버리게 마련이다. 사람들은 자기 문화에 열등감을 품게 되고 위대한 종주국이니 그 문화 역시 위대할 수밖에 없다고 믿어버린다. 일본이나 한국에서의 양키컬쳐는 그런 과정을 거쳐 속국의 문화를 부끄러운 것으로 만들었다. 그런데 일본은 한국보다는 덜 열등감을 느꼈다. 이유는 일본의 문화 수준이 양키컬쳐가 함부로 당해낼 수 없었기 때문이고 종주국 주민들이 오히려 속국의 문화에 심취하는 경우가 많았기 때문이다. 한국의 진정한 자주 독립은 문화적인 측면에서도 동시에 이루어져야 한다.[44] 다시 말해 우리는 우리 전통의 문화가 열등한 것이 아니라는 사실을 먼저 자각해야 하며, 그것에서 진정한 흥미를 느끼면서 자긍심을 가져야 한다. 독자적인 문화가 없거나 그것을 폄훼하는 국민의 나라는 독립국이 아니다. 여하간 소위 케이컬쳐와 관련해서 정부에서 할 일은 사람들이 아직은 재미없다고 생각하는 것들이다. 예컨대 국악, 살풀이 춤, 이효석의 봉평 메밀밭, 흥행에 참패한 사극 영화, 장욱제의 여로, 이상의 오감도 같은 것들이다. 외교관들이 BTS나 블랙핑크의 공연에서 이리 뛰고 저리 뛰면서 이것이 한국의 문화라고 외치는 모습은 처량하기 그지없다. 그것은 한국에는 고유한 문화가 없다고 목청 터져라 소리치는 것과 다를 바가 없는 것이다. 프랑스 문화원, 괴테 문화원, 세르반테스 문화원, 공자 학당, 일본 문화원 같은 곳에 가보면 잘 보인다. 그들은 팝스타들을 다루지 않는다. 그들이 다루는 것은 그들 고유의 묵직하고 품격 있는 고전들이다. 그 속에 그 나라가 있고 그 나라 사람들이 있다. 외국인들은 그 나라의 고전을 보면서 존경심을 품고 좀 더 깊숙이 마음속으로 받아들일 준비를 갖추는 것이다. 그러니 한국 외교관은 양키팝컬쳐에 불과한 케이컬쳐로부터 손을 뗄 일이다. 그거 아니면 할 일이 없다고 생각할지도 모른다. 아니다. 은은하고 지극한 한국의 멋과 맛이 자욱이 퍼지는 고전이 얼마든지 있다. 황병기가 있고 김영임이 있고 천명관이 있고 천상병이 있고 "수제천"이 있다. 유명한 연예인 주위는 한국 외교관이 서성거릴 자리가 아니다. 케이컬쳐를 가지고 한국 문화의 진수를 논한다면 어처구니가 없는 일이다. 하나만 더 짚어 보자. 케이푸드랍시고 시도 때도 없이 한국 음식을 내놓고 먹어본 다음에 감탄해 달라고 강요하는 일이다. 이제 그만 해야 할 일이다. 한국인들은 한국 고유의 품격 있는 문화 고전이 있다는 것을 잘 알지 못한다. 그러니 케이팝 타령이나 하고 있는 것이다. 문화뿐만 아니라 여러 방면에서 열등감에 찌들어 있다 보니 외국인들의 칭찬에 너무도 목말라 있다. 그런 이유로 한국 방송에는 외국인들을 초청해 한국 음식을 먹이고 그들이 맛있다는 말을 연발하는 모습을 보면서 흐뭇해하는 프로그램이 한둘이 아니다. 그런데 외국인들이 한국 음식에 진짜로 열광한다고 생각한다면 그것보다 더 큰 망상은 없다. 누구든 음식을 대접받으면 맛있다고 말하는 것이 사람의 예의다. 그것을 상대가 한국 음식에 완전히 꽂혔다고 착각하고 두 번 세 번 네 번 계속 권하고 강요하고 심지어 계속 칭찬해 달라고 요구하면 상대로서는 괴롭기 그지없는 일이다. 한국 외교관들이 많은 경우에 그런 일을 하고 있다. 이제 그만 두어야 한다. 세계 음식의 경연장에 내놓지 말라는 말은 아니다. 한국 음식이 세계 최고라는 식으로 접근하지 말라는 것이다. 어느 외국이 됐든 한국 음식점의 숫자는 인도나 태국 식당의 10분의 1도 안 된다. 그리고 한국 음식의 세계화라는 것은 정부에서 할 일이 아니다. 그것이 만약 승산이 있다면 민간 부문에서 하면 될 일이다. 외국인들은 한국의 외교관들이 자기 것도 아닌 것을 가지고 한국 문화의 진수인 것처럼 열을 올리는 모습에 어리둥절해 한다. 그리고 알량한 자기 것이 마치 인류 문화의 정수라도 되는 양 호들갑을 떠는 모습에 비판적인 태도를 취하는 것이다. 나는 케이팝을 비롯한 케이컬쳐가 세계적으로 인기를 얻고 있다는 사실을 부정하는 것이 아니다. 그것들은 한국 고유의 것이 아니니 별로 자랑스럽게 생각하지 말라고 심술을 부리는 것도 아니다. 나는 우선 케이컬쳐의 인기라는 것이 국뽕으로 과장되어 있다고 지적하고 있다. 우리식으로 호들갑을 떨 것 같으면 걸핏하면 느닷없이 집단 댄스 장면이 삽입되는 인도의 발리우드 영화나 음악이 이미 전 세계문화를 정복했어야 한다. 또 세상의 모든 사람들이 일본의 스시나 라멘만을 먹고 살아야 한다. 아니다. 케이컬쳐보다 몇 십배 강력한 인도나 일본 컬쳐 역시 세계 문화의 작은 부분일 뿐이다. 이어 나는 진짜 깊은 한국의 문화는 팝컬쳐가 아니라 우리가 관심을 두지 않는 곳에 있다는 사실을 강조한다. 프랑스 문화의 진수는 팝음악이 아니라 혁명의 정신과 사르트르의 철학과 카뮈의 "이방인"에 있음을 새겨볼 일이다. 마지막으로 나는 일시적인 인기에 영합하는 팝컬쳐는 한 나라의 정부가 중점적으로 치중할 외교활동의 영역이 아니라고 주장하고 있다.

외교란 무엇인가? 이 글이 외교학 교재로 고안된 것도 아니고 이론적인 논의로 독자를 따분하게 만들 의도는 없기 때문에 개념 규정 같은 것은 불필요할 것이다. 다만 보통 사람들이 막연하게 인식하고 있는 외교라는 것의 의미를 좀 더 분명하게 드러낼 필요는 있을 것이다. 그래야 내가 한국에는 왜 외교가 없다고 주장하는지 이해하기 쉬울 것 같다. 사람들이 일상적으로 하는 말 중에 외교적인 언사라는 어휘가 있다. 듣는 사람 기분 나쁘지 않게 돌려 하는 말이라는 뜻이다. 이 때 외교는 말하는 기술이라는 의미가 된다. 또 무력 대신에 외교로 문제를 풀자는 말도 많이 한다. 이 때 외교는 대화 내지 협상이라는 말이 될 것이다. 국회에 있는 외교통일위원회의 외교는 한국의 대외정책을 가리킨다. 비밀외교라 할 때 외교는 협상과 대화를 진행하는 메커니즘을 의미한다. 일반적으로 사용하는 외교라는 말은 여러 가지 의미를 담고 있지만, 국제 사회에서 사용하는 외교라는 용어는 비교적 정확히 정의되어 있다. 다만 여기서 반드시 알아야 할 것은 대외정책과 외교를 구분해야 한다는 것이다. 대외정책은 한 국가의 행정부가, 과거의 전제군주제가 아니라면, 국회의 동의를 받아 수립하는 국제정책이다. 그리고 외교는 그러한 대외정책의 방향에 입각해 행정부가 수행하는 행위를 말한다. 물론 그 행위란 교섭과 협상을 가리킨다. 이것이 외교의 정확한 의미이다. 그러니까 뭐냐면 외교 행위 이전에 대외정책이 있어야 한다는 것이다. 반드시 시간적으로 대외정책이 선행해야 한다는 의미는 아니다. 먼저 행위가 있고 나중에 정책이 그 행위를 추인하더라도 괜찮다. 요는 이것이 우리나라의 대외정책이다 하는 것이 외교 행위를 규율해야 한다는 것이다. 식민지에 외교가 없는 이유는 종주국 것이 아닌 자기만의 대외정책이 없기 때문이다. 종속국의 외교가 진짜 외교가 아닌 것은 종주국이 이래라저래라 지시를 하기 때문이다. 한국에는 독립적인 대외정책이 없다. 굳이 있다고 한다면 "한미동맹의 강화"라는 것이 유일한 대외정책이다. 다른 부처와 마찬가지로 외무부는 매년 초에 대통령에게 그 해의 외교정책 방향을 보고한다. 이 때 예외 없이 보고서 제일 위에 올라가 있는 항목이 "한미동맹의 강화"다. 앞서 이미 반복해서 암시했지만 이 말은 한 마디로 미국에 전부 갖다 바치겠다는 말이고, 미국이 하자는 대로 하겠다는 뜻 말고는 아무것도 아니다. 보고서에 포함된 다른 항목들은 그때그때 즉흥적으로 떠오르거나 시사적으로 국민의 관심 영역으로 들어온 사안들에 대한 얄팍한 생각들이다. 물론 대통령한테 올리는 보고서의 내용이 한국 대외정책의 전부는 아니다. 정부가 국회와 협의해서 수렴되는 의견도 있고 명시적으로 문서화하지 않거나 언급하지 않는 사안들도 있다. 예컨대 "한미동맹의 강화"라는 항목이 너무 진부해서 해당 년도 연례 보고서에는 좀 다른 글귀로 표현된 항목으로 대체되었더라도 한국 대외정책의 최우선순위는 엄연히 "한미동맹의 강화"다. 요는 한국의 대외정책이란 처음부터 끝까지 오로지 미국으로 도배되어 있다는 것이다. 여하간 대외정책을 실천에 옮기는 행위로서의 외교, 즉 교섭과 협상은 또 무엇인가? 그것은 독립국의 정부들 간에 행해지는 대화와 설득의 과정을 말한다. 최근에는 외교의 상대가 상대국 국민이 되기도 하고 경제계 문화계 등등의 일부분이 되기도 하지만, 기본은 정부 대 정부의 관계 형성이 외교다. 그 나라 국민을 직접 상대하는 대중외교라고 해서 정부를 따돌리고 은밀히 하는 행위라면 외교라 할 수 없다. 또 경제계를 상대로 직접 교섭을 펼친다 해서 정부 몰래 하는 것도 아니고 그래서도 안 된다. 그리고 어떤 경우에라도 외교는 독립국의 정부가 행한다는 원칙은 예나 지금이나 변하지 않았다. 그것이 진정한 외교가 행해지기 위한 첫 번째 조건이다. 상대가 독립된 나라의 대표가 아니라면 서로의 권리와 의무 관계를 정하는 진지한 문제에 관해 우리가 그와 협상할 아무런 이유가 없는 것이다. 그렇지 않은 단순한 교류라면 상대가 독립국이든 식민지든 아무런 상관도 없는 일이다. 서울에서 괌이나 사이판에 직항 노선을 개설하는 문제를 협의하려면 미국하고 해야 한다. 그런 문제가 아니고 호텔에 숙박하거나 식당에서 만찬을 즐기는 일이라면 현지인과 거래하는 것이 필요하고 그것으로 충분한 것이다. 두 번째 외교의 조건은, 앞서 베트남과의 협상에서 지적했지만, 협상에 나서는 외교관은 특정 부처가 아니라 정부 전체를 대표해서 말할 수 있어야 한다는 것이다. 그러니 그는 외국과의 협상에 나서기 전에 국내에서 이해가 걸린 여러 부처들과 사전 협상을 거쳐야 하는 것이다. 의견 통일이 안 된 상대와 협상하는 것은 정신분열 환자와 대화하는 것이나 마찬가지다. 아무 곳에도 이를 수 없다. 그런 것은 외교가 아니다. 외교란 어디까지나 국가와 국민의 이익을 위한 것이다. 우리 이익에 하등 도움이 안 되는 대화를 하고 앉아 있을 필요는 없다.

이 대목에서 협상내지 외교를 행함에 앞서 가져야 하는 마음가짐 내지는 시각에 대해 생각해 보자. 외교를 어떤 식으로 보느냐에 따라 결과가 판이하게 달라질 수 있다. 크게 두 가지의 극단적인 인식론으로 나눌 수 있다. 하나는 외교를 무기 없는 전쟁으로 보는 시각이다. 내가 살려면 상대를 거꾸러뜨려야만 한다. 협상의 목적은 완전한 승리일 뿐이다. 그것이 아니면 패배한 것이다. 상대는 온전히 제압해야 할 대상이지 양보나 타협은 있을 수 없다. 그러니 나는 협상에 나서 상대에게 공포심을 불러일으켜 상대의 굴복을 이

끌어내야만 한다. 사실 이런 식으로 협상하는 외교관은 요새 거의 없다. 전쟁 국면에 돌입한 우크라이나와 러시아의 외교관들이라면 몰라도, 그런 식으로 했다가는 오히려 상대의 반발을 불러 마주 앉기도 전에 협상은 파국이다. 물론 그런 인식론은 극단적인 상황을 도식적으로 단순화한 것이다. 요는 내용이나 형식은 조금씩 다르더라도 그런 식의 자세는 지금도 어디에서나 어렵지 않게 발견할 수 있다는 것이다. 예컨대 2019년 중반에 트럼프가 한국에 방위비를 5조원 이상 증액시키겠다고 공개적으로 발언하고 다닌 것은 그가 호전적이고 전투적인 외교의 시각을 가지고 있다는 증거다. 상대를 말살하듯이 몰아붙여야 뭐라도 건질만한 것을 얻을 수 있다는 생각이다. 한국정부는 트럼프의 말에 잔뜩 겁을 집어먹었지만, 사실 독립국이었다면 그냥 웃어넘기면 그만인 헛소리였던 것이다. 전쟁식의 외교 인식론으로 접근하는 자에게 가장 효과적인 대응 방법은 무시다. 아예 상대를 하지 않거나 지그시 내려다보는 것이다. 물론 내가 독립국이어야만 그렇게 할 수 있을 것이다. 그렇게 할 수 없는 입장도 있다. 약소국의 경우다. 그렇다면 겁먹은 척 하면서 냉정하게 논리적으로 상대를 설득시켜 나가는 방법밖에는 없다. 나를 죽이는 것보다 살려두고 빼먹는 것이 당신한테도 이익일 거라는 논리일 것이다. 10세기 말 고려 성종 때 서희가 국경을 넘어 침략해온 거란의 소손녕을 설득시킨 논리가 바로 그것이었다.

일설에 의하면 소손녕이 80만 대군을 이끌고 왔다 하지만 터무니없는 말이고, 대체적으로 10만 안쪽의 병력이었을 것으로 추정된다. 지금으로 말하면 사단장 정도 계급이었던 소장군이 그 이상의 병력을 동원할 지위에 있지 않았던 것이다. 여하간 그들은 처음 침공한 청천강 하류의 봉산성을 장악했지만 그 과정에서 병력 손실을 꽤 입었다. 약이 오른 소손녕이 안융진을 공격하러 나섰지만 그곳을 지키던 발해 유민 장수 대도수의 방어로 점령에 실패한다. 지쳐버린 거란군은 이제 어떻게 해야 할지 난감한 상황에 봉착했다. 내가 볼 때 소손녕은 그대로 철군하기도 어려웠다. 그냥 돌아가자니 거란의 젊은 왕 성종[45]한테 문책을 당할 것이 뻔했고, 계속 개성으로 진격하자니 힘이 달려서 안 되겠으니 말이다. 그래서 택한 전략이 큰소리 탕탕 치면서 협상을 하자는 얘기였다. 서희가 판을 읽었다. 서희는 안융진에서 패배한 소손녕이 남진할 힘이 남아 있지 않다는 것에 배팅했다. 그리고 소손녕 진영으로 들어가 담판을 시작한다. 시작은 의전문제였다. 소손녕이 마루에 앉아 서희한테 마당에서 절을 하고 들어오라고 호기를 부리는 것이었다. 다시 서희가 소손녕을 시험한다. 그의 요구를 단박에 거부하고 숙소로 돌아와 협상을 거부한 것이다. 요새 말로 하면 협상 테이블을 박차고 나온 것이다. 그러자 소손녕이 난처해졌다. 협상 깨버리고 달리 할 것도 없지 않은가. 소손녕이 물러서 서희를 방으로 들여 서로 맞절하고는 이제 본격적인 협상이 시작된다. 서희는 소손녕이 손에 에이스 포카드를 들고 있는 것이 아니라는 것을 확신했다. 만약 그랬다면 협상을 깨고 남진했어야 하지 않은가 말이다. 아무리 소손녕이 거만한 자세를 취해도 정면으로 눈을 맞추는 서희의 눈빛이 예사스럽지 않았다. 고구려 영토 운운하는 얘기로 분위기 반전을 노린 소손녕은 서희가 논리적으로 반격해 오는데 맞받아칠 실력은 되지 못했다. 이윽고 소손녕이 고려가 바다 건너 송과만 교류하고 거란에는 일체 아는 체도 안하고 있는 상황을 비난하기 시작했다. 사실 고려는 왕건의 유지 훈요십조[46] 때문이었는지 확실치 않지만 발해를 무너뜨린 거란과는 상종도 하지 않고 있었다. 소손녕의 말을 들은 서희는 무릎을 쳤다. 바로 이것이 거란의 속마음이라는 것을 바로 알아챘다. 거란의 침공 목적은 고려의 정복이 아니라 고려가 송과 연합해 거란에 대항하는 것을 막는 것이었다. 완전히 감을 잡은 서희는 이제 소손녕에게 제시할 그럴듯한 이유를 생각해내려고 눈을 감았다. 그리고 이내 여진족이 점령하고 있는 압록강변의 영토를 생각해냈다. 이놈들 때문에 우리가 하고 싶어도 당신의 위대한 나라에 갈 수가 없었던 것이오. 소손녕이 듣기에 나쁘지 않았다. 고려가 자기들이 원하는 대로 전쟁 대신 화친을 택할 용의가 있는데다 거란을 형님의 나라로 모실 의향도 있는 것으로 보였다. 그리고 마지막 협상 결과가 나오기까지 며칠을 서로가 머리를 짜냈을 것이다. 강동6주라는 곳이 거란의 땅도 아니니 거란으로서는 주니 마니 할 수도 없는 얘기였다. 다만 고려가 할 수 있을지는 모르지만 고려가 그곳을 쳐서 점령하면 인정해주는 한편 거란 왕이 고려에 하사하는 방식으로 모양을 갖추자는 묘안도 나왔다. 필요하다면 거란이 고려를 돕겠다는 말도 나왔다. 그러나 가장 중요한 것은 고려가 송과 관계를 끊고 거란에 사대한다는 약조였다. 일은 그렇게 된 것이었다. 서희가 더 이상을 얻어낼 수는 없었을 것 같다. 소손녕은 거란을 대표하고 있었다. 비록 소장군의 병력이 그다지 위협적인 것은 아니었다 해도 그들을 섬멸한다고 거란이 순순히 상황을 인정할 리는 없었을 것이다. 그러니 서희와 고려가 얻은 것은 거의 최대치라고 해도 과장은 아닐 것 같다. 또 중요한 것은 소손녕의 입장이었다. 당장 힘이 없는데 고려를 완전히 복속시키는 것은 불가능한 상황에서 마음의 복속을 얻어낸 것 역시 거란으로서는 최대치였다고 판단된다. 그렇다면 서희와 소손녕은 서로 원원한 것이었다. 서희의 담판을 너무 영웅적으로 과장할 필요는 없다. 그러나 우리 역사에서 외교로 이 정도의 성과를 거둔 케이스도 거의 없다는 점은 인정해야 할 것이다. 상대방은 전쟁의 다른 방편으로 협상을 들고 나왔다. 처음에는 이거 아니면 죽음이라고 블러핑을 했다. 하지만 상대를 꿰뚫어본 서희가 블러핑에 콜하고 논리적으로 접근해오자 소손녕이 자신의 시각을 바꿨다. 올오어나씽이 아니라 서로 윈윈이 있다는 것을 깨달은 것이다. 서희의 담판에서 또 주목해야 할 점은 상대방의 입장에서 상황을 바라보려고 노력했다는 점이다. 상대를 알아야만 협상에서 우위를 점할 수 있다. 상대방이 처한 상황과 의도를 무시한 외교는 외교가 아니다. 이 점은 뒤에 다시 얘기할 포인트다.

외교에 대한 시각의 다른 하나는 상호간 교역을 촉진하는 촉매로 보는 입장이다. 서희의 담판이 그런 시각에서 이루어졌다. 무기 없는 전쟁으로 보는 시각과는 사뭇 다른 인식론이다. 협상에 의한 타협은 대체적으로 올오어나씽 보다는 나은 결과를 가져온다는 생각이다. 내가 조금 양보했다고 해서 명예가 훼손됐다고 볼 것은 아니다. 더 중요한 것은 나의 진실성인 것이다. 그래야 상대가 존중하는 마음을 가지고 같은 자세로 협상에 임한다. 그러니 협상에 앞서 상대에게 공포심을 자아내려 애쓸 필요는 없다. 오히려 반대로 나에 대한 신뢰감을 심어주는 것이 더 중요하다. 앞에서 베트남의 WTO 가입과 관련한 양자협상의 예를 들었었다. 그 때 나는 협상단의 부대표로서 우리에 대한 베트남 측의 신뢰감을 확보하는데 주력했다. 양국간 협상은 제로섬 게임이 아니라 윈윈할 수 있는 것이었다. 그렇다면 우리가 굳이 베트남을 괴롭힐 이유는 없었다. 오히려 베트남을 돕는 것이 우리에게 더 큰 이익을 가져온다는 것이 확실했다. 물론 이러한 식의 외교적 시각이 효력을 발휘하기 위해서는 주변적인 여건이 갖추어져 있어야 한다. 물론 그런 여건이 있다는 것을 알아차리는 지혜가 중요하다. 베트남이 다른 나라들과 양자협상을 진행할 것이며, 이 때 다른 나라들은 베트남이 관세인하를 단행하도록 몰아칠 것이라는 사실을 간파하는 것이 그 하나다. 그러니 우리가 베트남을 다른 나라들처럼 몰아치지 않는 것만으로도 베트남이 우리에게 고마운 마음을 가지게 되어 있다는 예상이 다른 하나다. 그리고 베트남은 일단 고마운 마음을 가지면 반드시 보답을 하는 사람들이며, 우리는 버스 조립공장 건립이라든지 주상복합 건물 건축사업과 같은 관심 사안에 관해 호의적인 반응을 이끌어낼 수 있을 것이라는 관찰이 또 다른 하나다. 마찬가지로 서희의 담판이 성공할 수 있었던 것도 주변 여건이 갖추어져 있었기 때문이었다. 소손녕이 안융진에서 패퇴해 힘이 빠져 있었다는 것이 그 하나다. 그가 협상을 강력하게 요구하고 있었던 것은 거란이 남하해 개성을 함락할 의지도 의사도 없다는 뜻이라는 것을 서희가 간파했다는 것이 다른 하나다. 그리고 거란이 고려를 침공해 온 이유는 고려의 복속이 아니라 송과의 관계를 단절하려는 것이었음을 간파한 서희의 지혜가 또 다른 하나였던 것이다. 외교를 무기 없는 전쟁으로 볼 것이냐 거래를 촉진하는 촉매로 볼 것이냐는 양자택일의 문제는 아니다. 상황에 따라 접근법이 달라지는 것이 당연한 일이다. 상황이란 먼저 내 자신의 처지를 말한다. 내가 힘도 없고 내세울 개인기도 없는 판에 상대의 대마를 전부 때려잡지 않으면 패한 것이라는 식으로 협상에 나서는 것처럼 우스운 일은 없을 것이다. 우리 역사에서 그런 접근법은 고구려 시절에나 가능한 것이었는지 모른다. 유럽의 역사에서 베스트팔렌 조약이 성립한 이후 여러 주권국들이 세력균형을 이루려고 합종과 연횡으로 여념이 없던 시기의 주된 인식론 역시 호전적인 외교의 시각이었다. 약소국은 결국 타협의 외교를 선택할 수밖에 없다. 타협의 외교가 성공하려면 서희의 담판에서처럼 주변 여건이 갖추어져 있어야 한다. 그렇다면 협상을 성공시키기 위해 주변 상황을 유리하게 만들 필요가 있다는 말이다. 영화 "인셉션"에서 드림팀이 하나의 작업을 성공시키기 위해 생각할 수 있는 모든 상황을 일일이 전부 설계하는 것과도 같은 것이다. 만약 서희가 소손녕과의 담판을 성공시키기 위해 안융진 전투를 사전에 기획하고 전력을 다해 승리로 이끈 것이었다면 그의 담판은 더욱 빛날 외교적 걸작이었을 것이다.

외교를 접근하는 시각을 얘기하기 전에 나는 진정한 외교의 조건에 관해 설명했다. 첫 번째 조건이 독립국이어야 한다고 했고, 두 번째는 협상에 나서는 외교관은 특정 부처가 아니라 정부 전체를 대표해야 한다고 했다. 그 둘이 다가 아니다. 세 번째는 상대를 알고 존중해야 한다는 것이다. 서희의 외교가 성공한 것은 그가 거란이 처한 상황을 잘 알고 있었기 때문이다. 안다는 것은 협상을 유리하게 만들기 위해 상대의 의중을 꿰뚫어 본다는 의미이기 이전에 상대를 나와 같은 사람으로서 또 우리나라와 같은 나라로서 인정하고 존중한다는 뜻이다. 그러한 인정과 존중이 없는 외교는 외교가 아니다. 일그러진 영웅 석대가 학급 동료들을 부하로 취급하는 한 그와의 친구로서의 우정은 성립할 수가 없다. 상대방을 존중하려면 상대방을 알아야 한다. 그리고 상대를 알려면 그를 존중해야 한다. 상대가 아는 것이 더 많고 인격적으로 더 훌륭하고 우리나라보다 더 큰 나라라서 상대를 존중하는 것은 아니다. 상대도 나 같은 위대한 생명체라는 것 자체가 존중의 대상인 것이다. 그렇지 않다면 그가 내 앞에 앉아 있을 이유가 없지 않았겠는가. 상대를 모르고 상대를 존중하지 않고 하는 외교는 외교가 아니다. 상대에 대한 존중 없이 행하는 격투기는 스포츠가 아니다. 주먹질일 뿐이다. 그런데 그런 식의 외교가 수도 없이 벌어진다. 상대가 어떤 문화적 수준에 있는지 아랑곳 안 하고 사물놀이 꽹과리를 두들겨 상대가 귀를 막으며 괴로워하는데도 칭찬해 달라고 강요한다. 공부를 안 해 모를 것 같으면 가만히 있을 일이지, 대충 짐작하고 개인기를 구사해 언행 하다가는 상대를 아연실색시키기 십상이다. 이란을 방문한 국회의원이 이란을 아랍국이라고 칭하면서 한국과 아랍 간의 우호친선 관계를 들먹이는 식이다. 아랍에미리트의 주적은 이란이라고 천연덕스럽게 애기할 수 있는 것은 화자가 이란에 대해 알기는커녕 존중하는 마음이 하나도 없기 때문이다. 아마도 그 나라를 철천지원수로 생각하는 미국의 입장을 무의식중에 대변하고 있어서였는지도 모른다. 이렇게 한국 정치인들을 탓한다면 한국의 외교관은 제대로 하고 있다는 얘기일까? 턱없는 얘기다. 한국 외교관처럼 상대에 대해 공부를 안 하고 어줍지 않은 지식으로 오만방자하게 행동하는 사람들이 없다. 그런 태도는 특히 후진국으로 가면 더욱 심해지지만 그렇다고 후진국에서만 발휘되는 것은 아니다. 미국 대사관에서 근무하는 한국 외교관 중에서 미국의 대통령 선거절차를 웬만큼이라도 알고 있는 사람이 있다면 깜짝 놀랄만한 일이다. 프랑스에서 근무하면서 똘레랑스의 진정한 의미를 아는 외교관이 있다면 전문가라 칭할 일이다. 일본에서 근무하는 외교관 중에 "겐지 모노가따리"를 읽어본 사람이 있다면 훈장을 수여할 일이다. 그런 수준까지는 아니라도 러시아에 근무하면서 러시아어를 배우려고 애쓰기라도 한 사람이 있다면 그나마 다행이다. 외교관이 그러할진대 다른 누구를 탓하리요.

외교는 외무부의 직원만 하는 것이 아니다. 누구라도 임무를 받는다면 할 수 있는 일이다. 다만 정부 전체를 대표하거나 나라 전체를 대표한다는 전제하에서 그렇다. 예컨대 국회의원이 외교 교섭을 하지 말라는 법은 없다. 외국의 국경일이라든가 대통령 취임식 같은 행사에 중견 의원이 특사로 임명되어 참석하는 일도 외교 행위다. 특사로 임명되는 과정 자체가 나라를 대표한다는 의미가 된다. 2019년 한미 방위비 분담 협상의 대표로 금융인이 임명된 것도 마찬가지다. 다시 말하지만 요는 정부나 나라를 대표할 수 있는 자가 외교 교섭을 진행해야 한다는 것이다. 한국에서는 그렇지 않은 경우가 비일비재하다. 부처마다 각자 자기가 직접 외교를 하겠다고 난리를 피운다. 1996년 오이시디 가입 협상 과정을 보면 기가 막힌다. 정부는 주 프랑스 대사관 산하에 오이시디 가입준비사무소를 개설했다. 그리고 그곳에 각 부처가 파견한 직원들을 배속해 배치했다. 외무부, 재경원, 산자부, 농림부, 국세청 등 없는 부처가 없었다. 각 부처는 자기 부처 관련 사안은 자기가 직접 협상한다고 생각했다. 특히 재경원의 독주는 가관이었다. 나는 재경원이 협상을 해서는 안 된다고 말하는 것이 아니다. 해도 된다. 다만 정부 전체의 통일된 의견을 가지고 그렇게 해야 한다는 얘기다. 재경원은 그런 절차도 뭣도 필요 없다고 생각했다. 왜냐면 오이시디가 규율하는 경제정책의 대부분이 자기들의 소관사항이라고 생각했기 때문이다. 그리고 다른 경제부처는 자기들이 통제하면 될 일이고 아무것도 모르는 외무부는 끼어서는 안 된다고 생각했기 때문이다. 공룡부처가 된 재경원의 횡포였지만 그들을 말릴 자는 없었다. 그렇다고 일이 잘못된 것은 아니었다. 오이시디 사무국과 회원국들이 한국의 요란한 협상채널에 당황해 하기는 했어도 말이다. 사실 한국의 행태는 외교 교섭이 아니었다. 장터에서나 볼 수 있는 에누리에 가격 후려치기와 다를 바가 하나도 없었다. 다시 말하지만 나는 그 협상을 외무부가 했어야 한다고 말하는 것이 아니다. 그랬으면 더 못했을 거라고 나는 본다. 다만 내가 말하는 것은 우리 오이시디 가입 협상은 외교 교섭하고는 사뭇 다른 것이었다는 얘기다. 외무부라고 해도 단독으로 맘대로 정부를 대표하는 것은 아니다. 정부대표단이 임명되고 수석대표를 외무부에서 맡는 경우만 외무부 직원이 정부 전체를 대표해 교섭을 진행할 수 있는 것이다. 2008년 4월 미국과의 소고기 협상은 외무부가 농림부를 누르고 거의 독단적으로 진행한 사례다. 일차적으로 한미 FTA 협상이 이미 타결되어 있는 상황에서 미국의 하수인을 넘지 않는 이명박이 취임하자마자 서둘러 미국산 소고기 수입을 재개해버린 것이다. 이명박은 방미를 앞두고 있었다. 외무부와 청와대는 다른 소리는 하지 말라며 농림부를 압박했다. 당시 협상 수석대표인 농림부 통상정책관은 외무부에서 파견된 사람이었다. 8월에 열린 국회 소고기 국정조사 특위에서 그는 소고기 협상은 우리가 미국에게 준 선물이 아니라 미국이 우리에게 준 선물이라고 말했다. 그 뜻은 캠프 데이비드에서 이명박을 맞이하는 특별한 대접을 부시가 했는데, 그것은 소고기 협상의 타결이 있었기에 가능한 일이었다는 것을 생각하면, 소고기 협상은 캠프 데이비드에 가려면 통과해야 하는 시험 중에서 미국이 한국을 특별히 배려해 가장 쉬운 시험문제를 내려 준 선물이었다는 것이다. 이런 것 역시 외교가 아니다. 상대방이야 외교교섭이라고 생각하겠지만 말이다. 정부대표도 아니면서 미국과 막후교섭으로 1995년 자동차 협상을 마무리 지은 당시 한덕수 통상무역실장의 경우도 마찬가지다. 농림부를 누르고 국민을 기만하면서 체결한 협상은 결국 사달을 일으키고 말았다. 이 사례는 정부 전체를 대표하는 외교 교섭의 조건과 어긋나는 경우로 내가 얘기하고 있지만, 문제의 핵심은 역시 한국의 독립성으로 귀결된다. 미국의 호의를 얻기 위해서라면 국민의 건강 문제쯤은 무시해도 좋다는 식의 사고방식을 갖고 있는 정부가 어찌 독립국임을 주장할 수 있으며 무슨 외교 교섭을 언급할 수 있다는 말인가.

한국은 진정한 외교의 조건 세 가지 중에서 어느 하나도 제대로 갖추지 못하고 있다. 제일 첫 번째인 독립국 조건부터 충족시키지 못하는 나라의 외교를 논하고 있는 것 자체가 어불성설이다. 한 나라의 외교부는 대외적으로 나라를 대표하는 기관이다. 외교부의 대표성이 무시된다면 그 근본적인 이유는 나라가 제대로 되어있지 않아서 그렇다. 미국의 외교부가 국무부라는 이름을 얻은 이유는 국무부가 미국의 국새(Great Seal)를 맡고 있는데다 대통령이 자진사퇴할 경우에 사직서를 국무장관에게 제출하도록 되어 있기 때문이다. 한 마디로 국무부의 권위가 묵직하게 인정되기 때문에 미국에서는 대외 교섭의 경우에 예외 없이 국무부가 협상을 주도하는데 다른 부처나 기관들의 이의가 있을 수 없다. 한국의 외무부야 거기에 비할 수는 없다. 기껏해야 미국의 속국으로 만들어진 나라에서 외무부는 잘 해야 미국의 심부름을 하는 기관으로 출발했다. 한국의 여러 부처들이, 특히 기획재정부가, 외무부를 무시하는 이유는 크게 두 가지다. 하나는 바로 이 점, 외무부의 존재 이유란 미국에 봉사하는 것이라는 점이 정부수립 때부터 지금까지 변하지 않고 있음을 그들이 경멸적으로 바라본다는 것이다. 사실 한국 정부 안에서 누가 누구를 미국 의존적이라고 비판하고 있다는 것이 우스운 일이기는 하지만, 그들은 알량한 주체성을 남을 탓하는 방식으로 과시하는 것이다. 다른 하나가 뭐냐면 외무부 직원들에 대한 혐오감이다. 여기에는 여러 가지 사유가 얽혀 있다. 제일 먼저가 외양이다. 번지르르한 양복이나 입고 거들먹거리는 행동거지를 보면 우선 기분이 나쁘다. 두 번째는 겉만 그런 것이 아니라 속도 빈 깡통이라는 것이다. 아는 것은 하나도 없는 사람들이 아는 척은 소크라테스다. 세 번째는 공무원으로서의 사명의식조차 전혀 없다는 것이 금방 탄로 난다는 것이다. 자기들은 공무원이 아니라 외교관이며, 외교관이 나라와 국민을 위해 일하기 전에 나라와 국민이 외교관을 위해 기여해야 한다고 생각하는 듯하다. 마지막으로 외무부 직원은 다른 부처 사람들 대하기를 양반이 상놈 바라보듯 한다는 점이다. 세상에는 두 부류의 인간이 있는데 하나는 외교관이요 다른 하나는 기타 등등이라고 생각하는 식이다. 상황이 이러하니 외무부가 인정받을 수가 없다. 그렇다고 남들이 인정하지 않더라도 꿋꿋이 밀고 나갈 실력이나 힘이 있는 것도 아니다. 그러니 많은 경우에 외무부가 대외 교섭의 중심이 되지 못한다. 대외 교섭을 하라고 만들어진 외무부의 존재이유가 의문시되는 것이다. 그렇다면 외무부를 이렇게 놔둘 것인지 축소할 것인지 아예 없앨 것인지를 생각해 보아야 한다.

진정한 외교란 진정한 외교관이 행하는 교섭활동이다. 외교관은 외무부 직원이라야만 하는 것은 아니지만, 외무부의 기본적인 기능이라면 제대로 된 외교관을 키워내는 것이다. 물론 직업 외교관으로서 말이다. 외무부가 정부를 대표하기는커녕 그런 역할도 하지 못한다면 없애야 하는 것이 당연한 일 아닌가? 사실 외교란 전문적으로 훈련된 사람들이 해야 할 일이다. 아마추어가 하기에는 너무나 중요한 국익이 걸려 있는 법이다. 아마추어는 취미로 하는 사람이다. 일이 되면 좋고 안 돼도 죽고 살 일은 아니다. 하지만 프로라면 다르다. 그것이 나의 삶이고 나의 명예다. 아마추어가 빨리 성공해 빨리 뜨고 싶어 할 때 프로는 확실한 성공을 위해 다시 생각하고 고쳐 바라본다. 외교 교섭에는 항상 상대가 있는 법이다. 그리고 프로는 프로를 알아보는 법이다. 눈빛 하나로도 많은 것을 파악한다. 신진서 앞에 앉는 프로기사라면 그 위엄에 일단 눌리고 들어갈 수밖에 없는 것이다. 아마추어가 지능을 뽐내려 할 때 프로는 진중한 자세를 취하면서 존경을 구하는 것이다. 내가 직접 경험해 보니까 솔직히 말해 기재부 직원들이 느끼는 외무부 사람들에 대한 인상은 사실과 다르지 않다. 제대로 된 외교관이라면 기본적으로 세 가지 정신을 갖추어야 한다. 사명의식이 하나요, 도전정신이 둘이요, 상상력이 셋이다. 내가 알기에 세 가지 정신 자세를 전부 갖추고 있는 외무부 직원은 하나도 없다. 외교학 교과서에 보면 훌륭한 외교관이 갖추어야 할 자질에 관한 긴 논의가 나온다. 진실성, 인내심, 평정심, 청렴성 등등의 고귀한 덕목들이다. 한국의 외교관한테 그런 거룩한 품성을 찾으려는 것은 맥락이 한참 벗어난 일이다. 왜냐면 그런 교과서의 논의는 다른 필수적인 요건들, 예컨대 지력, 언어력, 용기, 감수성과 같은 자질들이 이미 당연히 갖추어진 것으로 간주하고 거론하는 덕목들이기 때문이다. 그런데 한국 외교관의 경우에는 결코 그렇지 않다. 기본적인 것조차 제대로 갖추지 못하고 있다는 말이다. 그래서 내가 프롤로그에서 한국 외교관의 95퍼센트 이상이 함량미달이라고 말한 것이다. 나는 후배들에게 외교관이 갖추어야 할 세 가지 기본기로 "쥐 세 마리"를 기억하라고 말하곤 했다. 날리쥐(knowledge), 커리쥐(courage), 랭기쥐(language)라는 쥐 삼형제다[47]. 많이 알아야 하고 담대한 그림을 그려야 하며 그것을 언어로 표현할 줄 아는 능력이 있어야 한다는 말이다. 앞서 말한 사명의식, 도전정신, 상상력이라는 세 가지 정신 자세는 말할 것도 없고, 쥐 세 마리 중에 어느 하나라도 제대로 갖춘 사람이 외무부에는 없다. 그러려고 노력하는 사람도 극히 드물다. 과거 러시아 대사를 역임했던 모씨는 1990년대 중반에 나에게 러시아 말을 전혀 하지 않고서도 러시아에서 참사관으로 근무하는데 문제가 없었노라고 자랑삼아 얘기하곤 했다. 그래서 자기와 몇몇 러시아어 벙어리들이 "펙토파"(Pectopah)라는 이름의 모임을 만들었다고 하면서 말이다. 펙토파란 러시아어로 읽으면 레스토랑이라는 단어다. 러시아에서 러시아 말을 영어식으로 읽으며 살았다는 말이다. 나는 그 얘기를 들으며 그걸 자랑이라고 하는지 도무지 한심하다는 생각이 들었다. 문제는 외무부에 그런 사람이 하나만 있는 것이 아니라는 것이다. 미국 대사관에서 근무하는 외교관 중에 영어나마 제대로 하는 사람이 손에 꼽을 지경이다. 그것도 식당에서 간신히 음식을 시켜먹을 정도밖에는 안 되지만 말이다. 중남미에 근무하는 직원 중에 스페인어 하는 사람은 없다고 해도 과언이 아니다. 아프리카에 프랑스어를 하는 사람이 없는 것은 말할 필요도 없다. 그러니 외교의 세 번째 조건인 상대에 대한 지식 내지는 존경이 어떻게 형성될 수가 있겠는가. 그냥 형식적으로 가서 시간만 때우고 있다가 때가 되면 소위 "온탕"으로 옮겨가면 그만인 것이다. 진정한 외교란 진정한 외교관이 행하는 교섭 행위일진대, 그런 외교관이 없다면 할 말 다 한 것이다. 제대로 된 외교관도 하나 없고 진정한 외교의 전제 조건 세 가지 중에 하나도 못 갖춘 한국이라는 나라에도 외교가 있나? 이건 남들이 던지는 질문이기 전에 우리 스스로가 던져야 하는 질문이다. 그리고 답은 단순명쾌하다. 없다. 다음 장에서는 외무부 직원들이 과연 어떤 부류의 사람들인지 자세히 살펴볼 것이다. 한국에 왜 제대로 된 외교가 있을 수 없는지가 좀 더 명확하게 드러날 것이다. 한국에 외교가 없다면 외무부는 무엇을 하고 있다는 얘기일까? 외교 비슷한 것 그리고 헛짓이 대부분이다.

8. 한국 외무부 인간들의 정체
그들은 무엇을 생각하나?

19××년 초여름이었다. 내가 A 대사관에 근무할 때다. 국민의 정부가 출범한지 얼마 안 되었다. 외무부 본부에서 경륜이 있는 해외 주재 대사들한테 공문을 발송했다. 외무부의 개혁 방안을 정리해 신정부에 보고할 연두 업무 보고서에 넣을 계획이니 대사들의 의견과 아이디어를 내 달라는 요청이었다. 사흘 정도의 말미가 있었다. 대사관 직원들은 각자 맡은 분야에 관해 아이디어를 낸 다음에 취합해 대사에게 보고할 생각이었다. 당시 대사 김명준(가명)은 그곳에 부임하기 전에 차관을 역임한 원로 외교관이었는데, 마침 그 때 휴가 중이었고 일주일 후에 업무에 복귀할 예정이었다. 직원들의 의견을 취합해 간략히 정리한 보고서를 들고 대사관의 2인자인 공사가 대사한테 전화를 걸었다. 본부의 지시사항을 알리고 직원들이 일단 초안을 잡았노라고 보고했다. 가만히 듣고 있던 대사는 직원들 보고서를 보내라는 말도 없이 아주 명쾌한 답을 내렸다. 본부에 답장을 보내되 대사가 지금 휴가 중이니 업무에 복귀한 다음에 의견을 보내겠다는 내용으로 하라는 것이었다. 나는 그 얘기를 듣고 거의 탄성과 비명이 섞인 외마디 소리를 지를 뻔했다. 날카로운 섬광과 함께 예리한 바늘이 이마에 박힌 것 같은 충격을 받았다. 그것은 영롱한 깨달음이기도 했다. 아하, 이렇게 하는 것이로구나! 외무부란 곳은 이런 데로구나! 당시 장관은 박정수라는 정치인이었다. 4장에서 설명했지만, 러시아 외교관 맞추방 사건

으로 5개월 만에 물러나는 단명의 장관이 되리라고는 미리 알 수 없는 일이었다. 정치인 출신이 장관이 된 것은 1960년대 중반의 정일권 이후 처음이었다. 외무부는 정치인 장관의 "백"을 이용해 조직의 힘을 길러볼 요량으로 대통령에게 보고하는 업무 계획에서 외무부가 이렇게 개혁해 거듭나고자 하니 조직의 인원과 예산을 늘려달라고 요청할 생각이었다. 박정수는 김대중이 만든 정당 새정치국민회의가 전국구의원 자리를 준다는 조건으로 영입한 외교 전문가였으니 외무부에서는 박장관이 대통령에게 상당한 발언권이 있을 거라고 생각했다. 그것이 사실이든 아니든 중요한 일은 아니었지만 말이다. 여하간 외무부 개혁방안을 만들어보자는 생각은 그런 배경 위에서 당시 차관인 신동헌(가명)이 주동해 탄생했다. 외무부 고위급들이 전부 모인 자리에서였다. 신차관이 국장들에게 관할 대사관의 대사들한테도 의견을 물어보라고 했을 것이다. 그렇게 해서 보내진 공문에 김명준 대사는 천재적인 아이디어로 대처해 내었던 것이다. 만약 그가 휴가 중이 아니었다면 어떤 행동을 취했을는지 자못 궁금하지 않을 수가 없다. 그는 휴가에서 복귀한 뒤에 약속대로 그의 의견을 뒤늦게나마 본부에 보고했을까? 그렇지 않다. 그럴 것 같았으면 당초에 그런 식으로 답변을 보내지도 않았을 것이다. 그는 그 지시를 무시하기로 결정을 내린 것이었다. 그는 그 문건에 대해 일언반구도 하지 않았다. 그렇게 자연스럽게 무시해버린 것이다. 본부에서도 의견을 내라는 독촉도 없었다. 나는 김명준 대사와 신동헌 차관의 개인적인 관계에 대해서는 아무 것도 모른다. 만약 김대사가 신차관 알기를 발에 낀 때처럼 여겼다면 김대사의 행동이 이해될 수도 있다. 하지만 이해라는 것과 용납이라는 것은 완전히 다른 일이다. 본부에서 장관의 명령을 받아 차관이 지시한 사안을 대사가 무시하고 있다는 것은 용납될 수 없는 일이다. 차관이 철천지원수든 아니든 공무원은 상관의 지시에 따라야 하는 법 아닌가. 그리고 해외에 주재하는 대사는 본부의 지시에 따라야 하는 법이다. 그런데 문제는 김대사가 취한 얍삽한 방식에도 있다. 지금 자기가 휴가 중이니 복귀 후에 의견을 주겠다고 응답한 것 말이다. 본부 지시를 완전히 무시할 것 같으면 그런 말도 필요 없이 그냥 대답하지 않으면 그만 아니었을까? 그러기에는 너무 뻔뻔하게 보일 것이라고 생각했을 것이다. 너무 노골적이라서 상대를 자극할 것 같았던 것이다. 그러니까 내가 지금 그 지시에 따르고는 싶은데 하필이면 휴가라서 힘들다는 식으로 미안하다는 듯이 한 코 죽인 것이다. 본부에서는 김대사가 제대로 된 보고를 하지 않았음에도 더 이상 추궁하지 않았다. 관할 국장은 차관까지 지낸 대선배한테 어떻게 독촉할 수 있냐고 생각했을 것이다. 국장이 그러리라고 김대사는 또 미리 짐작하고 있었을 것이다. 국장이 아니라 차관이라도 어쩔 수 있겠냐고 생각했을 것이다. 이 사건은 외무부 생활 13년째인 나에게 커다란 일깨움을 가져왔다. 첫째, 김대사같은 꾀돌이에 뺀질이[48]가 외무부 사람들의 전형이라는 점이다. 그러니까 김대사 같은 응답이 있을 수 있었고 그런 행동을 용인하는 본부의 사람들이 있을 수 있었던 것이다. 한마디로 그 사람이 그 사람인 것이다. 다른 부처였다면 있을 수 없는 일이었을 것이다. 이렇게 내가 말할 수 있는 것은 내가 2011년부터 3년 남짓 보건복지부에서 국제협력국장으로 근무해 보았기 때문이다. 둘째, 외무부 일이라는 것이 그만큼 별것도 아니라는 점이다. 결과적으로 보면 일개 대사가 무시해도 된다고 생각하는 일을 중요한 일이랍시고 하는 곳이 외무부가 아닌가. 외무부가 중요하지도 않은 어떤 일들을 그토록 열심히 하고 있는지는 앞에서 내가 여럿 제시했었다. 셋째, 외무부라는 조직은 결국 자기들끼리 찧고 까부는 곳이라는 점이다. 지시 공문을 보낸 국장이 김대사에게 보낸다는 의견을 내라고 더 이상 추궁을 하지 않은 이유가 무엇일까? 차관까지 지냈고 앞으로 혹시 장관이 될 수도 있는 사람의 심기를 불편하게 하고 싶지 않았던 것이다. 그것 역시 외무부 뺀질이의 영리한 처세가 아닐 수 없다. 뺀질이는 뺀질이를 알아보는 법이다. 넷째, 차관까지 지낸 외무부 인사가 외무부 개혁 방안에 관해 별 아이디어가 없었다는 점이다. 아니 있을 수 없다는 말이 더 적합한 것 같다. 수십 년을 뺀질거리며 편하게 살아왔는데 무슨 개혁 방안을 말할 수 있겠는가. 지금의 시스템이야말로 최상의 것이 아니겠는가. 개혁을 하려면 내가 퇴직한 다음에 하든가 말든가. 다섯째, 가장 중요한 것이라고 보는데, 안에서 새는 바가지가 밖에서라고 다르겠냐는 점이다. 조직 내부의 의견을 취합함에 있어 보인 그러한 발랄함이 외교행위를 할 때에는 발휘되지 않았을 리가 없었을 것 아닌가. 안에서 뺀질거리면 밖에서도 뺀질거리는 법이다.[49]

외무부 사람들은 일반적인 공무원들하고는 많이 다르다. 그들은 뺀질이가 되기 전에 우선 보통 사람들하고는 다른 종자가 된다. 첫째, 제일 먼저 그들은 자기들을 공무원이라고 생각하지 않는다. 그들은 "공무원"이라는 단어에 서린 촌스러움이 자기들을 형언하는 수식어가 될 수 없다고 생각한다. 국가와 국민을 위해 일한다는 명분은 취하되 그들은 대중으로부터 가장 멀리 떨어진 곳에 임한다. 유대인들이 스스로를 선민이라 칭하듯 그들은 스스로를 외교관이라 칭한다. 이 때 외교관이라는 말은 일반대중은 범접하지 못할 상류층이라는 뜻이다. 외국의 최고급문화만을 향유하도록 선택된 자들이며 외제 물건의 수입이 제한적이었던 시절에도 양주에 양담배를 즐기도록 특권이 부여된 자들이다.[50] 외교 행낭, 영어로는 디플로매틱 파우치라고 불리는 이 자루는 세관에서 들여다볼 수 없도록 국제법으로 규정되어 있는 맹랑한 물건이다. 공무에 필요한 물건만 담게 되어 있지만 얼마든지 악용할 수 있다. 한 때는 외무부 본부와 해외의 대사관이나 총영사관 사이에 이런 외교 행낭으로 술과 담배는 물론이고 수많은 물건들이 오가기도 했었다. 국제 우송 시스템이 너무 낙후된 곳이라서 특별히 허가되어 음식물 등을 정해진 물량만큼 보낼 수 있도록 사전 허가된 경우가 아니라면 외교 행낭으로 술이나 담배를 주고받는 것은 불법이다. 외교관은 그러니 초월적인 지위를 가진 사람들이다. 그리고 외교관은 일반적인 공무원 범주에 포함되는 직종이 아닌 것이다.

두 번째로 한국 외교관은 자기가 한국이라는 나라의 국민이라는 점을 대체적으로 망각한다. 자기가 공무원이라는 의식이 없는 것은 이런 이유하고도 연결되어 있다. 그들은 한국인이기 이전에 세계 외교관 클럽의 회원들이다. 지리적인 경계선을 초월한 곳에 임하는 코즈모폴리턴이요 굳이 국적을 나누자면 아무래도 대한외국인이다. 외교관은 근무하는 외국에서 체포되지 않을 특권이 있고 세금으로부터도 면제되는 특별한 사람 아닌가. 국제적으로 인정되는 특권이요 면제인데 알량한 나라 한국에서라면 다들 알아서 모셔야 하는 것 아닐까. 한국 외교관처럼 국가의식이 희미한 사람들이 없다. 외교관처럼 국가의식이 투철해야 하는 사람이 없는데도 말이다.

셋째, 국가의식만 희박한 것이 아니라 국민에 대한 봉사의식 또한 전무한 사람들이다. 공무원도 아니고 한국인도 아닌데 봉사할 국민도 없는 것이 당연한 일 아닌가. 외무부에 민원을 제기하면 기가 막힌다. 한두 시간 연구하면 답이 나오는 일을 일주일씩 연구해 안 되는 이유를 찾아내고야 말 것이다. 해외에서 도와달라고 대사관에 전화하면 귀찮다는 듯 무성의하게 대꾸하면서 얼른 전화를 끊으라는 식이다. 대사관은 상대국하고 외교를 하는 곳인데 어디라고 한국인이 감히 꿀렁대고 있냐는 핀잔이다. 한 두 번이 아니다. 다른 부처 사람들만이 외무부 직원들을 뺀질이라 부르면서 학을 떼는 것이 아니라 일반 국민들이까지 외교관들을 보면서 이를 가는 것이다. 내가 C국에서 근무할 때 일이었다. 대원강업이라는 한국 업체가 그 나라에서 공장을 운영하고 있었다. 자동차에 들어가는 첨단 스프링을 만드는 회사다. 회사 사장이 공사인 나를 찾아왔다. 얘기인 즉 대사관에서 대원강업이라는 회사가 믿을만한 한국 회사라는 점을 담은 편지를 써서 유럽연합의 해당 부서에 보내달라는 요청이었다. 그러면 유럽연합이 C국에 할당하고 있는 산업 보조금의 상당액을 대원강업이 받을 수 있을 것 같다는 얘기였다. 유럽연합은 첨단 산업을 키운다는 명목으로 상당히 큰 보조금을 나라별로 할당해 놓고 있었다. 나는 해보겠노라고 대답했다. 그러고는 당시 대사 허명환(가명)에게 보고하고 대사 명의로 서한을 보내주면 좋겠다고 건의했다. 물론 회사에 대한 객관적인 정보는 이미 인터넷으로 확인해놓은 상태였다. 그러나 대사는 부정적이었다. 대사관이 어떻게 일개 회사의 신뢰성을 보장할 수 있느냐는 얘기였다. 대사관이 보장하는 것이 아니라 우리가 아는 한 신뢰성이 있는 한국 회사라는 의견을 내는 것에 불과하며, 대사관으로서는 잃을 것이 없는 일이라고 얘기했지만 옹고집이었다. 해서 내가 책임을 진다는 생각으로 내 이름으로 편지를 써서 유럽연합으로 보냈다. 그리고 얼마 지나지 않아 대원강업으로부터 연락을 받았다. 유럽연합의 보조금 백만 유로를 받았다는 것이었다. 10억 원이 넘는 돈이었다. 대사가 반대한 일이었기 때문에 본부에 공식적으로 보고하지도 않은 일이 되었지만, 나로서는 제법 보람을 느낀 일이 아닐 수 없었다. 결국 내 자랑을 늘어놓고 말았는데, 요는 한국 외교관의 절대다수는 허대사와 같은 사람들이라는 것이다[51]. 국민에게 봉사한다는 의식 대신 혹시나 탈이 나면 내가 다친다는 생각이 앞서는 것이다.

넷째, 한국 외교관의 관심사는 외교도 아니고 국가도 아니고 국민도 아니다. 그들의 유일한 관심사는 자기의 인사 문제다. 나는 이 사람들이 모여앉아 진지하게 외교 이야기를 하는 것을 한 번도 본 일이 없다. 브라질에서 방한하는 대표들과 무슨 이야기를 나누면 의미가 있을지 생각하는 사람도 없고, 프랑스를 방문하는 국회의원 대표단들에게 무슨 얘기를 해 주면 외교에 도움이 되겠는지 묻는 사람도 없다. 미국에 왜 이토록 일본 팬이 많은지 궁금해서 연구하는 사람도 없고, 중국이 왜 한국 알기를 발톱에 낀 때보다 하찮게 여기는지 냉정하게 고민하는 사람도 없다. 기껏해야 자기 책상머리에 앉아 잠시 생각하다가 과장한테 결재를 받고는 이내 잊어버리는 것이 외교 얘기다. 과장이라고 깊은 생각이 있겠으며 국장은 다르겠는가. 하나도 다를 바가 없다. 외무부 사람들의 머리에 들어 있는 것은 오로지 하나, 인사문제다. 외무부는 다른 부처하고는 달리 해외에 조직을 운영하고 있기 때문에 인사가 복잡하고 횟수도 많다. 본부 직원이 해외로 나가야 하고 해외에 있는 직원은 다른 곳으로 이동하든지 본부로 귀환해야 한다. 또 승진 인사가 있고 보직 인사도 있다. 그러다보니 일 년에 두 번 이상의 인사 발령이 있다. 보통 봄과 가을에 큰 인사가 있고 사이사이에 수시로 발령이 이루어진다. 외무부 직원들이 모였다 하면 거의 백 프로 하는 대화가 바로 이 인사 발령 얘기다. 누구는 미국 대사관 참사관으로 나간다더라, 누군 북미과장 자리를 희망했는데 떨어졌다더라, 누군 국장 마치고 물먹은 줄 알았는데 이번에 덴마크 대사로 임명되었다더라, 영어도 잘 안 되는 누가 유엔 공사로 발령받은 것은 장관하고 이러저러한 사이라서 그랬다더라, 하는 식이다. 같은 해에 외무부에 들어온 동기 직원들끼리 모여도 인사 얘기, 같은 과 직원들끼리 회식을 하면서도 인사 얘기, 오다가다 알게 되는 직원들끼리 차 한 잔 마시면서도 인사 얘기, 국장과 과장들이 모여 회의를 하면서도 인사 얘기, 여기는 도대체 외교를 하는 부처인지 인사를 하는 부처인지 알 수가 없을 정도다. 지금은 고인이 된 사람이지만, 6장에서 이미 소개한 선배 외교관은 외무부 모든 직원들의 신상과 인사 발령에 관한 정보를 거의 외우다시피 하고 있었다.[52] 그가 가지고 있는 직원명부[53]는 인사 발령이 있을 때마다 변동사항을 손으로 써넣고 수시로 들쳐보는 관계로 새까맣게 손때가 묻고 너덜너덜한 상태였다. 외무부 모든 직원들이 그 대사의 능력만큼은 되지 않지만 대체적으로 누가 어디에 있다가 어디로 갔으며 그가 누구의 후원을 받고 있는지 웬만큼은 다 알고 있다고 해도 틀린 말은 아닐 것이다. 외무부는 인사로 시작해서 인사로 끝난다는 말이 과장도 아니다. 지금은 이메일이 일상화되어 있지만 내가 입부한 1980년대 중반부터 최소 10여 년간은 손으로 쓰는 편지가 중요한 통신수단이었다. 앞서 얘기한 외교 행낭의 주요 내용물이 개인적인 편지들이었다. 그리고 편지들은 거의 백 프로가 인사 청탁에 관한 것이었다. 오지에서 생활하다보니 정신적으로 너무 힘들어 그만 본국으로 귀국해 심신을 돌보아야 하는 상태라거나, 자원해서 나이지리아에 와서 이만큼 고생했으니 이번엔 워싱턴 대사관으로 발령을 내달라거나, 프랑스어과를 나오기는 했지만 다 잊어버려 아프리카 근무는 어렵겠다거나, 자기가 초년 시절에 미국과 관련된 업무를 해 보았으니 이번 북미국장 발령에 자기를 고려해 달라거나, 뭐 별의 별 부탁과 읍소와 강권이 다 펼쳐진다. 인사의 대상이 되는 본인만이 아니라 그를 직원으로 두고 있는 상관도 인사 발령에 관여하는 사람에게 마찬가지의 청탁이 행해진다. 보통 외무부 인사는 일급 이상의 직원들이 모인 인사위원회의 논의를 거쳐 만들어지는 대체적인 "인사 판"을 장관이 검토해 필요시 수정을 가해 최종적인 판이 완성된다. 물론 장차관하고 친한 사이라거나 그들의 인정을 받는 사람이라면 당연히 인사 발령에 유리한 고지에 선다. 그렇지 않다면 인사위원회 위원인 사람들을 공략해야 한다. 자기가 직접 알지 못한다면 자기가 아는 다른 사람에게 부탁해 간접적으로 위원을 접촉할 수밖에 없다. 뭐 이런 정도야 다른 부처들과 민간 업체들도 다 마찬가지 아닌가? 그렇다. 그런데 외무부의 인사는 크게 두 가지가 다르다. 우선 외무부 사람들은 인사문제를 항상적인 과제로 인식한다는 점이다. 자나 깨나 인사문제로 머리가 온통 하얗다. "존 말코비치 되기"라는 영화에서 말코비치가 자기의 의식으로 통하는 포털로 들어가 보니 모든 것이 온통 말코비치로 되어 있음을 보듯이, 외무부 사람들의 의식에서는 이 세상 모든 것이 인사라는 두 글자로 이루어져 있다. 제대로 된 외교란 눈 씻고 찾아봐도 어차피 없는 것이지만, 그나마 그 비슷한 업무를 하는 까닭도 또 그 결과도 전부 인사로 밖에는 이어지지 않는다. 보고서를 힘들여 잘 쓰려는 이유는 상관에 인정받아 다음 인사 때 내가 원하는 곳으로 나가기 위해서다. 해외에서 힘들여 발품 팔아가며 애쓰는 이유는 역시 다음 인사 때 본부 과장 보직을 받기 위해서다. 그렇게 해서 결과적으로 자기가 원하는 것을 얻은 직원은 다시 다음 인사를 위해 새로운 각오를 다지는 것이다. 그런데 그런 행동 역시 다른 부처나 민간 업체에서도 마찬가지 아닐까? 열심히 일하는 이유란 다들 좀 더 좋은 자리에 오르고 월급도 더 많이 받기 위해서인데 외무부 직원만 인사에 환장한 사람들 취급을 하면 억울한 것 아닐까? 아니다. 앞서 말했듯 나는 다른 부처에서도 3년 이상을 일해 보았다. 그곳 사람들은 그렇지 않았다. 물론 인사철에야 신경을 안 쓰는 사람이 어디 있으랴. 그러나 평소에는 묵묵히 자기 할 일을 하는 것이다. 공무원이면 나라와 국민들을 위해 봉사한다는 자세로 내가 할 일을 잘하려고 노력하는 것이다. 민간 업체 직원이라면 회사의 매출 신장을 위해 아이디어를 내고 신발이 닳아져라 협력업체를 찾아가는 것이다. 그러다가 인사 때가 되면 심판을 받는 것이다. 외무부 사람들도 그렇게 하는 것 아닌가? 아니다. 앞서 말했듯 그들은 공무원이라는 생각도 없고 심지어 한국인이라는 의식도 희박하고 봉사정신은 제로다. 그런데 무슨 사명감에 무슨 일을 스스로 이루겠다고 진력한다는 말인가. 그런 거 없다. 앉으나 서나 안에서나 밖에서나 본부에서든 해외에서든 자나 깨나 생각하는 것은 오로지 인사문제인 것이다. 두 번째로 외무부 사람들은 소위 출세의 도덕경을 머리로 암송하고 있다. 이것은 활자화되지는 않은 구전의 경전으로서, 장차관까지를 노리는 직원들한테는 성경처럼 받들어야 할 중요한 교리들을 싣고 있다. 그 핵심이 인사 발령에서 성공하는 법에 관한 내용들이다. 도덕경의 첫 문장은 道可道非常道이다. 도를 도라고 말해버리면 그것은 항상 그러한 도가 아니다. 외무부 직원의 출세 도덕경은 이렇게 시작한다. 名可名非常名. 이름을 이름이라고 말해버리면 그것은 항상 그러한 이름이 아니다. 명예를 명예라 말해버리면 그것은 진정한 명예가 아닌 것이다. 출세를 출세라 말해버리면 그것은 진정한 출세가 아니다. 이름과 명예와 출세는 다 같은 것으로서, 외무부에서는 평생 동안 인사가 만사인 것을 명심하고 항상 이 문장을 주문처럼 읊조릴 일이다. 밍커밍페이샹밍! 출세 도덕경은 이어서 3대 출세 비책을 내놓는다. 대단히 실질적이고 실천적인 항목들이다. 제일, 본부에서는 신참일 때 "청비총"으로부터 시작해서 중견일 때 북미국 아니면 아태국 아니면 국제기구국 순으로 근무하고, 북미국장 아니면 아태국장 아니면 국제기구국장 순으로 국장 보직을 받은 다음에 기회조정실장을 거치면 당연직으로 차관까지는 간다. 제이, 해외 근무의 우선순위는 미국, 중국, 일본, 유엔으로 잡아야 하며, 구색을 맞추어 후진국에 가야 하는 상황이라면 제일 후진 데를 골라 가급적 짧게 때운 다음에 다시 미국, 중국, 일본, 유엔을 노린다. 제삼, 해외 근무의 우선순위는 그곳에 유망한 선배가 있느냐 여부에 따라 달라질 수 있는 만큼 사려 깊게 줄을 서야 한다. 3대 비책을 간략하게 요약하면 그렇다. 제삼의 비책, 즉 유망한 선배가 대사를 하고 있는 일류 공관에 인사 발령을 받아 나간다면 그보다 더 좋은 일은 없다. 그 유망한 선배는 거의 틀림없이 장차관까지 할 인물이니 이 어찌 안 좋은 일일 수 있겠는가. 그리고 당신은 어디 공관이냐에 따라 미국통, 일본통, 중국통, 국제기구통과 같은 전문가로 불리게 될 것이다. 만약 그것이 미국통이라면 당신은 특별한 사고가 터지지만 않는다면 언젠가는 외무장관으로 낙점 받을 것이다. 미국이 당신을 도울 테니까. 다른 부처나 어느 민간 업체에 이런 출세 도덕경이 있을까. 내가 아는 한 우리은하계에서는 오로지 한국의 외무부에만 존재하는 생존 그리고 번창의 비경(祕經)이다.

다섯째, 인사문제와 연결되는 이야기다. 외무부 사람들은 줄을 서는데 익숙하기도 하지만 각자가 스스로 줄을 만드는 특이한 문화를 가지고 있다. 나는 앞서 말한 도덕경을 외우기는커녕 잘 이해도 못했던 사람인데다 줄을 서고 만드는 것 역시 전혀 관심이 없었던 사람이었다. 줄을 만드는 것이 뭐냐면 점심 식사 때마다 상대를 바꾸어가며 밥을 같이 먹는다는 것이다. 나는 몇 번 하다가 지겨워 주로 혼밥으로 떠돌았다. 외무부 사람들은 상대를 바꾸면서 밥을 같이 먹으며 무슨 말을 하는 것일까? 그렇다, 인사 얘기다. 그렇다면 누구한테 같이 밥을 먹자고 하는 것일까? 당연히 지금 잘 나가는 사람이거나 앞으로 잘 나갈 것이라고 보이는 사람이다. 지금 잘 나가는 사람이란 앞서 말한 우선순위 부서에서 근무하고 있거나 해외 우선순위 공관에서 근무했던 사람들이다. 주 31에 나오는 성골이나 진골일 가능성이 크다. 앞으로 잘 나갈 것 같은 사람이란 지금 "청비총"에서 근무하고 있거나 신참 중에서 교육 받을 때 성적이 좋아 자기가 희망하는 부서에 배치 받은 사람들이다. 그런 유망한 사람들은 물론이고 자기하고 같은 학교 아니면 같은 학과에 다녔던 직원들을 규합하는 일도 게을리 해서는 안 된다. 혹시 고위직에 동창이 있다면 든든한 자산이 될 것이다. 또 자기하고 같은 해에 외무부에 들어온 동기생들하고의 모임도 잊어서는 안 된다. 나는 외무고시 19기로 1985년에 입부했는데 동기생은 20명이었다. 외무고시는 대체적으로 매년 20명을 뽑았다. 단 12기로부터 15기까지, 그러니까 1978년부터 1981년까지 4년간에는 매년 50명을 선발했었다. 그런 이유로 16기 이후로부터 25기 정도까지 기간에 입부한 직원들은 그 전 4년간 들어온 선배들의 보직과 해외 발령의 인사가 대충 해소될 때까지는 자기들의 승진이라든지 해외 근무가 늦어질 수밖에 없을 거라고 생각하면서 머리를 쥐어뜯는 모습을 종종 보였다. 특히 나이가 많이 들어 입부한 사람들의 조바심은 보기에 애처로울 지경이었다. 사정이 그러하니 인사문제에 대한 직원들의 예민함을 이해할 수는 있다고 볼 수도 있다. 그런데 12기에서 15기까지에 해당되는 직원들 역시 인사문제에 골머리를 싸매고 있었고, 그 전에 들어온 사람들 역시 한결같이 인사문제가 최대의 관심사였다. 이 얘기는 외무부 직원들의 인사에 대한 초미의 관심이 인사적체 상황과 반드시 연결된 것이 아니라는 점을 의미한다. 승진이 몇 년 늦어진다고 외무부를 떠나야 하는 것도 아닌데 왜들 그리 초초해하는지 나는 도무지 이해할 수 없었다. 내가 어린 나이에 입부해서 세상을 몰라서 그런 것일까. 보직이 좀 늦어지면 어떻고 해외 근무가 다소 늦어지면 어떻단 말인가. 내가 볼 때 외무부 직원들의 인사 열기는 조직문화의 반영이었다. 그 조직문화가 뭐냐면 줄을 잘 서면 인생이 확실히 달라진다는 믿음이었다. 나보다 앞선 선배들 중에 디제이(DJ) 라인을 잡았느니 와이에스(YS) 라인을 탔느니 하는 사람들이 외무부 요직을 점령하고 있었다. 김용식은 1913년생으로 1963년에 10개월 그리고 1971년에서 1973년까지 외무장관을 지냈다. 그리고 1977년부터 4년간 미국대사를 지냈다. 그는 외무장관을 지낸 다음에 주미대사로 나간 첫 케이스였다.[54] 그가 장관을 할 때 그리고 대사를 할 때 지근거리에서 그를 보좌한 사람들이 와이에스 라인이다. 김동조는 1918년생이다. 1965년 한일수교 협상 때 한국의 수석대표를 맡은 사람이었다. 그는 일본과 수교 후 첫 대사로 1965년에서 2년 간 주일대사를 한 다음에 바로 워싱턴에 부임해 6년간 주미대사를 역임하고 귀국하면서 1973년부터 1975년까지 외무장관을 지낸 사람이다. 그를 따르고 우러르는 직원들이 디제이 라인이다. 김용식이나 김동조 모두 일제 강점기 때 일본에 부역한 사람들이었다. 외무부 직원들은 너그러운 마음을 가지고 있다. 일제 부역자라고 편견을 갖는 법이 없다. 일제 부역자가 어디 한 둘이어야 말이지. 직원들은 와이에스와 디제이 줄을 잡은 사람들을 바라보면서 한편으로는 질투했고 다른 한편으로는 기회만 온다면 반드시 잡아채겠다고 스스로 다짐했다. 반드시 그런 연유로 정략적으로 결혼한 것은 아니겠지만, 직원들 중에는 최규하 전 외무장관이자 전 대통령, 이범석 전 외무장관, 오창수(가명) 전 외교 차관의 사위들이 있었다. 물론 잘 나가는 사람들이었다. 그러니 줄서기가 조직문화로 정착될만한 일이었다. 그리고 외무부 직원들의 높은 학습능력으로는 며칠 안에 충분히 자기 것으로 터득할 수 있는 내용이었다. 그리고 그들은 줄서기 말고 줄 만들기도 새로이 실행에 옮기기 시작했다. 그렇게 탄생한 것이 끼리끼리 밥 먹기 운동이었다. 지금 당장은 내 인사에 도움이 안 되는지는 몰라도 나중에 나를 응원하거나 간접적으로 도울 수 있는 사람들을 규합하는 작업이다. 내가 이번에 밥을 사면 상대가 다음에 리턴[55]을 하는 것이 통례이기 때문에 생으로 내 돈이 더 나가는 것도 아니다. 점심시간이면 외무부 로비는 자기 파트너를 찾는 사람들로 북적인다. 이제 내 경력을 한 단계 높이고 나를 당기게 될 든든한 "줄"을 엮을 한 오라기 실을 만나는 시간이다. 오늘 한 오라기를 엮고 내일 또 한 오라기를 엮으면 어찌 기쁘지 아니한가!

여섯째, 지금부터가 진짜 심각한 측면인데, 그것은 바로 실력문제다. 실력이라도 있다면 조금이나마 용서할 여지라도 있을 법 할 테지만, 외무부 직원들의 실력은 일반인들이 예상하는 것과는 너무도 처참하게 처진다. 이유는 딱 하나다. 입부한 다음에 기껏 한 일이라고는 출세 도덕경을 외는 일밖에는 없었으니까 그렇다. 외무고시로 들어온 사람들이 원래부터 행정고시나 사법고시 합격자들보다 수준이 떨어지는 것은 아니었다. 오히려 더 어려운 시험이었다 해도 틀린 말이 아닐 것이다. 그렇다면 왜 외무부 직원들의 실력이 밑바닥을 기는 것일까? 다시, 이유는 딱 하나다. 외무부에 들어와 나날이 실력이 하향한 것이다. 왜? 공부를 안 하니까. 공부는 안 하고 온통 인사에만 신경을 쓰니까. 그래서 입부 10년이 되면 외무부와 다른 부처 직원들의 실력은 확 차이가 난다. 실력이 무엇인가? 앞에서 소개한 쥐 세 마리다. 날리쥐, 커리쥐, 랭기쥐다. 다른 부처 10년차 직원이라면 자기가 하는 일에 대해선 전문가 소리를 듣는다. 날리쥐가 빠삭하다. 또 그들은 큰 그림을 그려나가는 담대함을 갖추고 있다. 국민을 위해 무슨 법을 만들지, 그러려면 관계부처와 어떤 협상을 벌여야 하는지, 그러기 위해 장관을 어떻게 활용할지 궁리하고 기획해 큰 그림을 완성하는 용기다. 커리쥐가 끓는다. 그리고 그들은 관계부처 직원들을 찾아가 대화하고, 국회의원이나 보좌관하고 식사를 하면서 공감을 끌어내며, 출입 기자들에게 수시로 자기 일을 설명한다. 그리하여 그들은 법의 윤곽을 만들고 예산을 확보하며 대국민 홍보를 수행하는 것이다. 상대에 따라 능수능란하게 대처하는 소통의 전문가요 언어의 마술사다. 랭기쥐가 찬란한 것이다. 외무부는 외무공무원법이나 재외공관설치법과 같은 조직의 운영에 관한 법률 말고는 외교 활동이나 사업에 관한 법은 하나도 없다. 단순하게 말하자면 법이 없으니 예산도 없고 예산이 없으니 일도 없다. 내가 근무했던 보건복지부 같은 경우에는 소관 법률이 거의 백 개에 가깝다. 법률이 있으면 시행령이 있는 법이다. 법률과 시행령은 항상 움직인다. 움직일 때마다 국회하고 협의해야 하고 기재부와 협의해야 하고 기자들과 대화해야 한다. 그러니 국장급 이상의 복지부 직원들은 국회회기 중에는 거의 국회에서 산다고 해도 과언이 아니다. 일상적인 업무는 거의 백 프로 과장급 이하에서 결정이 나고 실행이 된다. 그러다보니 직원들이 실력이 늘게 되어 있다. 날리쥐가 늘고 커리쥐가 늘고 랭기쥐가 는다. 실력이 늘면 국민에게 더 잘 봉사할 수 있다. 그러면 좀 더 행복해진 국민들이 엄지척하면서 성원을 보내준다. 이러한 선순환이 외무부에는 없다. 외교 활동에 관한 법은 만들려 하면 얼마든지 만들 수 있다. 예컨대 해외여행자들이 어려운 상황에 닥쳤을 때 지원할 수 있도록 하는 법을 만들 수가 있고, 민간인이 외교적으로 큰 업적을 이루었을 경우에 포상을 하는 법도 만들 수 있으며, 직원이 테러리스트에게 피살되거나 상해를 입을 경우 보상을 하는 법도 만들 수 있다. 생각나는 대로 예를 든 것이어서 현실성 여부는 모르겠지만, 문제는 외무부 직원들은 그런 생각 자체를 아예 하지 않는다는 것이다. 외무부와 법은 아무런 상관이 없다고 생각한다. 관할하는 법의 유무를 가지고 외무부 직원들의 무능과 무사안일을 단언하려는 것은 아니지만, 분명히 중요한 포인트가 아닐 수 없다. 앞에서 외무부에 법이 없어 예산도 없다고 말한 것은 법과 관련된 예산이 없다는 뜻이지 외무부가 가난에 허덕인다는 말은 아니다. 외무부만큼 "밥 먹는" 예산이 많은 부처가 없다. 외교활동비라고 하는 예산 항목인데, 간단히 얘기해 외국인들 접대하라고 있는 돈이다. 본부에 있는 직원들도 쓰고 해외의 대사관 직원들도 쓰는 돈이다. 내가 볼 때 너무 많다. 이 문제는 뒤에서 좀 더 상세히 다룰 것이다. 예산 얘기가 나왔으니 한 가지 외무부 직원들의 도도함이랄까 무책임성에 대해 짧게 거론할 필요가 있겠다. 각 부처들은 다음 년도에 필요한 예산을 확보하기 위해 치열한 작업을 벌인다.

기존의 사업을 확대한다거나 새로운 사업을 벌이기 위한 예산을 기재부에 요구하여 정부 예산으로 책정하도록 로비를 벌이는 것이다. 기재부의 예산실 직원들은 각 부처의 예산안을 심의하면서 해당 부처의 직원들의 설명을 요구하고 자기의 판단을 제시하는 과정을 거쳐 예산을 편성하거나 없던 일로 하게 된다. 그러는 과정에서 해당 부처 직원들은 담당자부터 과장, 국장, 실장에 이르기까지 뻔질나게 기재부 예산실에 출입하면서 설명도 하고 읍소도 하는 작업을 벌이게 된다. 그런데 내가 기재부 예산실에서 근무하던 친구가 한 말을 빌어서 이야기하자면, 외무부 직원들은 기재부 담당관이 여러 차례에 걸쳐 이러저러한 설명을 요구하면 제대로 설명하지 못하는 경우가 많고, 말이 막히면 설명하기를 그만 두고 맘대로 하라며 벌떡 일어서 나가버린다는 것이다. 기재부 담당관은 내심 그 사업이 괜찮다고 생각하고 여러모로 물어 보는 중이었는데, 그런 상황에 닥치면 그는 기가 막혀서 예산을 주기로 결정한다는 것이다. 외무부 직원은 예산이 있는 말든 상관이 없다는 태도지만, 기재부 담당관이 볼 때 이 예산은 국민에게 도움이 된다고 판단해 기가 막히는 상황임에도 불구하고 예산을 편성한다는 얘기다. 법도 예산도 사업도 다 필요 없다는 식의 인식이 어떻게 공무원한테 가능하다는 말일까? 앞서 말했지만 외무부 직원들은 자기가 공무원이라는 의식이 없기 때문에 가능한 것이다. 그래서 짜증나게 묻는 사람 면전을 박차고 나오는 도도함을 발휘할 수 있는 것이고, 그런 예산 없어도 나는 아무 상관이 없을 뿐 아니라 내 책임도 아니라고 생각할 수 있는 것이다. 이상의 얘기가 외무부라는 조직의 구조적인 측면에 기인하는 직원들의 함량미달을 지적한 것이라면 이제 외무부 직원들의 개인적인 실력을 들여다보자.

앞에서 이미 거론한 C국 주재 대사를 다시 불러낸다. 대원강업이라는 우리 업체가 믿을만한 한국기업이라는 편지 한 장을 써주지 않은 사람이고, 교민이 만든 떡은 대통령한테 올릴 수 없다고 거부한 사람이다. 허대사가 C국에 부임한 것이 20××년 ×월 중순이었고 한국 대통령의 공식 방문은 ×+2월 초였다. 그래서 허대사는 신임장을 일찍 제출할 수 있었다. 보통은 세 달 정도 걸리는 일이었지만 한국의 대통령이 방문하기 전에 대사의 신임장을 받아야 대사가 공식적인 활동을 할 수 있기 때문이었다. 앞서도 설명했지만 신임장이란 대통령이 상대국의 대통령이나 왕한테 쓰는 편지다. 나를 대표해서 당신의 나라에 보내는 이 사람은 내가 신임하는 인물이니 당신도 나를 대하듯 잘 부탁한다는 내용이다. 대사는 그걸 들고 상대국에 부임해 그것을 그 나라의 대통령이나 왕한테 제출해야 그 때부터 공식적으로 대사로 활동할 수 있게 된다. 그렇지 않으면 대사는 움직일 수 없다. 그러니 대통령이 왔는데 그 일행에 대사가 끼어있을 수 없다면 말이 안 되기 때문에 신임장 제출 일정을 앞당길 수밖에 없는 것이다. 그렇게 해서 허대사는 x+1월 하순부터 공식 활동을 할 수 있게 되었다. 운이 좋았던 것이다. 그리고 C국 외교장관하고의 면담 일정도 잡혔다. 마흔여섯의 젊은 장관은 외교부로 오기 전에 국방장관을 역임한 유능하고 천재적인 인물이었다.[56] 허대사는 동 외교장관과의 면담을 대비해 열심히 준비했다. 대단히 중요한 면담이 아닐 수 없었다. 대통령의 공식 방문을 앞두고 있어서이기도 했고 앞으로 그가 대사 생활을 얼마나 보람차고 당당하게 하느냐를 판가름할 기회였기 때문이다. 면담은 C국 정부의 그에 대한 평가를 좌우할 계기가 될 것이었다. 허대사는 토킹포인트도 세심하게 직접 준비했다. 토킹포인트란 상대에게 할 말의 요지를 가리킨다. 약 일고여덟 가지 포인트가 되었다. 그는 면담을 상상하며 토킹포인트를 영어로 달달 외웠다. 면담 일자가 되고 시간이 되자 그는 C국에서 박사를 받은 전문가 직원을 대동하고 외교부 회의실에 들어섰다. 대기하고 있던 아시아태평양국의 국장과 직원들이 허대사를 반갑게 맞았다. 곧 이어 외교장관이 입장했다. 눈이 부리부리하고 입가에 미소를 머금은 자신감에 넘치는 표정이었다. 그가 대사와 악수를 한 후 모두가 착석했다. 대사가 먼저 준비한 대로 메모지에 적힌 첫 번째 포인트인 인사말을 꺼냈다. 더듬거리는 영어였다. 목소리도 작았다. 장관은 미소를 지으며 경청하고 있었고 대사의 인사 말이 끝나자 가볍게 고개를 끄덕여 환영한다는 표시를 했다. 이어 대사가 두 번째 포인트인 대통령의 방문에 관해 거론하면서 한국과 C국의 관계에 대해 설명했다. 암기한 것을 꺼내 놓는 말인지라 자연스럽지는 않게 들렸다. 그리고 여전히 더듬거리는 영어였다. 이 때 외교장관이 갑자기 질문을 던졌다. 최근 남북한 관계와 중립국감독위원회 현황에 대한 설명을 해 달라는 것이었다. 그가 이런 질문을 한 이유는 C국이 중립국감독위원회 4개국[57] 중의 하나였기 때문인데다가 그가 국방장관으로서 C국 대표단을 지휘했던 장본인이었기 때문이었다. 준비해 오지 않은 질문을 받은 대사의 얼굴에 당황한 기색이 역력했다. 아마도 장관의 질문을 제대로 알아듣지도 못했던 것 같다. 잘 못 들었다고 하면서 다시 얘기해 달라고 말할 영어실력은 되지 않았다. 잠시 머뭇거리던 대사는 자기가 준비해온 메모지를 흘낏 쳐다보면서 이제 세 번째 토킹포인트를 언급하기 시작했다. 원자력 발전소 건설과 관련된 양국간 협력 문제였다. 외교장관은 배석해 있는 직원들과 눈을 맞추며 살짝 눈썹을 추켜세웠다. 자기 질문이 보기 좋게 무시된 데 대한 의아함을 담은 제스처였을 것이다. 대사의 발언은 이제 네 번째 토킹포인트로 넘어가고 있었다. 장관은 대사의 말을 가로막으며 아까 한 질문을 조금 말을 바꾸어 다시 물었다. 사색이 되다시피 한 대사의 얼굴에 곤욕스럽다는 표정이 분명했다. 그를 보좌해서 옆에 앉은 직원의 얼굴도 일그러지기 시작했다. 장관의 말을 잘 못 알아들었거나 영어로 말하기 어렵다고 신호를 했으면 그가 얼마든지 도울 수 있음에도 혼자서 끙끙거리고 있는 보스의 모습이 보기에도 안쓰러웠다.[58] 대사는 말하려다가 잘린 네 번째 토킹포인트를 이어 말하기 시작했다. 영어는 더욱 더듬거렸고 목소리는 더욱 작아진 상태였다. 잠시 듣고 있던 장관이 직원들을 향해 두 팔을 벌려 펴더니 자리에서 일어섰다. 대사의 시선은 메모지에 꽂혀 있었다. 장관은 가급적 소리 나지 않게 문으로 걸어가 방을 나가버렸다. C국 외교부 직원들이 서로를 쳐다보며 고개를 저었다. 대사의 발언은 이어졌다. 그가 열심히 정성껏 준비해 온 일고여덟 개 토킹포인트를 전부 말하고 나서야 그의 발언은 멈추었다. 이윽고 아태국장이 대사에게 수고 많았다는 의미로 악수를 청했다. 대사를 수행해 온 직원 김혁의 얼굴은 아직도 굳어 있었다. 면담을 마치고 돌아온 김혁은 대사관의 차석인 나에게 사건의 자초지종을 전해주었다. 그 후 허대사와 약 6개월을 지내본 나는 보통 공무원이라면 상상할 수도 없는 언사로 대사를 비난했다. 어떤 문제를 가지고 의견이 충돌한 다음이었다. 내가 그 때 한 말은 이런 요지였다. "전 공관에 대사로 계실 때 같이 있던 직원들이 그러더군요. 대사님 함량미달이라고. 그런데 제가 볼 때 그 친구들 말이 완전히 틀렸어요. 제가 볼 때 대사님은 함량제로입니다."

외국어를 잘 하려면 먼저 한국어를 잘 해야 한다. 말을 잘 한다는 것은 머릿속에 들은 것이 있어야 가능한 일이다. 그러니 영어든 프랑스어든 상대와 의미 있는 대화를 나누기 위해서는 머리에 든 것이 많아야 하는 것이다. 콘텐츠 없이 입만 나불거리는 것은 길거리 양아치들도 충분히 할 수 있는 일이다. 외교관이 그런 수준이라면 한심한 노릇인 것이다. 상대가 남북한 관계에 대해 설명해 달라고 하는 것에 제대로 응답하지 못할 정도라면 외교관 당장 그만해야 하는 것 아닌가? 한국 외교관이라면 그런 것은 항상 업데이트를 해가며 머릿속에 담아두어야 하는 사항이다. 한국의 역사를 3분 안에 정리해 달라고 하면 할 줄 알아야 한다. 한국전쟁에 대해 5분간 설명해달라고 하면 즉흥적으로 할 줄 알아야 한다. 기본이다. 그런 기본적인 날리쥐도 없이 더군다나 기초적인 영어 랭기쥐도 없이 무슨 외교를 한단 말인가. 그런 실력이 안 되니까 외무부 직원들이 주로 하는 행위가 뭐냐면 보고서를 그럴듯하게 쓰는 일이다. 허명환이 외교장관을 만나고 나서 본부로 보낸 보고서도 제법 그럴듯한 것이었다. 한 마디로 말해서 외무부 보고서는 거의 백 프로가 거짓말이라고 보면 된다. 이 점은 대단히 중요한 문제로 나중에 상세하게 재론할 것이다. 실제로 벌어진 일과 보고서가 묘사하는 일 사이에는 간극이 크다. 보고서를 작성한 사람은 안다. 그러나 외무부에 들어와 그렇게 배워왔기 때문에 별다른 생각 없이 사실과 다른 보고를 하는 것이다. 외무부에서 선배들이 하는 것을 지켜보면서 이런 것쯤이야 양심의 가책을 받을 일도 아니라고 생각한다. 거짓말은 보고서의 내용과 관련된 것이다. 다시 나온다. 여기서는 먼저 보고서라는 형식적인 문건에 집착하는 외무부 직원들의 외형적인 양태에 초점을 맞춘다. 실력이 안 되다보니까 형식적인 문건에 집착하는 것이다. 그런 사례로 하나의 에피소드를 소개한다. 내가 A국에서 근무하던 19××년 늦여름의 일이었다. 당시 외무부 본부 유럽국의 국장 주일송(가명)이 그곳에 출장을 나왔다. 양국 정책협의회[59]라는 회의에 참석하기 위해서였다. 주국장을 수행해 유럽과 차석 직원이 왔고 대사관에서는 정무 참사관과 내가 참석했다. A국 쪽도 국장을 포함해 대여섯 명의 직원이 자리에 앉았다. 양국 간에 민감한 현안 문제는 없었다. 회의는 화기애애하게 시작해서 양국의 지정학적인 위치에 대한 각각의 설명을 거쳐 이미 종결되었거나 앞으로 진행될 사안에 대한 점검으로 두 시간 정도 안에 종료되었다. 회의를 마친 주국장은 대사관 직원의 안내로 도시를 둘러보고 대사가 주최하는 환영 만찬에 참석하기 위해 대사관저로 왔다. 만찬 테이블에는 내 자리도 마련되어 있었다. 주국장을 수행해 온 본부 직원은 회의가 끝나자마자 대사관으로 가서 그날 있었던 회의 결과를 정리한 보고서를 작성하기 시작했다. 주국장이 만찬을 끝내고 대사관으로 오면 보여주고 본부로 보낼 요량이었다. 요 대목에서 참고로 외무부의 보고서에 대해 간략히 설명하자면 이렇다. 보고서는 기본적으로 하급자가 상급자한테 올리는 것이다. 어떤 사실에 대한 설명일 수도 있고 어떤 정책에 대한 자기 생각을 정리한 것일 수도 있다. 중요한 면담에 대비해 상대방의 경력을 정리하고 제기하면 좋겠다고 토킹포인트를 제안하는 것도 보고서다. 그런 것들은 외무부나 다른 부처나 다를 것이 없다. 형식면에서 외무부만의 고유한 보고서가 따로 있다. 전문 보고서라는 것이다. 전문은 전보 문서를 말한다. 보통 해외 공관에서 본부로 보내는 보고서다. 얼마 전까지만 해도 모든 대사관이나 영사관에는 통신실이 따로 있었다. 비밀문서를 송수신하는 방이다. 문자를 암호화해서 송신하고 암호로 오는 문서를 평문으로 풀어낸다. 그러나 지금은 직원들 책상에서 컴퓨터를 통해 직접 본부로 전문을 송수신할 수 있다. 그러나 19××년 시절에는 과거의 시스템이었다. 대사관에서 보내는 전문 보고서는 대체적으로 대외비 이상의 비밀문서이기 때문에 통신실의 사용이 불가피한 일이었다. 그리고 그 때는 일반 문서도 통신실을 거쳐 송수신했다. 여하간 보통 대사관의 전문은 대사나 공사의 결재를 받아 본부의 국장이나 장관을 수신자로 지정해서 보낸다. 본부에서 출장을 오는 간부급 인사의 경우에는 자기가 할 일을 마치고 결과 보고서를 작성해 대사관 통신 시스템으로 본부의 차관이나 장관을 수신자로 보낸다. 그러나 특별히 중요하지 않은 해외 공관의 전문은 수신자가 장관으로 지정되어 있더라도 보좌관들이 먼저 검토한 후 장관에게는 직접 보고되지 않는 것들이 대부분이다. 그래서 보통은 본부의 국장들 선에서 해외 전문이 거의 전부 처리된다고 보면 된다. 어떤 정책협의회 결과가 장관이 관심을 가져야 할 긴요한 내용을 포함하고 있지 않는 한 장관이 그런 보고서를 읽을 까닭은 없는 것이다. 여하간 주국장은 대사가 주최한 만찬을 끝내고 대사관으로 왔다. 대사관의 정무 참사관이 동행했다. 나도 있었다. 밤 아홉시 반 정도가 된 시각이었다. 본부에서 출장 온 직원은 주국장이 만찬을 가질 동안 작성해 놓은 전문 보고서 초안을 제출했다. 세 페이지 정도 되는 분량이었다. 주국장이 보고서를 일별하더니 펜을 들고 수정하기 시작했다. 한 시간여가 지났다. 원래의 초안이 거의 남아나지 않을 정도로 새까맣게 가필된 원고를 받아 본부 직원이 타이핑을 해 다시 주국장에게 올렸다. 주국장이 다시 펜을 들어 수정을 시작했다. 두 시간이 흘렀다. 나는 본부 직원하고 한 잔 할 요량으로 기다리고 있었지만 가망성이 없어 보였다. 정무 참사관이 나보고 귀가하라고 눈짓을 했다. 나는 다음날 아침 일찍 대사관으로 출근했다. 여덟시 정도 되는 시각이었다. 내가 정문을 들어서는데 정무 참사관이 충혈된 눈으로 문을 빠져나오고 있었다. 그는 전문 보고서 작업이 조금 전에야 끝났다고 투덜거리며 귀가했다. 전날 밤 아홉시 반에 수정 작업이 시작된 보고서가 장장 열 시간의 산통을 겪고 드디어 탄생한 것이었다. 세 페이지 분량의 보고서는 대한민국 외교사에 길이길이 남을 위대한 명문이 되어 본부로 보내어진 것이다. 본부에서는 장관 보좌관이 슬쩍 일별한 다음에 치워질 문건이었다. 주국장 본인이 귀국한 후에 나 스스로 감탄하며 다시 읽게 될 외교문서였다. 나는 본부에서 나온 직원에게 저 양반 무슨 "글자 병" 같은 거 걸린 사람이냐고 물었다. 직원은 빙그레 웃으면서 주국장이 사람은 나쁘지 않다고 대답했다. 대사관의 대사도 문서 수정에 일가견이 있는 사람이었지만 주국장처럼 목숨을 바치는 스타일은 아니었는데, 나는 주국장을 옆에서 보면서 외무부 국장이라는 사람이 얼마나 할 일이 없으면 달랑 세 페이지짜리 문건, 더구나 죽고 사는 문제도 아닌 일개 회의 결과 보고서를 만드는데 열 시간을 들이고 있을까 생각하면서 속으로 조직과 선배들을 상대로 내가 생각할 수 있는 모든 욕들을 다 쏟아내고 있었다. 앞서 언급한 대사 김명준은 A국에서의 임기를 마치고 D국 대사로 발령을 받아 임지로 부임했다. 그리고 하필 국장 주일송이 그의 지휘를 받는 차석대사로 같이 근무하게 되었다. 하루는 김대사가 어느 모임에서 연설을 하게 되어 있었는데, 직원이 초안을 잡은 연설문을 주차석대사가 먼저 검토하면서 그 유명한 "글자 병"이 도졌던 모양이다. 모임 시간이 되자 김대사가 초안을 가지고 먼저 행사장으로 간 것도 모르고 주차석대사는 수정 작업에 흠뻑 빠져 심혈을 기울이고 있었다 한다. 그리고 김대사가 연설을 마칠 때까지 주차석대사의 펜은 연설문 초안 위에서 힘차게 구르고 있었다 한다. 미친 짓이 아닐 수 없다. 나는 1985년에 처음으로 입부해 E라는 부서에서 처음 근무했는데, 그 때 과장이었고 나중에 F국 대사를 지낸 유자룡(가명)이라는 인물 역시 글자 편집증이 있었던 사람이다. 그 때는 신입 직원이 하는 일이라곤 문서를 복사한다든지 문서를 절단하는[60] 일이 고작이었는데, 나는 세 달 만엔가 비로소 공문을 기안해 과장한테 결재를 받으러 가게 되었다. 내가 작성한 처음의 문서는 한 줄짜리였다. "별첨 송부합니다"라는 문장이었다. 공문에 첨부해 책자를 공관으로 보내는 것이었다. 외교 행낭에 들어갈 공문이었던 것이다. 유과장이 나의 첫 작품을 유심히 들여다보더니 펜을 집어 들었다. 그리고 내 문장의 마지막 글자 다음에 삽입하라는 의미의 꺽쇠를 그린 다음에 그 안에 펜촉을 대고 지그시 누르면서 마침표를 그려 넣는 것이었다. 감동적인 순간이었다. 조금 과장하자면 눈물이 찔끔 날 뻔했다. 외무부 직원은 그런 교육 같지도 않은 교육을 받고 자랐다. 글자를 맞추고 문장을 다듬고 자료를 만들고 보고서를 작성하는 것이 외교 업무의 대부분을 차지한다. 좋은 책을 읽고 대화하고 상대를 만나고 모임에서 연설하고 친구를 만나고 내 아이디어를 현실화시키려고 애를 쓰는 진짜 일은 거의 없다고 말해도 과언이 아니다. 10여 년 전부터는 외무고시라는 것이 없어지고 외교관 후보자 선발 시험이라는 제도로 바뀌었지만 본질은 하나도 바뀐 것이 없다. 본질은 외무부의 조직문화를 바꾸는 일이다. 그 얘기는 나중에 본격적으로 하기로 하고, 여기서는 외교관 후보자 교육 과정의 문제 하나만 거론하고자 한다. 선발 시험에 합격한 후보자들은 국립외교원에서 일 년 동안 교육을 받게 되는데, 그 프로그램의 큰 부분이 문서작성법이라는 것에 할애되고 있다는 것이다. 문장을 어떻게 쓰고 형식은 어떻게 갖추며 내용은 어떻게 구성하는 것이 좋으냐를 가르치는 것이다. 참으로 불필요한 교육을 시키는 것이다. 직원들의 창의적인 글쓰기 재능과 사고의 독창성을 말살하고 모두를 글자 편집증에 걸린 비슷한 부류로 만들어버리는 어리석은 교육을 하고 있는 것이다. 본부에 있는 국장 과장들이 신입 직원이 오면 바로 자료 작성에 부려 먹으려는 심산으로 외교원에 요구해 만든 커리큘럼이다. 외무부는 그 놈의 자료 작성이라는 스스로가 만든 덫[61]에서 빠져나오지 못하면 미래가 있을 수 없다. 글자와 문장과 자료가 중요한 것이 아니다. 말과 생각과 지식이 중요한 것이다. 신입 직원들이 좀 더 넓고 크게 생각하도록 만들어 주어야 하고 "라떼"들은 이제 그만 펜을 놓을 일이다. 외무부의 조직문화를 바꾸는 진짜 문제와 신입 직원들 교육 문제는 나중에 자세히 재론할 것이다. 요새 외교관 후보자들의 외형적인 자질은 훌륭하다고 말할 수 있을지 모르겠지만, 내가 관찰하기에는 시작부터 외무부 뺀질이들이 될 소양도 다분해 보인다. 어려운 시험을 통과했으니 자부심이야 당연한 일이다. 그러나 시작도 하기 전에 벌써 앞으로 좋은 줄을 잡아 편하게 외교관 생활을 하겠다는 의지가 번득인다. 외무부 생활에 대한 이야기를 이미 다 들어서 알고 있는 것이다. 다른 시험을 통과하고 알량한 자부심으로 멋을 부리려 하는 사람들은 해당 부처에 들어가면 전부 사람이 바뀐다. 진정한 공무원이요 한국인으로 거듭나는 것이다. 선배들이 제대로 된 사람들이기 때문이다. 그러나 외무부는 다르다. 선배들이 후배들을 계도하기보다는 타락시키고 실망시킬 가능성이 훨씬 더 크다. 그러니 외교관 후보자들의 뺀질이 싹을 완전히 도려내야 한다. 그래도 부서에 배치되어서는 다시 그 싹이 돋아날 가망성이 크지만, 그것마저 안 한다면 뻔할 뻔자인 것이다. 물론 최선의 방법은 외무부를 싹 없앤 다음에 처음부터 조직을 다시 만드는 것이다. 나중에 상세히 설명할 것이다.

여섯 번째 항목, 즉 외무부 직원들의 실력문제에 관한 얘기 중에서 두 개의 일화로 무식의 문제와 글자 편집증의 문제를 설명했다. 대사 허명환의 무능은 주로 날리쥐가 없는데서 나오는 것으로 내가 예시한 얘기였지만, 그렇다고 그가 랭기쥐, 커리쥐가 있었다는 말은 아니다. 국장 주일송의 케이스는 내가 "글자 병" 즉 사소한 것에 집착하는 소심함, 세상을 크게 보는 커리쥐가 결핍된 무능의 사례로 거론한 것이 지만, 그렇다고 그가 날리쥐나 랭기쥐를 갖추고 있었다는 말은 아니다. 여기서 나는 랭기쥐가 안 돼 옆에서 보기에도 안 쓰러웠던 다른 사례를 하나 들겠지만, 그렇다고 당사자가 날리쥐나 커리쥐를 갖춘 인물이었다고 얘기하는 것이 아님을 독자는 충분히 짐작할 것이다. 1993년 여름의 일이었다. 나는 동남아과에서 일하고 있었다. 당시 차관은 홍순영이었다. 나중에 외무장관과 통일장관을 역임한 인물이었다. 그는 목소리가 크기로 유명했다. 당시에는 지금 외무부 건물이 아니라 옆에 있는 정부종합청사의 몇 개 층을 쓰고 있었는데, 하루는 복도가 시끌시끌해 나가보니 홍장관이 지금 벽력같이 화를 내고 있다는 것이었다. 얘기인 즉 지성천(가명) G국 대사가 현지에서 인터뷰를 했는데, 말도 제대로 못하고 우물쭈물하다가 마는 모습이 담긴 동영상이 티브이에 나온 것을 보고 차관이 노발대발한다는 것이었다. 지대사는 큰 홍수로 막대한 피해를 입은 G국에 코이카 구호물품을 전달하는 행사에 참석했는데, 행사가 끝나고 현지 티브이 기자가 카메라와 마이크를 들이댔던 모양이다. 행사의 의미를 간략히 소개해 달라는 것이었다. 그런 정도야 즉흥적으로 능히 감당할 수 있어야 했지만, 그는 무슨 말인지 알아들을 수 없는 언어로 더듬거리고 말았던 것이다. 얼른 생각이 안 나면 기자한테 시간을 달라 하고 잠시 생각을 가다듬고 했어도 늦지 않는 문제인데, 어떻게 그렇게 되어버린 것인지도 답답할 노릇이다. 랭기쥐의 문제는 외국어의 문제가 아니다. 나는 외교관이라면 무조건 영어에 능통해야 한다고 생각하지 않는다. 그러면 좋지만 다른 특장이 있다면 외국어는 못해도 상관없다. 통역을 쓰면 될 일이다. 중요한 것은 외국어 구사 능력이 아니라 생각하는 힘이다. 한국말이라도 잘하면 된다. 외국어를 못하는 사람은 보통 한국어도 못 한다. 요는 떠오르는 생각이 없다는 뜻이다. 랭기쥐의 문제는 그래서 항상 날리쥐와 결부되어 있다. 그리고 커리쥐하고도 연결되어 있다. 알아야 말을 할 수 있고 깡다구가 있어야 문법이 틀리더라도 자신 있게 말할 수 있는 것이다. 말의 내용이 중요한 것이지 아무도 문법을 갖고 시비 걸지 않는다. 내용이 없는 말은 아무리 영어에 능통하다는 장관 강경화가 말해도 텅 비어 의미 없는 언사에 불과한 것이다. 홍차관은 아끼는 후배가 영어로 망가지는 모습을 보면서 아쉬움에 책상을 내리치며 고함을 질렀던 것이다. 홍차관은 늘 자신도 영어에 대한 콤플렉스를 무덤까지 가져갈 것 같다고 탄식하곤 했었다. 내가 직접 들은 말이다. 지대사는 G국 대사를 마치고 차관보로 승진해 귀국했다. 홍차관이 뒤를 밀어준 결과라고들 했다.[62] 이번엔 내가 직접 목도한 경우다. 2007년 2월 말 미국 워싱턴에서 있었던 일이다. 당시는 한국과 미국 간에 에프티에이 협상이 거의 막바지로 접어든 때였다. 본부에서 고위직에 있는 아무

개가 워싱턴으로 출장을 나왔다. 미국 요로의 인사들과 대화하기 위한 것이라 했다. 대사관에서는 정무과에서 이 일행을 수행하고 있었지만 일정의 일부는 내가 안내하기로 되어 있었다. 아무개를 보좌해 온 본부 직원은 앞에서 내가 이미 소개한 러시아어 벙어리들의 모임인 "펙토파" 창립자다. 내가 안내하도록 되어 있는 일정은 애틀랜틱 카운슬이라는 씽크탱크의 존 허브스트라는 연구원과의 면담 일정이었다. 애틀랜틱 카운슬은 국제 안보 및 경제 문제에 관해 정책적인 아이디어를 생산하는 보수적인 연구소다. 허브스트 연구원과 그의 동료가 연구소를 대표해 앉았고 우리는 나까지 셋이었다. 아무개와 연구원이 인사를 마치고 몇 마디 대화를 나누는데 내가 보니 이건 아니다 싶은 생각이 들었다. 그가 하는 말은 도무지 무슨 말인지 종잡을 수 없는 것이었다. 허브스트 연구원이 북한 핵 문제와 한미 에프티에이에 대한 최근 상황을 설명해 달라고 요청하자 그는 곤혹스러운 표정으로 잠시 숨을 고르더니 느닷없이 나를 쳐다보는 것이었다. 아니 쳐다보기만 하는 것이 아니라 나한테 답변을 해달라고 손을 내미는 것이 아닌가. 펙토파는 고개를 숙이고 가만히 있었다. 나야 얼씨구 좋다는 마음이었지만 참으로 한심한 노릇이 아닐 수 없었다. 나는 연구원의 질문에 대해 간략하게 핵심을 추려 설명하면서도 이 두 사람이 도대체 뭐 하러 워싱턴까지 날아온 것인지 개탄하지 않을 수 없었다. 출장을 왔으면 대화를 할 준비를 하고 왔어야 했고, 준비를 안 했어도 그런 정도쯤이야 즉흥적으로도 주워섬길 수 있어야 하는 것 아니냔 말이다. 그리고 상대방은 대사관 직원인 나한테 설명을 듣기 원하는 것이 아니라 서울에서 온 사람의 견해를 듣기 원하는 것이었다. 더군다나 그들 두 사람은 북한 핵문제를 직접적으로 다루는 부서의 간부 직원이었던 것이다. 그래 놓고 대사관에서 행정적으로 안내하는 직원한테 답변을 떠넘기는 뻔뻔함은 나로서는 상상할 수도 없는 일이었다. 러시아 말을 못한 것을 자랑삼아 얘기하던 펙토파는 미국 말도 안 되는 사람임을 나는 그 때 처음 알았다. 차라리 한국말로 하고 나에게 통역을 해 달라고 했으면 나았을 것이다. 나는 그 때 소위 미국통이라는 사람들의 실력이 고작 이 정도라는데 아연실색하지 않을 수 없었고, 이런 실력의 사람들이 대한민국에서 가장 중요하다는 그 위대한 미국 외교를 하고 있다는데 분노하지 않을 수 없었다.[63] 그렇다면 이 둘이 예외적인 경우였을까? 아니다. 외무부 직원들의 95퍼센트 이상이 이 정도라고 벌써 몇 번 말했다. 그러니 다른 부처 직원들한테 뺀질이 소리나 들으면서 경멸의 눈길을 받고, 외국인들한테는 멸시의 시선을 받으면서 뒤통수에 손가락질을 당하는 것이다.

일곱째, 앞에서 잠시 언급한 거짓말의 문제다. 외무부 직원들이 자기가 이러저러한 활동을 했다는 내용의 보고서는 거의 전부가 거짓말이라는 얘기다. 국내에서도 벌어지지만 해외에서 주로 벌어지는 일들이다. 거짓말에는 종류가 많다. 처음부터 끝까지 완전히 사실과 다른 새빨간 것부터, 일부분이 다른 것, 그리고 읽는 사람이 각별히 주의를 기울이지 않으면 오해를 하도록 의도적으로 비틀어 놓은 것 등 가지가지다. 외무부 직원의 보고서는 물론 아주 새빨간 거짓말인 것은 없지만 그 이외의 거짓말은 다채롭게 전부 녹아 있다. 한마디로 말하자면 내가 외교 활동을 아주 잘 했다는 얘기다. 그래서 자칫 잘못될 수도 있었던 상황이 가까스로 위기를 넘겼다는 얘기다. 미국이 베트남과의 전쟁에서 결국 패배하고만 것은 현지의 미군사령부에서 본국에 보내는 상황 보고가 끊임없이 본국의 판단을 호도했기 때문이라는 것이 군사 전문가들의 판단이다. 사령부의 지휘관들은 자신의 실책을 감추기 위해 전황이 유리하다고 보고했고, 본국에서 일개 사단 병력만 더 파견해 주면 단기간 안에 전쟁을 끝낼 수 있다고 보고했다. 그런 상황이 10년도 넘게 지속되면서 미국은 점차 수렁 속으로 끌려 들어갔다. 데이비드 핼버스탐이라는 기자가 쓴 "최고의 인재들"(The Best and the Brightest)이라는 책에 너무도 생생하게 쓰여 있다. 외교관들의 보고는 본부에서 당장 확인할 필요도 없고 확인하기도 어렵다. 그렇게 해야 할 긴박한 상황도 아니고 외국의 상대에게 사실인지를 확인하는 것도 우습기 때문이다. 하지만 해외에서 활동한 자가 대사인 경우라면 얘기는 다르다. 보통 수행원을 대동하고 상대국 인사를 만나기 때문이다. 그러니 수행원이 대사의 언행과 상대방의 반응을 전부 관찰할 수 있다. 그러나 대사의 활동 결과 보고서를 누가 쓰는가 하면 바로 그 수행원이 초안을 잡아서 가져오는 것이다. 대사관에 나갈 정도가 된 직원이라면 보통 본부에서 최소한 5년 이상은 근무한 경험이 있는 사람일 것이다. 그렇다면 그는 이미 보고서를 "어떻게" 작성해야 하는지를 알고 있는 사람이다. 자기도 이미 자신을 미화한 보고서를 써본 경험이 있는 직원일 것이다. 그리고 그것은 외무부에서 결코 부끄러워할 일이 아니라는 사실도 터득했을 것이다. 그러니 대사의 보고서 초안을 잡을 때 역시 같은 방식을 적용하기만 하면 될 일이다. 대사가 한 말은 근사하게 윤색하고 상대의 말은 밋밋하고 건조하게 써주면 된다. 사실대로 적나라하게 보고서를 썼다고 해서 그대로 통과될 리도 없을 것인데다, 괜히 대사한테 핀잔만 받고 스타일 구길 필요는 없는 것이다. 중요한 것은 내가 대사한테 잘했다고 좋은 소리를 들어 나중에 인사에 플러스 요인을 만드는 일이지 사물의 진실을 밝히는 일은 아니다. 나는 1996년 초에 파리에 부임해 프랑스 대사관 소속으로 설치된 오이시디 가입준비 사무소에 배속되었다. 나를 그리로 보낸 인물은 앞에서 언급한 "쥐 세 마리"라는 용어의 창안자 당시 경제협력 과장 윤도준이었다. 그는 나에게 특별한 임무를 부여했다. 각 위원회별로 서울에서 출장 온 해당 부처 고위 인사가 심사 회의[64]에서 어떻게 발언하고 심사위원들의 반응은 어떠한지를 가급적이면 상세하게 적어서 팩스로 보내달라는 것이었다. 공식적인 전문 보고서로 들어오는 내용들이 "세탁"이 되어 있을 것이 뻔하다는 판단에서였다. 이 때 세탁작업은 두 가지 이유 때문에 이루어진다. 하나는 해당 부처 대표단들이 회의장에서 벌어지는 이야기들이 정확히 무슨 말인지 못 알아들어서 자기들이 대충 짐작해 짜 맞추기 때문이다. 다른 하나는 고위급 입장에서 자기의 설명이 설득력이 없었다는 것을 감추기 위해서다. 장차관으로 올라갈 유망한 사람들이 그따위 심사회의 일로 책잡혀서는 안 되기 때문이다. 그러니까 이게 무슨 말인고 하면, 해외에서 활동하면서 거짓 보고하는 것은 외무부 직원들의 고유한 사기수법이 아니라는 얘기다. 그런데 이것을 뒤집어 생각하면, 항상 그러한 해외 교섭의 상황 속에서 살아가는 외무부 직원들은 항상 그렇게 거짓 보고에 익숙해져 있다고도 말할 수 있는 것이다. 여하간 나는 심사회의장에 앉아 한국 대표단의 활동상을 지켜보며 오고가는 이야기를 낱낱이 적어 윤과장에게 보냈다.[65] 거짓 보고가 일상이 되어 있는 외교관이 한국 대표단의 거짓 보고를 잡아내기 위해 눈에 불을 켜고 감시활동을 한 것이다. 고기는 먹어본 놈이 먹고 거짓말은 해본 놈이 아는 것이다. 당시 오이시디 가입을 둘러싸고 그 이후 오이시디 주재 대사관의 주도권을 누가 쥐느냐를 놓고 외무부와 재경원이 힘겨루기를 하는 과정에서 벌어진 일이었다. 이 때 힘이란 외형적인 근력을 말하는 것이 아니라 정보력을 말한다. 내가 윤과장에게 보내준 회의록은 외무부가 상황을 누구보다 정확하게 파악하고 있다는 거증자료로 활용되었다. 하지만 외무부의 정보력과는 별개로 국내적인 세력 측면에서 재경원이 발휘하는 막강한 파워를 외무부가 이겨낼 도리는 없었고, 결국 오이시디 초대 대사로 경제관료 출신인 구본영이 임명되었다. 그리고 지금까지 열세 명의 역대 대사 중에서 한 명을 제외하고는 모두 경제부처의 관료들이 대사를 맡아오고 있다. 이 대목에서 부연하자면, 나는 타부처 인사들이 해외 대사를 맡는 것에 대해 결코 반대하지 않는다. 오이시디 대표부 같은 경우를 보면 할 만한 사람들이 하고 있다고 생각한다. 나는 해외 대사를 백 프로 비 외무부 사람들이 맡아도 상관이 없다고 생각한다. 요새는 타부처 인사들의 외국어 실력이 외무부 사람들보다 못하지 않다. 그리고 관료가 아니더라도 상관없다. 민간 부문에 실력자들이 수두룩하다. 95 프로 이상이 함량미달 내지 함량제로인 외무부 인사를 굳이 대사로 임명해야 할 이유는 하나도 없다. 수십 년 동안 이 분야에서 일하면서 익숙해진 일들이 분명히 있겠지만 외교는 그것만으로 하는 것이 아니다. 세 가지 기본 정신 자세, 즉 사명의식, 도전정신, 상상력을 갖추지 못하고, 쥐 세 마리 중에 한 마리 내공도 없는 자들을 어떻게 믿고 공관의 장으로 내보낼 수 있겠는가. 익숙하지 않은 부분은 직원들한테 도움을 받으면 된다. 그리고 그런 부분은 한두 달이면 충분히 익숙해진다. 중요한 것은 제대로 된 외교 활동을 하는 것이다. 그리고 이물이 난 거짓말을 싹 걷어내고 담백하게 사물을 바라보는 것이다. 익숙한 눈에는 절대로 보이지 않는 것이 낯선 눈에는 확 들어오는 법이다. 그리고 그곳에 나라와 국민의 이익이 숨어 있는 것이다.

여덟째, 앞에서 말한 "밥 먹는" 예산에 관한 얘기다. 외무부에는 이 외교활동비 예산이 다른 부처에 비해 아주 많다. 여기서는 이 예산과 관련해 외무부 직원들의 추접스런 관행들을 소개하고자 한다. 세 가지 얘기다. 하나는 "킥백"이라는 제도다. 받은 것의 일부를 아름답게 살며시 차주는 것이다. 지금은 사라진 옛날의 관행이었다. 해외 공관에서 본부로 상납금을 바치는 관행이었다. 외무부 본부는 각 부서별로 외교활동비를 나누고 각 부서는 자기가 관할하는 공관에 외교활동비를 보낸다. 그러면 해당 공관은 받은 예산의 일부를 송금처로 되돌려 보내는 것이다. 일종의 리베이트라고 말할 수 있다. 공관에서는 현금을 마련해 외교 행낭 편으로 본부에 돈을 보내곤 했었다. 부서별 총무 담당관은 해당 공관의 총무 직원과 수시로 연락해 주고받을 액수를 협의한다. 물론 그 직원들은 상관의 의중을 전달하는 사람들이다. 본부의 해당 부서는 해외에서 받은 현금을 긴요하게 사용한다. 직원 회식비용으로 쓰기도 하고 상부에서 내려온 영수증을 대신 처리하는 자금으로 사용하기도 한다. 물론 그 부서도 별도의 자기 외교활동비가 있다. 그러나 해외 공관보다는 적기 때문에 비교적 여유가 있는 공관이 본부와 상부상조를 하는 것이다. 다른 하나는 여기서도 거짓말이다. 거짓말로 외교활동을 했다고 영수증을 꾸며 개인적인 용도로 돈을 쓰는 것이다. 외교활동비란 한마디로 말해 외국인하고 밥 먹을 때 쓰라는 돈이다. 그런데 외국인하고 만나서 할 얘기도 없고, 그럴 실력도 용기도 없는 사람들이 어떻게 그리 자주 외국인을 만날 수 있겠는가. 그러니까 외국인 만났다고 허위로 예산사용 보고서를 만들어 붙이고 직원들끼리 회식을 하거나 술을 마시는 것이다. 평소에 거래하는 식당에서 빈 영수증을 받아 멋대로 액수를 적고 만찬 상대의 이름도 적어 보고서를 만들어 예산은 현금화해서 보관하고 있다가 본부로 보낼 필요가 있을 때 유용하게 활용하기도 한다. 가지각색의 방법이 다 있다. 요는 다 거짓말이라는 것이다. 외교활동을 빙자한 예산 유용이다. 예를 들어 미국 국무부의 한국과장이 서울에 왔다고 하자. 그러면 여러 부서에서 한국과장하고 점심이든 저녁이든 함께 밥을 먹었다면서 활동예산을 사용한다. 종종 같은 시각에 미국 과장은 한국 외무부의 다른 부서와 동시에 밥을 먹은 결과가 되기도 한다. 어떤 때는 무려 여섯 개 부서에서 같은 사람과 만찬을 했다는 기록이 생기기도 한다. 당연히 하나 빼고는 다 거짓말이다. 하나도 없을 수도 있다. 그렇게 외교활동 예산은 세탁과정을 거쳐 외무부 각 부서의 주머닛돈이 된다. 고위직 선배들은 한 달에 한 번 정도 자기가 개인적으로 먹은 술값을 과 단위 부서로 내려 보낸다. 대신 영수증 처리를 해 달라는 것이다. 외무부는 다른 부처에 비해 민간 업자들이 밥을 사고 술을 사는 경우가 흔하지 않다. 그 대신 외교활동비가 있다. 다른 부처에는 명절마다 관련 업체들로부터 들어오는 "사과상자"가 있지만 외무부에는 외교활동비가 있다. 문제는 거짓말이다. 평생 거짓말하면서 활동보고서를 쓰고 거짓말로 예산 승인을 받는 것이다. 그것은 외무부 사람들을 알게 모르게 주눅 들게 한다. 양심의 가책은 아닐지 몰라도 떳떳한 느낌이 아니라는 것은 제아무리 떨어내려 해도 몸이든 마음이든 어느 구석인가에는 진드기처럼 붙어 있는 법이다. 다른 부처에는 외교활동비만 없는 것이 다를 뿐 한국의 공무원들이 모두 비슷하게 예산을 오용하는 것 아니냐고 반문하는 사람들이 있을 것 같다. 그렇지 않다. 완전히 깨끗하다고는 말할 수 없지만 그들에게는 나라와 국민을 먹여 살린다는 사명감이 있고 긍지가 있다. 또 다른 부처들이 완전히 솔직하다고는 말할 수 없지만 거짓말이 이토록 생활화되어 있는 부처는 외무부밖에 없다. 예산을 쓸 때만 그런 것도 아니고 매사가 다 그렇고 매일이 다 그렇다. 외무부 사람들이 그런 떳떳하지 않은 찜찜한 마음을 가지고서도 어떻게 그렇게 꿋꿋하게 살아가는지 기특하지 않을 수 없다. 나머지 하나는 예산의 유용이라는 것과는 좀 다른 얘기다. 예산의 용도에 맞게 쓰는 것이기는 한데 왜 그렇게 해야 하는지 나로서는 도무지 이해할 수 없는 것이다. 그게 뭐냐면 미국 사람들한테 사정사정하면서 밥을 사주는 일이다. 나는 미국 인사들이 한국에 오면 한국의 손님맞이 문화 창달 차원에서 그렇게 비싼 밥을 사고 구경을 시켜주고 술을 사주는 것인 줄만 알았었다. 서울에 있는 미국 대사관 직원들은 외무부 상대들이 서로 밥을 사겠다는 성화 때문에 골치가 아플 지경이라고 한다. 그들은 언제든 한 마디 엉터리 같은 얘기 한마디로 소위 "밥값"을 할 용의만 있다면 언제든 일류 식당에서 밥을 얻어먹을 수 있고 이어 고급 와인 바에서 칵테일도 즐길 수 있다. 나는 그렇다면 미국에 있는 한국 외교관들은 미국 국무부 직원들로부터 상응하는 대우를 받는 줄로 알았었다. 전혀 아니었다. 내가 워싱턴에 부임해 보니까 거기서도 한국 외교관이 미국인 식사를 시중들고 있는 것이었다. 그것도 애걸복걸해 겨우 한번 윤허를 받으면 덩실덩실 춤을 추며 밥상을 올리는 모습들이었다. 도대체 왜? 밥을 사 주면서 한 마디 얻어들어 근사하게 꾸민 보고서를 대사한테 보여주면 그래 너 참 잘한다는 말을 듣기 때문이다. 대사 결재를 받아 본부에 보고하면 본부 해당 과에서는 당신

활동 열심히 하고 있다고 평가하기 때문이다. 그래서 그것이 하나씩 쌓이면 다음번 인사에서 이익을 보기 때문이고 외무부에서의 성공가도가 활짝 열리기 때문이다. 그러니 미국인들은 한국 외교관을 밥 사는 호구로 생각한다. 친절과 호의에도 정도가 있는 법, 상대가 지나치게 베풀면 어떻게든 갚아야 한다는 생각은 흔적도 없고, 저 인간이 원래 저렇게 머저리라서 그런다고 슬며시 비웃으며 받을 것은 전부 다 받아챙기는 것이다. 물론 미국인들만 그렇게 생각하는 것은 아니다. 소위 쓸 만한 정보나 지혜를 갖고 있다고 여겨지는 몇몇 나라의 인사들은 밥을 사겠다고 줄을 서있는 한국 외교관을 창문에 쳐진 블라인더 사이로 내다보며 나지막이 한심스럽다는 식의 탄성을 내지른다. 날리쥐도 없고 커리쥐도 없으며 랭기쥐까지 갖추지 못한 한국 외교관들이 일류 식당에서 식사 대접하겠다는 것이 굳이 싫지는 않지만, 꺼리가 안 되는 상대와 마주 앉아 이따금 시선을 맞추고 동조를 해야 하는 부분은 영 내키지가 않는 것이다. 나는 미국에서든 오이시디 가입준비 사무소든 프랑스 대사관에서든 근무하는 동안 미국이나 프랑스 인사가 한국 외교관을 상대로 고급식당에서 밥을 사는 모습을 단 한 번도 보지 못했다. 그들의 구내식당에서 같이 먹자고 하는 경우를 제외한다면 말이다. 왜냐면 그들에게는 한국처럼 외교활동비라는 것이 거의 없기 때문이다. 그런 돈이 있다면 재미나는 대화가 가능한 다른 나라 사람한테 써야지 왜 한국이겠는가. 그리고 만에 하나 그들이 사겠다고 하는 희한한 일이 벌어진다면, 한국 외교관은 황송한 두 손을 앞으로 모아 쥐며 마음만 받겠다면서 언제나 그랬던 것처럼 자기가 계산을 하게 해 달라고 애원한다. 그래야 마음이 편하다면서. 그리고 그래야 상대가 좀 더 빚진 마음으로 자기를 더욱 귀하게 대해 줄 것으로 기대하면서. 그러나 그런 일은 없다. 그들의 마음속에서 한국 외교관에 대한 경멸감은 더욱 커지기만 할뿐이다. 한국 외무부의 미국을 향한 접대 근성은 거의 유전적인 것이라고 보아야 할 것 같다. 초대 외무장관 장택상이 하지의 미군정 시절에 수도경찰청장을 지낸 사람 아닌가. 초대 대통령 이승만이 철저한 숭미주의에 입각해 남한 단독으로 정부를 구성한 사람 아닌가. 그리고 관심 없다던 큰 형님 아이젠하우어가 결국 한미동맹조약을 하사하고야 말았으니 그 하해와 같은 은혜야 어찌 대대손손 잊을 수가 있겠는가. 더군다나 해방 직후에 한국인을 먹여 살린 것도 미국이요, 남북한 전쟁에서 180억 달러를 쓰고 약 3만7천명이 전사하면서 한국을 지켜낸 것도 미국이고, 한국이 경제개발을 시작한 이후 약 160억 달러의 경제원조로 한국경제의 자립기반을 만든 것도 미국인데, 미국에 모든 것을 다 바친대도 어찌 아까울 것이 있을 수 있겠는가. 이제 우리가 먹고살만한 정도는 되었고 국회에서 대미국 외교활동비는 충분하고도 남을 만큼 주기 때문에 미국 사람들 고급 식당에 데려가는 것쯤이야 무한정으로 하더라도 우리가 받은 은혜를 갚으려면 턱도 없다는 얘기다. 숭미주의자들에게는 미국이 한국을 식민지로 삼아 얼마나 단물을 많이 빨아먹었는지는 관심사가 아니다. 온갖 물건을 다 팔아먹고, 이권이 걸린 사업 전부 다 차지하고, 의약품이든 음반이든 저작권이 걸린 상품은 최대한으로 로열티를 챙기고, 그들이 한국에 가져다 준 것의 최소한 백배는 더 먹은 자들에게 한국인은 무한정으로 빚진 감정과 끝이 없는 열등의식을 품고 사는 것이다. 그것은 마음만 먹는다고 생각을 돌릴 수 있는 것이 아니다. 그것은 뇌신경을 파고들어 시도 때도 없이 환자를 괴롭히는 강박증과도 같은 것이다. 그리고 그것은 해방 이후 오랜 세월 한국인의 유전자에 각인된 은혜로움이자 죄의식이자 열등감이다. 그렇게 미국에 대한 접대 근성은 탄생한 것이다. 한국 외교관들이 어찌 한국 외교의 본질적인 굴레에서 벗어날 수 있겠는가.

내가 너무 자조적으로 얘기한다고 지적할 수 있다. 그렇다. 나는 33년 동안 외무부 생활을 하면서 끊임없이 자조와 환멸에 시달렸다. 그것은 우리가 도대체 왜 자부심과 자긍심으로 가득한 진정한 독립국의 떳떳한 외교관이 되지 못하고 있는지에 대한 속에서 폭발하는 울분이기도 했다. 어찌 보면, 아니 필연적으로, 한국 외교관의 의식 수준과 행태는 속국을 벗어나지 못하고 있는 한국의 왜곡된 현실을 그대로 반영한다. 속국 국민은 언제나 종주국을 바라보면서 고개가 모로 꺾이는 법이다. 한국 외무부를 구성하는 사람들은 진정한 외교하고는 거리가 먼 사이비 외교 행위나 외교적 헛짓을 수행하기에 최적화된 생명체로 거듭난다. 외무부에 입부한 지 10년이면 충분한 시간이다. 그 동안 다른 부처에 입부한 친구들은 나날이 실력을 갖추고 국민들을 위한 제도와 법을 만들면서 눈에 자긍심이 가득한 모습을 보이는데 비해 외무부 직원들은 국민과 유리되어 온통 거짓으로 물든 마음을 부여안고 오로지 자기 자신의 인사문제에만 신경을 쓰는 하등동물로 전락하고 마는 것이다. 스스로 공무원이라는 의식도 없고, 자기가 한국인이라는 생각도 희박하며, 국민에 대한 봉사의식 역시 전무한 사람들이 외무부를 장악하고 있는 사람들이다. 그렇다고 개인적인 실력이 있냐 하면 그것도 아니다. 날리쥐라 봤자 자료나 작성하는 쓸데없는 잔기술이 고작이고, 커리쥐라 봤자 거짓말하면서도 눈 하나 깜빡이지 않는 엉큼함이 전부고, 랭기쥐라 봤자 자기들끼리 주고받는 허접스런 눈짓과 몸동작을 넘지 못한다. 그러면서도 어디서 배웠는지 다른 부처 알기를 우습게 알고 다른 부처 직원들의 위대함을 인식하기는커녕 하인 대하듯 아래로 내려다보는 것이다. 기껏 한다는 일이라곤 그럴듯한 줄을 골라 그 뒤에 서로 서 있겠다고 아귀다툼을 하는 것뿐이다. 외국인과 밥 먹는다고 거짓말로 예산 신청해서는 자기들끼리 시시덕거리며 술이나 마시고 앉아 있는 뻔뻔함이 과연 어디서 나오는 것인지. 나라가 독립국도 아니고 그런 나라나마 대표할 권한도 갖추지 못한데다 상대방을 알지도 못하고 존중할 줄도 모르는 자들이 어떻게 외교를 할 수 있다는 말인가. 나는 앞에서 진정한 외교란 진정한 외교관이 하는 교섭활동이라고 말했다. 속국인 주제에 감히 진정한 외교를 논할 자격도 없지만, 그나마 외교를 한답시고 앉아 있는 자들이 모두 함량미달인 상황이고 보면, 그런 외교의 정의라는 것이 한국에서는 아무런 의미가 없는 공허한 어휘가 되고 마는 것이다. 지금 같아서는 한국에는 진정한 외교가 있을 수 없다. 구조적으로 불가능하다는 것이 내 얘기다. 그리고 그 비슷한 거라도 행하라고 뽑아놓은 사람들이 하라는 일은 안 하고 자기들 인사만 하고 앉아 있으니 말 다한 것이다. 어찌 보면 그들은 영리한 사람들인지 모른다. 어차피 되지도 않는 것 억지로 애쓸 것 없이 미국 하나 꽉 붙잡고 민족이니 양심이니 생각하지 말고 눈 딱 감고 위에서 시키는 일만 하면 평생 편하게 목에 힘주며 살 수 있는 것이 사실이니 말이다. 20××년 ×월 ×일 국회 외통위 전체회의가 열렸다. 외무장관을 대신해 한 간부가 회의에 출석했다. 민주당 의원이 그에게 물었다. 대통령 윤석열이 말했듯이 아랍에미리트의 적이 이란이라는 것이 사실에 부합하는지 답변하라 요구했다. 이에 외무부 간부는 "외무부를 대표하는 입장에서 특정국가간 관계에 대해서 설정하는 그런 말은 하기 어렵다"고 답변했다. 그러자 의원은 답변자의 말이 맞는다면서 윤석열의 발언은 외교적으로 잘못이라고 지적했다. 의원이 다음 발언으로 넘어가려 하자 간부는 의원의 말을 자르며 추가 답변을 원한다는 시늉을 했지만, 의원은 묻는 말에만 답변하라며 추가발언의 기회를 주지 않았다. 간부는 한 차례 더 끼어들어 발언하려 했지만 의원은 기회를 허용치 않았다. 외무부 출석자가 부연하려고 한 말은 무엇이었을까? 그는 자기가 발언하고 나서 아차 싶은 생각이 들었던 것이다. 외교적으로는 특정국가간 관계에 대해 이러쿵저러쿵 말하는 것이 적절하지 않다고 말하고 나니까, 자기가 대통령의 발언이 적절하지 않았음을 인정한 꼴이 되었으니 말이다. 외무부 간부가 국회에서 대통령 발언을 폄하한 결과가 된 것이다. 그러니 한 마디 더 추가해야만 했던 것이다. 무슨 말? 그렇기는 하지만 대통령의 발언은 군 장병을 격려하기 위한 차원에서 나온 것이지 특정국가간의 관계를 설정하려는 것이 아니었다고 생각한다, 뭐 그런 정도의 말이었을 것이다. 궁색하기는 해도 그것은 대통령을 옹호하기 위한 발언이었을 것이다. 그런데 그는 진짜로 대통령을 옹호하기 위해 추가 발언을 하려는 것이었을까? 내가 볼 때 그의 진짜 의도는 자기의 인사적 불이익을 차단하기 위해 순발력 있게 자신을 변호하려는 시도였다. 대통령실 사람들이 불경죄로 걸 수도 있을 거라고 생각했기 때문이었을 것이다. 그는 두 번에 걸쳐 추가 발언을 시도하다가 그만두었다. 왜냐면 그는 그의 애처로운 시도가 그 자체로 충분히 목적을 달성했다고 판단했기 때문일 것이다. 그는 상대가 대통령이라 할지라도 얼마든지 자기의 소신을 밝힐 용기를 가진 사람이었다. 그러니 그가 진정으로 윤대통령을 옹호할 심산이었다면 의원의 만류를 뿌리치고 부연 발언을 하고야 말 정도의 배포는 있었을 것이다. 한국 외무부 직원들의 능력은 이런 종류의 것이다. 남이 보기에 자기가 상관을 위해 무진 애를 쓰고 있음을 보이는 연기능력도 포함된다. 그리고 자기가 처할지도 모르는 곤경을 미리 피해나갈 줄 아는 능력도 그 일부분이다. 그런데 이런 능력은 유사 외교행위와 헛짓에는 유용한 기술일 수는 있겠지만, 진짜 외교계에서는 그다지 알아주지 않는 자질이다. 한국의 외무부는 그런 자질을 갖춘 사람들을 기르는 조직이다. 요약해서 말하자면 국가나 국민은 뒷전인데다 외교관으로서의 실력은 제로에 가깝고 국익보다는 오로지 자신의 영달만을 앞세우면서 온갖 언행이 허위와 연기로 점철된 인간 군상의 집단이 외무부라는 곳이다. 과연 이런 조직을 유지할 하등의 이유가 있을까?

The Way of Quality Diplomacy

에필로그

내가 이 글을 집필하기 시작한 것은 2023년 2월 초였다. 그로부터 세 달 안에 초안은 완성되었다. 불과 세 달 밖에 안 되는 시간이었지만 그 동안 벌어진 한국 정부의 외교 아니 유사외교의 행적들은 가히 경악할 만한 것들이었다. 그리고 그로부터 대통령 윤석열이 탄핵소추를 받기 전까지 1년 반 동안 펼쳐진 행각들은 그 세 달 안에 집약된 행적이 풀어진 결과에 다름이 아니다. 윤석열은 거리낌이 없었다. 일사천리로 시원시원하게 일들을 처리했다. 미국이 보기에 윤석열은 최고의 한국 대통령이었다. 2023년 4월 말 워싱턴에서 그를 맞은 미 대통령 바이든과 미국정부 인사들은 그에게 최고의 대접을 하지 않을 수 없었다. 그는 미국 국빈방문을 위한 선결 과제 셋을 모조리 풀었다. 우선 한국의 대법원이 일본 전범기업에 선고한 강제징용 피해자들에 대한 배상 의무를 한국이 대신 지겠다고 결정했다. 피해자들은 누구한테 받든 같은 돈이 아니냐는 얘기였다. 사형 선고를 받은 살인자를 대신해 남이 죽어줘도 되는 것인가? 현 정부는 그래도 된다는 인식을 가지고 있다. 그걸 누구 마음대로 결정한다는 말인가. 피해자들이 아직 버젓이 살아있는데 말이다. 혹자는 피해자 중에서 생존한 사람은 이제 몇이 안 된다고 말할는지 모른다. 하지만 그것은 피해배상 재판에서 승소한 사람들 숫자만 따진 것이다. 강제징용을 당한 피해자는 수만 명이 아직 생존해 있다. 그 다음에 우크라이나에 대한 포탄 지원에 관한 과제 역시 능숙한 솜씨로 풀어버렸다. 상황이 허락한다면 바로 지원하겠다는 말로 가능성을 뚫어버린 것이었다. 가정법으로 단 "러시아가 묵과할 수 없는 상황을 만든다면"이라는 단서는 "상황이 허락한다면" 이라는 말과 동일한 것이다. 미국의 CIA는 한국 대통령실을 도청해 안보실장과 직원이 우크라이나 포탄 지원을 우려하는 상황까지 포착해 한국을 압박하고 있었다. 그리고 안보실장 김성한과 비서관 정희도를 자리에서 제거까지 한 것이다. 그럼에도 불구하고 윤석열 정부는 그러한 도청이 악의적인 것이 아니라고 판단해 미국에 해명을 요구하지 않기로 결정했다. 그리고 포탄 지원 문제는 정공법으로 러시아를 겨냥해 풀어버린 것이다. 이런 나라를 누가 나라라고 부를 수 있다는 말인가. 그러니 세계인들이 한국을 비웃는 것이다. 미국이 함빡 미소를 머금고 한국 정부의 행동을 바라보며 두 팔을 벌리는 것 같겠지만, 미국 역시 저런 병신들 하면서 속으로 능글맞은 실소를 터뜨리고 있음을 알아야 한다. 세 번째 과제는 중국한테 엉겨 붙는 것이었다. 대만 문제는 단순히 중국과 대만만의 문제가 아니라 북한 문제처럼 지역 차원을 넘어선 세계적인 문제? 그럼 독도 문제도 그런가? 누군가 힘에 의한 독도의 무단 점령에 절대 반대한다고 하면 우리는 아무렇지도 않게 생각할까? 원칙론을 말했을 뿐이라면 다인가? 네가 나를 건드리면 난 너를 죽이겠다는 것 역시 원칙론 아닌가? 인간의 언어는 좁은 논리의 틀 속에 갇혀 있는 것이 아니다. 사방에 구멍이 뚫려 열린 의미의 체계가 인간의 언어다. 할 필요가 없는 말이라도 그것을 말하는 순간 그 말을 했다는 것부터 의미가 발생하기 시작하는 것이다. "대만 문제의 평화적인 해결을 바란다"는 말하고 "힘에 의한 현상 변경에 반대한다"는 말은 논리적으로는 크게 다르지 않지만 그 의미는 완전히 다른 말이다. 의미란 언어 안에만 있는 것이 아니라 바깥에도 두루두루 존재하기 때문이다. 그리고 대만 문제를 세계적인 문제라고 정의하는 말을 내뱉은 자는 세계적인 문제에 대해 언제든 개입하겠다는 의사를 간접적으로 밝힌 것임을 모르면 안 된다. 그것이 세계적인 문제든 중국과 대만의 문제든 한국이 무슨 중뿔날 일이 났다고 이래라저래라 할 입장도 아니면서 말이다. 더군다나 북한 문제를 세계적인 사안이라고 규정하는 것도 골 때리는 인식론이 아닐 수 없다. 북한 핵문제야 그렇다 치고 북한과 관련된 모든 문제가 세계적인 문제인가? 남북한 통일을 예로 든다면 그것은 물론 세계사적으로 중요한 문제일 수는 있다. 하지만 그것이 세계적인 문제이므로 우리로서는 주체적으로 다루어서는 안 된다는 의미로 그렇게 말한다면 그야말로 난센스가 아닐 수 없는 것이다. 그런 인식론을 가지고 있으니 윤석열 정부는 결코 남북한 화해와 통일을 논할 능력이 안 되었던 것이다. 북한 문제는 우리끼리의 문제다. 그것이 세계적인 의미를 가지는 것은 그 다음의 문제일 뿐이다. 여하간 방미 3대 선결과제를 마친 윤석열이 미국에서 그토록 갈망한 것이 무엇이었던가. 그것은 다름이 아니라 핵 공유라는 허황된 꿈이었다. CIA의 도청을 악의적인 것이 아니라면서 미국을 옹호했던 안보실 차장 김태효가 이번에도 앞장을 섰다. 그는 4월 26일 발표된 워싱턴선언으로 한국이 미국의 핵무기를 공유하는 거나 마찬가지가 되었다고 거짓말을 했다. 미국은 턱도 없는 얘기라면서 껄껄 웃었다. 김태효의 숭미와 숭일 행각은 이미 다 알려진 사실이다. 그는 이명박 정부 시절에 대외전략비서관 자리에 앉아 한미일 삼각동맹을 성사시키기 위해 다양한 작업을 벌였다. 그 맥락에서 그가 주도해 2012년 7월 일본과 지소미아가 체결되었다. 그 2년 전인 2010년 2월에는 비밀리에 미국으로 가 전시작전권 전환 시기를 2015년으로 연기하는 문제를 협의했다. 2010년 6월 말 이명박과 오바마는 전시작전권 전환을 2015년 12월로 연기했다.[66] 핵 공유란 미국의 핵무기 발사 단추를 한국도 누를 수 있다는 말이다. 미국이 한국의 군사 작전권도 넘겨주지 않는데 무슨 핵단추를 넘겨준다는 말인지 제발 생각 좀 하고 말할 일이다. 김태효는 미국이 작전권을 계속 갖고 있으라고 협상했던 사람인데 그가 어떻게 핵단추는 받아야겠다고 생각한 것인지 참으로 절묘하기 이를 데가 없다. 그런데 요는 한국이 핵 공유를 얻어내는 데에 있지 않다는 것이다. 그것은 상호공멸의 시나리오를 원할 때 비로소 생각할 수 있는 최후의 막가파 전략이다. 그런 상황이 와서도 안 되고 그런 생각을 해서도 안 된다. 2024년 11월, 윤석열 김건희 부부가 명태균이라는 정치 브로커와 교류하면서 행한 언사들에 관한 온갖 기막힌 녹취록이 한국 언론과 사회적 담화를 뒤덮고 있었다. 보도 내용들이 사실이라면 박근혜-최순실 게이트보다 몇 배 더 악성이 아닐 수 없는 것이었다. 그러던 차에 윤석열은 12월 3일 밤 가당치 않은 이유를 내세워 비상계엄을 선포했다. 명태균 게이트의 스캔들은 거론할 가치조차 없게 만드는 메가톤급 자폭 쿠데타였다. 내란 사태로 자신만 악인이 된 게 아니다. 대통령이란 자가 민주국가 대한민국의 국격을 곤두박질시키고 국민들을 세계인의 조롱의 대상으로 만든 것이다. 이런 정부에 이런 나라가 우리가 살아가고 있는 삶의 불가피한 대내적 상황이다. 부끄러운 일이 아닐 수 없다. 이런 나라에 외교를 포함해서 무슨 제대로 된 정책이 있을 수 있겠는가. 나는 윤석열 정부를 비판하는 데에서 에필로그를 시작했지만 원고 전체를 통해 나는 내 초점이 정부비판이 아니라는 점을 분명히 해왔다. 나의 초점은 정권에 상관없이 우리가 갇혀 있는 억압의 틀과 행동의 족쇄다. 그리고 그것은 우리 스스로가 자진해서 씌운 굴레다. 숭미정권은 그러한 굴레를 더욱 강력한 것으로 만들려고 별 짓을 다해왔다. 좌파정권이라고 해서 굴레를 완전히 벗어버리려고 과감하게 시도한 적은 없다. 단지 굴레의

옥죔을 느슨하게 하려고 꿈틀댔을 뿐이다. 인간사는 우리가 무엇을 생각하느냐에 따라 결과가 달라지는 법이다. 올바른 답을 얻으려면 올바른 질문을 던져야 한다. 어머니, 왜 나를 낳으셨나요? 이용복의 질문은 아무런 답을 끌어낼 수가 없다. 그것은 질문이 아니라 원망일 뿐이다. 내가 눈이 안 보여도 즐겁게 사는 방법에는 어떤 것들이 있을까? 그런 질문을 던져야 의미 있는 답을 찾을 수 있다. 북한이 핵무기를 쏘면 어떻게 할 것인가? 그럼 나도 더 큰 것 쏴서 다 죽여 버려야지. 그 질문에 그 대답이다. 한반도 문제는 그런 식으로 풀어서는 안 된다. 의미 있는 질문은 수도 없이 많다.

나는 한국에는 진정한 외교가 없다고 말했다. 그렇다. 없다. 있을 수도 없다. 문제는 한국이라는 나라의 정체다. 나는 그것을 식민지라고 본다고 말했다. 감정적으로 강조하기 위한 어휘 선택이기는 하지만 꼭 그렇지만은 않다. 식민지란 국가로서의 주권을 사실상 혹은 법적으로 상실한 나라다. 동시에 식민지는 종주국인 나라의 속국이다. 그래서 굳이 불필요한 수식어를 붙여 말하자면 한국은 미국의 사실상의 식민지요 속국이다. 숭미 극우세력은 성조기를 앞세우고 거리행진을 한다. 그들이 원하는 나라는 대한민국이 아니라 대한미국이다. 트럼프가 선거 과정에서 캐나다에게 미국의 51번째 주가 되는 것이 어떠냐고 제안하는 모습을 보면서 그들은 그런 제안이라면 제발 한국에 해주기를 바라고 있을 것이다. 미국은 사실상 한국을 지배하고 있다. 외교는 더욱 그렇다. 내가 33년 동안 경험한 바로는 미국이 한국의 외교권을 사실상 장악하고 있다. 이승만 정부가 들어서기 전에 한국은 미국 군정청의 지배를 받는 법적인 식민지였다. 한국은 해방과 더불어 일본의 식민지에서 미국의 식민지로 종주국만 바뀌었을 뿐이었다. 이승만은 남한만의 단독 정부를 세우자면서 한 동안 미국과 마찰을 빚기도 했지만, 단독정부라고 미국에 해로울 일은 없다고 판단한 미국은 이승만의 뜻을 승인했다. 북진통일이라는 이승만의 야욕만 꺾으면 될 일이었다. 그는 한국전쟁이 터지자 미국에 동맹조약을 요구해 기어코 성사시켰다. 처음에는 관심이 없던 미국이었지만 가만히 보니 한국을 마음대로 주무를 수 있는 권리를 주겠다는 제안이었으니 마다할 것도 없는 조약이었다. 게다가 이승만은 한국군의 작전권, 한국 경제의 통제권, 그리고 남북한 접촉의 제한 권리까지도 미국에 주는 합의의사록에 서명하겠다고 나서니 미국으로서는 더 이상 사양할 이유가 없었다. 필요한 것은 표정관리였을 뿐이다. 그 후로 한국의 역대 정부들은 정도의 차이는 있었을지언정 하나 같이 미국에 종속된 삶을 운명으로 받아들였다. 박정희가 국내 독재 장기집권의 틀을 만드느라고 미국의 말을 잠시 안 들은 적은 있었지만 숭미 본질이 변한 것은 아니었다. 전두환이나 노태우 정부는 굳이 말할 가치도 없다. 다만 1980년대가 미국이 소련이나 중국하고 큰 문제가 없던 시기였기 때문에 한국으로서도 외교적인 압력을 비교적 덜 받았던 시기라는 점은 기억할 필요가 있다. 그 시기에 한국은 동유럽, 중국, 베트남과의 공식적인 관계를 수립했다. 이명박과 박근혜의 숭미는 남다른 것이었다. 서로 누가 누가 더 잘하나 하는 식으로 선의의 숭미 경쟁을 이어나가지 않았는가. 한국의 좌파 정부라고 해서 숭미 정권과 크게 다른 결과를 가져온 것은 아니었다. 김영삼이나 김대중을 좌파라 부를 수는 없다. 그들은 기본적으로 한미동맹을 나라의 근간으로 여겼던 사람들이었다. 김대중이 평양에 가 김정일과 역사적인 공동선언을 발표했어도, 그리고 그 첫 조항에서 한반도 문제는 우리 민족끼리 해결하자고 다짐했어도, 그것은 말뿐이었다. 한국은 미국의 반대를 무릅쓰고 북한과 가까워져서는 안 되었던 것이다. 노무현과 문재인의 좌파 정권이라고 다른 것도 없었다. 노무현이 평양에 가고 문재인이 김정은과 여러 번 만났다고 변한 것은 아무 것도 없었다. 결국 미국이 노라고 하면 아무 것도 못한 정권들이었다. 그리고 그 찬란했던 2018년이 물거품처럼 사라져버렸던 것이다. 그리고 이명박과 박근혜를 부끄럽게 만드는 숭미의 절대본좌 윤석열 정부가 들어섰다. 그 후 2년 반 동안의 찬미 업적은 이명박과 박근혜가 9년 동안 이룩한 것을 훨씬 능가한다. 나라가 이러니 한국에 무슨 외교가 있다고 말할 수 있으리오. 미국만 붙잡고 시키는 대로 하는 나라가 무슨 외교를 논하리오. 속국의 유사 외교행위는 한반도 주변 4강하고만 관련된 이야기가 아니다. 그리고 해방 이후 반쪽짜리 한국 정부의 행위만을 가리키는 것도 아니다. 19세기 조선 말기부터 한국은 방구깨나 뀐다는 놈들은 전부 한 두 번씩 툭툭 건드려보는 똥개 같은 나라였다. 그걸 한국인 스스로 제대로 뒤엎어 다시 세우지를 못하다보니 일본이 처먹어버렸고, 그걸 한국인 스스로 제대로 앙갚음하지 못하다보니 미국이 삼켜버렸고, 그걸 한국인 스스로 제대로 바로세우지 못하다보니 이승만이 미국한테 홀라당 넘겨줘버린 것이다. 이런 원통한 경우가 어디 있단 말인가. 게다가 박정희 갱스터 정부는 장기집권 시스템을 만들면서 내부 총질에 원정 암살에 인권 유린을 일삼았으니 프랑스, 독일, 영국이라고 한국을 마뜩하게 볼 이유가 없지 않은가 말이다. 더군다나 전두환의 국민 학살 정부까지 있었으니 말 다했다. 게다가 윤석열의 시대착오적 내란 정부까지 있으니 할 말이 어디 있으랴. 한국인들은 아프리카나 중앙아시아 사람들이라면 한 수 접고 눈을 내리깔아보는 오만방자한 경향이 있다. 그러나 그곳 사람들 역시 한국 알기를 우습게 안다는 것쯤은 알고 있어야 한다. 미국의 앞잡이라는 사실 말고도 남북한이 서로 아옹대는 모습을 지켜보면서 양쪽으로부터 동시에 이득을 챙기려고 눈이 벌건 그들을 보면 부끄러움과 동시에 분노가

치밀어 오른다. 한국 외무부는 아프리카니 중앙아시아니 팔레스타인이니 하는 변방에는 아무런 관심을 두지 않는다. 그냥 구색을 갖춘다는 차원에서 아프리카 부서가 있고 중동부서가 있을 뿐, 그리고 오갈 데 없는 따라지들 대사 한 번 시켜주기 위한 자리를 만든다는 생각만 있을 뿐, 그들의 생각에는 미국한테 잘 보여 국장에서 차관보로 차관보에서 차관으로 차관에서 주미대사로 주미대사에서 국가안보실장으로 국가안보실장에서 외무장관으로 승승장구한다는 것밖에는 아무 것도 없다. 그러니 나라는 나라대로 정부는 정부대로 외무부는 외무부대로 하나라도 제대로 되어 있는 것이 없다. 파렴치한 친위 쿠데타로 내란을 일으킨 윤석열이 나라를 망친 것이 아니다. 대한민국이라는 나라는 탄생부터 엉망인 모습으로 세상에 나왔다. 거기다가 지난 70년 동안의 한미 종속관계가 비정상적인 한국의 모습을 더욱 기형으로 만들어 버린 것이다. 윤석열은 그런 우리의 현실을 초현실적인 기법으로 드라마틱하게 드러낸 데에 불과하다. 그러니 우리는 현실을 직시하게 해준 그에게 눈곱만큼이나마 고마워해야 하는 것은 아닌지 모르겠다. 나라는 나라대로 정부는 정부대로 제대로 되어 있는 것이 하나도 없는데 도대체 어디서부터 손을 대야 하는 것인가? 그런데 지금 이 질문은 제대로 던져진 것인가? 여하간 나는 이 질문에 대해서도 내 나름의 답은 내놓아야 할 것 같다. 그 전에 한 가지 재미나는 사실을 적시하자면 이렇다. 윤석열 정부의 검찰공화국은 숭미와 본질적으로 밀접한 역사적 배경이 있다는 것이다. 원래 조선에서는 재판관과 검사가 같은 조직의 소속이었다. 일제가 강점기에 이를 실질적으로 분리했다. 요새 말로 하면 검찰을 독립시킨 것이었다. 그것은 일본이 식민 통치를 쉽게 하려는 방안이었다. 검사들을 일본의 앞잡이로 써서 말 안 듣는 조선 놈들을 조졌던 것이다. 검사가 자기 마음대로 죄를 만들어 미운 놈들을 처단할 권리를 준 것이다. 해방 후에 미군정이 일본 총독부로부터 그걸 그대로 물려받았다. 하지는 검사들을 미군정의 앞잡이로 활용했다. 이승만이 그걸 그대로 물려받았다. 1948년 정부 수립과 동시에 검찰은 법적으로 법원으로부터 완전히 독립했고 이승만은 정권 유지를 위해 검찰을 아주 유용하게 써먹었다. 그 후 박정희와 전두환 시대에 검찰은 그야말로 무소불위의 전횡을 만끽했다. 미군정 때부터 한국의 검찰은 반공과 숭미의 본산이 됐다. CIA는 검찰 인사들을 철저히 감시하고 관리했다. 한 마디로 한국 검찰은 미국의 에이전시가 조종하는 조직이 된 것이다.

그러니 도대체 어디서부터 손을 대야 하는 것인가에 대한 내 대답은 당연한 한 마디다. 나라를 완전히 뒤엎어야 한다는 것이다. 그런 다음 한미동맹을 파기하고 미군을 몰아내는 것이다. 그리고 나라 구석구석에 침투해 있는 CIA의 에이전트와 주구와 끄나풀들을 전부 소탕해야 한다. 그래야 나라가 바로 선다. 그러나 아뿔싸, 내가 지금 제 정신으로 하는 소리인가? 이건 내란음모죄에 해당되는 발언 아닐까? 혼자서 독백하는 것도 음모죄로 엮을 수 있다면 말이다. 이 글이 출판되면 혼자가 아니라 불특정 다수를 상대로 나라를 엎어버리자고 말하고 있으니 영락없겠구먼. 잘 모르겠다. 요는 내가 지금 그런 말을 하면서도 가망성이 있는 얘기라고 생각하면서 하는 것이 아니라는 것이다. 우리는 한 번도 나라를 벌컥 엎어버린 경험이 없다. 그럴 기회는 여러 번 있었지만 한 번도 성공하지 못했다. 갑오 농민혁명도 그렇고 삼일 만세운동도 그렇고 항일 독립운동도 그렇고 광주 민주화운동도 그렇고 광화문 촛불 시위 때도 그랬다. 성공하지 못했다. 그런데도 지금 내가 나라를 뒤엎어야 한다고 말하면서 그게 가능하다고 생각한다면 정신 나간 소리일 수밖에 없다. 혁명의 시대는 지나갔다. 주어진 법적 현실의 테두리 안에서 꿈틀거릴 수밖에 없다. 더군다나 지금 정부는 미국과 에이전시가 애지중지하는 검찰정부가 아닌가. 그러니 나는 허황된 말은 접고 좀 작은 답을 내놓아야 한다. 다시 질문이다. 한국이 제대로 된 외교를 하려면 어떻게 해야 하는가? 나라를 뒤엎으라는 말을 뺀다면 앞뒤가 안 맞는 소리를 해야 하는 것은 아닐까? 잘못된 나라는 그냥 놔두고 외교만 제대로 하는 방법이 있다는 말인가? 그리고 그게 진짜 있다고 한다면 나는 잘못된 정부에게 그런 비법을 가르쳐 그들의 잘못을 조금이나마 덮어버리게 도와주는 꼴이 되는 것은 아닐까? 또 지금 정부로서는 지금 외무부의 행태가 하나도 미울 것이 없는데 뭘 더 잘하라는 말인가? 그러니 제대로 된 한국 외교 얘기를 하려면 제대로 된 나라와 정부를 먼저 얘기해야만 한다. 그런데 그 얘기를 하지 말라면 특수한 식으로 상황을 설정하는 도리 밖에는 없을 것 같다. 지금 정부가 제대로 된 정부라고 가정하는 것 말이다. 가당치도 않은 말이지만 이러다가 어느 순간 한미동맹을 깨고 미군을 몰아낼 지도 모르는 일 아닌가? 세상은 우리가 알지 못하는 무한한 평행우주를 내포하고 있는 법, 너무 비관만 할 것이 아니라면 말이다. 허허, 내키지는 않지만 그렇게 가정하고 얘기해 보자. 그래야 내가 33년 동안 경험한 외무부라는 조직을 어떻게 개혁할지 비로소 운을 뗄 수 있는 것이다. 내 답은 이것이다. 외무부는 없애버려야 한다. 정부 조직도에서 외무부를 지워야 한다는 말이 아니다. 지금 외무부, 지난 77년 동안 한국의 외무부로 행세하면서 덕지덕지 켜켜이 때가 찌들은 이 조직을 없애버려야 한다는 말이다. 그리고 다시 시작해야 한다는 얘기다. 지금 조직을 없애야 하는 이유는 그것을 아무리 씻고 닦아내도 소용이 없기 때문이다. 외면적으로만 더럽다면 고압세척이면 그럭저럭 세탁이 될 것이다. 그러나 안으로 깊이 썩었다면 고압세척이 아니라 국부절제로도 해결책이 될 수는 없다. 다리 한 쪽을 통째로 절단해야만 한다. 필요하면 두 다리 다 자를 일이다. 외무부라는 추상적인 조직이 썩을 수는 없다. 조직의 부패는 언제나 그 조직을 구성하는 인간들이 썩어서 문제인 법이다. 그리고 그 부패 바이러스는 건물을 빠져나오지 않고 안에서 빙빙 돌며 조직원을 감염시키는 법이다. 때에 따라서는 건물 밖으로도 악취를 풍기며 면역력이 약한 자들을 괴롭힌다. 나는 2016년 한 해 국립외교원에서 경력교수로 외교관 후보생들을 가르친 적이 있다. 그 때 내가 관찰하기에 그들은 외교관이 되기도 전에 이미 부패 바이러스에 감염된 사람들이었다. 어쩌면 그렇게 기성 외교관들처럼 뺀질거리는 사고방식과 언행에 그토록 익숙한 것인지 놀라울 지경이었다. 그것은 아마도 국립외교원 입학시험을 볼 때 시험지에 묻어 있던 바이러스에 감염되었던 것이었으리라. 나는 경력교수로서 외교원의 후보생 프로그램 개선 방안을 토의하는 계기에 세 개의 중요한 아이디어를 제시했었다. 그리고 그것은 지금도 내가 유지하고 있는 생각이다. 첫째, 뺀질이 정신 개조 작업이다. 한 두어 달 정도로 해서 국토대장정을 시키고, 2주일 정도 진짜 사나이 입소 훈련도 보내고, 극한직업의 현장에 한 달에 한 번 정도 집어넣어야 한다는 것이다. 그래야 외교관으로서 국토에 대한 사랑, 국민에 대한 존경, 그리고 동료들에 대한 우정이 생길 수 있다는 얘기다. 둘째, 진짜 지성과 감성을 키우는 작업이다. 문서작성법이니 국제 외교사니 영어니 그런 수업은 전부 걷어치우고 제대로 된 책 100권을 읽히는 것이다. 그것도 원어로 된 책으로 말이다. 그거 다 못 읽었거나 읽었다 해도 제대로 소화하지 못했다면 외교관 자격을 주어서는 안 된다. 나는 내 나름대로 만든 외교관 필독서 리스트를 가지고 있다. 셋째, 경쟁을 없애는 것이다. 경쟁이란 기본적으로 남을 밟고 올라서는 장치다. 경쟁해서 미국으로 나가려 하고 북미국에 발령받으려는 것이다. 물론 없애고 다시 만들 외무부에는 그런 미국 제일주의 서열 의식이 설 자리가 없어야 한다. 그러나 그 전에 조직을 구성하는 인간들의 의식 속에서 그런 서열을 가능하게 하는 바탕을 제거하는 것이 중요하다. 정신개조니 필독서 독파니 하는 과정에 통과냐 낙오만 있을 뿐 우열은 없다. 외무부를 없애는 마당에 이런 아이디어가 무슨 상관이냐고 물을 수 있다. 나는 지금 현재의 외무부를 깡그리 없애고 다시 시작하면서 새로운 직원들을 교육하는 방식으로 그것을 생각하자고 말하고 있음을 잊으면 안 된다. 혹자는 어떻게 외무부를 없앨 수 있겠냐고 눈을 흘기면서 반박할 것이다. 할 수 있다. 혁명으로 나라도 뒤엎어 버리는데 그까짓 외무부 몇 달 없어도 아무런 문제가 될 것이 없다. 대통령 몰아내고 검찰도 해체하려는 마당에 그따위 외무부 탈탈 턴들 무슨 문제가 있을 수 있겠는가. 썩은 다리 때문에 사람이 죽게 생겼는데 당연히 잘라내야지 뭘 어떻게 잘라낼 수 있겠냐고 묻고 앉아 있는가. 77년 동안 썩어온 조직 외무부는 댕강 잘라버리고 새로운 언어와 생각과 용기가 끓어 넘치는 미래의 진정한 외교부를 다시 탄생시킬 일이다.

지금 정부가 제대로 된 정부라고 가정하고 한 얘기였다. 사실 터무니없는 가정에 멍청하기 짝이 없는 언설이었다. 하지만 의도된 헛소리였다. 영어 표현 중에 "볼 속에 혀를 넣고"(tongue in cheek)라는 말이 있다. 진지한 표정으로 조롱 섞인 농담을 하는 사람한테 쓰는 말이다. 의뭉을 떤다는 말과 비슷하다. 마음에 없는 말을 하면서 웃음이 터지지 않도록 볼 속에 혀를 넣고 이빨로 지그시 깨물고 있는 모습이다. 그런데 우리말로 의뭉을 떤다는 뜻은 엉큼한 속을 품고 겉으로는 바보같이 행동하는 것을 말한다. 볼 속에 혀를 넣은 것하고는 완전히 다르다. 겉과 속이 다른 것은 똑같다. 의도된 것이라는 점도 똑같다. 자, 나는 지금 의뭉을 떨고 있는 것인가 아니면 볼 속에 혀를 넣고 있는가? 내가 의뭉을 떨면서 바보 같은 소리나 하고 앉아 있다면 내 엉큼한 속은 무엇일까? 그것은 물론 숭미주의자들이 절대불가를 외칠 독립된 주권국가의 건설일 것이다. 그러나 길은 멀고도 험하다. 그렇다면 나라가 요 모양 요 꼴인데 나라는 그냥 놔두고 어떻게 외무부만 갈아엎는단 말이냐! 옷을 갈아입으려면 먼저 똥통에서 빠져나와야 할 것 아닌가! 내가 나라를 엎어버리자고 과격한 언사를 쓴다고 해서 반드시 혁명을 뜻하는 것은 아니다. 그렇다면 무엇을 어떻게 해야 할 것인가? 나는 레닌의 혁명 지침서 "무엇을 할 것인가?"를 떠올린다. 그렇다고 우리 국민이 들쳐 일어나 프롤레타리아 혁명을 하자고 말하는 것은 아니다. 다만 레닌의 수기가 제시하는 출발점이 노동자들의 계급의식이었던 것처럼, 우리가 나라를 바꾸려면 우리 자신이 어떤 존재인지를 명확하게 알아야 한다는 점을 강조하고 싶다. 프롤로그에서 나는 중앙아시아의 만쿠르트 전설을 소개했었다. 정복된 땅의 어린 소년 머리에 낙타 유방 가죽으로 만든 축축한 작은 모자가 씌워진다. 낙타 가죽이 마르면서 아이의 머리를 조이고 급기야는 두개골에 찰싹 흡착되어 떼어낼 수 없다. 낙타 가죽이 더욱 오그라들면서 아이의 머리에서 영혼을 앗아간다. 아이는 점점 자기가 누구인지도 모르는 만쿠르트가 된다. 개처럼 주인이 주는 밥만 기다리는 노예가 되는 것이다. 속박과 굴레를 벗어던지려면 제일 먼저 해야 할 일은 우리가 그런 상태에 있음을 인식해야만 한다. 우리 스스로 뒤집어쓴 그 놈의 낙타가죽 모자가 우리를 영혼이 없는 노예로 전락시키고 있음을 자각해야 한다. 왜 우리가 이렇게 비참하게 살아야만 하는지 묻고 또 물어야 한다. 그 다음에는 여러 길이 보일 것이다. 나는 그런 길이 어떤 것인지를 보여주고 싶다. 하지만 그것은 우리가 가정법을 동원하지 않고 진짜로 속박과 굴레를 벗어던지기 시작할 때라야만 비로소 의미를 가질 수 있을 것 같다. 나는 그런 그림을 그려 보일 수 있는 날이 어서 오기를 기원한다. 그 때가 바로 명품외교의 길이 열리기 시작하는 날이다. 우리 인간은 고통 받는 생명체이기도 하지만 다른 한편으로는 그 고통에서 벗어날 능력을 갖고 있는 존재이기도 하다. 그래서 초인이 있고 구원자가 있었다. 우리 인간은 보잘 것 없는 약한 동물이면서 동시에 전 우주를 창조하고 인식하는 초월적 존재인 것이다. 그걸 깨닫는 순간 우리는 웅장한 가슴으로 우리의 삶을 살아가게 될 것이다. 우리나라도 마찬가지다. 지금 이 순간의 나라가 보잘 것 없고 분통 터지는 모습일지라도 그것이 우리민족의 본모습이 아니라는 것을 깨닫는 순간 우리는 자자손손 자랑스러운 나라를 만들어갈 수 있다고 생각한다. 그래서 나는 한국의 외교관으로서 33년 동안 눈물을 흘리면서 보고 듣고 경험한 형편없이 구겨진 우리의 현실을 묘사하려고 이 글을 썼다. 때로는 가슴을 치면서 때로는 볼 속에 혀를 넣고 말이다. 제대로 된 한국 그리고 제대로 된 우리나라의 외교를 보고 싶어 자다가도 벌떡벌떡 일어나 한숨을 쉬는 좌파 전직 외교관의 슬픈 이야기였다. 끝.

The Way of Quality Diplomacy

주요 관련 연표

993. 11경 서희의 거란 소손녕과의 외교 담판

1637. 2. 24 조선 인조가 삼전도에서 여진족 홍타이지에 항복하고 삼궤구고두례 굴욕

1866. 10-11 병인양요: 외규장각 도서 등 약탈
1868. 5. 10 오페르트의 남연군(흥선 대원군의 선친) 묘 도굴 미수 사건
1885. 4 – 1887. 2 영국의 거문도 무단 점령
1886. 6. 4 조불수호통상 조약 체결
1895. 8. 28 천주교 조선교구 교구장 프랑스인 뮈텔 주교가 고종 알현
1895. 10. 8 을미사변: 명성황후 시해("여우사냥") 사건
1896. 2. 10 고종 아관파천(아관망명)
1897. 2. 20 고종 경운궁(덕수궁)으로 환궁

1901. 2-5 제주 이재수의 난
1904. 2. 6 러일전쟁 발발: 일본이 부산항에 정박한 러시아 상선을 나포하고 이틀 후 제물포에서 양국이 처음으로 교전
1905. 5. 27 러일전쟁 종결: 쓰시마 해전으로 러시아 발트함대 괴멸

1905. 7 가쓰라태프트 밀약 체결

1905. 11 을사늑약 체결

1909. 10. 26 안중근이 하얼빈 역에서 이토 히로부미 사살

1910. 8. 29 경술국치

1932. 4. 29 윤봉길, 상하이 훙커우 공원에서 폭탄 투척

1953. 10. 1 한미상호방위조약 체결

1954. 11. 18 한미상호방위조약 발효

1963. 12. 16 한국노동청과 독일탄광협회 간의 협정: 한국 광부 파독 시작

1964. 12. 6 박정희의 서독 국빈 방문

1966. 12. 3-6 한국 해병대 청룡부대는 베트남 빈호아(Binh Hòa) 마을 주민 430명 학살

1967. 3. 3 박정희의 초청으로 서독 대통령 뤼프케 한국 방문

1967. 5. 17 임석진이 청와대에서 박정희 독대: 동백림 사건의 단초 제공

1967. 7. 8 한국 중앙정보부의 동백림(東伯林) 사건 발표: 서유럽에 거주하는 한국 교민과 유학생 194명이 동베를린 북한 대사관과 평양을 왕래하며 간첩 활동을 했다는 내용

1969. 2. 25 대통령 특사로 윤이상 석방

1977. 6. 2 전 중앙정보부장 김형욱은 미국에서 뉴욕타임스와 인터뷰를 갖고 박정희 정권의 내부비리 폭로
1979. 6. 30 서울에서 한미정상회담 개최: 박정희는 카터 행정부의 전략적 실패를 비판
1979. 10. 7 파리에서 김형욱 실종
1979. 10. 26. 중앙정보부장 김재규가 대통령 박정희를 사살

1983. 5. 5 중국민항 여객기 한국 불시착, 5월 10일 양국 정부는 합의 결과를 발표
1985. 3. 22 전남 신안군 소흑산도 앞바다로 중국 어뢰정 진입, 3. 28 한국정부가 어뢰정과 승무원 전원을 중국에 인계함으로써 사건 해결
1985. 5 미국 로비스트 안나 셔놀트, 덩샤오핑의 특사로 대통령 전두환을 만나 덩샤오핑의 감사의 인사를 전달
1989. 4. 25 잉창치 배 세계 바둑대회 결승전이 항저우에서 개막
1989. 5. 15 고르바초프의 중국 방문으로 중소관계 정상화

1990. 3. 30 소련 아에로플로트 항공사 서울에 첫 취항
1990. 6. 4 대통령 노태우와 소련 공산당 서기장 미하일 고르바초프가 샌프란시스코 페어몬트 호텔에서 정상회담을 갖고 한소수교 원칙에 합의

1990. 9. 30 한소수교

1991. 10 한국과 중국은 무역대표부를 설치해 공식 교류 시작

1991. 9. 17 남북한 동시 유엔 가입

1992. 8. 24 외무장관 이상옥과 중국 외교장관 첸지천은 북경 영빈관에서 한국과 중국 간의 외교관계수립에 관한 공동성명을 교환

1993. 9. 14 프랑스 대통령 미테랑이 방한해 김영삼과 정상회담: 프랑스가 보유하고 있는 외규장각 도서를 영구임대 형식으로 한국에 반환 약속

1995. 9. 18 한미 양국은 워싱턴에서 자동차 교역에 관한 MOU에 서명

1996. 10. 11 한국의 오이시디 가입

1998. 7 한러 외교관 맞추방 사건 발생

1998. 12. 15 미국의 요구로 한미 자동차 교역 관련 두 번째 MOU 서명

2000. 6. 13-15 김대중의 평양 방문, 김정일과 정상회담: 6·15 남북공동선언 발표

2001. 2. 27 김대중과 푸틴이 한러 정상회담, "양측이 ABM 조약을 보존하고 강화"하기를 희망한다고 발표

2001. 3. 7 대통령 김대중 미국 방문, 부시는 김대중을 디스맨(this man)으로 호칭하며 홀대

2004. 4. 22 북한 룡천 역 폭발 사고

2005. 5. 20 한국 정부는 프랑스 정부에 사과: 26년 전에 파리에서 일어난 김형욱 살인 사건에 한국 정부가 간여했다는 이유

2006. 2 한미 FTA 협상을 시작

2007. 6. 30 한미 FTA 체결

2007. 9. 6 이스라엘 공군의 시리아 공습: 과수원 작전(Operation Orchard)

2007. 9. 27-10. 3 6자 회담 마지막 회담

2007. 10. 2-4 노무현의 평양 방문, 김정일과 정상회담: 10·4 공동선언문 발표

2010. 12. 3 한미 FTA 재협상 타결

2011. 5 외규장각 도서 297권 전체 환수 완료: 국립중앙박물관에 소장

2011. 11. 22 한미 FTA 국회비준

2014. 10. 23 워싱턴 개최 한미안보협의회(SCM)는 한국의 전시작전권 전환 시기를 사실상 무기한 연기 결정

2015. 5. 4 한국 외무부는 일본이 추진 중인 유네스코 세계 문화 유산 등재 작업에 제동을 걸고 있다고 천명

2015. 9. 3 대통령 박근혜, 천안문 광장에서 벌어진 중국 열

병식 참석

2016. 1. 6 북한의 4차 핵실험: 수소탄 실험에 성공했다고 발표

2016. 2. 10 한국정부는 개성공단 가동 전면 중단 조치 발표

2016. 7. 8 한국정부는 사드 1개 포대의 한반도 배치를 공식적으로 발표

2016. 7 중순 주영국 북한 대사관 공사 태영호의 한국 망명

2016. 9 G20 항저우 개최 정상회의 계기 한중 정상회담

2016. 10 한미 외무·국방 장관은 워싱턴에서 2+2 회담을 갖고 확장억제 전략협의체(EDSCG: Extended Deterrence Strategy and Consultation Group)를 신설하기로 결정

2017. 2 롯데그룹은 성주에 있는 회사 골프장을 사드 배치 부지로 제공하기 결정

2017. 7. 6 대통령 문재인의 베를린 알테스 슈타트하우스 연설: 한반도 평화 구상 천명

2018. 9. 24 한미 FTA 개정 협상안 서명: 트럼프와 문재인이 뉴욕에서 서명

2018. 10 일제강점기 강제징용 사건에 대한 한국 대법원 판결

2019. 7 일본의 대한 수출규제가 발표

2019. 8 한국정부는 한일 군사정보보호협정(GSOMIA) 종료를 통보

2019. 2 하노이 북미 정상회담 후 트럼프는 기자회견을 자청해 북미 간의 합의가 결렬되었다고 일방적으로 선언

2022. 2 미국 바이든 정부는 "중국의 패권적 도전을 좌절시킨다"는 요지의 인도·태평양 전략 발표
2022. 5 한미 정상회담에서 대통령 윤석열은 바이든에게 한국판 인태전략 수립을 약속
2022. 8 외무장관 박진은 칭다오에서 한중 수교 30주년에 맞추어 중국 외교장관 왕이와 회담을 가졌으나 성과는 별무
2022. 10. 27 러시아 대통령 푸틴은 발다이 클럽에서 "만일 한국이 우크라이나에 무기를 제공할 경우 우리의 관계는 파탄날 것"이라고 경고
2022. 11. 11 대통령 윤석열은 캄보디아 개최 한아세안 정상회의에서 바이든에게 약속한 인태전략을 자랑스럽게 발표
2022. 11. 15 한중 정상회담이 열렸으나 8월의 한중 외무장관 회담과 차이점 별무
2023. 3. 6 한국정부는 4년 4개월여 전에 대법원이 최종적으로 내린 강제징용 피해자들에 대한 일본의 배상책임을 한국정부가 대신 이행할 것이라고 발표

2023. 3. 16-17 대통령 윤석열의 일본 방문, 정상회담에서 지소미아(GSOMIA)의 완전 정상화 선언

2023. 4. 8 뉴욕타임스는 미국 정부의 기밀 문건을 보도, CIA가 한국 대통령실을 도청해 한국의 대폴란드 포탄 수출 관련 정보를 파악했다는 내용도 포함

4. 11 안보실 차장 김태효는 한국 대통령 방미 사전준비를 위해 워싱턴 향발 비행기에 올라타기 전 인천 공항에서 CIA의 도청과 관련 "동맹국인 미국이 우리에게 어떤 악의를 가지고 했다는 정황은 발견되지 않고 있다"고 발언

2023. 4. 19 대통령 윤석열은 로이터통신과 인터뷰를 통해 우크라이나 포탄 지원 문제, 대만 문제와 관련 미국의 입장에서 발언

4. 24 방미 출발 직전 워싱턴포스트와 인터뷰에서 일본에 "100년 전에 일을 가지고 무조건 안 된다 무조건 무릎 꿇어라 라고 하는 이거는 저는 받아들일 수 없다"고 발언

2023. 4. 24-28 대통령 윤석열 미국 방문

2023. 4. 26 한미 정상회담 후 "워싱턴 선언" 발표

4. 27 중국 외교부는 주중 한국대사관 정무 공사를 불러 한미공동성명(워싱턴 선언)의 중국 관련 표현에 엄중 항의

2024. 6. 18-19 푸틴의 평양 방문: 김정은과 포괄적 전략 동반자 협정에 서명
2024. 11. 1 중국 정부는 한국인에 대해 15일까지 무비자 중국 방문 전격 허용 발표
2024. 11. 4 북한 외무상 최선희 모스코바 방문 푸틴 예방
2024. 11. 7 미국 대선에서 트럼프 당선, 2025. 1. 20 미국의 47대 대통령으로 취임
2024. 12. 3. 22:27 대통령 윤석열의 비상계엄 선포
    12. 4. 01:01 국회, 비상계엄 해제요구 결의안 가결
    04:30 비상계엄 해제
    12. 14 윤석열 탄핵소추안 국회 가결
2025. 1. 19 내란수괴 혐의로 윤석열 구속
2025. 1. 24 러시아 외교장관 세르게이 라브로프는 "러시아와 관계 정상화에 관심 있는 합법적인 당국과 한반도 긴장 완화 문제를 포함해 대화할 확고한 준비가 됐음을 재확인한다"고 언급
2025. 2. 7 하얼빈 개최 제9회 동계아시안게임이 개막 계기에 시진핑 중국 국가주석과 한국 국회의장 우원식 면담
    2. 7 워싱턴에서 미일 정상회담 개최

찾아보기

ㄱ

가쓰라태프트 밀약 9, 13, 562
가자 지구 409, 417
강제징용 문제 27, 103-104,
    106-107, 111, 121-
    122, 138, 147, 149-
    150, 154-157, 159,
    541, 566-567, 592
개새끼 72, 144, 146, 299
거문도 349-354, 358, 561
거짓말의 문제 523
겐지 모노가타리/源氏物語 128,
    130
경술국치 9, 562
경제안보 202-203, 217, 295
계사조약/癸巳條約 96-97
고르바초프 187, 253-255,
    266, 563
골품/성골/진골/육두품 20-21,
    366, 501, 587, 595
공급망 201-203, 205, 223,
    295, 598
과거사 문제 27, 41, 51, 103,
    112-113, 121, 138,
    155-156, 161, 164-
    165, 216, 305, 311,
    316, 590, 596
과수원 작전(Operation
    Orchard) 404, 565

광해군 291
구드존/Gudzon 262-265
구창모 392, 395-397, 399
국가안보국/NSA 230-232
"글자 병" 516, 519
기시 노부스케/岸 信介 150
기시다 후미오 109
"기특지심(奇特之心)" 334, 594
김대중 49, 104, 109, 241,
    248-251, 256, 308-
    309, 318-319, 335-
    336, 339, 424, 488,
    548, 564, 598
김민석 40
김성한 안보실장 228-229,
    234, 236, 238-239,
    542, 592
김일성 64, 249, 330-331,
    333-343, 413
김재규 305-307, 310-311,
    319, 563
김태효 44-46, 93-94, 230,
    237, 544, 568
김현일 북한 대사 336-337,
    383-384
김형욱 305-307, 309, 311-
    312, 314, 316, 319,
    341, 358, 563, 565

ㄴ

나로호 28, 292
나선/羅禪 142, 178, 242, 270, 441, 599
'날리면' 87, 196, 380, 455-456
녜웨이핑 기성 170-175, 187, 222, 554
노무현 14, 80-81, 86, 160, 192, 221, 256, 259, 308, 336, 339, 405, 424, 438, 453-455, 548, 565, 592
"누님" 378-379
뉴라이트 112-113, 124, 138
니체 123
니콜라이 2세 281, 283-284, 286-287, 289

ㄷ

다쓰아론/脫亞論 132, 210-211, 592
대만 문제 37-39, 217, 542-543, 568
대사대리 242, 254, 363, 386, 400-401, 587, 594-595
"대장 불리바" 268-269
대한매일신보 355-356
덩샤오핑 171, 177, 181-183, 222, 563
데니스 와일더 47, 63-75, 77, 80-85, 88, 92, 96, 195, 299, 387, 591
데마르슈 382-383
동방신기 396-397
동백림(東伯林) 사건 312, 316-317, 319, 328, 330-331, 345, 357-358, 562
동아시아 경제 코커스(EAEC) 441, 596
드미트리 카라마조프 265, 276, 289
디스맨(this man) 250-251, 564
똘레랑스/tolérance 303-304, 477

ㄹ

라말라 407, 409, 414, 417, 421
라브로프 외교장관 297, 569
라스콜리니코프 265, 275, 289
런민르바오/人民日報 39, 199
로버트 아인혼 92-93, 96
로이터통신 35-37, 40, 217, 568
룽천 폭발 402
루안다 368, 583-584

루이제 린저 330-331, 333

ㅁ

"마나스" 387-389
마하티르 총리 441-442, 596
만쿠르트 27, 160, 557, 589
"말죽거리 잔혹사" 300
메드베데프 36, 259
멸시의 눈빛 5, 28-29, 50, 61-
  62, 155, 169, 200, 213,
  333, 335, 351, 359,
  362, 384, 387, 423,
  443, 455-456, 523
모사드 402-404, 406-408,
  410-412, 415-416, 420
모터케이드 432
무례 38, 200, 331, 431-435,
  449-450, 456
문재인 48, 99-100, 160, 188,
  190, 192, 194, 206,
  256, 260, 337-339,
  424, 548, 566
뮈텔 주교 322-323, 561
"뮌헨" 410-411
미국 중앙정보국/CIA 53, 150-
  151, 163-164, 179-
  180, 184, 222-223,
  230, 232-235, 239-
  240, 245, 264-265,
  300, 308, 346-349,
  401, 404, 415-416,
  452, 455, 542, 544,
  551, 568, 588-589,
  592, 599
미일 안전보장 조약 442, 587
미테랑 320-322, 564
"밀양" 144, 146

ㅂ

바르샤바 봉기 271-274, 354,
  583
바이든 37, 44-45, 52, 107-
  109, 112, 201, 203,
  228, 380, 456, 541,
  567, 597
바키에프 대통령 393, 395,
  399
박근혜 105-107, 138-142,
  144, 146-147, 150,
  163-170, 188-189,
  193-194, 207, 216,
  221, 256, 259, 336-
  337, 347, 377-381,
  545, 548, 565, 608
박영천(가명) 60, 64
박정수 외무장관 241, 244-
  245, 252, 487-488
박정희 42, 299-300, 305-

306, 308-312, 314-320, 327-329, 331, 333, 340, 342, 345, 431, 453, 547, 549, 551, 562-563
박진 외무장관 37-38, 103, 107, 201, 204, 567
반기문 163, 207, 216, 418, 434
발다이 클럽 37, 293, 567
"밥 먹는" 예산 506, 528
배설(裵說) 354, 356-357
백악관 45, 53, 56, 62, 81-82, 99, 107, 111, 205, 248, 588
베를린 127, 232, 312-313, 315, 317, 328, 335, 338-339, 562, 566
베트남 113, 118, 121, 156, 177, 317, 319, 364-366, 387, 408, 433-434, 436-438, 449, 453-454, 468, 473-474, 524, 548, 562, 596, 600
병인박해 322-325
병인양요 322, 561
부용치훼 38
불곰사업 28, 291-294

"V-318" 공작 314
비상계엄 26, 401, 545, 569, 588
빅터 차 63, 72, 81-82, 108, 111, 151-152
뺀질이 440, 490-491, 493, 519, 523, 554, 601

ㅅ

사도금광/佐渡金山 124, 131, 133
사드/THAAD 27, 98, 100, 141-142, 150, 164-170, 188-191, 193-201, 203, 205-206, 216-217, 221-222, 347, 402-404, 406-408, 410-412, 415-416, 420, 566, 588, 593
산케이 신문 206-207, 213-214, 216
산투스 대통령 373
삼각동맹/tripartite ally 82, 151-154, 161, 544
상 보리스 329, 389-390
서희 29, 220, 334, 469-475, 561, 599
성조기 426, 546

세계무역기구(WTO) 436-438, 473
소손녕 334, 469-472, 474-475, 561
손석희 590
손흥민 334, 458
송민순 외무장관 81
숭미정권 100, 149, 199, 295, 301, 327, 379, 545, 548, 592
숭미주의 22, 189-190, 217, 220-221, 238, 319, 533-534, 556
슝가/春画 136
식민지 5, 10-11, 14-17, 48, 59-60, 73, 102, 104, 112, 114, 117, 121-122, 145, 155, 161, 192, 214, 218, 221, 233, 255, 282, 284, 354, 424, 442, 459, 466-467, 534, 546-547, 593, 600
신단수 387-388
신임장 372-373, 378-379, 508-509
실력문제 504, 519
10·4 공동선언 336, 565

ㅇ

아관파천/아관망명 279, 281, 284, 286-287, 326, 561, 594
아라파트 410, 412-416
ASEAN+3 정상회의 596
아세안 지역 포럼(ARF) 446, 448
아탐바예프 총리 393, 401
안나 셔놀트 181-182, 563
안중근 356, 562
안희정 188-189
알라아르차 386-387
알스톰 321
알키바르 402-404, 406
앙골라 28, 336-337, 363-364, 367-384, 400, 584, 595
"양철북" 262
양키컬쳐 458, 460-462
에드워드 스노든 230-231
ABM조약 234, 248-250, 252, 564
A300 318-320
엑조세 318-319
"여우사냥" 280, 561
예루살렘 76, 406, 418, 596
오세티아 267-268, 271, 589
오아시스 호텔 418-420, 604

오이시디 448, 478-479, 525-527, 532, 564, 601, 608
오종현(가명) 78, 84, 187, 365
오페르트 324-326, 561
"올드보이" 50
외교 행낭 491-492, 496, 517, 528, 603
외규장각 도서 94, 321-322, 561, 564-565
"우리들의 일그러진 영웅" 218, 440
우크라이나 28, 35-37, 40-41, 52, 98, 100, 219, 227-229, 234, 236-239, 241, 257, 268-271, 293-294, 296, 306-307, 469, 541-542, 567-589, 594
워싱턴 선언 43, 45, 48, 52, 568
워싱턴포스트 40, 103, 111, 241, 294, 568
웬디 셔먼 108, 140-141, 145-146, 151-152, 154, 165
위르겐 힌츠페터 332
유길준 211-212, 280-281
유네스코 세계유산 124-127, 130-131, 134, 565

유명환 외무장관 106, 250, 433
유엔군사령부 11, 16, 97
6·15 남북공동선언 336, 564
윤봉길 170, 562
윤석열 26, 35-37, 40-41, 43-44, 46, 48, 51-53, 103, 107, 109, 111, 122, 124, 138, 149, 151, 201, 203, 205-206, 216-217, 223, 229, 239-240, 297, 380, 401, 425-426, 455-456, 536-537, 541-545, 548-551, 567-569, 588, 599
윤이상 312, 315, 329-331, 333, 341, 562
을사늑약 9-10, 96, 115, 253, 355, 562
이명박 57, 60, 139, 256, 259, 433, 479, 544, 548
이상옥 188, 564, 587
이스라엘 62, 75-76, 228, 237, 364, 402-408, 410-413, 415-419, 421, 565, 595-596, 604
이승만 11, 13-14, 26, 84, 97, 108, 158, 166, 193,

215, 222, 299, 316,
327, 345, 429, 431,
451, 533, 547, 549,
551, 587
이완용 279, 284, 287, 594
이응노 312-313, 315-316
이재명 100
이재수 323-324, 561
이정빈 외무장관 241, 247,
251-252
이지스 어쇼어 198-199, 593
인계인수서 369-371, 595
인사문제 235, 246, 494-495,
497, 499-500, 502, 535
인태전략 203, 217, 223, 567
일본군 위안부 27, 113-114,
116-117, 119, 121-
122, 138-150, 155-
157, 159, 592
"잃어버린 시간을 찾아서" 124
임석진 313-314, 339-345,
562
잉창치 배 세계 바둑대회 170-
171, 174-176, 182,
193, 222, 563

ㅈ

자파로프 대통령 401
작전지휘권 11, 14, 16, 97
"저수지의 개들" 311
전두환 182, 299-300, 331,
333, 394, 429, 431,
547, 549, 551, 563
정책협의회 513, 515, 606
조러수호통상조약 253
조민수(가명) 대사 54, 62, 420
"조선책략"(朝鮮策略) 277
조승희 590
조중훈 318-319
조지아 40, 266-268, 271,
291, 589
조훈현 170-176, 182, 187,
193, 222
"족보" 604
"존 말코비치 되기" 497
존 맥코믹 62-63, 71-77, 81,
83
주권국가 9-16, 39, 317, 429,
442, 456, 556
중국민항 사건 183, 185, 563
중국 어뢰정 사건 177-183,
193, 222, 563
중립국감독위원회 510, 606
"쥐 세 마리" 483-484, 504,
525, 527, 601
지미 카터 310, 563
지소미아(GSOMIA) 103, 110,
154, 544, 566, 568

지지심포/時事新報 132, 207, 210, 213

ㅊ

천상병 312, 315-316, 333, 463
청룡부대 118, 562
청비총 20-21, 499, 501
첸치천 중국 외교장관 181-182
"최고의 인재들"(The Best and the Brightest) 524
최덕신 대사 316, 342, 345
최종적 및 불가역적 113-114, 119, 143, 145-147, 150
출세 도덕경 499-500, 504
친강 중국 외교장관 39
칩4 203, 205, 295

ㅋ

캐슬린 스티븐스 82-83
케이컬쳐 359, 457-458, 460-464
케이팝 301-302, 304, 359-360, 458, 463-464
코리아게이트 310
코사크족/Cossacks 268-270
코이카 374, 377, 393, 409-410, 520
쾨르버 재단 337

키르기스스탄 28, 88, 363-364, 367, 384-387, 389-390, 392, 397-401, 583, 589, 594

ㅌ

탄핵 26, 54, 107, 188, 194, 223, 426, 455, 541, 569, 588
탈아입구(脫亞入歐)/다쓰아 뉴오 132, 135, 210-211, 592
태영호 345-349, 566
테레사 메이 349
텔아비브 406, 414, 420, 583, 596
토킹포인트 509-511, 514, 606
통상교섭본부 57, 59, 75-76, 187, 401
트럼프 35, 98-100, 151, 192, 198, 217, 259, 262, 297, 339, 469, 546, 566-567, 569, 597

ㅍ

파리코리아센터/Centre Culturel Coréen 301-302
파이로 프로세싱/Pyro-

processing 90-91, 93
팔레스타인 28, 363-364, 406-419, 421, 550, 595, 604
팔레스타인국 417-418
"퍼제스트"(Possessed) 363
"펙토파" 255, 484, 522-523, 608
펠르랭 프랑스 문화장관 302, 305
폴란드 88-89, 130, 198-199, 219, 229, 238-240, 269-274, 400, 568, 583-584, 593, 606
푸에르토리코 11, 15, 303, 428, 460-461, 587
푸틴 37, 163, 248-251, 256, 259-260, 268, 293-294, 296, 564, 567, 569
프란츠 파농 600
프리즘/PRISM 230-233

ㅎ

한강 130, 334, 360
한국의 대일본 외교의 핵심 112, 138
"한니발" 92
한덕수 54, 60, 75-76, 480, 605, 608
"한미동맹의 강화" 57, 97, 466-467
한미동맹 조약/ 한미상호방위 조약 10, 12-13, 442, 533, 562
한미 원자력협정 88-89, 93-95
한미 특수관계/특수성 97
한미 FTA 41, 47, 56-62, 64-65, 67-70, 85-88, 98, 100, 151, 367, 387, 454, 479, 565-566, 583, 589
한승덕 397-398
한일 군사정보보호협정/ GSOMIA 103, 109-110, 566, 568
함량미달/함량제로 23, 25, 84, 129, 252, 343, 483, 508, 511, 527, 536
합의의사록 11-14, 16, 96-97, 108, 150, 158, 160, 193, 547
핵 공유 44-49, 51, 544
호르헤 루이스 보르헤스 128, 584
홍순영 외무장관 241, 245, 247, 252, 520
확장억제/extended deterrence

　　　　41-45, 47, 49-51, 566
환추스바오/環球時報 39, 199
후쿠자와 유키치 132, 207-
　　　　213, 278, 592
흑금성/박채서 599

The Way of Quality Diplomacy

저자 소개

이창천(필명)

평생 직업 외교관으로 일했다. 1985년에 외무부에 처음 들어간 이후 약 15년 이상을 해외에서 지냈다. 보스턴, 파리, 텔아비브, 하노이, 워싱턴, 비슈케크, 바르샤바, 루안다 등지가 그의 활동 공간이었다. 1962년에 태어난 저자는 서울대학교 경제학과를 졸업한 후에 곧바로 외무부에 입부했다. 외교관 생활을 하는 도중에 1990년부터 2년간 국비로 미국 필라델피아에 있는 펜실베이니아 대학교(UPenn)에서 유학해 정치경제학 석사학위를 받았다. 국제적인 경제 질서의 형성과 변천이 그의 주된 관심사였다. 자연히 외무부 내에서의 경력도 경제외교 분야에 집중되었다. 예컨대 그는 1989년 한국국제협력단(KOICA) 창설 작업에 참여했고, 1996년 우리나라의 OECD 가입과정에서 파리에 근무하면서 실무 작업을 수행했으며, 2005년부터 2년간 한미 FTA 협상과정에도 관여했다. 하지만 그는 한미 FTA가 우리나라 국익에는 전혀 도움이 되지 않는다는 입장을 가지고 있었고, 그리하여 자원해서 중앙아시아의 키르기스스탄으로 이동해 대사관 창설 작업을 실행했다. 비슈케크에서 소기의 임무를 마치고 바르샤바로 근무지를 옮긴 저자는 2010년 초에 동료들과 《판타스틱 폴란드》를 공동으로 출간하기도 했다. 폴란드 근무를 마친 저자는 그 이후 서울 외무부 본부에서 한미 원자력 협정을 놓고 협상을 벌였고, 보건복지부에 파견되어 국제협력 업무를 총괄했으며, 2014년부터 2년간은 아프리카 앙골라의 수도 루안다에서 한국의 특명전권대사로 일했다. 2018년 6월 그는 외무부를 퇴직하고 독립적인 국제기구인 세계스마트시티기구(WeGO)의 사무총장에 임명되어 3년간 행복도시를 만들고 개선해 나아가는 도시외교를 추진했다. 2021년 6월 말로 지난 36년간의 공직을 모두 마친 저자는 마침내 자유인이 되어 지금은 시, 소설, 에세이, 인류문명 비판서 등을 쓰는 작가로서의 삶을 살고 있다. 오래전부터 하고 싶어 하던 일이었다. 2023년 말 저자는 13년 전에 출간된 《판타스틱 폴란드》의 개정증보판을 단독으로 펴냈다. 저자가 가장 좋아하는 작가를 다섯만 들자면 마르셀 프루스트, 제임스 조이스, 호르헤 루이스 보르헤스, 토마스 핀천, 그리고 살만 루시디다. 하나같이 노벨 문학상과는 거리가 멀지만 저자가 최고의 존경심으로 사숙하는 위대한 작가들이다. 그들의 명품들에 버금가는 작품을 내는 것이 저자의 꿈이다.

The Way of Quality Diplomacy

주

1 현재의 공식 명칭은 "외교부"지만 외교가 없는 나라의 정부 부처 이름으로는 어울리지 않고, 그냥 외국과의 업무를 다루는 조직이라는 의미로 "외무부"가 보다 적절하다고 판단하여 이 글에서는 시종일관 외무부로 호칭한다. 1948년 정부출범 당시의 명칭도 외무부였고 1985년 필자가 입부할 때도 그랬다. 외무부는 1998년에 통상업무를 흡수하면서 "외교통상부"로 개칭했다가 2013년에 그 업무가 박탈되면서 외교부로 개명했다. 사실 "외교관"이라는 말도 "외무관"라든가 "외무사"라고 고쳐 쓰고 싶지만 굳이 어색한 용어를 만들 것까지는 없다고 생각해 그대로 외교관으로 쓴다.

2 혹자는 조약 언어의 성격상 "수락한다"라는 말은 "수락해야 한다"로 고쳐 읽어야 하며, 이는 미국이 한국에 군대를 배치하지 않으면 안 된다는 의미인 만큼, 이승만이 미국을 꼼짝 못하도록 엮은 것이라면서 한국의 자주성을 강조하기도 하는데, 내가 볼 때 허튼소리다. 뒤에 나오지만 미일 안전보장 조약에도 같은 문구가 들어 있다. 미국은 원하지 않으면 군대를 배치하지 않아도 그만이다. 그러나 군대를 갖다 두는 것만으로도 막대한 이득이 생기는데 왜 그걸 마다하겠는가!

3 이 말은 한국의 식민성을 완곡하게 표현하는 어휘에 다름 아니다.

4 당연한 일이기는 하지만 푸에르토리코는 유엔 회원국이 될 수가 없다.

5 정확히 말하자면 대사 한 번에 대사대리 한 번이다. 대사대리에 관해서는 주 29를 참조하시라.

6 과거 외무부에는 성골, 진골, 육두품과 같은 골품이 있었다. 주 31을 참조하시라.

7 이상옥 전장관이 2002년에 낸 "전환기의 한국외교"라는 두

꺼운 회고록만이 신변잡기가 아니다. 다만 이 책은 외무부가 형식적으로 매년 발간하는 외교백서와 다를 바가 없다. 사건의 나열에 불과하다는 말이다. 퇴임 후에 과거에 부하였던 직원을 시켜 초안을 잡은 다음에 자신하고 관련된 부분만 가감하는 방식으로 쓴 이 책에서 외교적 통찰이라든가 삶의 지혜를 찾을 수 있다면 극히 놀랄 만한 일이다.

8 12월 4일 미국 백악관은 한국의 비상계엄령 발표를 사전에 한국으로부터 통보받지 못했다고 언급했다. 연합뉴스의 질의에 대한 답이었다. 이 말은 통보받지 않았기 때문에 사전에 알지 못했다는 얘기는 아니다. 내가 볼 때 미국은 사전에 윤석열의 계획을 미리 파악하고 있었다. 4장에 자세히 나오지만 미국은 한국 대통령실을 예민하게 감청하고 있다. 2023년 4월 초 미국 언론이 확보한 미정부 내부자의 폭로 문건에 상세히 기록되어 있지 않은가. 그런 미국이 윤석열의 쿠데타 시도와 관련된 대화를 도청하지 않았을 리가 없다. 더군다나 비상계엄 획책에 관한 소문은 2024년 9월부터 정가에 이미 뿌려져 있었다. 이런 중한 사안을 미국 중앙정보국(CIA: Central Intelligence Agency, 에이전시)이 놓쳤을 수가 없다. 사실 나는 에이전시가 쿠데타 음모에 관여하고 있었다고까지 짐작한다. 알면서도 모른 척 하고만 있었을까? 윤석열은 미국의 국익을 가장 충실히 대변하는 인물이 아니던가. 비상계엄이 성공적으로 실행되었더라면 남북한 대결 국면이 첨예하게 부풀려져 전쟁 직전의 상황으로까지 치달게 되면서 미국은 한국에 사드 추가배치는 물론이고 여러 첨단 무기를 고가에 팔아먹을 수 있는 기회를 포착하게 되는 것이다. 그러나 쿠데타가 실패한 이상 미국 정부는 앞잡이 윤석열과 거리를 두는 행보를 보이고 있다. 미국 정부와 CIA의 행태가 항상 일치하는 것은 아니다. 현재 상황은 미 정부가 겉으로는 윤석열의 탄핵을 옹호하는 모습을 보이면서 CIA는 이면에서 윤석열을 무조건 지지하는 한국의 극우세력을 부추기고 있는 형국이라고 나는

본다. 장막 뒤에서 한국 정치를 가지고 노는 미국에 대해 누구도 아무런 말을 할 수가 없다. 하지만 나에게는 이러한 추론을 입증할 증거는 없다.

9 카자흐스탄과 키르기스스탄에서 전해져 내려오는 이야기 중에 만쿠르트(Mankurt) 전설이 있다. 다른 부족한테 전쟁포로로 잡힌 어린 소년은 등 뒤로 손이 묶인 채 땡볕에 황무지 위에 내동댕이쳐진다. 이내 아이의 머리가 빡빡 깎이고 낙타 유방 가죽으로 만든 축축한 작은 모자가 씌워진다. 낙타 가죽이 마르면서 아이의 머리를 조금씩 조여 온다. 마실 것도 먹을 것도 없이 아이는 닷새를 그렇게 견뎌야 한다. 이제 낙타 가죽 모자는 아이의 두개골에 에일리언의 페이스허거처럼 찰딱 달라붙어 떼어낼 수도 없다. 견디기 어려운 고통이다. 아이는 점점 자기가 누구인지도 모르는 만쿠르트가 된다. 개처럼 주인이 주는 밥만 기다리는 노예가 되는 것이다. 감정도 없고 생각하지도 못한다. 자기가 사람인지도 모른다. 낙타 가죽이 오그라들면서 아이의 머리에서 그의 영혼을 앗아가는 것이다.

10 한국의 우크라이나에 대한 포탄 제공 문제는 4장에서 더 상세하게 다룰 것이다.

11 미국 CIA의 기밀문서 유출 사건과 관련된 논의 역시 한국의 우크라이나에 대한 포탄 지원 문제와 함께 4장에서 자세히 다루어질 것이다.

12 2008년 8월 8일 조지아가 오세티아를 병합해 버리려고 무력으로 침공하는 일이 일어났다. 자세한 내용은 역시 4장에 나온다.

13 한미 FTA의 교섭 과정과 결과에 대해서는 역시 뒤에 상세히 기술되어 있다.

14 나의 한일 과거사에 대한 해석과 판단은 2장에서 상술한다.

15 주 3 참조

16 2007년 4월 16일 버지니아 공대에서 한국계 미국 영주권자 조승희가 총기를 난사해 32명이 죽고 29명이 중경상을 입는 사건이 발생하자, 조대사는 그날 밤 워싱턴지역 한인회 주최로 페어팩스 카운티 청사에서 열린 추모 예배에 참석했다. 그는 "지금은 우리가 가치 있는 소수 인종으로 받아들여질 수 있도록 영혼을 새롭게 해야 하는 순간"이라며 희생자들과 유가족의 "고통을 이해하기 위해 대사로서 슬픔에 동참하며, 한국과 한국인을 대신해 유감을 표한다"고 말하고, 사망자들을 애도하기 위해 그 숫자에 맞추어 32일간 교대금식을 제안했다. 국내 언론에서는 그가 "사죄"를 표했다고 보도했으나, 그 사흘 후 4월 20일 MBC 라디오 "손석희의 시선집중"에 원격으로 출현한 조대사는 손앵커의 사죄 발언 여부의 질문에 대해 그런 말은 안 했고 "We feel very sorry"라는 유감의 표현을 썼을 뿐이라고 대답했다. 나는 그가 같은 동포의 엄청난 범죄행위, 그것도 미국 사회를 상대로 한 살인행각에 대해 느꼈을 충격과 좌절감은 이해할 수 있다. 그러나 그가 사죄라는 말을 했든 아니든 그는 분명히 한국인으로서 또 한국 대사로서 죄를 지은 마음을 가지고 있었다고 나는 생각한다. 나는 그것이 70년 전에 탄생한 한미 특수 관계로부터 나오는 느낌이이요 의식이라고 본다. 한국인의 유전자 속에 그런 경우라면 반드시 죄의식을 갖도록 만드는 특수 유전자인 것이다. 조대사의 잘못은 아니다. 그래서 추모 예배에 참석한 한인 신도들의 거의 모두가 조대사의 32일간 교대금식 제안에 동참의사를 밝혔던 것이다.

17 3장의 중국 민항기 불시착 사건이 발생했을 당시 외무부 아주국장을 지낸 오무혁(가명) 씨가 오본부장의 부친이다.

18 2006년 10월 18일 중앙일보와 현대경제연구원이 공동 주최한 "21세기 동북아 미래포럼"에서 송실장이 한 발언의 실상은 이렇다. 한 토론자가 송실장에게 질문을 던졌다. "우리의 대전제라는 것은 No War이지만 미국의 입장에서는 No Nuke 로서 ... 대전제가 다르기 때문에 ..."(어떻게 생각하시는지?)라는 질문을 받았다. 이에 송실장은 "미국은 전 세계 전략 차원에서 국제적인 여기저기 전쟁 ... 아마 국가의 생성기간, 국가로서 존재한 연도에 비해서 인류 역사상 전쟁을 가장 많이 한 나라가 미국일 겁니다. 또는 전쟁과 유사한 무력충돌을 많이 했습니다. 미국의 세계전략 차원에서는 핵확산을 반대할 수밖에 없습니다. (이에 반해) 우리는 전쟁하면 모든 것을 다 잃는 거고 잃는다는 생각을 갖고 있습니다. 그래서 한미 양국 이해관계의 출발점은 다르지만 양국 동맹은 진화 발전하고 있습니다."라고 답변했다. 다음날 조선일보는 "미국은 많은 전쟁 한 나라, 전쟁나면 피해자는 한국"이라는 제목으로 그의 발언을 왜곡 보도했다. 와일더가 조대사를 불러 짖어댄데 이어 이틀 후에 열린 한미 연례안보협의회에서 도널드 럼즈펠드 미 국방장관은 "미국은 한국을 위해 싸우다 3만 명이 넘는 전사자를 낸 나라라는 사실을 상기했으면 한다"면서 노골적으로 불쾌감을 표시했고, 10월 26일 숀 매코맥 미 국무부 대변인은 한국의 외교안보라인 인사에 대해 "한국 정부가 결정할 문제이지만 중차대한 (serious and high-profile) 이슈로, 한국 정부의 최고위급에서 최대한의 관심(full attention)을 기울일 것으로 본다"고 말했다. 이 대변인의 발언은 당시 외무장관 후보로 거론되던 송실장에 대한민국 정부의 거부감을 노대통령에 공식적으로 전달하기 위한 의도였음은 물론이다. 미국은 한국이라면 이렇게 해도 아무런 문제가 없다고 생각하는 나라다. 그들은 당연히 송실장 발언의 전후 맥락을 정확히 파악하고 있었고 그것은 전혀 문젯거리가 안 된다는 것도 알고 있었다. 다만 그들은 송실

장의 발언을 빌미로 안 그래도 밉상인 노무현 정부에 대해 경고장을 날리고 싶었던 것이다. 종놈이 어따 대고 주인님의 흉을 보느냐는 얘기였다. 그리고 그런 발언을 한 장본인은 외무장관에 앉히지 말라는 압력이었던 것이다. 증거는 없지만 나는 조선일보의 기사가 CIA 한국지부의 관여 내지는 공작의 산물이라고 생각한다. 그리고 이 기관은 한국 대통령에게 직접 송 실장의 외무장관 임명을 포기시키려고 집요하게 작업을 했다고 믿고 있다. CIA는 원래 상대국의 내정에 간섭하기 위해 만든 조직이다. 그리고 위의 미 국무부 대변인의 언사는 "중차대한 사안이니 만큼 한국 정부가 마음대로 결정하면 안 되며, 한국 대통령은 미국의 의사를 무조건 따라야 한다"는 메시지에 다름이 아니다. 4장에서 설명할 김성한 안보실장의 경질도 나는 CIA의 요구였다고 본다. 이 때 CIA는 한국 대통령실을 도청해 놓고도 사과는커녕 오히려 자기 마음에 안 드는 인사를 퇴출시키기까지 한 것이다. 미국보다 더 가관인 것은 숭미정권이다. CIA의 도청이 악의적인 것은 아니라고 미국을 두둔하는가 하면 미국의 인사 개입을 당연하게 여기는 굴종행태 말이다.

19 강제징용 배상에 관한 대법원 재상고 심리 과정이 진행 중이던 2015년 12월말 윤병세가 발표한 일본군 위안부 문제의 "최종적이고 불가역적인 해결" 역시 외무부가 협상 주체가 아니었다. 이 얘기는 뒤에 다시 나온다.

20 나는 이 글의 3장 "중국이 보는 한국"의 마지막 부분에 후쿠자와 유키치의 다쓰아론으로부터 파생된 일본의 숭미의식과 이를 미쁘게 생각하는 미국의 시각을 자세하게 그려 놓았다.

21 "But such provocations produce paralysis, not progress." (하지만 그런 도발은 진보가 아니라 마비를 초래할 뿐이다.)

22　쥐창런(卓長仁), 장훙쥔(姜洪軍), 가오둥핑(高東萍), 왕옌다이(王豔大), 안웨이젠(安偉建), 우윈페이(吳雲飛). 쥐창런과 가오둥핑은 결혼했다. 그러나 쥐창런과 장훙쥔은 적응에 실패했다. 그들은 정착금을 사기당하고 투자로 탕진했다. 그 후 둘은 1991년 8월 타이베이 병원의 한 의사의 아들을 유괴 살인한 죄로 사형선고를 받고 2001년 8월 처형되었다. 가오둥핑은 남편 쥐창런의 사형 이후 저소득층으로 전락했다.

23　폴란드나 루마니아의 미사일 방어시스템은 엄격히 말하자면 한국과 같은 사드는 아니다. 이지스 탄도미사일 방어체계(Aegis Ballistic Missile Defense System; Aegis BMD)라고 불리는 시스템으로 바다 위에 떠 있는 이지스 구축함이 사령부가 되어 레이다 체계를 운용하는 방식이다. 루마니아와 미국은 2016년 5월에 이지스 어쇼어 시스템을 개소식을 가졌다. 이는 이지스 구축함에서 운용하는 레이다 체계와 지상에 배치한 포대를 결합한 방식이다. 루마니아의 이지스 어쇼어 지상 시스템은 동국 남부의 데베셀루에 소재한 미 공군기지에 배치되어 있다. 폴란드는 2010년부터 오랫동안 미국과 미사일 방어체계를 구축하기 위한 협의를 해오다가 최근 2024년 7월 발트 해 연안 레지코보에 이지스 어쇼어 미사일 방어 기지를 완공했다.

24　뒤에 상세하게 나온다. 상대가 식민지가 아니라면 있을 수 없는 일이다.

25　모이셰프는 재판 결과 국가기밀 유출 혐의로 12년형을 선고받았으나 재심 후 4년 6개월로 감형돼 복역을 마치고 2002년 12월 31일 석방됐다. 2003년 7월 그는 자신의 억울함을 호소하기 위해 유럽 인권법원(European Court of Human Rights)에 소송을 냈다. 또한 석방 이후에도 러시아 당국이 자신의 기본권을 제한하고 있다며 행정소송도 제기했다. 그의 변호인은 그의 집에서 발견된 5747달러가 주성수에게서 받은 돈이라는 사

실이 입증되지 않았고, 그가 주참사관에게 전해준 자료는 공개된 학술자료였을 뿐이라고 반박했다. 그러나 그의 호소는 인정되지 않았다.

26 우리가 지도를 볼 때는 드네프르 강의 오른쪽 지역을 좌안이라고 한다. 여기에 현재 우크라이나의 체르니히우, 폴타바, 수미, 키이우, 체르카시 주가 포함되어 있다.

27 이완용은 원래 친미파였다. 1887년 미국 주재 공사 참찬관으로 나가 미국에서 2년 5개월간 근무하며 친미파 관료로 성장했다. 고종의 미국 공사관 망명을 주도하다가 실패하고 아관망명을 준비하면서 친러파란 소리를 들었지만, 그것 말고는 딱히 친러 행각을 한 것은 없다. 그는 나중에 독립협회의 활동에 참여하고 입헌군주제 정착에 힘쓰면서 반러시아, 반일 행보를 보였으나 1904년 왕실 업무를 관장하는 관리로 복귀하면서부터 그의 행보는 친일 행각으로 점철되기 시작한다.

28 내가 만든 말이다. 튀르키예가 한국을 열광적으로 좋아하는 이유가 바로 이 기특지심이라고 나는 생각한다. 한국전쟁 때 파병해 거의 망할 뻔한 나라를 구해주었는데 이제 보니 한국이 이토록 건실하게 자라 기특하고 마음이 흡족하다는 얘기다.

29 대사대리는 외교용어로 샤르제 다페르 아드 인테림(chargé d'affaires ad interim)이라고 하는데 대사가 없는 상황에서 대신 대사관을 책임지는 사람이라는 의미다. 대사가 없다는 말은 대사가 휴가를 갔다는 말이 아니라 아직 대사가 임명되지 않았다는 뜻이다. 보통은 당분간 정식 대사를 임명할 계획은 없지만 대사관 운영은 정식으로 할 필요가 있을 때 대사대리 체제로 대사관을 운영한다. 대사는 대통령이 임명하지만 대사대리는 외무장관이 임명하면 된다. 내가 키르기스스탄에 있을 때 일본과 프랑스가 대사대리 체제로 대사관을 운영하고 있었다. 대사대리는

정식 대사보다는 낮은 인사로 주재국이 취급하는 것은 사실이지만 교민 입장에서는 대사와 다를 것이 별로 없다. 주재국 인사나 일반인들은 대사대리를 보통 대사라고 호칭한다.

30 정확히 말하자면 나는 주이스라엘 한국대사관에서 팔레스타인 업무를 담당했다.

31 지금은 없어진 말이겠지만 과거에는 외무부 직원들 중에서 대통령, 총리, 장차관들과 가족관계로 연결되는 사람을 성골, 그들과 학연으로 연결되든가 성골과의 인연이 있으면 진골, 그런 것은 없지만 고위층의 총애를 받으면 육두품 하는 식으로 출세의 카스트 성분을 분류하곤 했었다. 인사밖에는 관심이 없는 외무부 사람들의 허한 의식세계를 보여주는 사례다.

32 한국 정부의 모든 부처에 있다고 생각되지만 특히 외무부에서는 이러한 문건이 아주 중요하게 여겨진다. 왜냐면 해외에서 직원들 간의 교대는 겹쳐지는 기간이 있는 경우가 거의 없기 때문이다. 서로 대면하면서 자기가 근무하면서 겪은 중요한 일이라든가 주안점을 두어야 할 사안이라든가 특별히 관심을 가져야 할 일이나 사람을 직접 얘기해 주는 것이 가장 좋겠지만, 상황이 그렇지 못하기 때문에 결국 문서에 상세히 기록함으로써 업무의 연속성과 효율성을 유지해야 하는 것이다. 인계인수서(引繼引受書)란 그렇게 중요한 사항을 기록해 서로 건네주고 넘겨받는 문서다.

33 하지만 나는 앙골라를 떠나며 후임 대사를 위해 내가 직접 꽤 두꺼운 인계인수서를 만들어 남겨놓았다. 그것은 나 자신에 대한 성실함이요 진실성이었다.

34 다만 나는 새로운 대사관 건물을 확보하기까지만 했고 실제 사용은 후임자의 차지가 되었다.

35 외교용어로 démarche라고 한다. 어떤 사안에 대해 상대

국 정부에 우리의 생각과 입장을 설명하고 지지를 요청하거나 항의하는 외교행위를 말한다.

36 지금은 6개국이 예루살렘에 대사관을 유지하고 있다. 2018년 미국이 대사관을 텔아비브에서 예루살렘으로 이전한 이후 과테말라, 온두라스가 미국을 따랐고, 2021년 코소보가 이스라엘과 외교관계를 수립한 직후 예루살렘에 대사관을 설립했으며, 2023년 파푸아뉴기니가 대사관을 새로 개설했다. 이어 2024년 12월 파라과이는 텔아비브에서 예루살렘으로 대사관을 이전했다.

37 대통령이 이동할 때 그 나라 경찰의 호위를 받는 차량의 행렬을 말한다. 맨 앞과 맨 뒤에 경찰 사이드카가 위치해 차량 행렬을 호위함과 동시에 필요에 따라서는 교통을 통제한다. 나라마다 그 안에 포함시키는 차량의 숫자에 관한 관행이 있다. 도로의 여건과 교통 통제 가능 여부를 고려한 결과다.

38 1992년 초 베트남과 수교 협상을 할 당시에 한국은 과거사(한국군의 베트남전 참전)에 대한 한국 정부의 유감 표명을 어떤 선에서 하면 좋을지에 대해 베트남 측에 물었다. 베트남의 대답은 아연실색할 만한 것이었다. 전쟁에서 이겼으면 된 거지 패자한테 사과를 받을 일이 뭐 있냐는 것이었다.

39 마하티르 총리는 1981년부터 2003년까지 1차로 집권했고, 2018년부터 2020년까지 2차로 집권했다.

40 여기서 부언하고 넘어가자면 EAEC는 성사되지 않았지만 1997년 12월 아세안 10개국과 한국, 중국, 일본이 함께 모여 앉는 모임이 창설되어 쿠알라룸푸르에서 첫 정상회의를 개최했다. ASEAN+3 정상회의라고 부른다. 비록 마하티르 총리가 구상했던 자유무역 협정을 위한 모임은 아니었지만 그가 원했던 나라들 간의 회합이 성사된 것이다. 그러나 이 모임은 아세안 자

체의 정상회의가 열리는 계기에 개최되는 등 아세안이 주도하는 형식이었고, 아세안의 모임이 구체적인 결과물을 만들어내지 못하는 것으로 유명한 것처럼 아세안＋3도 구체적인 성과를 도출하지는 못했다. 이 모임은 다시 말레이시아의 제안으로 2005년 말 인도와 호주, 뉴질랜드를 포함해 동아시아 정상회의(EAS: East Asia Summit)로 확대되었으며, 2011년부터는 미국과 러시아가 참여하고 있다. 미국은 2005년 동아시아 정상회의가 출범되는 것을 지켜보면서 역내에서 자국의 영향력을 높이고 중국을 견제하려고 궁리하다가 2015년 말 환태평양 경제 동반자 협정(TPP: Trans-Pacific Partnership)을 출범시켰다. 아세안의 여섯 개 주요국에 미국, 일본, 호주, 뉴질랜드, 캐나다, 페루, 멕시코, 칠레를 합친 모임으로 무역과 투자 증진 방안을 중점적으로 논의했다. 그러나 트럼프 대통령은 후보 시절부터 이런 경제 협정은 미국의 이익을 훼손하기만 할 뿐이라고 주장했고, 취임과 더불어 즉각 TPP 탈퇴를 결정했다. 미국의 TPP 탈퇴로 TPP가 사망하자 일본이 미국 경제계의 이익을 대변하다시피 나서서 교섭을 벌여 1년 후에 포괄적·점진적 환태평양 경제 동반자 협정(CPTPP: Comprehensive and Progressive Agreement for Trans-Pacific Partnership)을 출범시키면서 TPP를 회생시켰다. 미국의 TPP 설립에 대항해 2017년 중국이 설립한 것이 역내 포괄적 경제 동반자 협정(RCEP: Regional Comprehensive Economic Partnership)이다. 아세안 모든 나라와 한국, 중국, 일본에 호주와 뉴질랜드가 참여했다. 미국은 다시 반격에 나섰다. TPP 탈퇴의 무안함을 만회하고 역내 중국의 영향력을 견제하기 위해 2022년 5월 바이든 대통령이 직접 참석한 가운데 인도-태평양 경제 프레임워크(IPEF: Indian-Pacific Economic Framework)를 도쿄에서 출범시킨 것이다. 아세안의 주요 8개국에 미국, 일본, 한국, 호주, 뉴질랜드, 피지가 회원국이다. 한국은 화상회의로 출범식에 참석했다. 미국이 제시한

4가지 핵심 안건 중의 하나가 공급망(supply chain)인데, 이는 원자재, 주요 소재, 반도체, 청정에너지 기술 등의 유통과 거래를 회원국들 간에만 협력한다는 의미로 읽혀 중국에 대한 실질적인 압력을 가하겠다는 취지다. 이와 같이 동아시아 지역만 해도 다양한 형태로 아세안, 중국, 미국이 경제 협력의 주도권을 쥐기 위한 치열한 경쟁이 전개되어 왔고 앞으로도 그러할 것이다. 요는 한국이 단순한 경제적 이익에만 주안점을 둘 것이 아니라 전체적인 큰 그림을 보면서 선택의 방향을 정해야 한다는 것이다. 하지만 미국의 속국이 과연 무엇을 할 수 있을까. 힐끗힐끗 종주국의 눈치를 살피면서 어디에 먹을 것이 있는지 둘러보는 정도가 전부 아닐까?

41 내가 듣기에 한국인 CIA 요원은 약 30만 명에 달한다고 한다. 그 안에는 정치인, 정부 각 부처 고위인사들, 검찰, 비즈니스맨, 예술인, 연예인 등 전 계층의 인물들이 포함되어 있다. 그중에는 정기적으로 보수를 받고 첩보활동을 하는 사람들도 있지만 대부분은 무보수로 자원 봉사하는 사람들이다. 이들 소위 "요원"들에게는 성과에 따라 미국시민권이 주어지며 웬만한 범죄행위로부터 신변이 보호되기도 한다. 이들 요원의 숫자라든가 구체적인 행태에 관한 증거자료는 없다. 1998년 초 국정원(당시에는 안기부)은 전년 말 대선 국면에서 이회창 후보가 북한에게 남쪽으로 총을 쏴달라고 부탁했다는 정보가 퍼져 수사를 받아야 하는 위기에 몰렸다. 김대중 후보를 떨어뜨리기 위해 이회창이 안기부에 부탁해 북풍을 일으키려 한 것이었다는 얘기다. 이에 안기부 해외조사실장 이대성은 수사에 물을 타기 위해 남북한 고위 인사들 간의 비밀 교류 내용이 담긴 소위 "이대성 파일"을 언론에 흘린다. 여기에 흑금성이라는 공작원 이름이 거론되어 있었는데, 박채서가 본명인 이 사람은 나중에 한국군의 작계 5027을 북한에 넘긴 이중간첩의 행각이 발각되어 2년의 징역살이를 한다. 2016년에 출소한 그가 언론과의 인터뷰를 통해

밝힌 내용 중에 한미 합동 902정보대 A-23팀에서 일할 때 직접 본 문서에 따르면 미국에 포섭된 한국인 공작원이 386명이며 이들 대부분이 미국의 시민권을 제공받은 자들이라는 내용이 있다. 흑금성은 공작원 386명의 신원을 밝힌 적은 없다. 그는 몇몇을 빼고는 전부 기억하지 못한다고도 했다. 여하간 386명이 전부 실제로 미국의 공작원이었다 하더라도 이는 한미연합사에 소속된 부서가 관할하는 인원에 불과하다. 그들이 CIA가 관할하는 리스트에 동시에 포함되어 있는지 여부는 모르지만 CIA의 리스트는 상상을 불허하는 숫자의 명단을 포함하고 있다. 다시 말하지만 나는 증거를 내놓을 수가 없다. 내가 직접 그 리스트를 본 것도 아니다. 하지만 나는 누구인가에게 들은 그런 얘기가 한국과 같은 종속국에는 매우 잘 어울리는 상황을 묘사한다고 생각할 뿐만 아니라, 내가 외무부에서 근무하면서 관찰한 여러 정황들을 감안하면 그것은 사실에 부합하는 기술이라고 믿는다.

42 한국이 그 전 해에 파병한 의료지원단인 제마부대와 건설지원단인 서희부대를 말한다.

43 2023년 1월 중순 아랍 에미리트를 방문한 윤석열이 아크부대를 방문해 한 말(UAE의 적이 이란이고 우리의 적은 북한이다)은 비록 잘 한 말은 아니었지만, 그렇다고 이란이 그토록 발끈할 일도 아닌 것이었다. 잘 모르고 한 말이었을 뿐이다. 이란이라고 그걸 모를 리가 없다. 그들이 앞뒤를 재다가 한국에 해명을 요구한 것은 한국이 만만해 보이기 때문이었던 것이다. 처음부터 미국의 종속국으로 탄생한데다가 지금 대통령이라는 자는 숭미 앞잡이라고 알려져 있고, 이놈의 나라가 석유를 사고도 주지 않은 돈 60억 달러를 미국의 지시에 따라 아직도 송금하지 않고 있는 형국이니, 우습게 보여도 한참 우습게 보이는 것이 당연한 것 아닌가? 그래서 이번 기회에 점잖게 한 방을 먹이겠다고 나선 것이다. 더군다나 이 자가 잘 모르고 한 말이기는 했

더라도, 기본적으로 이란에 대해 미국의 시각을 투영하고 있다는 판단도 내렸을 것이다. 미국은 이란을 가장 악랄한 적으로 보는 나라다. 이란은 세계에서 미국을 가장 적대시하는 나라다. 이란이 한국의 정체를 잘 알면서도 우호관계를 유지하고자 하는 이유는 단순히 경제적인 상호이익 때문이 아니다. 이란은 베트남 못지않게 스케일이 큰 사람들의 나라다. 그들은 종속국인 한국이 언젠가는 독립해 그들과 제대로 된 우의를 나누기를 고대하고 있는 것이다. 이란은 적어도 그 때까지는 한국을 어린 동생 다루듯 보듬어주면서 실익을 챙길 생각이다. 60억 달러의 빚을 한국이 당장 지불하지 못한다는 것도 잘 알고 있다. 작은 돈은 아니지만 그렇다고 그게 없어 나라가 무너지지는 않는다. 이란은 한국이 점점 더 크게 빚진 마음을 안고 살아가기를 바란다. 그리고 이란은 이란이 한국의 우위에 서 있다는 점을 나날이 되새기고 싶은 것이다. 참고로 한국은 2023년 9월 이란으로부터 5명의 수감자를 돌려받은 미국이 허락함에 따라 이란 석유대금을 카타르 은행으로 송금함으로써 이란과의 외교현안을 풀 수 있게 되었다. 그러나 미국은 한 달이 지나지 않아 카타르 은행이 이란으로 돈을 송금하지 못하게 다시 동결시켰다.

44 이러한 논점은 프란츠 파농(Frantz Fanon; 1925-1961)의 주장과 궤를 같이 한다. 파농은 카리브 해의 프랑스 식민지 마르티니크에서 태어나 리옹 대학교에서 정신의학을 전공한 후 정신과 의사가 된다. 그는 식민지 주민들의 정신적 고통과 문화적 왜곡을 분석하는 작가로도 활동했다. 그의 대표적인 저서 "대지의 저주받은 사람들"(Les Damnés de la Terre; The Wretched of the Earth)은 식민화의 비인간화 과정과 탈식민화의 폭력성을 그려 사르트르(Jean-Paul Sartre)의 찬사를 받기도 한 수작이다. 5장의 첫 머리에서 나는 식민화 사회의 세 부류 인간에 대해 언급한 적이 있다. 그러한 분류 방식도 파농의 논의를 차용한 것이다. 세 번째 부류를 나는 양아치라고 칭했지만 파

농의 용어로는 유랑무산계급(lumpenproletariat)이다. 이 용어는 마르크스가 원작자다.

45   이 때 고려와 거란의 왕호가 공교롭게도 둘 다 성종이다. 그러나 한자로는 다르다. 고려 성종은 成을 쓰고 거란의 성종은 聖을 썼다.

46   훈요십조의 4조를 보면 契丹是禽獸之國, 風俗不同, 言語亦異, 衣冠制度, 愼勿效焉.(거란은 금수의 나라이고 풍속과 말이 다르니 의관제도를 본받지 말라.)

47   이 용어는 1979년에 입부한 선배 외교관 윤도준(가명)이 창작한 것이다. 윤도준은 비록 쥐 세 마리를 전부 온전하게 갖추지는 못했지만 그러려고 부단히 노력한 사람이었다. 한국의 오이시디 가입 작업은 그의 지식과 용기에 의존한 바가 컸다.

48   다른 부처 사람들은 외무부 직원을 "뺀질이"라고 부른다. 국어사전은 이 어휘를 "이 핑계 저 핑계를 대면서 일을 열심히 하지 않는 사람을 속되게 또는 얕잡아 이르는 말"로 설명한다. 하지만 좀 더 구체적으로 말하자면 외무부 뺀질이는 a) 일을 열심히 하지 않는 것이 아니라, 일을 피하려고 쉬지 않고 때에 따라서는 고생스럽게 머리를 굴려대고, b) 이 핑계 저 핑계를 대는 것이 아니라, 머리를 굴린 결과로 얻은 자기 딴에는 최적의 구실을 제시하며, c) 달면 삼키고 쓰면 뱉는 정도를 넘어 자기를 빛낼 일이 아니면 피하고, 손에 구정물이 묻을 것 같으면 남한테 떠넘기며, d) 하는 척 하면서 사실은 뭉개고, e) 자기한테 도움이 되겠다 싶은 상관이라면 밑까지 닦아주며, f) 책임을 져야할 일이 있다면 버터 바른 미꾸라지 모양으로 요리조리 빠져나가고, g) 조직이나 나라나 국민에 앞서 항상 자기 자신을 맨 앞에 위치시키는 사람이다.

49   나는 개인적으로 두 번 더 김대사의 영리함을 직접 경험했

다. 한 번은 내가 19××년 B 사무소에서 근무할 때였다. 특별 미션을 받은 사무소였고 그 해 말 임무가 완성되자 그 사무소는 별도의 대사관으로 승격될 예정이었다. 나는 새로운 업무를 맡을 요량으로 크게 기대하고 있었다. 그러던 19××+1년 초 나는 느닷없이 B 사무소 소속에서 A 대사관으로 소속을 바꾼다는 발령장을 받았다. 알고 보니 김대사가 나 몰래 본부에 얘기해 똘똘해 보이는 이 친구를 A 대사관으로 옮겨달라고 요청했다는 것이었다. 물론 나는 전혀 모르고 있었다. 해서 나는 당시 딸의 졸업식으로 미국에 가 있던 김대사한테 전화해 볼멘소리를 했다. 그랬더니 김대사는 일주일 후 임지로 복귀하면 발령을 취소하도록 본부에 얘기하겠노라고 말했다. 휴가에서 복귀하면 외무부 개혁방안에 대한 의견을 내겠다는 말과 너무도 똑같지 않은가? 다른 한 번은 19××+2년 초여름에 내가 김대사를 수행해서 그 나라 지방도시 몇 군데를 출장 여행할 때였다. 도시들은 한국에서 제법 큰 사업을 벌이고 있는 회사들의 본거지였다. 내가 일정을 미리 다 주선했다. 회사들은 한국의 대사가 자사를 방문한다는데 고무되어 있었다. 중요한 메시지를 가져오는 것으로 생각했을 것이다. 사실 그것은 국제관계에서 당연히 가져야할 긴장감이었다. 하지만 김대사의 생각은 달랐다. 그러한 긴장감을 역이용해 방문하는 회사들로부터 최대한의 정중함을 끌어낸다는 것이 처음부터의 생각이었다. 그것은 부인을 동반한 출장 여행이었다. 나는 대사가 회사 사람들과 주고받는 대화를 기록해 보고서를 만들었다. 양국간 경제적인 교류를 심화시킨다는 뿌듯한 사명감도 있었다. 그 날 저녁 보고서 초안을 들고 대사한테 결재를 받으러 들고 갔더니 김대사가 간명하게 정리했다. 이런 보고는 할 필요가 없다는 것이었다. 그는 나를 보면서 미소를 지었다. 나는 내가 뭔가를 잘못한 것으로 생각했다. 그러나 그날 밤이 저물기 전에 나는 김대사가 신호하는 의미를 알 수 있었다. 야 이 친구야, 대충 해, 저 회사들한테 내가 뭔가 의미 있는 메시지를 준다는 느낌으로 대접을 받고 있는 것인데, 그것을 그냥 즐기면 되는 일일 뿐, 그 대가로 뭔가 해줘야 한다고 굳이 의무감을 느낄 필요도 없는 거라네. 이것이 즐거운 외교관 생활 아닌가 이 사람아! 안에서 뺀질은 밖에서도 뺀질인 것이다. 나는 김대사한테 많은 것을 배웠다. 제일 처음에 나의 발령 문제에 관해 다급한 상황을 피하는 요령에 관한 그의 재치에 멍한 느낌으로 감명을 받았고, 그 다음에 외무부 본부에서 온 지시 공문 일로 붓다의 깨달음에 가까운 각성을 했으며, 세 번째로 주재국 지방 도시를 돌며 외교관 생활의 소소한 즐거움을 향유하는 지혜를 깨달은 것이다. 내가 초점을 두는 것은 특정인이 아니라 외무부 사람들 전체다. 김대사의 사고방식과 행동은 외무부 사람이라면 전부 공유하는 조직의 문화다. 내가 아는 한 모두가 김대사와 같은 생각과 행동방식을 갖고 있다. 외무부는 아주 재미나는 조직이다.

50 내가 외무부에 입부한 1985년 당시에는 외국산 술과 담배의 수입이 금지되어 있었다. 1988년 수입자유화 조치가 완전히 실행되기까지 외무부 본부 직원들은 외교 행낭을 통해 스카치위스키든 말보로 담배든 거의 제한받지 않고 받아 즐길 수 있었다. 외교 행낭이란 외무부 본부와 해외 공관 간에 주고받는 마대자루 같은 커다란 주머니인데 그 안에는 문서, 통신 자재, 암호해독기, 업무용 책자와 같은 물건이 들어 있다. 외교 행낭으로 술이나 담배를 주고받는 것은 금지되어 있다. 그러나 외교 행낭을 담당하는 부서에 적당량의 떡고물을 흘린다면 거의 제한 없이 귀한 물건을 주고받을 수 있다. 다른 나라라고 원칙을 고스란히 지키는 것은 아니다. 미국의 외교 행낭에는 상상할 수 없는 것들도 숨어 있다. 마약, 무기, 세탁된 현금, 독극물과 해독제 등이다. 주한미군 역시 외교 행낭을 운영한다. 그들은 행낭뿐만 아니라 그들이 운용하는 군용기 전체가 불가침이다. 국내로 들어오는 마약의 상당한 부분은 주한미군이 반입하고 있다는 점은 많이 알려져 있지 않다.

51　20××년 ×월 한국 대통령이 C국을 공식 방문했었다. 대통령이 외국을 방문하면 경호와 의전 팀이 사전에 답사를 한다. 의전관 중의 하나가 나에게 한 가지 작은 권고 사항을 전달해 왔다. 대통령이 수수경단이니 인절미 같은 떡을 좋아하는데, 듣자 하니 교민 중에 떡을 잘 만드는 사람이 있다 하는데, 그 사람한테 주문을 해 숙소 여기저기에 떡을 비치해 놓으면 아주 좋아할 거라는 얘기였다. 내가 이를 대사한테 보고하고 의견을 묻자 대사는 펄쩍 뛰며 안 된다는 것이었다. 교민이 만든 떡을 어떻게 함부로 대통령한테 올릴 수 있겠느냐는 것이었다. 내가 안전문제 때문이라면 당연히 음식물을 올리기 전에 경호실의 감식관이 점검하게 되어 있다고 얘기하자, 대사는 아차 싶었는지 움찔하다가 어차피 한 번 안 된다고 말한 것을 거두기가 민망했는지 끝내 주장을 굽히지 않았다. 허대사 이야기는 앞으로 한 번 더 나올 것이다.

52　나는 1999년부터 2000년까지 이스라엘에서 그 분의 지휘 아래에서 근무했다. 그는 2000년 팔레스타인의 제리코에 있는 오아시스 호텔의 카지노에서 상습적으로 도박을 하다가 문제를 일으켜 결국 파면되고 말았다. 나는 개인적으로는 그를 매우 안타깝게 생각하지만 객관적으로는 본받을 만한 선배는 아니었다고 말할 수밖에 없다. 사실 나의 이러한 마음은 내가 비판적으로 기술하는 대부분의 선배 외교관들에게 동일하게 적용된다.

53　일명 "족보"라고 불리기도 하는 직원 명부는 외무부 모든 직원들의 간략한 신상정보와 근무 이력을 정리해 놓은 책자로, 외무부 인사의 참고자료로 쓸 목적으로 인사과에서 몇 년에 한 번씩 만드는 대외비 자료인데, 과장 이상의 직원들에게도 한 부씩 나누어 준다.

54　외국의 경우를 보면 외무장관을 역임한 자가 해외 대사로 나가는 경우는 아주 희귀한 일이다. 김용식이 첫 물꼬를 튼 최고

위직의 주미대사 부임은 그 이후 김경원(대통령비서실장 역임), 박동진(외무장관), 한승수(상공부장관), 이홍구(국무총리), 한승주(외무장관), 한덕수(국무총리)로 이어졌다. 미국은 한국 대사로 보통 국장급 이하의 인사를 보낸다. 한국도 같은 직급의 인사를 내보내야 한다고 주장할 생각은 없다. 그러나 한심하다는 생각은 지울 수 없다. 장관을 지내고 국무총리를 지냈다고 주미대사가 미국 행정부의 장관이나 차관을 수시로 만나는 것도 아니다. 주미대사의 대체적인 상대는 차관보급의 인사다. 장관이나 국무총리를 지낸 사람에게는 격이 맞지 않는 것이다. 더 큰 문제는 격의 격차가 아니다. 미국 정부가 한국의 고위직 피견을 고맙게 생각하는 것이 아니라 오히려 얕잡아보고 비웃는다는 것이 진짜 문제다.

55 외무부 직원들의 콩글리시 중의 하나가 return a lunch다. 상대가 이번에 점심을 샀으니 다음엔 자기가 낸다는 의미지만, 이해는 할 수는 있어도 원어민들은 쓰지 않는 표현이다. 여하간 외무부 직원들은 저급한 영어 능력에도 불구하고 한국말 사이사이에 영어 단어를 섞어 말하는 것에는 탁월한 솜씨를 보인다. 예컨대 상급자가 하급자를 부를 때 이름 대신에 보통 유(you)라는 한 글자 어휘를 쓴다. 그 밖에 많이 쓰는 단어들이 해피, 오픈, 디슨트(decent), 라인, 커리어, 싱글, 커플, 브라이트, 스마트, 에프엠(FM: Foreign Minister, 외무장관), 바이스(Vice Minister, 차관), 임프루브(improve), 업그레이드 등등 이었는데, 요즘에 보면 이런 어휘들이 일반인들 대화에서도 자연스럽게 튀어나오는 것을 보면 한국의 양키화가 상당히 많이 진행되었다고도 볼 수 있다. 내 글에서 보듯이 나라고 예외는 아니다.

56 2007년부터 2014년까지 외교장관을 지낸 그는 C국 의회 하원의장을 거쳐 유럽의회 의원을 역임한 후 2023년 말 C국 신정부의 외교장관으로 복귀했다.

57 중립국감독위원회는 휴전 상황을 감시할 목적으로 설립된 위원회로 한국 측에서는 스웨덴과 스위스가 북한 측에서는 폴란드와 체코가 대표를 보내 활동을 했었다. 그러나 북한은 1994년에는 체코에게 1995년에는 폴란드에게 대표단을 철수시킬 것을 명령하고 사무실을 폐쇄했다. 체코는 미련 없이 떠났으나 폴란드 대표단은 북한에서 추방된 이후 매년 두 차례씩 한국의 협조를 얻어 서울과 판문점에서 열리는 중립국감독위원회 회의에 참석하고 있다.

58 김혁(가명)이라는 이름의 이 직원은 영어도 출중했고 한국에서는 C나라 말을 가장 잘하는 사람이었다. 외국어대학교가 1987년에 창설한 C국어과 1회 졸업생인 그는 대학을 졸업하고 C국 대학에서 그 나라 역사로 박사학위를 받은 인물로 2005년에 외무부가 특별채용으로 선발한 사람이었다.

59 정책협의회는 영어로 Policy Consultation이라는 것으로 세계 모든 나라들의 외교부가 상대국과 정기적으로 또는 수시로 갖는 회의다. 보통은 지역을 관할하는 부서의 국장이 상대국의 같은 직급의 인사와 회의를 갖는다. 예를 들자면 주일송 유럽국장의 상대는 A국 외교부의 아태국장이다. 둘은 상대국을 오가며 보통 일 년에 한 번 정도 회의를 갖는다. 정책협의회는 각각 자국이 처해 있는 지역의 정세에 관한 정보 교환으로부터 시작해 양국 간에 현안으로 되어 있는 각종 사안에 관한 의견을 교환하는 장소다. 엄격한 형식이 없고 비교적 자유롭게 대화하는 회의인 정책협의회는 서로 상대에 대한 이해를 높이고 양국관계 발전을 모색하는 꽤 의미 있는 기회라 할 수 있다. 물론 실력이 있는 사람에게는 말이다. 그렇지 않다면 정책협의회는 직원들이 써준 토킹포인트를 해당 국장이 암송하거나 읽는 자리에 불과하며 해외여행을 다니는 구실에 불과한 것이다.

60 당시에는 고성능 문서 복사기가 정보과라는 곳에 하나밖

에 없을 때여서 여러 부의 복사가 필요할 때는 외무고시를 해서 입부한 직원이 정보과장에게 가 인사를 드리고 허락을 받아 복사하곤 했다. 그 때 문서 복사를 하러 다니는 직원을 "카차보"(카피 담당 차관보)라고 불렀다. 한편 당시에는 컴퓨터로 일을 하던 시기 전이라 과마다 타자수들이 있었고, 타자수가 타이핑한 문서를 보기 좋게 작두로 가장자리를 잘라내는 작업이 종종 필요했는데, 이 때 작두질을 하는 직원을 "작차보"(작두 담당 차관보)라고 불렀다. 참 한심한 시절이었다. 할 일이 그만큼 없었다는 얘기다. 그러니 앞서 얘기한대로 미국 대사관의 말단 직원이 보내온 하찮은 편지를 장관이 들여다보고 있었던 것이고, 과장이든 국장이든 아무 짝에도 쓸데없는 자료나 만들고 문서 수정 작업이나 하고 있었던 것이다. 그런 관행이 굳어져 외무부의 업무 문화가 되어버린 것이다.

61 외무부의 선배들은 실력이 안 되다 보니까 외국의 상대와 만나는 것 자체를 꺼렸다. 어쩔 수 없이 만나야 하는 경우라면, 더듬거리며 대화를 하긴 했는데 상대 말을 내가 제대로 알아들은 것인지 찜찜하니까 보고서라도 근사하게 꾸며 면피를 할 수밖에 없었다. 한편 외국의 상대를 만나는 게 무서운 일이다보니 그건 최소한으로 하고 신문기사를 요약 정리해 보고서를 만드는 경우가 훨씬 더 많았다. 그러면서 그들은 스스로 점점 글자의 세계로 침잠했던 것이다. 글자로 남아 있는 것이 과거에 실제로 일어난 일이었다고 자위하면서 말이다. 어찌 보면 애처로운 일이었다. 내가 경험한 어떤 대사는 대사관에서 본부에 보고하는 전문의 숫자를 세면서 일련번호가 늘어나는 모습에 그토록 즐거워한 사람이었다. 한 번은 내가 길게 두세 개로 작성하면 될 것을 잘게 나누어 여남은 개로 전문을 만들어 갔더니 그는 결재 서명을 하면서 크게 흐뭇해했다.

62 지대사와 홍차관의 우의는 각별한 것이었다고 한다. 젊은 시절에 그들은 애주가 선후배로서 호탕하게 어울려 지내면서 우

의를 다졌다 한다. 그런데 지대사는 주사가 심했던 모양이다. 한 번은 부부 동반으로 누군가의 집에서 모이는 저녁 모임에서 술이 취한 지대사가 식탁에 올라가 바지를 내리고 시계 방향으로 돌면서 착석한 사람들에게 오줌발을 쏘았다는 기막힌 얘기도 있지만, 내가 직접 본 일이 아니니 믿을 수는 없다. 홍차관은 지대사가 술을 끊는다는 조건으로 차관보 자리에 앉혔다고 한다. 홍차관은 그 후 1998년 여름부터 일 년 반 동안 외무장관을 지낸다.

63 아무개는 그 후 유럽 주재 대사를 역임하고 새누리당에 입당해 국회의원으로 활동했고, 펙토파는 앞서 언급했듯이 훗날 러시아 주재 대사를 역임한다.

64 오이시디 가입을 신청한 국가는 경제의 각 분야별로 개방성이 오이시디 회원국 수준에 합당한지를 심판받는 심사과정을 거쳐야 한다. 심사회의는 금융시장, 노동, 환경, 무역, 투자, 조달 등 분야별로 기존 회원국들이 만족할 만한 대답을 들었다고 판단될 때까지 수차례에 걸쳐 진행된다. 분야별 심사회의에는 보통 해당 부처의 실장이나 차관급 인사들이 참석하는데, 그 인사는 기존 회원국들의 대표들 앞에서 자국의 해당 분야 개방 정도와 앞으로의 개방 계획을 분명하게 밝혀야 한다. 기존 회원국이 미흡하다고 판단한다면 신청국은 새로운 개방 계획을 마련해 다시 심사를 받아야 한다.

65 당시 내가 관찰한 바로는 한국의 무역정책과 향후 개방 계획에 대해 설명하고 질문을 받았던 통산부의 통상무역실장 한덕수가 발군이었다. 그의 발표는 알아들을 수 있는 언어와 알맹이가 있는 내용으로 짜여 있었다.

66 박근혜 정부시절인 2014년 10월 23일 워싱턴에서 열린 한미안보협의회(SCM)에서 양국 국방부 장관은 전작권 전환 시기를 정하지 않고 2020년대 중반에 전환 여부를 검토한다고 합의하여 사실상 무기한 연기했다.